Die Harmonisierung des Kollisions- und des Sachrechts für Wertpapierguthaben und Wertpapiersicherheiten

Studien zum Europäischen und Internationalen Wirtschaftsrecht

Studies in European and International Economic Law

Herausgegeben von/eds.
Peter Hay, Meinhard Hilf, Herbert Kronke, Wolfgang Oehler

Band/Volume 19

PETER LANG
Frankfurt am Main · Berlin · Bern · Bruxelles · New York · Oxford · Wien

René Sauer

Die Harmonisierung des Kollisions- und des Sachrechts für Wertpapierguthaben und Wertpapiersicherheiten

Hintergrund und Entwicklung gemeinschaftsrechtlicher und globaler Regelungsansätze

PETER LANG
Internationaler Verlag der Wissenschaften

Bibliografische Information der Deutschen Nationalbibliothek
Die Deutsche Nationalbibliothek verzeichnet diese Publikation in der Deutschen Nationalbibliografie; detaillierte bibliografische Daten sind im Internet über <http://www.d-nb.de> abrufbar.

Zugl.: Heidelberg, Univ., Diss., 2007

D 16
ISSN 0941-3650
ISBN 978-3-631-57233-7

www.peterlang.de

meinen Eltern

Inhaltsverzeichnis

Verzeichnis ausländischer Abkürzungen

AEDBF	Association Européenne de Droit Bancaire et Financier
AJP	Allgemeine Juristische Praxis
All E. R.	All England Law Reports
BCL	Banque Centrale du Luxembourg
BGE	Entscheidungen des schweizerischen Bundesgerichts
BlgNR	Beilagennummer
Bull. de la Banque de France	Bulletin de la Banque de France
CE	Communauté européenne
CEE	Communauté économique européenne
CESR	Committee of European Securities Regulators
Duke L. J.	Duke Law Jounal
EBLR	European Business Law Review
ECB	European Central Bank
EFMLG	European Financial Markets Lawyers Group
EMA	European Master Agreement
EU	European Union
FBF	Fédération Bancaire Française
G 30	Group of Thirty
GP	Gesetzgebungsperiode
HKLRD	Hong Kong Law Reports & Digest
ICLQ	International and Comparative Law Quarterly
IFLR	International Financial Law Review
ISDA	International Swaps and Derivatives Association
JIBFL	Butterworths Journal of International Banking and Financial Law
JIBL	Journal of International Banking Law
NYU L. Rev.	New York University Law Review
ÖBA	Österreichisches Bankarchiv
RDC	Revue de Droit Commercial Belge
RTGS	Real Time Gross Settlement
SZVS	Schweizerische Zeitschrift für Volkswirtschaft und Statistik
SZW/RSDA	Schweizerische Zeitschrift für Wirtschaftsrecht/ Revue suisse de droit des affaires
UCC	Uniform Commercial Code

UNCITRAL	United Nations Commission on International Trade Law
Unif. L. Rev.	Uniform Law Review

Einleitung

In den letzten Jahren ist die internationale Harmonisierung der auf Wertpapierguthaben und Wertpapiersicherheiten anwendbaren Regelungen immer weiter vorangeschritten. Ausgehend von gemeinschaftsrechtlichen Regelungen zwecks Errichtung einer Infrastruktur für grenzüberschreitende Zahlungen in Euro und für die Durchführung der Geldpolitik des Eurosystems,[1] ist inzwischen ein gemeinschaftsrechtlicher Rahmen entstanden, der letztlich die Inangriffnahme globaler Harmonisierungsansätze begünstigt hat. Obwohl die gemeinschaftsrechtlichen und globalen Regelungen und Regelungsvorhaben zunehmend Beachtung finden, steht eine umfassende Untersuchung ihrer Hintergründe und Zusammenhänge derzeit noch aus. Zu dieser Untersuchung soll die vorliegende Arbeit beitragen. Dabei kommt der Behandlung von Wertpapierguthaben und Wertpapiersicherheiten in Krise und Insolvenz von Kreditinstituten eine besondere Bedeutung zu, weil Kreditinstitute einerseits als depotführende Institutionen (genannt „Intermediäre") in Bezug auf Wertpapierguthaben ihrer Depotkunden fungieren und andererseits als Geschäftspartner, insbesondere als Sicherungsgeber, gegenüber anderen Marktteilnehmern auftreten.

A. Wertpapierguthaben

Als Wertpapierguthaben werden nachfolgend die Rechte bezeichnet, die einem Depotkunden in Bezug auf Wertpapiere zustehen, die auf seinem Depotkonto für ihn verbucht sind. Der Begriff des Wertpapiers steht dabei hier nicht für das deutsche Wertpapierkonzept. Vielmehr sind Wertpapiere Rechte, die sich durch eine besondere Umlauffähigkeit auszeichnen, insbesondere Aktien (d.h. bestimmte Mitgliedschaftsrechte) und Schuldverschreibungen (d.h. bestimmte Forderungsrechte). Diese Umlauffähigkeit wird traditionell herbeigeführt, indem das Wertpapier mit einem „Vehikel" verknüpft und dessen Schicksal unterstellt wird. Das Vehikel kann mit Blick auf den Zweck, die Umlauffähigkeit des Rechts herbeizuführen, als „Instrument" bezeichnet werden.[2] In Deutschland handelt es sich dabei um eine Urkunde, und die Unterstellung des Schicksals des Rechts unter das der Urkunde („Verbriefung") erlaubt die Verfügung über das Recht in den Formen des Sachenrechts. In England handelt es sich bei dem Ve-

---

[1] Das Eurosystem setzt sich aus der Europäischen Zentralbank und den nationalen Zentralbanken der Mitgliedstaaten zusammen, die den Euro eingeführt haben, vgl. Banque de France, L'adaptation des banques françaises au nouveau cadre opérationnel de la politique monétaire, Bull. de la Banque de France n° 68 (1999), 47, 48, Text in FN 1. Das sind derzeit dreizehn nationale Zentralbanken, vgl. Europäische Zentralbank, The enlarged EU and Euro area economies, Monthly Bulletin (Januar 2007), 55.

[2] Vgl. *Nizard*, Les titres négociables, RZ 2.

hikel traditionell um eine Eintragung im Emittentenregister, und auf diese Weise kann durch Registereintragungen über das Recht verfügt werden.

Solche rechtstechnische Unterschiede sind indes für die Erscheinung des Wertpapierguthabens ohne Belang. Es kommt vielmehr allein auf das Vorliegen einer auf Wertpapiere lautenden Gutschrift auf einem Depotkonto an. Eine solche Gutschrift lautet auf einen Nennbetrag oder eine Stückzahl einer bestimmten Gattung,[3] z.B. „50 Siemens“, wobei eine nähere Bestimmung der verbuchten Werte, etwa nach Nummern, regelmäßig nicht erfolgt. Der Intermediär, mit dem der Depotkunde in einer unmittelbaren depotvertraglichen Beziehung steht (der „maßgebliche Intermediär“), bedient sich seinerseits eines weiteren, höherstufigen Intermediärs, der für ihn – meist nach Eigen- und Kundenbeständen getrennt – Depotkonten führt, und so fort. Zwischen dem Anleger und dem Emittenten kann auf diese Weise eine ganze Kette von Intermediären, untereinander jeweils verbunden durch Depotverträge, eingeschaltet sein. Das Ende der Depotvertragskette liegt beim Betreiber eines Wertpapierabwicklungssystems in dem Staat, in dem die Wertpapiere bzw. die Instrumente, die sie umlauffähig machen, zentral verwahrt bzw. verwaltet werden. Das ist meist der Sitz- bzw. Gründungsstaat des Emittenten.[4]

Hintergrund der zentralen Verwahrung bzw. Verwaltung der Instrumente ist, dass diese zwar die Umlauffähigkeit der Rechte gegenüber dem Emittenten in rechtlicher Hinsicht erhöhen, jedoch bei steigenden Transaktionsvolumina selbst zum Hindernis werden. Wäre beispielsweise zur Abwicklung einer jeden Transaktion in Bezug auf einen verbrieften Kapitalmarktwert die tatsächliche Bewegung von Wertpapierurkunden erforderlich, wie es dem Leitbild der Verbriefung entspricht, so wäre mit einem alsbaldigen Zusammenbruch der Wertpapierabwicklung zu rechnen, wie sich 1968 in den USA mit dem so genannten *paperwork crunch* erwiesen hat.[5] Ähnliche Schwierigkeiten wären zu erwarten, wenn

---

[3] Vgl. *Horn*, Die Erfüllung von Wertpapiergeschäften unter Einbeziehung eines Zentralen Kontrahenten an der Börse, WM Sonderbeilage 2/2002, 3, 8. Stückzahl bzw. Nennbetrag bilden bei der deutschen Girosammelverwahrung nur den Zähler eines Bruchs, dessen Nenner der Umfang eines zu definierenden Bestandes an Instrumenten ist. Erst dieser Bruch bezeichnet das exakte Wertpapierguthaben. Es entspricht jedoch der praktischen Handhabung, nur den Zähler des Bruchs anzugeben, dazu: *Kümpel*, Der Bestimmtheitsgrundsatz bei Verfügungen über Sammeldepotguthaben, WM 1980, 422 (424).

[4] *Than*, Internationaler Effektengiroverkehr oder Zweitverbriefung, in: WM-Festgabe Hellner, 85; *Euroclear Operations Centre*, Cross-Border Clearance, Settlement and Custody: Beyond the G 30 Recommendations, 17.

[5] Näher dazu: *Drobnig*, Dokumenteloser Effektenverkehr, in: Abschied vom Wertpapier?, 11, 15.

jeder Abwicklungsvorgang sich in einer Eintragung im Emittentenregister niederschlagen müsste, und zwar insbesondere bei Abwicklungsvorgängen außerhalb des Herkunftslandes des Kapitalmarktwertes.

Entsprechend gab es in Europa bereits seit 1850 Bestrebungen, wenigstens im Interbankenverkehr die tatsächliche Lieferung von Wertpapierurkunden zu vermeiden, die Urkunden zu immobilisieren und die Werte nur noch buchmäßig zu übertragen.[6] Das hat sich heute allgemein durchgesetzt.[7] In Rechtsordnungen, in welchen die Verfügung über einen Kapitalmarktwert eine Eintragung im Emittentenregister voraussetzt, geht man entsprechend dazu über, dauerhaft einen oder mehrere so genannte *nominees* als Treuhänder in das Register eintragen zu lassen. Verfügungen über die von den *nominees* abgeleiteten Rechte werden ebenfalls durch Umbuchung vorgenommen.[8]

B. Wertpapiersicherheiten

Wertpapiersicherheiten sind Rechte, die es dem Sicherungsnehmer im Sicherungsfall erlauben, ein Wertpapierguthaben – also die im Rahmen des Guthabens bestehenden Rechte – zu verwerten. Eine Wertpapiersicherheit kann darin bestehen, dass der Sicherungsnehmer selbst Inhaber eines Wertpapierguthabens wird (also eine eigene Gutschrift über die Werte erlangt), beispielsweise im Rahmen eines Wertpapierpensionsgeschäfts (*repurchase agreement*).[9] Die Wertpapiersicherheit kann aber auch darin bestehen, dem Sicherungsnehmer nur bestimmte Befugnisse in Bezug auf das Wertpapierguthaben des Sicherungsgebers einzuräumen (also ein beschränktes Recht). Die Begründung des Sicherungsrechts erfolgt je nach Einsatzgebiet aufgrund einschlägiger Rahmenverträge[10] oder aufgrund allgemeiner Geschäftsbedingungen.

---

[6] Zur Bank des Berliner Kassenvereins AG: *Wolff*, Sammeldepot und Konkurs, 8; Zur entsprechenden Entwicklung in Österreich 1872 durch den Wiener Giro- & Cassenverein: *Keßler*, Wertpapiersammelbanken im Ausland, Die Bank 1981, 291.

[7] Zu den einzelnen Rechtsordnungen: *Keßler*, Wertpapiersammelbanken im Ausland, Die Bank 1981, 291 (Österreich und die Schweiz); *ders*., Wertpapiersammelbanken im Ausland, Die Bank 1981, 325 (Frankreich, Belgien und die Niederlande); *ders*., Wertpapiersammelbanken im Ausland, Die Bank 1981, 377 (USA); *Baum*, The present has finally arrived: Settlement by book-entry in Japan, (1991) 11 JIBFL 542 (Japan).

[8] Vgl. *Goode*, The nature and transfer of rights in dematerialised and immobilised securities, (1996) 4 JIBFL 167, 168.

[9] Vgl. Artikel 12 Abs. 1 der Richtlinie 86/635/EWG des Rates vom 8. Dezember 1986 über den Jahresabschluß und den konsolidierten Abschluß von Banken und anderen Finanzinstituten, ABl. 1986 L 372/1, in Deutschland umgesetzt durch § 340b HGB, dazu *Gesell*, Wertpapierleihe und Repurchase Agreement in deutschen Recht, 149 ff.

[10] Beispielhaft seien hier nur das European *Master Agreement* (EMA) der *Fédération Bancaire de l'Union Européenne*, das *ISDA Master Agreement* sowie die unter Federführung des

Eines der Einsatzgebiete von Wertpapiersicherheiten ergibt sich unmittelbar aus der vorstehend skizzierten Infrastruktur für die Inhaberschaft von Wertpapierguthaben, denn Intermediäre lassen sich für ihre Forderungen aus der Anschaffung und Verwahrung bzw. Verwaltung der für ihre Depotkunden verbuchten Wertpapiere Verwertungsrechte an den entsprechenden Wertpapierguthaben einräumen.

Sofern der Intermediär außer dem Depotkonto auch ein Geldkonto für den Depotkunden führt, kommt als Sicherungszweck die Sicherung gewährter Überziehungskredite in Betracht. Auf diese Weise werden unter anderem Verbindlichkeiten gegenüber Clearinghäusern und zentralen Kontrahenten sowie gegenüber Betreibern von Zahlungs- und Wertpapierabwicklungssystemen gesichert.

Weiter nehmen Geschäftsbanken gegen Einräumung von Sicherungsrechten an geeigneten Sicherungsgütern (so genannten refinanzierungsfähigen Sicherheiten)[11] an liquiditätszuführenden Geschäften der Zentralbanken teil.[12] An den dabei eingesetzten Sicherungsgütern nehmen Wertpapierguthaben einen erheblichen Anteil ein.[13]

Schließlich werden Wertpapiersicherheiten von Marktteilnehmern im Rahmen unterschiedlicher Finanztransaktionen, beispielsweise im Geschäft mit Derivaten, eingesetzt, um Gegenparteirisiken zu mindern.

C. Bestimmung der auf Wertpapierguthaben und Wertpapiersicherheiten anwendbaren Rechtsnormen

Die auf Wertpapierguthaben und Wertpapiersicherheiten anwendbaren Rechtsnormen sind nicht immer klar bestimmbar und weisen teils auch qualitative Schwächen in dem Sinne auf, dass sie keine angemessenen Lösungen für praktische Probleme der Marktteilnehmer bieten.

Unsicherheiten bestehen zunächst hinsichtlich der Bestimmung der maßgeblichen Rechtsordnung, und sie werden dadurch verstärkt, dass die internationale Zuständigkeit für die Entscheidung von Rechtsstreitigkeiten bezüglich der Rech-

---

Bundesverbandes Deutscher Banken erarbeiteten Rahmenverträge für Wertpapierdarlehen, Wertpapierpensionsgeschäfte und Finanztermingeschäfte genannt. Die von den Zentralbanken des Eurosystems genutzten Rahmenverträge sind aufgeführt in der Leitlinie der Europäischen Zentralbank vom 16. November 2001, ABl. 2001 L 310/31, 31 f.

[11] Die Kriterien der Geeignetheit sind dargestellt in: *Europäische Zentralbank*, Durchführung der Geldpolitik im Euro-Währungsgebiet, 38 ff.

[12] *Europäische Zentralbank* (oben FN 11), 37.

[13] Im ersten Halbjahr 1999 machten Wertpapiere beispielsweise insgesamt 64% der von der Banque de France hereingenommenen Sicherungsgüter aus, wobei 43% auf französische und 21% auf ausländische Wertpapiere entfielen, *Banque de France* (oben FN 1), 47, 58. Zur Bedeutung von Wertpapieren als Sicherungsgüter: *Europäische Zentralbank*, Cross-border use of collateral: A user's survey, 5.

te der Depotkunden und Sicherungsnehmer nicht immer klar vorhersehbar ist. Schließlich sind die nationalen Sachnormen häufig nicht auf Wertpapierguthaben zugeschnitten, was das Auffinden der anwendbaren Regelungen auch innerhalb einer Rechtsordnung erschwert.

Diese Unklarheiten wirken sich nachteilig auf die Rechtssicherheit der Depotkunden, der Sicherungsnehmer und sonstiger Geschäftspartner der Kreditinstitute aus und können im Einzelfall auch über den Kreis der unmittelbar Betroffenen hinausreichende Folgen haben.

I. Sachrecht

1. Inhalt der Rechte des Depotkunden und des Sicherungsnehmers

Der Inhalt der Rechte des Depotkunden hängt davon ab, welche Rechte der maßgebliche Intermediär ihm verschafft. In diesem Zusammenhang kommt es einerseits darauf an, wozu der Intermediär aufgrund des Depotvertrages verpflichtet ist. Andererseits kann er seinem Depotkunden aber auch nicht mehr Rechte vermitteln, als durch höherstufige Intermediäre an ihn selbst weitergeleitet werden.[14] Beispielsweise kann er seinem Depotkunden kein Eigentum an Wertpapierurkunden verschaffen, wenn die anzuschaffenden Wertpapiere im Ausland nicht in Form von Urkunden existieren oder wenn ihm von höherstufigen Intermediären nicht der für den Erwerb des Eigentums erforderliche Besitz gemittelt wird. Auch kann er dem Depotkunden keine Aktionärs- oder Gläubigerstellung im Rechtssinne verschaffen, falls die Wertpapiere von einem der Intermediäre selbst – gegebenenfalls treuhänderisch – erworben wurden. Beides führt in grenzüberschreitenden Konstellationen regelmäßig dazu, dass der Depotkunde nicht weiß, wem die auf seinem Depotkonto verbuchten Werte im Rechtssinne „gehören".[15] Darüber hinaus besteht die Gefahr, dass die verbuchten Wertpapiere bei einem höherstufigen Intermediär gepfändet oder mit Arrest belegt werden (so genanntes *upper-tier attachment*), wodurch die buchmäßige Verfügbarkeit der Wertpapiere beeinträchtigt würde.[16]

Soweit ein Sicherungsnehmer ein beschränktes Sicherungsrecht an einem Wertpapierguthaben innehat, wirken sich gegebenenfalls bestehende Unklarhei-

---

[14] Vgl. *Potok & Moshinsky*, Cross-border Collateral: A Conceptual Framework for Choice of Law Situations, in: The Oxford Colloquium on Collateral and Conflict of Laws, 10, 14; *Dittrich*, Effektengiroverkehr mit Auslandsberührung, 76.

[15] Vgl. *Zobl*, Internationale Übertragung und Verwahrung von Wertpapieren (aus schweizerischer Sicht), SZW/RSDA 2001, 105, 120 f; *Mooney*, Practising Safer Lex: The Proper Domain of Property, Secured Transactions and Insolvency Laws in the Regulation of Securities Intermediaries, in: European Securities Markets, 85, 87; Vgl. *Giovannini*-Bericht 2003, 13 (*Barrier* 13).

[16] *Giovannini*-Bericht 2003, 14.

ten hinsichtlich der Rechtsposition des Sicherungsgebers unmittelbar auf ihn aus, denn der Gegenstand der Berechtigung ist in diesem Falle für Sicherungsnehmer und Sicherungsgeber derselbe. Soweit der Sicherungsnehmer das Wertpapierguthaben selbst zu Sicherungszwecken erworben hat, können sich aus der dabei genutzten Infrastruktur eigene Risiken ergeben. Insoweit kommt es dann darauf an, welchen Inhalts die Rechte sind, die ihm sein maßgeblicher Intermediär verschafft, wobei sich die gleichen Unklarheiten ergeben wie für alle Depotkunden.

2. Erwerb von Wertpapierguthaben und Wertpapiersicherheiten

Die Erwerbsvoraussetzungen für Wertpapierguthaben und Wertpapiersicherheiten sind in einigen Rechtsordnungen besonders geregelt. Das ist beispielsweise in Belgien,[17] Luxemburg,[18] Frankreich[19] und den USA[20] der Fall.

Gibt es solche speziellen Regelungen nicht, so muss im Einzelfall untersucht werden, in welche allgemeine sachrechtliche Kategorie die zu erwerbenden Rechte fallen. Diese Einordnung kann aufgrund der bereits skizzierten Unklarheiten hinsichtlich des Inhalts der zu erwerbenden Rechte Probleme bereiten, und zwar insbesondere, falls es um den Erwerb von Rechten in Bezug auf Wertpapiere eines – aus der Sicht des maßgeblichen Intermediärs – ausländischen Emittenten geht.

Daraus können sich Zweifel an der Möglichkeit eines gutgläubigen Erwerbs vom Nichtberechtigten ergeben, denn eine solche Möglichkeit besteht in den meisten Rechtsordnungen nur, sofern es sich bei dem zu erwerbenden Recht um ein Sachenrecht handelt. Auch kann die Bestimmung des genauen Zeitpunkts des Rechtserwerbs Probleme bereiten, was im Falle einer späteren Insolvenz des Geschäftspartners zu Unsicherheiten führt. Dann kommt es für eine solvente Partei, die ihre Leistung bereits endgültig erbracht hat, darauf an, dass auch die Erbringung der Gegenleistung nicht mehr verhindert werden kann, etwa durch Widerruf eines Übertragungsauftrags oder durch Ausübung eines Wahlrechts des Insolvenzverwalters.

3. Bestand und Ausübung der Rechte des Depotkunden, des Sicherungsnehmers und sonstiger Geschäftspartner in Krise und Insolvenz eines Kreditinstituts

Der Eintritt finanzieller Schwierigkeiten bei einem Kreditinstitut führt regelmäßig zum Einschreiten der Behörden und/oder der Gerichte des Staates, dessen

[17] Vgl. Artikel 4 Abs. 3 Arrêté Royal n° 62.

[18] Vgl. Artikel 3 Loi du 1er août 2001 concernant la circulation de titres et d'autres instruments fongibles.

[19] Vgl. Artikel L431-2 Code monétaire et financier.

[20] Vgl. §§ 8-104 (a) (2), 8-501 UCC.

Aufsicht das Kreditinstitut unterliegt, und zwar in einem Zeitpunkt, in dem gegen eine Nicht-Bank noch keine Maßnahmen ergriffen werden könnten. Solche Maßnahmen dienen insbesondere der Insolvenzvermeidung. Durch Zwangsmaßnahmen, die auf dieser Grundlage gegen das Kreditinstitut verhängt werden, können dessen Depotkunden sowie Sicherungsnehmer und andere Geschäftspartner in ihrer Rechtsstellung beeinträchtigt werden. Insbesondere in Fällen mit Auslandsbezug ergeben sich dabei Unklarheiten hinsichtlich der genauen Auswirkungen der Zwangsmaßnahmen. Für Depotkunden, Sicherungsnehmer und andere Geschäftpartner ist in dieser Situation von Bedeutung, ob ihre Rechte Bestand haben sowie ob und wie sie ausgeübt werden können.[21]

Für den Depotkunden kommt es darauf an, dass die für ihn verbuchten Wertpapiere nicht in die Insolvenzmasse eines Intermediärs fallen, sondern ausgesondert werden können. Das Risiko, dass Gläubiger eines Intermediärs auf Kundenwerte zugreifen können, wird auch als *intermediary risk* bezeichnet und bildet die Kehrseite der durch die Einschaltung von Intermediären erreichten Effizienzsteigerung des Effektensystems.[22] Im Ergebnis wirft die rechtliche Unterscheidung von Fremd- und Eigenbeständen des Intermediärs allerdings – wenn auch aufgrund unterschiedlicher rechtlicher Konstruktionen – kaum Probleme auf.[23] Sind die für Depotkunden gehaltenen Deckungsbestände allerdings nicht als Kundenbestände gekennzeichnet, so kann sich *intermediary risk* verwirklichen.[24] Probleme bei der Rechtsausübung durch den Depotkunden ergeben sich, wenn der insolvente Intermediär seinen Depotkunden insgesamt mehr Wertpapiere einer Gattung gutgeschrieben hat, als er tatsächlich oder buchmäßig zur Deckung dieser Gutschriften bereithält.[25] Das wird als Unterdeckung bezeichnet. Die Unterdeckung muss dann entweder einem individuellen Depotkunden zugeordnet oder aber im Wege einer Verlustumlage auf alle oder eine bestimmte Gruppe von Depotkunden umgelegt werden.

Für Geschäftspartner, die vor Insolvenzeröffnung Wertpapierguthaben oder Wertpapiersicherheiten von dem Kreditinstitut erworben haben, ist von Bedeu-

---

[21] Ob das jeweilige Recht zuvor erworben wurde, ist in diesem Zusammenhang Vorfrage (oben S. 6 f).

[22] Dazu ausführlich: *Schwarcz*, Intermediary risk in a global economy, 50 Duke L. J. 1541 ff.

[23] Vgl. *Giovannini*-Bericht 2001, 56.

[24] Welche Folgen die fehlende Kennzeichnung von Kundenbeständen bereits außerhalb der Insolvenz des maßgeblichen Intermediärs haben kann, zeigt der Sachverhalt des am 11. Mai 1964 vom Schweizerischen Bundesgericht entschiedenen Falls *Vetania Trust reg. c. Lloyd's Bank (Foreign) Ltd.*, BGE 90 II 158. Im Rahmen eines Arrestvollzugs gegen *Vetania Trust reg.* wurden unter anderem Wertpapiere mit Arrest belegt, die *Vetania Trust reg.* für einen Depotkunden hielt. Dadurch war *Vetania Trust reg.* daran gehindert, einen Übertragungsauftrag des Depotkunden auszuführen.

[25] Vgl. Re CA Pacific Securities Ltd. and another, (1999) 2 HKLRD 1 ff.

tung, dass ihnen diese Rechte nicht aufgrund der Insolvenz wieder entzogen werden können, und zwar insbesondere dann nicht, wenn sie ihre eigene Leistung bereits erbracht haben. Der Bestand eines bereits erworbenen Rechts konnte bislang beispielsweise durch eine fiktive Vorverlegung des Zeitpunkts der Insolvenzeröffnung beeinträchtigt werden. Solche Regeln werden als Null-Uhr-Regeln bezeichnet, weil die Verfahrenseröffnung häufig auf 0:00 Uhr des Tages der Verfahrenseröffnung zurückwirkt. Rechtshandlungen, die der Schuldner in der Zwischenzeit vorgenommen hatte, konnten so mangels Verfügungsbefugnis nachträglich als unwirksam anzusehen sein. Darüber hinaus ignorieren einige Rechtsordnungen ausländische Sicherungsrechte, die nicht auch den Erwerbsvoraussetzungen der eigenen Rechtsordnung genügen, und zwar unabhängig davon, welcher Rechtsordnung der Rechtserwerb unterlag.

Selbst wenn ein Sicherungsrecht zunächst Bestand hat, kann seine Ausübung beeinträchtigt werden, und zwar beispielsweise durch (vorübergehende) Verwertungsverbote oder durch einen Verlust der Verwertungsbefugnis an den Insolvenzverwalter. Ist das Sicherungsgut unter einem Rahmenvertrag bereitgestellt worden, um das aufgrund einer periodischen Gesamtsaldierung des Wertes aller Einzelabschlüsse ermittelte Netto-Ausfallrisiko auszugleichen (so genannter Wertausgleich oder *margin*), so ergeben sich weitere Risiken. Zum einen kann bereits die Gesamtsaldierung im Falle der Gesamtbeendigung (so genannte Aufrechnung infolge Beendigung)[26] daran scheitern, dass der von den Parteien vereinbarte Beendigungsgrund – etwa die Insolvenz einer Partei – nach dem maßgeblichen Insolvenzrecht nicht zur Gesamtbeendigung führt. Dann kann die Ausübung insolvenzrechtlicher Wahlrechte bezüglich einzelner Geschäfte eine Verschlechterung der Netto-Position der solventen Partei zur Folge haben, die durch den geleisteten Wertausgleich nicht mehr vollständig gedeckt ist. Selbst wenn die Gesamtbeendigung aber möglich ist, kann die Verwertung des Sicherungsguts durch Einbeziehung seines Wertes in die Aufrechnung infolge Beendigung an insolvenzrechtlichen Aufrechnungsverboten scheitern.

II. Kollisionsrecht

1. Anknüpfung des Erwerbs von Wertpapierguthaben und Wertpapiersicherheiten

Stellt sich die Frage nach dem Erwerb eines Wertpapierguthabens oder einer Wertpapiersicherheit – was oft erst in einem Insolvenzszenario der Fall ist –, dann ist zunächst die dafür maßgebliche Rechtsordnung zu ermitteln. Die auf den Rechtserwerb anwendbare Rechtsordnung wird als Begründungsstatut bezeichnet und ist anhand der Kollisionsnormen der *lex fori* zu bestimmen. Unter-

---

[26] Die Aufrechnung infolge Beendigung wird häufig auch als *close-out netting* oder als Liquidations-Netting bezeichnet.

schiede zwischen autonomen kollisionsrechtlichen Regelungen können zu unterschiedlichen Anknüpfungsergebnissen führen, so dass die maßgebliche Rechtsordnung hinsichtlich desselben Rechtserwerbs davon abhängt, wo über ihn entschieden wird.

Wie im Sachrecht können bei der Suche nach den einschlägigen kollisionsrechtlichen Regelungen zwei Konstellationen auftreten: Entweder die *lex fori* verfügt über spezielle Regelungen für die Anknüpfung des Erwerbs von Wertpapierguthaben und Wertpapiersicherheiten oder es ist auf allgemeine Regelungen zurückzugreifen. In beiden Fällen bestimmt die *lex fori* über die Qualifikation, also darüber, welche Rechte unter welche Tatbestandsmerkmale ihrer Kollisionsnormen zu subsumieren sind.[27] Der Blick der *lex fori* wird dabei von der sachrechtlichen Konzeption des eigenen Effektenwesens geprägt sein. Unterschiede machen sich insbesondere bemerkbar, wenn es an besonderen Kollisionsregeln fehlt. So kann beispielsweise ein Recht, das in der Schweiz als *Miteigentum* anzusehen wäre, in England als *trust* zu qualifizieren sein.[28] Gegebenenfalls bestehende sachrechtliche Unsicherheiten hinsichtlich der Einordnung des Anknüpfungsgegenstandes können sich auf diese Weise auch im Kollisionsrecht auswirken, wofür das englische Recht Beispiele bietet.[29]

Sieht das maßgebliche Kollisionsrecht unmittelbar das Recht gegenüber dem Emittenten als Gegenstand der zu erwerbenden Berechtigung an, dann kann zur Bestimmung der auf den Rechtserwerb anwendbaren Rechtsordnung zwischen Wertpapierrechts- und Wertpapiersachstatut unterschieden werden, wie es im deutschen Kollisionsrecht der Fall ist. Wertpapierrechtsstatut ist dabei die Rechtsordnung, der das Recht gegenüber dem Emittenten untersteht. Das ist im Falle der Aktie das Personalstatut der Gesellschaft;[30] im Falle der Schuldverschreibungen ist es das Schuldstatut,[31] also die von den Parteien des Schuldverhältnisses gewählte Rechtsordnung oder mangels Rechtswahl die Rechtsordnung des Ausstellungsortes.[32] Das Kollisionsrecht der *lex fori* kann die Verweisung auf das Wertpapierrechtsstatut als Gesamtverweisung aussprechen, also das Kollisionsrecht der verwiesenen Rechtsordnung einbeziehen.[33] Zu einer Weiterverweisung wird dies führen, sofern die Verfügung über das Recht nach dem Sachrecht des Wertpapierrechtsstatuts durch Einwirkung auf ein Instrument – insbesondere durch Übertragung einer Urkunde oder durch Eintragung im Emitten-

---

[27] Zur Qualifikation vgl. *Kropholler*, IPR, 114.

[28] *Morton, Potok & Benjamin* in: Cross Border Collateral, RZ 10.31 ff.

[29] Vgl. *Cheshire & North*, Private International Law, 972 f.

[30] *Grasmann*, Internationales Gesellschaftsrecht, RZ 1019; *Johnson*, The law applicable to shares, in: The law of cross-border securities transactions, RZ 1.04.

[31] MK-*Wendehorst*, EGBGB, Art. 43 RZ 194.

[32] Staudinger-*Stoll*, Internationales Sachenrecht, RZ 416.

[33] Vgl. BGH, 19.1.1994, IPRax 1995, 173.

tenregister – vorzunehmen ist, denn in einem solchen Falle wird das Kollisionsrecht diesem Instrument entsprechende Bedeutung als Anknüpfungspunkt beimessen. Das Statut des Instruments wird als Wertpapiersachstatut bezeichnet. Handelt es sich um eine Wertpapierurkunde, dann ist Wertpapiersachstatut die Rechtsordnung ihres Belegenheitsortes;[34] handelt es sich um eine Eintragung im Emittentenregister, dann ist Wertpapiersachstatut der Ort dieses Registers.[35] Da die herkömmliche Ermittlung des Wertpapiersachstatuts angesichts des Funktionsverlusts der Instrumente als nicht mehr sachgerecht zur Bestimmung des Schwerpunkts des Rechtserwerbs erscheint, ist die Bestimmung des Wertpapiersachstatuts verbuchter Wertpapiere nach dem Ort des depotführenden Intermediärs befürwortet worden,[36] was neuerdings als *Place of the Relevant Intermediary Approach* (PRIMA) bezeichnet wird.

Ist Gegenstand der zu erwerbenden Berechtigung aus der Sicht des anwendbaren Kollisionsrechts nicht unmittelbar das Recht gegenüber dem Emittenten, sondern ein Recht gegenüber einem Intermediär, dann ist im Kollisionsrecht der Schwerpunkt dieses Rechts zu ermitteln. Im englischen Kollisionsrecht werden die Rechte des Depotkunden teils als *beneficial interest* unter einem *trust* angesehen. Die Anknüpfung erfolgt dann anhand objektiver Kriterien, die jedoch im Einzelnen streitig sind. In Betracht gezogen wurden insbesondere der Ort der Depotführung[37] sowie der Gründungsort[38] bzw. der Hauptverwaltungssitz des maßgeblichen Intermediärs.[39] Der jeweilige Ort wird auch als *situs* der Rechte des Depotkunden bezeichnet.[40] Für die Wahl des Anknüpfungsmerkmals ist von

---

[34] *Kronke & Berger*, Wertpapierstatut, Schadensersatzpflichten der Inkassobank, Schuldnerschutz in der Zession – Schweizer Orderschecks auf Abwegen, IPRax 1991, 316, 317.

[35] So für bestimmte ausländische Aktienbücher: *Maier*, Ausländische Wertpapiere als Sicherungsrechte, Bank-Betrieb 1967, 136, 137.

[36] *Drobnig* (oben FN 5), 11, 37.

[37] *Benjamin*, Recharacterisation Risk and Conflict of Laws, in: The Oxford Colloquium on Collateral and Conflict of Laws, 29, 37; *dies.*, Determining the situs of interests in immobilised securities, (1998) 47 ICLQ 923, 930.

[38] *Goode*, Security entitlements as collateral and the conflict of laws, in: The Oxford Colloquium on Collateral and Conflict of Laws, 22, 26.

[39] *Goode* (oben FN 8), (1996) 4 JIBFL 167, 172; *ders.* (oben FN 38) in: The Oxford Colloquium on Collateral and Conflict of Laws, 22, 24.

[40] Vgl. *Benjamin* (oben FN 37), (1998) 47 ICLQ 923. Die Verwendung des Begriffs *situs* zur Bezeichnung des kollisionsrechtlichen Schwerpunkts der Rechtsverhältnisse unkörperlicher Vermögensgegenstände (*intangibles*) geht zurück auf die Entscheidung des *Court of Appeal* in *Macmillan Inc v Bishopsgate Investment Trust plc and others (No 3)*, (1996) 1 All E. R. 585, in dem der Schwerpunkt von Aktien zu bestimmen war. Da Aktien *intangibles* sind, wird die Entscheidung allgemein im Zusammenhang mit *intangibles* – also auch *beneficial interests* – zitiert, vgl. *Benjamin*, Interests in securities, RZ 7.19; *Benjamin, Yates & Montagu*, The

Bedeutung, an welchem Ort gegebenenfalls Rechte in Bezug auf das Wertpapierguthaben durchgesetzt werden müssten, wobei allerdings nicht immer deutlich wird, ob damit der Gerichtsstand der Hauptsache oder der Gerichtsstand der Zwangsvollstreckung gemeint ist.[41] Nach US-amerikanischem Kollisionsrecht unterliegt der Erwerb von *securities entitlements* (vgl. § 8-503 UCC) gemäß § 8-110 (c) UCC primär der von Depotkunden und maßgeblichem Intermediär vereinbarten Rechtsordnung, andernfalls die maßgebliche Rechtsordnung anhand bestimmter objektiver Kriterien bestimmt wird. Für die kollisionsrechtliche Behandlung des Erwerbs von Sicherungsrechten an *securities entitlements* verweist § 9-305 (a) (3) UCC auf dieselben Regeln.

Aus der Sicht des deutschen Kollisionsrechts können Rechte gegenüber einem Intermediär gegebenenfalls als bloß schuldrechtlich zu qualifizieren sein, so dass für den Rechtserwerb primär die für den Depotvertrag maßgebliche Rechtsordnung anwendbar ist.

2. Anknüpfung der Rechtsausübung in Krise und Insolvenz eines Kreditinstituts

Die Anknüpfung der Rechtsausübung in Krise und Insolvenz des Kreditinstituts bereitet einerseits deshalb Schwierigkeiten, weil das Begründungsstatut des Wertpapierguthabens bzw. der Wertpapiersicherheit nicht eindeutig bestimmbar ist (vgl. oben). Darüber hinaus ist aber auch das Verhältnis zwischen dem Begründungsstatut und dem Insolvenzeröffnungsstatut häufig unklar oder umstritten.

Hinsichtlich der Geltendmachung der Massefremdheit von Gegenständen in der Insolvenz des Schuldners – die hier für den Depotkunden hinsichtlich seines Wertpapierguthabens von Bedeutung ist – wird einerseits vertreten, dass mit der Zuordnung eines Gegenstandes zum Vermögen eines Dritten gleichzeitig feststehe, dass er durch das Insolvenzverfahren nicht betroffen werde.[42] Für die Geltendmachung der Massefremdheit des Wertpapierguthabens wäre demnach – mangels Änderung anknüpfungsrelevanter Tatsachen – weiter ausschließlich das Begründungsstatut maßgeblich. Nach der Gegenauffassung hat die Geltendma-

---

law of global custody, RZ 5.25. Eine eindeutige Regel zur Bestimmung des *situs* enthält die Entscheidung allerdings nicht, vgl. dazu *Kieninger*, Übertragung von Gesellschaftsanteilen im englischen Internationalen Privatrecht, IPRax 1997, 449, 456 f.

[41] Wohl eher für den Gerichtsstand der Hauptsache: *Wood*, Comparative law of security and guarantees, RZ 6-44; *Moshinsky*, Securities held through a Securities Custodian – Conflict of Laws Issues, in: The Oxford Colloquium on Collateral and Conflict of Laws, 18, 20. Dagegen wohl eher für den Gerichtsstand der Zwangsvollstreckung: *Potok & Moshinsky* (oben FN 14) in: The Oxford Colloquium on Collateral and Conflict of Laws, 10, 13; *Goode* (oben FN 38), ebendort, 22, 27; *Benjamin* (oben FN 37), ebendort, 29, 32.

[42] *Gottwald*, Insolvenzrechtshandbuch, § 129 RZ 20.

chung der Massefremdheit von Gegenständen im Interesse der einheitlichen Durchführung des Verfahrens ausschließlich nach dem Insolvenzeröffnungsstatut zu erfolgen.[43] Damit käme es für das Wertpapierguthaben zu einem Statutenwechsel durch Wechsel des Anknüpfungsmerkmals.

Vergleichbare Meinungsverschiedenheiten gibt es in Bezug auf die Durchsetzung von Sicherungsrechten in der Insolvenz des Schuldners. Teils werden die Wirkungen des Sicherungsrechts im Interesse der Planungssicherheit der gesicherten Gläubiger nach der für das Sicherungsrecht ansonsten maßgeblichen Rechtsordnung beurteilt.[44] Für die Verwertung käme es damit – mangels Änderung anknüpfungsrelevanter Tatsachen – weiter auf die Regelungen des Begründungsstatuts an. Einschränkungen hinsichtlich der Verwertbarkeit können sich dabei jedoch aus gegen den Schuldner verhängten Zwangsmaßnahmen ergeben, deren Wirkung im *Forum*-Staat anerkannt wird. So kann das maßgebliche Insolvenzrecht dem Sicherungsnehmer beispielsweise die Verwertung zeitweise verbieten oder die Verwertungsbefugnis auf den Insolvenzverwalter übertragen. Anderer Auffassung zufolge sollen sämtliche Sicherungsrechte in das maßgebliche Insolvenzrecht zu integrieren sein und nur im Rahmen seiner Vorschriften geltend gemacht werden können.[45] Insbesondere die Verteilung des Erlöses aus der Verwertung des Sicherungsguts richte sich nach der *lex fori concursus*.[46] Diese letztgenannte Auffassung führt für die Wertpapiersicherheit zum Statutenwechsel durch Wechsel des Anknüpfungsmerkmals.

Soll die Verwertung des Sicherungsguts durch Verrechnung seines Wertes gegen Forderungen des Schuldners erfolgen, wie es der gängigen Marktpraxis entspricht, dann stellt sich die Frage, nach welcher Rechtsordnung die Verrechnung vorgenommen werden kann, insbesondere ob eine für die Verrechnung vereinbarte Rechtsordnung zur Anwendung kommt oder aber durch die *lex fori concursus* verdrängt wird.

---

43 *Trunk*, Internationales Insolvenzrecht, 137; *Gottwald*, Grenzüberschreitende Insolvenzen, 32; *Dittrich* (oben FN 14), 47 f.

44 *Rakob*, Ausländische Mobiliarsicherungsrechte im Inland, 254 f.

45 *Kirchhof*, Grenzüberschreitende Insolvenzen im Europäischen Binnenmarkt, Teil 2, WM 1993, 1401, 1404; *Tyson-Quah*, Cross-border securities collateralisation made easy, (1996) 4 JIBFL 177, 180; *Goode* (oben FN 38) in: The Oxford Colloquium on Collateral and Conflict of Laws, 22, 24; *Benjamin* (oben FN 37), ebendort, 29, 31 f; *Gottwald* (oben FN 43), 32.

46 *Banque Centrale du Luxembourg*, La protection des systèmes de paiement et de règlement-titres. Analyse de la directive 98/26/CE et de sa transposition en droit luxembourgeois, Bulletin de la BCL 2001/2, 53, 64; *Trunk* (oben FN 43), 140.

3. Anknüpfung von Angriffen auf die Wirksamkeit des Rechtserwerbs

Die Beantwortung der Frage, welcher Rechtsordnung die Voraussetzungen zu entnehmen sind, unter denen eine Rechtshandlung des Schuldners – insbesondere die Besicherung von Ansprüchen seiner Gläubiger – nichtig, anfechtbar oder relativ unwirksam ist, war bislang umstritten. Teils wurde die Maßgeblichkeit der *lex fori concursus* vertreten,[47] teils die des Sachstatuts (d.h. mangels Änderung anknüpfungsrelevanter Tatsachen: des Begründungsstatuts), teils aber auch die kumulative Anwendung beider. Insbesondere für Sicherungsnehmer und sonstige Geschäftspartner eines Kreditinstituts ergeben sich daraus erhebliche Unsicherheiten.

III. Bedeutung der internationalen Zuständigkeit für die Bestimmung der anwendbaren Rechtsnormen

Die genannten Unklarheiten werden durch die Unvorhersehbarkeit der internationalen Zuständigkeit für Rechtsstreitigkeiten mit Bezug auf Bestand und Ausübung von Wertpapierguthaben und Wertpapiersicherheiten erhöht, zumal das maßgebliche Kollisionsrecht und die Anwendbarkeit international zwingender Normen von der Zuständigkeit abhängen. Ein Problem hinsichtlich der Vorhersehbarkeit der internationalen Zuständigkeit kann sich beispielsweise im Falle einer Zuständigkeitskonzentration im Insolvenzeröffnungsstaat ergeben (so genannte *vis attractiva concursus*), die zu einer Abweichung von dem sonst zu erwartenden bzw. vereinbarten Gerichtsstand führt. Darüber hinaus ist im Falle des Zusammenbruchs eines Kreditinstituts mit einer Mehrzahl von Verfahren über denselben Rechtsträger zu rechnen, zumal es zur Begründung der internationalen Zuständigkeit zur Eröffnung eines Insolvenzverfahrens meist ausreicht, dass der Schuldner im fraglichen Staat eine Niederlassung betreibt. International tätige Banken sind regelmäßig in solcher Weise als Haupt- und Zweigstellen organisiert, anstatt – wie in anderen Wirtschaftszweigen üblich – im Ausland Tochtergesellschaften zu gründen.[48]

D. Risiken

Unsicherheiten bei der Bestimmung der anwendbaren Rechtsnormen und inhaltliche Schwächen der vorgefundenen Regelungen führen zu einer Erhöhung der Risiken individueller Transaktionen über Wertpapierguthaben und Wertpapiersicherheiten, die einen Auslandsbezug aufweisen. Ein solcher Bezug kann sich aus der Herkunft des Emittenten oder der an der Transaktion Beteiligten erge-

---

[47] *Goode* (oben FN 38) in: The Oxford Colloquium on Collateral and Conflict of Laws, 22, 24; *Benjamin* (oben FN 37), ebendort, 29, 31 f.

[48] Vgl. *Hüpkes*, The Legal Aspects of Bank Insolvency, 140; *v. Wilmowsky*, Internationales Insolvenzrecht – Plädoyer für eine Neuorientierung, WM 1997, 1461, 1462.

ben. Die Unsicherheiten verursachen Kosten, die bei dem Versuch entstehen, sie zu vermeiden. Eine vollständige Vermeidung ist jedoch meist nicht möglich, so dass entweder Risiko behaftete Transaktionen vorgenommen werden oder aber ansonsten wirtschaftlich sinnvolle Transaktionen unterbleiben.

In bestimmten Bereichen, insbesondere im Falle der Insolvenz eines Teilnehmers an einem Zahlungs- oder Wertpapierabwicklungssystem, können sich die skizzierten Risiken über den Kreis der an einer Transaktion Beteiligten hinaus auswirken. Das Risiko, dass sich ein bestimmtes, zunächst nur einen Marktteilnehmer betreffendes Ereignis (ein so genannter idiosynkratischer Schock) auf andere Marktteilnehmer auswirkt, die mit diesem Marktteilnehmer nicht in unmittelbarem Kontakt stehen, wird als „systemisches Risiko" bezeichnet.[49] Bildhaft wird auch von der Gefahr eines „Domino-Effekts" oder der „Ansteckung" gesprochen, aber auch der Begriff „Herstatt-Risiko" ist gebräuchlich und geht auf die Auswirkungen des Zusammenbruchs des Bankhauses I. D. Herstatt KGaA im Jahre 1974 zurück.[50] Das Risiko verwirklicht sich, wenn die Nichtleistung einer Institution bei Fälligkeit dazu führt, dass eine andere Institution ihre Verbindlichkeiten bei Fälligkeit ebenfalls nicht begleichen kann.[51] Es ist für die Teilnehmer von Zahlungs- und Wertpapierabwicklungssystemen besonders hoch, weil die in solchen Systemen verarbeiteten Zahlungs- bzw. Übertragungsaufträge in besonderem Maße von einander abhängig sind. Die Teilnehmer können ihre Verbindlichkeiten häufig nur unter der Voraussetzung erfüllen, dass der geschuldete Leistungsgegenstand kurz zuvor von dritter Seite eingetroffen ist. Die gegenseitigen Abhängigkeiten von Inter-Banken-Beziehungen sind in diesen Systemen besonders deutlich erkennbar.[52]

E. Lösungsansätze

Sowohl im Gemeinschaftsrecht als auch auf globaler Ebene gibt es derzeit Ansätze, bestimmte Rechtsunsicherheiten in Bezug auf Wertpapierguthaben und den Einsatz von Wertpapiersicherheiten auszuschließen.

Der gemeinschaftsrechtliche Rahmen zielt dabei auf die Klärung der sachrechtlichen und kollisionsrechtlichen Frage nach dem Schicksal bereits erworbener Wertpapierguthaben und Wertpapiersicherheiten in der Insolvenz des Sicherungsgebers bzw. des maßgeblichen Intermediärs ab. Dabei stehen bestimm-

---

[49] Vgl. *de Brandt & Hartmann*, Systemic risk: A survey, 10; *Staub*, Inter-Banken-Kredite und systemisches Risiko, SZVS 1998, 193, 194; *Jergitsch*, „Finalität" als Schutz vor systemischen Risiken in Zahlungs- und Wertpapierliefersystemen, ÖBA 1999, 537, 538.

[50] Das Herstatt-Risiko wird im Zusammenhang mit der Finalitätsrichtlinie erläutert, vgl. S. 26 f.

[51] *Bank for International Settlements*, Delivery versus payment in securities settlement systems (1992), A2-7.

[52] *de Brandt & Hartmann* (oben FN 49), 32.

te Sicherungsrechte im Vordergrund, die von Marktteilnehmern – d.h. insbesondere von Kreditinstituten – bestellt werden. Dies ist vor dem Hintergrund zu sehen, dass diese Personen erstens in besonderem Maße grenzüberschreitend organisiert sind und daher in Insolvenzszenarien regelmäßig mit Auslandsbezügen zu rechnen ist. Zweitens spielen die Sicherungsrechte dieser Personen eine besondere Rolle für die Stabilität des Finanzsystems und seiner Infrastruktur und damit letztlich auch für die Umsetzung der Geldpolitik des Eurosystems.

Die beiden globalen Harmonisierungsansätze beziehen demgegenüber die sachrechtliche bzw. kollisionsrechtliche Beantwortung der Frage nach dem Rechtserwerb ein. Während jedoch der *Unidroit*-Entwurf darüber hinaus für die Rechtsstellung des Depotkunden in der Insolvenz des maßgeblichen Intermediärs einheitliche Standards aufstellt und für die Rechtsstellung des Sicherungsnehmers in der Insolvenz des Sicherungsgebers die Option einer weitergehenden Vereinheitlichung vorsieht, weist die Haager Konvention mit Blick auf Insolvenzszenarien entscheidende Schwächen auf.

Erster Teil: Der gemeinschaftsrechtliche Rahmen

« L'arrivée de l'euro serait-elle l'élément accélérateur
pour l'élaboration du cadre juridique
de l'espace monétaire et financier européen? »[1]

Der gemeinschaftsrechtliche Rahmen für die kollisions- und sachrechtliche Behandlung von Wertpapierguthaben und Wertpapiersicherheiten wird derzeit von drei Richtlinien gebildet, und die Mitgliedstaaten müssen diesen Rahmen durch Umsetzung der Richtlinienvorgaben ausfüllen.[2] Die Richtlinien sind in ihrem Regelungsgehalt aufeinander abgestimmt und werden daher in der zeitlichen Reihenfolge des Ablaufs ihrer Umsetzungsfristen vorgestellt.[3]

---

[1] *Bloch*, La Directive 98/26/CEE concernant le caractère définitif du règlement dans les systèmes de paiement et de règlement des opérations sur titres, Mélanges AEDBF-France II, 49.

[2] Die Richtlinie ist gemäß Artikel 249 Abs. 3 EG nur hinsichtlich des zu erreichenden Ziels verbindlich, wohingegen den Mitgliedstaaten für Form und Mittel der Umsetzung ein Spielraum verbleibt. Gemeinschaftsrechtliche Richtlinienvorgaben beeinflussen faktisch auch globale Harmonisierungsansätze, weil der gemeinschaftsrechtliche Besitzstand auch gegenüber Regelungen außerhalb des Gemeinschaftsrechts gewahrt bleiben muss, vgl. *Löber*, The developing EU legal framework for clearing and settlement of financial instruments, 55 f.

[3] Diese Reihenfolge entspricht nicht der entstehungsgeschichtlichen Reihenfolge, wonach die Bankensanierungs- und -liquidationsrichtlinie die älteste ist.

A. Die Finalitätsrichtlinie

I. Hintergrund und Zweck

Die „Finalitätsrichtlinie"[4] verdankt ihre nicht offizielle Kurzbezeichnung dem Umstand, dass sie unter anderem den Widerruf von Zahlungs- bzw. Übertragungsaufträgen verbietet, die in ein Wertpapierabwicklungs- bzw. Zahlungssystem eingebracht wurden und nach den Regeln des Systems[5] nicht mehr widerruflich sind. Soweit die Auftragsverarbeitung im System durch deren Verrechnungen erfolgt, wird auch die Unangreifbarkeit der Verrechnung gewährleistet. Die Endgültigkeit der Einbringung eines Auftrags in ein System und seiner Verrechnung gegenüber äußeren Einflüssen wird als externe Finalität bezeichnet.[6]

Für die Vermeidung systemischer Risiken ist die Gewährleistung externer Finalität von Bedeutung, weil ein Widerruf des Auftrags oder eine Rückgängigmachung seiner Verrechnung mit Aufträgen anderer Teilnehmer dazu führen würde, dass komplizierte Rückrechnungen vorzunehmen sind und dass der Rechtserwerb der anderen Teilnehmer nachträglich in Frage gestellt werden könnte. Diese Gefahr ist besonders hoch, wenn ein Teilnehmer insolvent wird, dessen maßgebliche Insolvenzrechtsordnung nicht die Rechtsordnung des Systems ist und dessen Wirkungen im Systemstaat anerkannt werden, denn dann wird das System mit Widerrufs- und Anfechtungsmöglichkeiten konfrontiert, die ihm unbekannt sind.[7] Mit Blick auf die zu erwartende Zunahme der grenzüberschreitenden Teilnahme von Finanzinstitutionen an Zahlungssystemen ab Beginn der dritten Stufe der europäischen Wirtschafts- und Währungsunion waren daher Maßnahmen zum Ausschluss dieser Risiken zu treffen.

---

[4] Richtlinie 98/26/EG des Europäischen Parlaments und des Rates vom 19. Mai 1998 über die Wirksamkeit von Abrechnungen in Zahlungs- sowie Wertpapierliefer- und -abrechnungssystemen, ABl. 1998 L 166/45. Die Maßnahmen der Mitgliedstaaten zur Umsetzung der Richtlinie sind aufgelistet unter: http://www.europa.eu.int/comm/internal_market/en/finances/payment/directives/98-26impl.htm.
Zur Umsetzung in den einzelnen Mitgliedstaaten vgl. auch den Umsetzungsbericht im Auftrag der Europäischen Kommission von *PricewaterhouseCoopers & Landwell*, Study into the transposition by member states of directive 98/26/EEC (2003) sowie *Europäische Kommission*, Auswertungsbericht zur Richtlinie 98/26/EG über die Wirksamkeit von Abrechnungen in Zahlungs- sowie Wertpapierliefer- und -abrechnungssystemen, KOM (2005) 657 endg./2.
Aus den Vorarbeiten zur Finalitätsrichtlinie ging außerdem die Richtlinie 97/5/EG über grenzüberschreitende Zahlungen hervor (ABl. 1997 L 43/25).

[5] Der Begriff „System" ist in Artikel 2 lit. a der Richtlinie definiert und wird im Zusammenhang mit ihrem Anwendungsbereich erörtert.

[6] Vgl. *Jergitsch*, „Finalität" als Schutz vor systemischen Risiken in Zahlungs- und Wertpapierliefersystemen, ÖBA 1999, 537, 539.

[7] Vgl. *Benjamin, Yates & Montagu*, The law of global custody, RZ 8.42.

Ursprünglich bezogen sich die 1993 begonnenen Vorarbeiten zur Richtlinie nur auf die Vermeidung systemischer Risiken in Zahlungssystemen.[8] Auf diese Risiken hatte 1990 der *Lamfalussy*-Bericht[9] im Zusammenhang mit Netto-Zahlungssystemen[10] hingewiesen. Bereits der erste Richtlinienvorschlag der Kommission von 1996[11] beschränkte sich jedoch nicht mehr auf Netto-Zahlungssysteme, sondern bezog auch RTGS-Systeme ein.[12] Dagegen waren für Wertpapierabwicklungssysteme ursprünglich keine Regelungen vorgesehen. Vielmehr wurde nur dem Umstand Rechnung getragen, dass Wertpapiersicherheiten für die Vermeidung von Risiken in Zahlungsverkehrssystemen von Bedeutung sein können, indem alle zur Sicherung von Verbindlichkeiten aus dem Zahlungsverkehr eingeräumten Sicherungsrechte geschützt wurden.[13] Dieses besondere Interesse an der Funktionsfähigkeit von Zahlungssystemen ergibt sich aus Artikel 105 Abs. 2 EUV.

Erst aufgrund der Stellungnahmen des Wirtschafts- und Sozialausschusses[14] sowie des Europäischen Währungsinstituts[15] wurden die Schutzmechanismen des Entwurfs auf Wertpapierabwicklungssysteme ausgedehnt. Denn in diesen Systemen bestehen eigenständige Risiken, die mit den Risiken in Zahlungssystemen vergleichbar sind.[16]

Neben der Finalität von Aufträgen und deren Verrechnung gibt die Richtlinie den Schutz des Bestandes und der Durchsetzbarkeit bestimmter Sicherungsrechte vor, und zwar gegen sonst zu befürchtende Auswirkungen eines Insolvenzverfahrens über einen aus der Sicht des Systems ausländischen Teilnehmer. Die im Systemstaat anzuerkennenden Verfahrenswirkungen könnten sonst den Bestand und/oder die Durchsetzbarkeit des Sicherungsrechts beeinträchtigen. Der Schutz der Sicherungsrechte ist ebenfalls zur Vermeidung systemischer Risiken bestimmt, jedenfalls soweit es sich um Sicherungsrechte zugunsten anderer Teilnehmer handelt. Die Rolle von Sicherungsrechten für die Vermeidung systemi-

---

[8] Vgl. zu den Vorarbeiten: BR-Drucksache 512/96, 1.

[9] *Bank for International Settlements*, Report of the Committee on Interbank Netting Schemes of the Central Banks of the Group of Ten countries.

[10] Das sind Systeme, die Aufträge ihrer Teilnehmer durch Verrechnung abwickeln.

[11] Vorschlag für eine Richtlinie des Europäischen Parlaments und des Rates über die Endgültigkeit der Abrechnung und die Stellung von Sicherheiten in Zahlungssystemen, KOM (1996) 193 endg., ABl. 1996 C 207/13.

[12] Diese Systeme verrechnen die eingebrachten Zahlungsaufträge nicht, sondern führen binnen kurzer Zeit (weniger Sekunden) jeden einzelnen Auftrag in voller Höhe aus.

[13] Vgl. Artikel 7 des Richtlinienentwurfs KOM (1996) 193 endg.

[14] Stellungnahme zum Richtlinienentwurf KOM (1996) 193 endg., ABl. 1997 C 56/1.

[15] Stellungnahme zum Richtlinienentwurf KOM (1996) 193 endg., ABl. 1998 C 156/17.

[16] Stellungnahme des Europäischen Währungsinstituts zum Richtlinienentwurf KOM (1996) 193 endg., ABl. 1998 C 156/17, 18.

scher Risiken in Zahlungs- und Wertpapierabwicklungssystemen ergibt sich dabei teils aus Maßnahmen zur Vermeidung individueller Gegenparteirisiken. So werden bei der Wertpapierabwicklung sowohl im Kassa- als auch im Terminmarkt individuelle Gegenparteirisiken zunehmend durch Einschaltung zentraler Kontrahenten vermieden.[17] Das sind Personen, die in die Verpflichtungen jeweils beider Parteien eines Geschäfts eintreten und damit – gegen Einräumung entsprechender Sicherungsrechte – die Gegenparteirisiken beider übernehmen. Damit werden indes alle individuellen Risiken im zentralen Kontrahenten kumuliert. Kann der zentrale Kontrahent Sicherungsrechte im Sicherungsfall nicht wie vereinbart durchsetzen, dann kann dadurch seine Existenz als Teil der Infrastruktur der Wertpapierabwicklung gefährdet sein, was sich auf alle seine Teilnehmer auswirkt.[18]

Eine weitere Bedeutung von Wertpapiersicherheiten ergibt sich daraus, dass die Betreiber von Wertpapierabwicklungssystemen häufig auch Geldkonten für ihre Teilnehmer führen und in diesem Rahmen zur Steigerung der Liquidität Verfügungen über künftige Geldguthaben oder die Überziehung der Geldkonten zulassen. Die nicht vereinbarungsgemäße Verwertbarkeit der dafür bestellten Wertpapiersicherheiten könnte den Bestand des Systems als Teil der Infrastruktur des Wertpapiermarktes gefährden.

Über die Vermeidung systemischer Risiken in Zahlungs- und Wertpapierabwicklungssystemen hinaus verfolgt die Richtlinie das Ziel, von Beginn der dritten Stufe der europäischen Wirtschafts- und Währungsunion an (also ab dem 1. Januar 1999) alle Sicherungsrechte zu immunisieren, die den Zentralbanken des Eurosystems im Zusammenhang mit der Erfüllung ihrer Aufgaben eingeräumt werden. Das Erfordernis der Besicherung liquiditätszuführender Geschäfte der Zentralbanken des Eurosystems ergibt sich aus Artikel 18.1 der ESZB-Satzung, wonach für solche Geschäfte „ausreichende Sicherheiten" gestellt werden müssen.[19] Für die Zeit nach Einrichtung des Zahlungssystems *Target*[20] zu Beginn der dritten Stufe der europäischen Wirtschafts- und Währungsunion musste von einer Zunahme des Kreditvolumens der Zentralbanken des Eurosystems ausgegangen werden:[21] Einerseits hat die Teilnahme an *Target* einen hohen

---

[17] *Kieper*, Abwicklungssysteme in der Insolvenz, 7.

[18] Vgl. *Beaves* in: International Bank Insolvencies, 256 f.

[19] Vgl. *Nierop* in: International Bank Insolvencies, 356.

[20] *Target* ist das Akronym aus Trans-European Automated Real-time Gross-settlement Express Transfer. Das System setzt sich aus fünfzehn nationalen RTGS-Systemen und dem Zahlungsverkehrsmechanismus der Europäischen Zentralbank zusammen. Aufgrund seiner Einrichtung steht seit dem Beginn der dritten Stufe der europäischen Wirtschafts- und Währungsunion die Infrastruktur zur Abwicklung grenzüberschreitender Zahlungen in Euro bereit.

[21] Die erwartete Erhöhung des Liquiditätsbedarfs der Teilnehmer des Zahlungsverkehrs bewahrheitete sich in der Folge. So hat sich beispielsweise das Volumen der von der *Banque de*

Liquiditätsbedarf zur Folge, weil es sich um einen Verbund von RTGS-Systemen handelt.[22] Andererseits sind es die Zentralbanken des Eurosystems, welche die Abwicklungskonten der Teilnehmer führen und im Rahmen der bereitgestellten Sicherungsgüter die prinzipiell unbegrenzte Inanspruchnahme von Innertages- und Übernachtkrediten auf Initiative ihrer Geschäftspartner zulassen.

II. Anwendungsbereich

Der Anwendungsbereich der Richtlinienvorgaben ist in Artikel 1 definiert und kann in zwei Bereiche untergliedert werden. Zum ersten gehören Systeme und ihre Teilnehmer, zum zweiten bestimmte dingliche Sicherheiten.

1. Systeme und ihre Teilnehmer

Systeme sind nach Artikel 2 lit. a förmliche Vereinbarungen zwischen in der Regel mindestens drei, ausnahmsweise zwei Teilnehmern, ihrerseits definiert in Artikel 2 lit. f. Damit sind bilaterale Vereinbarungen vom Anwendungsbereich der Richtlinienvorgaben zunächst ausgeschlossen. Die Systemvereinbarung muss gemeinsame Regeln über die Ausführung von Zahlungs- bzw. Wertpapierübertragungsaufträgen zwischen Systemteilnehmern zum Gegenstand haben[23] und der Rechtsordnung eines Mitgliedstaates unterliegen.[24] Diese Rechtsordnung ist grundsätzlich wählbar, mit der Einschränkung, dass wenigstens einer der Teilnehmer seine Hauptverwaltung in dem betreffenden Staat haben muss.[25] Dieser Mitgliedstaat prüft die in der Vereinbarung enthaltenen Regeln auf ihre Zweckmäßigkeit[26] und meldet das System dann der Europäischen Kommission.[27]

Der Teilnehmerbegriff bezieht sich auf das System, das heißt Teilnehmer kann nur sein, wer an der Vereinbarung gemäß Artikel 2 lit. a beteiligt ist. Dafür kommen nur Angehörige der in Artikel 2 lit. b - e aufgeführten Personengruppen in Betracht, unter anderem Kreditinstitute, vgl. Artikel 2 lit. b.

Personen, die nicht selbst Teilnehmer sind, aufgrund einer Vereinbarung mit einem Teilnehmer jedoch Aufträge in ein System einbringen können („indirekte Teilnehmer"),[28] können unter den Voraussetzungen des Artikels 2 lit. f a.E. aus-

---

France gewährten Innertageskredite in den ersten vier Monaten nach Inbetriebnahme von Target verdoppelt, vgl. *Beau & Ducher*, Bilan des premiers mois de fonctionnement de Target, Bull. de la Banque de France n° 66 (1999), 65, 73.

[22] Zum Begriff des RTGS-Systems oben FN 12.

[23] Artikel 2 lit. a, erster Spiegelstrich.

[24] Artikel 2 lit. a, zweiter Spiegelstrich.

[25] Artikel 2 lit. a, zweiter Spiegelstrich.

[26] Artikel 2 lit. a, dritter Spiegelstrich.

[27] Artikel 10 Satz 1. Eine Liste der gemeldeten Systeme ist abrufbar unter: http://europa.eu.int/comm/internal_market/payments/clearing/dir-98-26-art10-national_en.htm.

[28] Artikel 2 lit. g.

nahmsweise wie Teilnehmer behandelt werden, wenn das fragliche System ein Zahlungssystem ist. Dagegen sind die Beziehungen zwischen Teilnehmern und indirekten Teilnehmer von Wertpapierabwicklungssystemen vom Anwendungsbereich der Richtlinie ausgeschlossen. Gleiches gilt für Bank-Kunden-Beziehungen, unabhängig von der Art des Systems.

2. Dingliche Sicherheiten

Bei den von der Richtlinie erfassten dinglichen Sicherheiten handelt es sich um Rechte an verwertbaren Vermögensgegenständen,[29] insbesondere an Wertpapieren und an Rechten an Wertpapieren.[30] Das Rechtsgeschäft, durch welches das dingliche Recht an der Sicherheit begründet wird, kann eine Verpfändung, ein Pensionsgeschäft[31] oder eine vergleichbare Vereinbarung sein, vgl. Artikel 2 lit. m.

Mögliche Sicherungsnehmer sind die Zentralbanken des Eurosystems sowie die Teilnehmer eines Systems.[32] In beiden Fällen muss die Sicherheit einen spezifischen Zusammenhang aufweisen, und zwar – je nach Sicherungsnehmer – entweder mit den Aufgaben der Zentralbanken oder mit der Teilnahme an einem System.

III. Sachrechtliche Vorgaben

1. Erwerb von Wertpapierguthaben und Wertpapiersicherheiten

Positive Anforderungen, die an den Erwerb von Wertpapierguthaben und Wertpapiersicherheiten zu stellen sind, enthält die Richtlinie nicht. Stattdessen wird vorgegeben, inwieweit sich die Insolvenz eines Teilnehmers nicht auf den Bestand und die Verarbeitung von Übertragungsaufträgen dieses Teilnehmers auswirkt, wodurch auch der Erwerber bzw. der Sicherungsnehmer geschützt wird.

Wie Übertragungsaufträge in das System eingebracht werden und wie zu ihrer Ausführung verfahren wird, ob die Abwicklung auf Brutto- oder Netto-Basis erfolgt, unterliegt dabei weiter den Regeln des Systems und ist nicht Gegenstand der Richtlinie. Insbesondere ist der Richtlinie keine Aussage über den Zeitpunkt und die Bedingungen des Zustandekommens der eigentlichen Übertragung innerhalb des Systems zu entnehmen.

a. Übertragungsauftrag

Der Übertragungsauftrag ist eine Form des in Artikel 2 lit. i definierten „Zahlungs- bzw. Übertragungsauftrags“ und besteht in der Weisung eines Teilneh-

---

[29] Artikel 2 lit. m.

[30] Vgl. Artikel 9 Abs. 2.

[31] Vgl. Artikel 12 der Richtlinie 86/635/EWG sowie in der Folge § 340b HGB.

[32] Vgl. Artikel 1 lit. c.

mers, Eigentum an Wertpapieren oder Ansprüche auf Übereignung von Wertpapieren zu übertragen. Solche Weisungen richten sich in der Praxis an den Systembetreiber.

aa. Gegenstand des Übertragungsauftrags

Gegenstände eines Übertragungsauftrags können entweder Eigentum an Wertpapieren oder Ansprüche auf Übereignung von Wertpapieren sein. Welche Rechte einem Systemteilnehmer im Einzelfall bezüglich der für ihn verbuchten Wertpapiere zustehen, hängt einerseits davon ab, welche Rechte der Systembetreiber ihm zu verschaffen verpflichtet ist. Es hängt andererseits aber auch davon ab, welche Rechte gegebenenfalls von einem weiteren Intermediär – etwa einem ausländischen Systembetreiber – an den Systembetreiber des Teilnehmers weitergeleitet werden (vgl. oben, S. 5).

α. „Eigentum an Wertpapieren"

Wertpapiere im Sinne der Richtlinie sind gemäß Artikel 2 lit. h die Instrumente des Abschnitts B des Anhangs zur Richtlinie 93/22/EWG.[33] Das sind die dort genannten Kapitalmarktwerte, insbesondere auch bestimmte standardisierte Kontrakte. Ob die Werte verbrieft sind oder nicht, ist demnach ohne Belang. Wenn die Richtlinie gleichwohl davon ausgeht, dass an den so definierten Wertpapieren *Eigentum* bestehen kann, so liegt es nahe, unter Eigentum jeweils das Recht zu verstehen, das die Wertpapiere einer Person ausschließlich zuordnet. Eigentümer ist also der Inhaber des jeweiligen Wertes, so dass Eigentümer einer Aktie der Aktionär, Eigentümer einer Schuldverschreibung der Schuldverschreibungsgläubiger ist.

β. „Ansprüche auf Übereignung von Wertpapieren"

Ansprüche auf Übereignung von Wertpapieren sind Ansprüche des Auftraggebers gegen seinen maßgeblichen Intermediär. Es handelt sich also nicht um An-

---

[33] Damit reicht der Wertpapierbegriff der Finalitätsrichtlinie weiter als der gleich lautende Begriff der Richtlinie 93/22/EWG, denn dort ist das Wertpapier nur eine Unterart des Instruments, vgl. Nr. 1 lit. a des Abschnitts B des Anhangs. Seit 1. November 2007 gelten Verweisungen auf Definitionen der Richtlinie 93/22/EWG als Verweisungen auf die entsprechenden Definitionen der Richtlinie 2004/39/EG des Europäischen Parlaments und des Rates vom 21. April 2004 über Märkte für Finanzinstrumente, zur Änderung der Richtlinien 85/611/EWG und 93/6/EWG des Rates und der Richtlinie 2000/12/EG des Europäischen Parlaments und des Rates und zur Aufhebung der Richtlinie 93/22/EWG des Rates, ABl. 2004 L 145/1 („MiFID"). Das folgt aus Artikel 69 Satz 3 MiFID in der Fassung gemäß Artikel 1 Abs. 4 der Richtlinie 2006/31/EG des Europäischen Parlaments und des Rates vom 5. April 2006 zur Änderung der Richtlinie 2004/39/EG über Märkte für Finanzinstrumente in Bezug auf bestimmte Fristen, ABl. 2006 L 114/60.

sprüche gegen Dritte, etwa aus einem Kaufvertrag. Aus der englischen Fassung wird das klarer, indem nicht von Ansprüchen, sondern von *„interests"* die Rede ist. Darunter sind Rechte zu verstehen, die eine wirtschaftliche Zuordnung beinhalten. Unter diese Alternative können die „unkörperlichen Miteigentumsrechte" des belgischen Rechts[34] und die „unkörperlichen Sachenrechte" des luxemburgischen Rechts[35] subsumiert werden, denn diese bestehen gegenüber dem maßgeblichen Intermediär, unabhängig von den Rechtsverhältnissen der Wertpapiere und den Rechtsverhältnissen der Vehikel, die sie umlauffähig machen.[36] Die deutsche *Gutschrift in Wertpapierrechnung*,[37] die den Teilnehmern der *Clearstream Banking AG* in Bezug auf Wertpapiere erteilt wird, die in den Treuhandgiroverkehr einbezogen sind,[38] ist vor diesem Hintergrund ebenfalls als „Recht an Wertpapieren" anzusehen. Dagegen spricht insbesondere nicht, dass es sich formal um eine schuldrechtliche Konstruktion handelt, denn die entsprechenden Werte sind dem Inhaber der Gutschrift zugeordnet.[39]

bb. Inhalt des Auftrags

Hinsichtlich des Inhalts des Auftrags ist danach zu differenzieren, ob er sich auf Eigentum an Wertpapieren oder auf Ansprüche auf Übereignung von Wertpapieren richtet. Im erstgenannten Fall kann er ein Angebot zur dinglichen Einigung beinhalten, falls die Wertpapiere verbrieft sind. Im zweitgenannten richtet er sich auf Verschaffung einer entsprechenden Gutschrift zugunsten des Empfängers.

b. Insolvenzverfahren

Insolvenzverfahren sind nach Artikel 2 lit. j Kollektivmaßnahmen zwecks Sanierung oder Liquidation, welche die Verfügungsbefugnis des Schuldners aufheben oder einschränken. Diese Definition unterscheidet sich von der des gleich lau-

---

[34] Artikel 2bis Arrêté Royal n° 62: *« droit de copropriété, de nature incorporelle »*.

[35] Artikel 6 Abs. 2 Loi concernant la circulation de titres et d'autres instruments fongibles: *« droit réel, de nature incorporelle »*.

[36] Vgl. *de Ghenghi & Servaes*, Collateral held in the Euroclear system: A legal overview, (1999) 3 JIBFL 83, 86 f.

[37] Die *Gutschrift in Wertpapierrechung* geht zurück auf das Rundschreiben Nr. 128 des Bundesverbandes des privaten Bankgewerbes e.V. vom 28. November 1959, abgedruckt in WM 1959, 1392. Durch die Bezeichnung soll dem Depotkunden verdeutlicht werden, dass er an Wertpapieren, die er durch eine Inlandsbank im Ausland anschaffen und aufbewahren lässt, kein Eigentum erlangt. Stattdessen verschafft sich die Inlandsbank selbst das Eigentum oder eine gleichwertige Rechtsstellung treuhänderisch für den Depotkunden. Näher zur *Gutschrift in Wertpapierrechnung*: BuB-*Kümpel*, Rn. 8/129 ff.

[38] Nr. 8 Abs. 2 AGB Clearstream Banking AG (Februar 2004).

[39] Vgl. BGH, 1.2.1988, WM 1988, 402, 404.

tenden Begriffs in Artikel 1 Abs. 1 EuInsVO,[40] indem sie nicht die Insolvenz des Schuldners (meist verstanden als Zahlungsunfähigkeit oder Überschuldung) voraussetzt, sondern maßgeblich auf Wegfall bzw. Beschränkung der Verfügungsbefugnis des Schuldners abstellt. Diese Erweiterung trägt dem Umstand Rechnung, dass es gerade der Wegfall der Verfügungsbefugnis des Teilnehmers ist, der systemische Risiken auslösen kann, gleich, ob außerdem ein Insolvenzgrund vorliegt. Erfasst sein können daher insbesondere auch Moratorien zwecks Wiederherstellung der finanziellen Lage eines Kreditinstituts,[41] vgl. § 46a Abs. 1 Satz 1 KWG.[42]

c. Bestand in das System eingebrachter Übertragungsaufträge

Artikel 3 Abs. 1 Satz 1 bestimmt, dass Übertragungsaufträge ungeachtet der Eröffnung eines Insolvenzverfahrens über den Auftraggeber fortbestehen, sofern sie vor der Eröffnung dieses Verfahrens in das System eingebracht worden sind. Wann der Auftrag eingebracht ist, bestimmen gemäß Artikel 3 Abs. 3 die Regeln des Systems. Eingebrachte Aufträge können daher auch nach Verfahrenseröffnung noch verrechnet bzw. ausgeführt werden, womit das System gegen einen nach Erteilung des Auftrags eintretenden Wegfall der Verfügungsbefugnis geschützt wird. Dieser könnte sonst automatisch zum Wegfall des Auftrags führen.[43] Demgegenüber sind nach Verfahrenseröffnung eingebrachte Übertragungsaufträge unwirksam, wie sich im Umkehrschluss aus Artikel 3 Abs. 1 Satz 2 ergibt. Sie können daher nicht mehr zum Rechtserwerb der Gegenpartei führen.

Zeitpunkt der „Verfahrenseröffnung" ist gemäß Artikel 6 Abs. 1 der Zeitpunkt, in dem die behördliche bzw. gerichtliche Entscheidung ergeht. Damit schließt Artikel 7 aus, dass die Verfahrenseröffnung Rückwirkung entfaltet, womit verhindert wird, dass der Schuldner nachträglich als bereits im Zeitpunkt des Einbringens des Auftrags nicht mehr verfügungsbefugt angesehen wird. Damit wird den Mitgliedstaaten die Anwendung von Null-Uhr-Regeln auf die Aufträge untersagt.

---

[40] Anhang 1 zur EuInsVO.

[41] *Keller*, Die EG-Richtlinie 98/26 vom 19.5.1998 über die Wirksamkeit von Abrechnungen in Zahlungs- sowie Wertpapierliefer- und -abrechnungssystemen und ihre Umsetzung in Deutschland, WM 2000, 1269. Derzeit wird geprüft, ob eine Änderung des Artikels 2 lit. j erforderlich ist, um verbleibende Zweifel auszuschließen, vgl. *Europäische Kommission*, Auswertungsbericht zur Richtlinie 98/26/EG über die Wirksamkeit von Abrechnungen in Zahlungs- sowie Wertpapierliefer- und -abrechnungssystemen, KOM (2005) 657 endg./2, 5.

[42] BT-Drucksache 14/1539, 14.

[43] Vgl. § 116 Satz 1 iVm. § 115 Abs. 1 InsO.

d. Unwiderruflichkeit des Übertragungsauftrags gegenüber dem System

Ergänzt wird Artikel 3 Abs. 1 durch Artikel 5, der den Widerruf von Aufträgen verbietet, die nach den Regeln des Systems, in das sie eingebracht wurden, unwiderruflich geworden sind. Mit „Widerruf" sind hier alle Formen der Beseitigung des Auftrags gemeint, die sich aus der Verfahrenseröffnung oder aus allgemeinen Vorschriften ergeben können.[44] Wie Erwägungsgrund Nr. 13 im Gegenschluss entnommen werden kann, sind auch irrtums- oder täuschungsbedingte Aufträge grundsätzlich wirksam und damit durch Artikel 5 geschützt.

Weiter ist die Geltendmachung insolvenzrechtlicher Unwirksamkeits- oder Anfechtungsgründe bezüglich des Auftrags ausgeschlossen.[45] Diese Interpretation kann auf den Zweck des Artikels 5 gestützt werden, der darin besteht, Beeinträchtigungen der Abläufe des Systems zu vermeiden.[46] Hat die solvente Partei ihre Leistung erbracht, wohingegen die Gegenleistung noch rückgängig gemacht oder zurückgehalten werden kann, dann ergibt sich eine mögliche Ursache systemischen Risikos,[47] und zwar in Form des so genannten Herstatt-Risikos. Das ist das Risiko, das zu Lasten des Vorleistenden aus der asynchronen Erbringung von Leistung und Gegenleistung entsteht.[48]

Die Bezeichnung des Risikos ist auf Ereignisse im Zusammenhang mit dem Konkurs des Kölner Bankhauses I. D. Herstatt KGaA im Jahre 1974 zurückzuführen:[49] Herstatt hatte unter anderem in den USA mit lokalen Banken Kassa-Devisengeschäfte getätigt. Die amerikanischen Banken leisteten aufgrund der für die Abwicklung genutzten Infrastruktur und des Zeitunterschieds faktisch vor, so dass die Geschäfte seitens der amerikanischen Banken bereits unwiderruflich erfüllt waren, als in Deutschland die Schalter der Herstatt KGaA geschlossen wurden. Herstatt erbrachte daher die seinerseits geschuldete Gegenleistung nicht mehr, wodurch es bei den amerikanischen Geschäftspartnern zu erheblichen Liquiditätsengpässen kam.

Entsprechende Risiken bestehen auch heute noch, wo die Abwicklung nicht unter Einschaltung eines Wertpapierabwicklungssystems, sondern mittels Korrespondenzbanken erfolgt, weil eine Synchronisierung des Leistungsaustauschs

---

[44] *Keller* (oben FN 41), WM 2000, 1269, 1272; vgl. *Bloch* (oben FN 1), Mélanges AEDBF-France II, 49, 62.

[45] *Keller* (oben FN 41), WM 2000, 1269, 1272; vgl. noch zu Artikel 3 des Richtlinienentwurfs KOM (1996) 193 endg.: BR-Drucksache 512/96, 6.

[46] Vgl. für Zahlungssysteme: *Obermüller*, Insolvenzrecht in der Bankpraxis, RZ 3.690.

[47] Stellungnahme des Europäischen Währungsinstituts zum Richtlinienentwurf KOM (1996) 193 endg., ABl. 1998 C 156/17.

[48] Vgl. *de Brandt & Hartmann*, Systemic risk: A survey, 35.

[49] *Nadelmann*, Rehabilitating international bankruptcy law: Lessons taught by Herstatt and company, (1977) 52 NYU L. Rev. 1, 5; vgl. auch die Sachverhaltsdarstellung zu BGH, 29.5.1978, WM 1978, 588.

dann praktisch nicht möglich ist. Wertpapierabwicklungssysteme hingegen vermeiden das Herstatt-Risiko, indem sie durch technische Verknüpfung von Wertpapier- und Zahlungsabwicklung sicherstellen, dass Leistung und Gegenleistung gleichzeitig endgültig erbracht werden (*delivery versus payment*). Der Widerruf eines nach den Regeln des Systems unwiderruflichen Übertragungsauftrags würde im Falle einer Übertragung gegen Zahlung rückwirkend zur Vorleistung des Geldschuldners führen, sofern der Zahlungsauftrag im Zeitpunkt des Widerrufs ebenfalls unwiderruflich ist. Damit würden die Vorteile der synchronen Abwicklung von Leistung und Gegenleistung zunichte gemacht.

Problematisch an der so verstandenen Vorgabe des Artikels 5 könnte allenfalls erscheinen, dass sich durch die Beschränkung der Anfechtungsmöglichkeit zugunsten der Regeln des Systems ein Vorrang dieser Regeln im Verhältnis zum Insolvenzrecht ergibt. Insbesondere könnte dadurch der Grundsatz der Gleichbehandlung der Insolvenzgläubiger beeinträchtigt werden. Allerdings ist zu berücksichtigen, dass Mängel oder Unwirksamkeitsgründe des Vertrags, zu dessen Erfüllung der Auftrag erteilt wird, weiterhin außerhalb des Systems gegenüber dem Empfänger geltend gemacht werden können.[50]

e. Unangreifbarkeit der im System erfolgten Verrechnung von Übertragungsaufträgen

Ist der Auftrag durch Verrechnung mit anderen Aufträgen verarbeitet worden, so darf diese Verrechnung wegen Artikel 3 Abs. 2 nicht rückgängig gemacht werden. Die Bestimmung ist deshalb neben Artikel 5 erforderlich, weil es in Wertpapierabwicklungssystemen, die auf Netto-Basis arbeiten, nicht ausreicht, dass die Aufträge eines insolventen Teilnehmers fortbestehen. Vielmehr muss darüber hinaus die Verrechnungsmöglichkeit gewährleistet bleiben.

f. Angreifbarkeit der Übertragung gegenüber dem Empfänger

Die Vermeidung von Beeinträchtigungen der Funktion eines Wertpapierabwicklungssystems setzt aus der Sicht des Richtliniengebers nicht voraus, dass eine mittels des Systems abgewickelte Transaktion insgesamt unanfechtbar ist. Das ergibt sich aus Erwägungsgrund Nr. 13, der die Möglichkeit der Wiedererlangung irrtümlich oder aufgrund eines Betruges erbrachter Leistungen ausdrücklich vorbehält. Lediglich die im System erfolgte Verarbeitung von Aufträgen darf nicht in Frage gestellt werden.

Dieser Gedanke aus Erwägungsgrund Nr. 13 kann auf die Geltendmachung von Nichtigkeits- oder Anfechtbarkeitsgründen übertragen werden.[51] Eine

---

[50] *Jergitsch* (oben FN 6), ÖBA 1999, 537, 542; Stellungnahme des Europäischen Währungsinstituts zum Richtlinienentwurf KOM (1996) 193 endg., ABl. 1998 C 156/17 (19); Für Zahlungssysteme: *Obermüller* (oben FN 46), RZ 3.715.

[51] Vgl. *Löber* (oben FN 2), 17. Für Zahlungssysteme: *Obermüller* (oben FN 46), RZ 3.715.

Transaktion wird daher nicht allein deshalb insolvenzrechtlich unangreifbar, weil sie unter Einschaltung eines Systems abgewickelt wurde. Vielmehr kann eine in angreifbarer Weise erbrachte Leistung gegebenenfalls vom Empfänger zurückgefordert werden.

2. Bestand und Durchsetzbarkeit von Wertpapiersicherheiten in der Insolvenz des Sicherungsgebers

Gemäß Artikel 9 Abs. 1 Satz 1 werden bestimmte Sicherungsrechte zugunsten von Teilnehmern bzw. Zentralbanken des Eurosystems an verwertbaren Vermögensgegenständen durch ein Insolvenzverfahren über das Vermögen des Sicherungsgebers „nicht berührt", sondern können – wie in Artikel 9 Abs. 1 Satz 2 klargestellt – zur Erreichung des Sicherungszwecks verwertet werden.

Die nicht berührten Sicherungsrechte sind gegen die Wirkungen des Insolvenzverfahrens immun,[52] was Unsicherheiten über das *Ob* und *Wie* eines Einflusses des Verfahrens auf die Geltendmachung eines erworbenen Sicherungsrechts ausschließt. Die Mitgliedstaaten sind aufgefordert, die Sicherungsrechte nicht durch ihre jeweils eigenen Insolvenzverfahren zu beeinträchtigen (selbst zu berühren), und zwar auch in reinen Inlandssachverhalten. Ebenso wenig dürfen sie Beeinträchtigungen der nicht berührten Sicherungsrechte durch ansonsten im Inland anzuerkennende ausländische (mitgliedstaatliche oder drittstaatliche) Verfahren zulassen (berühren lassen).

a. Sicherungsrechte gemäß Artikel 9 Abs. 1

Damit ein Sicherungsrecht unter Artikel 9 Abs. 1 fällt, muss es im Zeitpunkt der Insolvenzeröffnung bereits bestehen. Das ergibt sich aus dem Zweck, den die Richtlinie mit dem Schutz der Sicherungsrechte verfolgt und der darin besteht, die Auswirkung der Insolvenz des Sicherungsgebers zu mildern, insbesondere systemische Risiken auszuschließen. Ein Sicherungsrecht kann regelmäßig nur dann die Auswirkungen der Insolvenz des Sicherungsgebers mindern, wenn es bereits zuvor begründet wurde.

Weitere Einschränkungen des Kreises der erfassten Sicherungsrechte ergeben sich aus dem Erfordernis eines Zusammenhangs mit einem System bzw. mit den spezifischen Aufgaben der Zentralbanken des Eurosystems.

---

[52] *Banque Centrale du Luxembourg*, La protection des systèmes de paiement et de règlement-titres. Analyse de la directive 98/26/CE et de sa transposition en droit luxembourgeois, Bulletin de la BCL 2001/2, 53 65; *Bloch* (oben FN 1), Mélanges AEDBF-France II, 49, 77; *Devos* in: International Bank Insolvencies, 320; *Hasselbach*, Insolvenzprivilegien für Kreditinstitute bei Zahlungssystemen, ZIP 1997, 1491, 1494; *Hüpkes*, The Legal Aspects of Bank Insolvency, 162.

aa. Teilnehmersicherheiten

In Bezug auf Teilnehmersicherheiten stellt sich die Frage, ob der geforderte Zusammenhang zwischen dem Sicherungsrecht und dem System sich allein daraus ergeben kann, dass die Bestellung des Sicherungsrechts rein tatsächlich mittels eines Systems erfolgt, oder ob vielmehr die gesicherte Verbindlichkeit mit dem System in Zusammenhang stehen muss.[53] Für das Erfordernis eines Zusammenhangs der gesicherten Verbindlichkeit mit dem System sprechen Artikel 2 lit. m sowie die Erwägungsgründe Nr. 6 Satz 1 und – deutlicher – Nr. 9 Satz 2. Ebenfalls dafür spricht, dass der Zweck der Einbeziehung dinglicher Sicherheiten darin liegt, denjenigen zu schützen, der einem Teilnehmer gegen Sicherheiten Liquidität bereitstellt.[54]

bb. Zentralbanksicherheiten

Ist Sicherungsnehmer eine Zentralbank des Eurosystems, dann ist weder erforderlich, dass sich die gesicherte Verbindlichkeit aus der Teilnahme an einem System (etwa an *Target*) ergibt, noch, dass die Bereitstellung des Sicherungsguts in einem System erfolgt.[55] Dieser Unterschied im Verhältnis zu den Teilnehmersicherheiten bezüglich des Kreises der gesicherten Verbindlichkeiten ist damit zu erklären, dass alle Zentralbanksicherheiten des Eurosystems geschützt werden sollen, insbesondere solche im Zusammenhang mit Offenmarktgeschäften.[56] Die gesicherten Verbindlichkeiten ergeben sich in diesen Fällen indes nicht aus der Teilnahme an einem System, sondern aus dem jeweiligen Offenmarktgeschäft.[57] Eine Beschränkung der geschützten Zentralbanksicherheiten auf die Sicherung von Verbindlichkeiten aus der Teilnahme an einem System würde hingegen dazu führen, dass faktisch nur die Besicherung von Innertages- und Übernachtkrediten (also eines Teilbereichs der ständigen Fazilitäten) privilegiert wäre. Denn allein diese Sicherungsrechte werden für Verbindlichkeiten aus einem Zahlungssystem (nämlich *Target*) eingeräumt, indem sie die von den Zentralbanken gewährten Überziehungen der Geldkonten absichern.

---

[53] Vgl. dazu *Keller* (oben FN 41), WM 2000, 1269, 1273.

[54] Vgl. *Nierop* in: International Bank Insolvencies, 359.

[55] *Banque Centrale du Luxembourg* (oben FN 52), Bulletin de la BCL 2001/2, 53, 64; *Devos* in: International Bank Insolvencies, 320.

[56] *Jergitsch* (oben FN 6), ÖBA 1999, 537, 544; vgl. Stellungnahme des Europäischen Währungsinstituts zum Richtlinienentwurf KOM (1996) 193 endg., ABl. 1998 C 156/17, 19 f.

[57] Zu den einzelnen liquiditätszuführenden Offenmarktgeschäften: *Europäische Zentralbank*, Durchführung der Geldpolitik im Euro-Währungsgebiet, 15 ff.

b. Bestand des Sicherungsrechts

Der Nicht-berührt-Mechanismus des Artikels 9 Abs. 1 Satz 1 stellt den Bestand des Sicherungsrechts sicher, so dass die Verfahrenseröffnung einen abgeschlossenen Rechtserwerb nicht in Frage stellt.

Damit ist einerseits ausgeschlossen, dass der Erwerb des Sicherungsrechts allein aufgrund seines Zeitpunktes als unwirksam angesehen wird, und andererseits, dass er deshalb als unwirksam angesehen wird, weil er „nur" die Erwerbsvoraussetzungen des Begründungsstatuts und nicht außerdem die des Verfahrensstaates erfüllt. Beeinträchtigungen durch solche Regeln wären ansonsten zu erwarten, wenn die Wirksamkeit des Sicherungsrechts in einem Rechtsstreit im Verfahrensstaat überprüft wird.[58]

aa. Ausschluss von Null-Uhr-Regeln

Eine Beeinträchtigung ist etwa aufgrund einer Null-Uhr-Regel denkbar,[59] die den Zeitpunkt des Verlusts der Verfügungsbefugnis fiktiv vorverlegt. Damit könnte der Rechtserwerb nachträglich entweder unwirksam werden oder aber von anderen Voraussetzungen abhängen, etwa vom guten Glauben des Sicherungsnehmers bezüglich der fortbestehenden Verfügungsbefugnis.[60]

bb. Ausschluss zwingender Erwerbsvoraussetzungen des Verfahrensstaates

Einige Staaten halten ihre Anforderungen an den Erwerb von Sicherungsrechten für international zwingend. Das heißt, dass Sicherungsrechte als (relativ) unwirksam angesehen werden, sofern sie nicht unabhängig von ihrem Begründungsstatut diese Anforderungen erfüllen.[61] Als Beispiel können die englischen Registrierungserfordernisse des Companies Act 1985 genannt werden,[62] die Sicherungsrechten die Wirksamkeit gegenüber dem englischen Insolvenzverwalter sowie gegenüber den Gläubigern der Gesellschaft versagen, sofern diese Sicherungsrechte nach englischem Sachrecht als registrierungspflichtige *charges* im

---

[58] Die Höhe des Risikos des Sicherungsnehmers ist also eng mit der Frage verbunden, ob die Gerichte des Verfahrensstaates sich für die Entscheidung entsprechender Streitigkeiten für zuständig erklären.

[59] Zum Inhalt von Null-Uhr-Regeln oben S. 8.

[60] Vgl. *Devos* in: International Bank Insolvencies, 318.

[61] Diese Erfordernisse werden systematisch teils auch den Rechtswirkungen eines *inter partes* bereits erworbenen Sicherungsrechts zugeordnet, vgl. *Fletcher*, Insolvency in private international law, 156.

[62] Sections 395 (1) und 409. Im Rahmen der Umsetzung der Finanzsicherheitenrichtlinie wurde die Anwendung von section 395 Companies Act 1985 auf Finanzsicherheiten inzwischen durch regulation 4 der Financial Collateral Arrangements (No 2) Regulations (2003) ausgeschlossen.

Sinne der sections 395, 396 Companies Act 1985 einzuordnen, aber nicht unabhängig vom Begründungsstatut in England registriert sind.[63] Zwar sind für Kreditinstitute nur die so genannten *fixed charges* relevant, weil ihnen unter der Aufsicht der Financial Services Authority die Bestellung von *floating charges* nicht gestattet ist.[64] Welche *fixed charges* registrierungspflichtig sind, ist jedoch umstritten. Insbesondere bei der Bestellung von Sicherungsrechten in Bezug auf Aktien kann eine Registrierungspflicht nicht ausgeschlossen werden.[65] Daraus ergibt sich für Sicherungsnehmer britischer Kreditinstitute ein Risiko, zumal die Registrierungserfordernisse wegen ihrer Schwerfälligkeit in der Praxis häufig nicht beachtet werden.[66]

cc. Ausschluss der Umwidmung des Sicherungsrechts

Der Nicht-berührt-Mechanismus schließt die Umwidmung (so genannte *recharacterisation*) des Sicherungsrechts aus. Diese besteht darin, die Übertragung eines Gegenstandes zu einem Sicherungszweck aufgrund dieses Sicherungszwecks nicht als Übertragung anzusehen, sondern als Bestellung eines beschränkten Sicherungsrechts.[67] Da die Parteien in solchen Fällen im Zeitpunkt des vermeintlichen Rechtserwerbs davon ausgegangen sind, dass es sich um eine Übertragung handelt, kann sich im Falle einer späteren Umwidmung insbesondere ergeben, dass die Erwerbsvoraussetzungen für ein beschränktes Sicherungsrecht nicht vorlagen. Der vermeintliche Sicherungsnehmer ist dann in Wahrheit ungesichert. Zur Umwidmung kommt es insbesondere in Rechtsordnungen, die an ihre Sicherungsrechte strenge Formerfordernisse stellen, denn mit der Umwidmung soll die Umgehung von Formerfordernissen verhindert werden. Indem das Recht des Sicherungsnehmers nicht berührt wird, wird im Falle des Pensionsgeschäfts der Kassa-Käufer geschützt, so dass er die erworbenen Wertpapiere bzw. Rechte an Wertpapieren vertragsgemäß behalten darf.[68]

Der Ausschluss der Umdeutung bedeutet darüber hinaus, dass die Übertragung auch die Rechtsfolgen einer Übertragung auslöst. Gegenteiliges könnte sich sonst aus Vorschriften wie dem deutschen § 51 Nr. 1 InsO ergeben, wonach der Sicherungsnehmer auch im Falle der Sicherungsübertragung nur abgesonderte Befriedigung wie ein Pfandgläubiger verlangen kann.

---

[63] *Fletcher* (oben FN 61),156 f.

[64] *Benjamin*, Interests in securities, RZ 5.22.

[65] Vgl. *The Law Commission*, Registration of security interests, 40.

[66] Vgl. Schreiben von Peter Werner (ISDA) an das Financial Stability and Regulatory Policy Team (HM Treasury UK) vom 10. Oktober 2003, S. 5, veröffentlicht unter: http://www.isda.org/speeches/pdf/UKConsultRespOct1003.pdf; vgl. *Benjamin* (oben FN 64), RZ 5.33.

[67] *Benjamin*, Recharacterisation Risk and Conflict of Laws in: The Oxford Colloquium on Collateral and Conflict of Laws, 29, 30.

[68] *Keller* (oben FN 41), WM 2000, 1269, 1273.

c. Durchsetzbarkeit

Dass die in Artikel 9 Abs. 1 Satz 1 aufgeführten Sicherungsrechte nicht berührt werden, bedeutet, dass sie so durchsetzbar sind, als fände kein Insolvenzverfahren statt.[69] Keine Vorschrift des jeweils anwendbaren Insolvenzrechts darf die Verwertung behindern.[70] Dahinter steht der Gedanke, dass ein Sicherungsrecht dem Sicherungsnehmer Befugnisse in Bezug auf das Sicherungsgut einräumt, deren Ausübung aufgrund der Verfahrenseröffnung beeinträchtigt werden können. Solche Beeinträchtigungen führen dazu, dass ein Sicherungsrecht in der Insolvenz letztlich nur die Wirkung hat, die ihm das Insolvenzverfahren zubilligt.[71] Für den Sicherungsnehmer ergeben sich aus Beeinträchtigungen der Durchsetzbarkeit Liquiditätsengpässe. Außerdem wird ihm im Falle einer zeitlichen Verzögerung der Verwertung das Risiko einer Schwankung des Wertes des Sicherungsguts aufgebürdet. Demgegenüber sorgt Artikel 9 Abs. 1 Satz 1 dafür, dass die Wirkungen im Insolvenzverfahren den Wirkungen außerhalb des Insolvenzverfahrens entsprechen.

Verwertungsverbote für Sicherungsnehmer, wie sie einige Rechtsordnungen vorsehen, um die Erfolgsaussichten einer Sanierung des schuldnerischen Betriebes zu erhöhen, dürfen demnach nicht mehr angewandt werden. Dieses Verbot betrifft beispielsweise in England section 44 Abs. 1 iVm. section 43 Abs. 2 Schedule B1 Insolvency Act 1986,[72] wonach der Sicherungsnehmer keine Sicherungsrechte mehr durchsetzen darf, sobald ein Antrag auf *administration* gestellt ist. Für die Zeit nach Einleitung der *administration* folgt das Verbot aus section 43 Abs. 2 Schedule B1 Insolvency Act 1986.[73] Die Vorschriften waren bislang für die Sicherungsnehmer von Kreditinstituten von besonderer praktischer Bedeutung, weil es sich bei der *administration* um die in dieser Branche am häufigsten angeordnete Verfahrensart handelt.[74] Im Wege der Umsetzung der Finalitätsrichtlinie wurde die Anwendung der genannten Vorschriften durch Artikel 19 Abs. 1 lit. a der Financial Markets and Insolvency (Settlement Finality) Regulations 1999 ausgeschlossen, soweit Zentralbanksicherheiten und Sicher-

---

[69] *Banque Centrale du Luxembourg* (oben FN 52), Bulletin de la BCL 2001/2, 53, 65; vgl. *Bloch* (oben FN 1), Mélanges AEDBF-France II, 49, 77.

[70] So die Umsetzungen in Belgien: Artikel 8 § 1 Loi visant à transposer la directive 98/26/CE du 19 mai 1998 concernant le caractère définitif du règlement dans les systèmes de paiement et de règlement des opérations sur titres (28. April 1999); Luxemburg: Artikel 61-3 Abs. 2 n.F. Loi du 5 avril 1993 relative au secteur financier; Frankreich: Artikel L330-2 Abs. 3 iVm. Artikel L330-2 Abs. 1 Code monétaire et financier (Teilnehmersicherheiten) bzw. Artikel L141-4 Abs. 1 Satz 2 Code monétaire et financier (Zentralbanksicherheiten).

[71] *Rakob*, Ausländische Mobiliarsicherungsrechte im Inland, 253, Text in FN 880.

[72] Vgl. section 10 Abs. 1 lit. b a.F. Insolvency Act 1986.

[73] Vgl. section 11 Abs. 3 lit. c a.F. Insolvency Act 1986.

[74] *Hüpkes* (oben FN 52), 74.

heiten betroffen sind, die sich aus einem System ergeben können (vgl. section 2 Abs. 1 *„collateral security“*).

Auch in Verfahren, die zur Liquidation des schuldnerischen Unternehmens führen, können Einschränkungen der Verwertungsbefugnis des Sicherungsnehmers vorgesehen sein, damit der Betrieb zeitweise fortgeführt und die Masse bestmöglich verwertet werden kann. So kann im österreichischen Insolvenzrecht die Verwertung im Interesse der Unternehmensfortführung um 90 Tage ab Konkurseröffnung verzögert werden, vgl. § 11 Abs. 2 KO.[75]

Fraglich ist, ob der Nicht-berührt-Mechanismus auch die – teils automatische – Vertragsbeendigung im Insolvenzfall schützt, wie sie in einschlägigen Standardverträgen vorgesehen ist.[76] Nur wenn die Klausel Bestand hat, ist die solvente Partei nicht mehr zur Erbringung ihrer Leistung verpflichtet,[77] etwa zum Rückverkauf der übertragenen Wertpapiere.[78] Andernfalls könnte dem Insolvenzverwalter ein Wahlrecht zufallen, das ihm erlaubt, zwischen Erfüllung und Nichterfüllung zu wählen. Falls es sich bei dem Vertrag um einen Rahmenvertrag handelt, der mehrere Einzelabschlüsse verklammert, könnte die Unwirksamkeit der Gesamtbeendigung zur Ausübung eines Wahlrechts in Bezug auf Einzelabschlüsse führen, was als *„cherry picking“* bezeichnet wird. Der Ausschluss solcher Wahlrechte ist ein wichtiges Anliegen der Marktteilnehmer, weil gerade in Insolvenzszenarien nur die Einhaltung der zuvor getroffenen Vereinbarungen klare und berechenbare Verhältnisse schafft. Teils wird daher die Einbeziehung vertraglicher Beendigungsklauseln in den Kreis der gemäß Artikel 9 Abs. 1 Satz 1 nicht berührten Rechte befürwortet.[79] Dagegen ist aber einzuwenden, dass Artikel 9 Abs. 1 Satz 1 den Bestand von Befugnissen des Sicherungsnehmers bezüglich des Sicherungsguts sichern soll, beispielsweise die Befugnis, es zu veräußern. Vertragliche Abreden und ihr Bestand sind von diesem Schutzzweck zunächst nicht erfasst. Gegen ihre Einbeziehung spricht auch, dass die Richtlinie selbst zwischen Sicherungsrechten einerseits (vgl. Artikel 9) und

---

[75] Die Anwendung dieser Vorschrift auf Teilnehmer- und Zentralbanksicherheiten wurde im Rahmen der Umsetzung durch § 17 FinalitätsG ausgeschlossen.

[76] Vgl. beispielsweise für automatische Vertragsbeendigung: Nr. 6 Abs. 1 lit. b Satz 2 der allgemeinen Bestimmungen des EMA, Nr. 11 Abs. 2 des deutschen Rahmenvertrags für Wertpapierpensionsgeschäfte sowie Nr. 7 Abs. 2 des deutschen Rahmenvertrags für Finanztermingeschäfte. Für Vertragsbeendigung durch Kündigung: Artikel 7.1.1.6 der Convention-cadre FBF relative aux opérations sur instruments financiers à terme sowie Artikel 10.1.2 der Convention-cadre FBF relative aux opérations de pensions livrées.

[77] Vgl. Nr. 6 Abs. 4 der allgemeinen Bestimmungen des EMA, Nr. 7 Abs. 3 des deutschen Rahmenvertrags für Finanztermingeschäfte sowie Artikel 7.3 der Convention-cadre FBF relative aux opérations sur instruments financiers à terme.

[78] Vgl. Nr. 11 Abs. 3 des deutschen Rahmenvertrags für Wertpapierpensionsgeschäfte.

[79] *Keller* (oben FN 41), WM 2000, 1269, 1273.

Rechten und Pflichten der Teilnehmer andererseits (vgl. Artikel 8) unterscheidet. Hätte der Richtliniengeber daher auch den Bestand vertraglicher Vereinbarungen für den Insolvenzfall gewährleisten wollen, dann hätte er dies gesondert tun müssen. Ob etwa der Kassa-Käufer im Rahmen eines Wertpapierpensionsgeschäfts weiter an den Rückverkauf auf Termin gebunden bleibt oder nicht, wird deshalb im Ergebnis nicht von Artikel 9 Abs. 1 Satz 1 vorgegeben. Entsprechend verleihen auch vertragliche Fälligkeits- und Verrechnungsklauseln keine nicht berührten Rechte.[80]

d. Ausschluss der insolvenzbedingten Angreifbarkeit des Sicherungsrechts

Fraglich ist, ob der Nicht-berührt-Mechanismus des Artikels 9 Abs. 1 Satz 1 den Rechtserwerb gegen Nichtigkeit, Anfechtbarkeit bzw. relative Unwirksamkeit schützt. Geht man vom Zweck des Artikels 9 Abs. 1 Satz 1 aus, die vereinbarungsgemäße Verwertung im Insolvenzfall im Interesse der Vermeidung systemischer Auswirkungen der Nichtleistung zu ermöglichen,[81] so ist festzuhalten, dass es für die Liquidität des Sicherungsnehmers keinen Unterschied macht, ob er nicht verwerten kann, weil der Antrag auf Verfahrenseröffnung automatisch ein Verwertungsverbot herbeiführt oder weil der dingliche Bestellungsakt angefochten wurde. Deshalb muss davon ausgegangen werden, dass die Immunisierung der Sicherungsrechte des Artikels 9 Abs. 1 Satz 1 gegen Insolvenzverfahren auch den Ausschluss der Geltendmachung insolvenzrechtlicher Nichtigkeits- bzw. Anfechtungsgründe beinhaltet. Denn die Vernichtung des Sicherungsrechts stellt sich als eine extreme Form des „Berührens“ dar.

Gegen diese Sichtweise könnte zwar angeführt werden, dass die Rechte dem Wortlaut nach nur *durch* das Verfahren nicht berührt werden, so dass Beeinträchtigungen *aufgrund* des Verfahrens – beispielsweise durch Insolvenzanfechtung nach §§ 129 ff InsO – weiter zulässig wären.

Eine solche Unterscheidung würde jedoch nicht auf der Funktion der Nichtigkeits- bzw. Anfechtungsnormen beruhen, sondern allein auf ihrer rechtstechnischen Ausgestaltung. Unabhängig von dieser Ausgestaltung geht es aber in beiden Fällen darum, bestimmte Vermögensverschiebungen im Vorfeld der Verfahrenseröffnung zu neutralisieren und die abgeflossenen Vermögensgegenstände in die gleichmäßige Verteilung auf die Gläubiger einzubeziehen. Ob dieses Ziel unter gegebenen Umständen durch Nichtigkeit (vgl. Artikel L621-107 ff Code de commerce) oder durch Anfechtbarkeit erreicht wird (vgl. §§ 129 ff InsO), erscheint daher nicht als sachgerechtes Unterscheidungskriterium. Funktional

---

[80] Vgl. *Banque Centrale du Luxembourg* (oben FN 52), Bulletin de la BCL 2001/2, 53, 62.

[81] Vgl. *Banque Centrale du Luxembourg* (oben FN 52), Bulletin de la BCL 2001/2, 53, 64; vgl. *Jergitsch* (oben FN 6), ÖBA 1999, 537, 542; vgl. *Hüpkes* (oben FN 52), 162; Zu Artikel 7 des Kommissionsentwurfs: Stellungnahme des Europäischen Währungsinstituts zum Richtlinienentwurf KOM (1996) 193 endg., ABl. 1998 C 156/17, 19 f.

handelt es sich auch bei der Anfechtung aufgrund der Verfahrenseröffnung um eine Beeinträchtigung *durch* das Verfahren.[82]

Für den Ausschluss der Geltendmachung insolvenzrechtlicher Nichtigkeits- und Anfechtungsgründe durch den Nicht-berührt-Mechanismus spricht auch ein Vergleich mit Artikel 21 der Bankensanierungs- und -liquidationsrichtlinie sowie mit Artikel 5 EuInsVO,[83] denn beide behalten für die durch den jeweiligen Absatz 1 nicht berührten Rechte jeweils in Absatz 4 ausdrücklich die Nichtigkeit, Anfechtbarkeit bzw. relative Unwirksamkeit vor. Artikel 8 Abs. 4 der Finanzsicherheitenrichtlinie enthält einen vergleichbaren ausdrücklichen Vorbehalt. Demgegenüber fehlt eine solche Einschränkung des „Nicht-berührt-Werdens" in der Finalitätsrichtlinie. Zwar wird in Bezug auf Artikel 5 EuInsVO die Auffassung vertreten, Absatz 4 habe nur deklaratorische Bedeutung.[84] Träfe dies aber zu, so wäre nicht ersichtlich, warum allein in der Finalitätsrichtlinie auf eine entsprechende Klarstellung verzichtet wurde.

Ein Vorbehalt der Geltendmachung insolvenzrechtlicher Nichtigkeits- und Unwirksamkeitsgründe ergibt sich auch nicht aus Erwägungsgrund Nr. 13 der Finalitätsrichtlinie, wonach die Wiedererlangung von mittels eines Systems erbrachten Leistungen außerhalb des Systems unter bestimmten Voraussetzungen möglich bleiben soll. Denn Erwägungsgrund Nr. 13 stellt lediglich klar, dass eine anfechtbare Leistung nicht allein dadurch unanfechtbar wird, dass sie mittels eines Systems erbracht wird.[85] Er enthält hingegen keine Antwort auf die Vorfrage, *ob* eine Leistung anfechtbar ist.

Da der Ausschluss der Insolvenzanfechtung als eine schwerwiegende Beeinträchtigung des insolvenzrechtlichen Masseschutzes und des Grundsatzes der Gläubigergleichbehandlung erscheint, ist nach der Begründung für diesen weitgehenden Schutz des Sicherungsnehmers zu fragen.

Dabei muss zunächst das Maß der Beeinträchtigung relativiert werden, denn einerseits ist der geschützte Personenkreis eng beschränkt. Andererseits liegt der typische insolvenzrechtliche Nichtigkeits- bzw. Anfechtungsgrund der Gläubigerbenachteiligung bei der Bestellung der erfassten Sicherungsrechte aus tatsächlichen Gründen regelmäßig nicht vor,[86] denn die Funktionsregeln eines jeden Systems werden gemäß Artikel 2 lit. a, dritter Spiegelstrich, von einem Mitgliedstaat geprüft, bevor es der Europäischen Kommission gemeldet wird. Aufgrund dieser Prüfung kann als gewährleistet angesehen werden, dass der Sicherungsgeber durch die Bestellung von Sicherheiten für Verbindlichkeiten aus seiner Teilnahme typischerweise nicht seine Gläubiger benachteiligt, sondern un-

---

82 Vgl. *Jergitsch* (oben FN 6), ÖBA 1999, 537, 542.

83 *Keller* (oben FN 41), WM 2000, 1269, 1273.

84 MK-*Reinhart*, InsO, Art. 5 EuInsVO RZ 7.

85 Vgl. *Keller* (oben FN 41), WM 2000, 1269, 1273.

86 *Keller* (oben FN 41), WM 2000, 1269, 1280.

mittelbar gleichwertige Leistungen erhält. Die Bewertungsmethoden für Sicherungsgüter, die dem Eurosystem bereitgestellt werden,[87] gewährleisten ebenfalls den Schutz des Sicherungsgebers und seiner Gläubiger.

Auf den zweiten Blick erscheint der Ausschluss der Anfechtung daher eher als eine Klarstellung im Interesse der Rechtssicherheit. Hintergrund ist, dass angesichts der systemischen Bedeutung der Sicherungsrechte des Artikels 9 Abs. 1 Satz 1 keine Zweifel an der Durchsetzbarkeit im Verwertungsfall hinnehmbar sind. Auch ohne Prüfung im Einzelfall soll deshalb feststehen, was eine solche Prüfung ohnehin meist ergeben würde.

Im Ergebnis verlangt Artikel 9 Abs. 1 Satz 1 von den Mitgliedstaaten, die Geltendmachung insolvenzrechtlicher Nichtigkeits- und Anfechtungsgründe ausdrücklich auszuschließen.[88] Insbesondere wäre es nicht zulässig, auf eine Umsetzung mit dem Hinweis zu verzichten, die genannten Sicherungsrechte seien in der Praxis ohnehin nicht anfechtbar. Ein klarer Verstoß gegen Artikel 9 Abs. 1 Satz 1 ist der Vorbehalt der Anfechtbarkeit, wie ihn die österreichische Umsetzung vorsieht.[89]

IV. Kollisionsrechtliche Vorgaben

1. Anknüpfung der Rechte und Pflichten des Teilnehmers

Artikel 8 gibt die Anknüpfung der Rechte und Pflichten des Teilnehmers im Falle der Eröffnung eines Insolvenzverfahrens über ihn vor. Damit ist die schuldrechtliche Stellung des Schuldners gegenüber dem Systembetreiber gemeint, was beispielsweise die Pflicht zur Bestellung von Wertpapiersicherheiten oder zur Bereitstellung zusätzlicher Wertpapiersicherheiten umfasst.

Maßgeblich ist die Rechtsordnung des Systems. Damit wird sichergestellt, dass für die schuldrechtliche Stellung des Teilnehmers gegenüber dem System nach Eröffnung eines Insolvenzverfahrens dieselbe Rechtsordnung maßgeblich ist wie zuvor, denn gemäß Artikel 2 lit. a zeichnen sich die Systeme im Sinne der Richtlinie dadurch aus, dass sie der gewählten Rechtsordnung eines Mitgliedstaates unterliegen.

2. Anknüpfung der Stellung des Sicherungsnehmers in der Insolvenz des Sicherungsgebers

Artikel 9 Abs. 2 gibt die Anknüpfung der Rechtsstellung des Sicherungsnehmers in der Insolvenz des Sicherungsgebers vor, sofern sein Sicherungsrecht unter Abs. 1 fällt und Wertpapiere bzw. Rechte an Wertpapieren zum Gegenstand hat.

---

87 Vgl. *Europäische Zentralbank* (oben FN 57), 57 (Kasten 8).

88 England: Section 17 (1) Financial Markets and Insolvency (Settlement Finality) Regulations 1999; Deutschland: § 130 Abs. 1 Satz 2 n.F. InsO.

89 Vgl. § 17 Satz 3 FinalitätsG, dazu *Jergitsch* (oben FN 6), ÖBA 1999, 537, 545.

a. Notwendigkeit einer kollisionsrechtlichen Ergänzung des Nicht-berührt-Mechanismus

Die Sicherungsrechte des Artikels 9 Abs. 2 werden – da sie notwendigerweise auch von Absatz 1 erfasst sind – nicht durch das Insolvenzverfahren berührt. Aus diesem „Nicht-berührt-Werden" könnte man auf der Ebene des Kollisionsrechts den Schluss ziehen, dass sie auch nicht der Rechtsordnung des Verfahrensstaates unterliegen.[90] Ob dies zutrifft, erscheint jedoch fraglich, denn Artikel 9 Abs. 1 gilt auch für reine Inlandsfälle. Wollte man dem „Nicht-berührt-Mechanismus" daher auch eine negative kollisionsrechtliche Aussage entnehmen, dann wäre die Behandlung der betroffenen Sicherungsrechte in Inlandsfällen unklar, weil ja die Rechtsordnung, der diese Rechte vor Eröffnung des Insolvenzverfahrens unterlagen, nicht mehr anwendbar wäre, andererseits aber die stattdessen anwendbare Rechtsordnung nicht positiv bestimmt wird. Eine positive Aussage über die anwendbare Rechtsordnung kann dem Nicht-berührt-Mechanismus nämlich nicht entnommen werden.[91] Richtig ist daher, dass der Nicht-berührt-Mechanismus nur die Anwendung von Sachnormen des Verfahrensstaates zugunsten der nicht berührten Rechte beschränkt.

b. Anknüpfungsgegenstand

aa. Sicherungsrechte gemäß Artikel 9 Abs. 1 an Wertpapieren bzw. an Rechten an Wertpapieren

Gegenstand der Anknüpfung sind Sicherungsrechte gemäß Artikel 9 Abs. 1, die an Wertpapieren im Sinne von Artikel 2 lit. h oder an „Rechten an Wertpapieren" bestehen. Der Begriff der Rechte an Wertpapieren ist nicht definiert, doch ergibt sich ein Anhaltspunkt aus Erwägungsgrund Nr. 19, der präzisiert, dass auf den in Artikel 9 Abs. 2 genannten Konten und Registern – alternativ zum Eigentum an Wertpapieren (näher dazu oben S. 23) – Rechte auf Lieferung oder Über-

---

[90] Zu Artikel 5 Abs. 1 EuInsVO: BT-Drucksache 15/16, 12; *Niggemann & Blenske*, Die Auswirkungen der Verordnung (EG) Nr. 1346/2000 auf den deutsch-französischen Rechtsverkehr, NZI 2003, 471, 475.

[91] Bereits zu Artikel 7 Abs. 1 Satz 1 des Kommissionsentwurfs KOM (1996) 193 endg.: BR-Drucksache 512/96, 13. Zum Nicht-berührt-Mechanismus des Artikels 5 Abs. 1 EuInsVO: BT-Drucksache 15/16, 12; *Herchen*, Die Befugnisse des deutschen Insolvenzverwalters hinsichtlich der „Auslandsmasse" nach In-Kraft-Treten der EG-Insolvenzverordnung, ZInsO 2002, 345, 347. Zum Nicht-berührt-Mechanismus des Artikels 21 Abs. 1 der Bankensanierungs- und -liquidationsrichtlinie: *Wimmer*, Die Richtlinien 2001/17/EG und 2001/24/EG über die Sanierung und Liquidation von Versicherungsunternehmen und Kreditinstituten, ZInsO 2002, 897, 903 f.

tragung von Wertpapieren eingetragen sein können.[92] Das deutet darauf hin, dass Rechte an Wertpapieren dieselben Rechte sind, über die mittels Übertragungsauftrags im Sinne von Artikel 2 lit. i verfügt werden kann, also Übertragungsansprüche gegen den maßgeblichen Intermediär. Insbesondere sind mit „Rechten an Wertpapieren" nicht beschränkte Sicherungsrechte – etwa Pfandrechte – gemeint.

bb. Rechtsbegründende bzw. rechtmäßige Eintragung des Sicherungsrechts in einem Mitgliedstaat

Artikel 9 Abs. 2 setzt voraus, dass der Erwerb des Sicherungsrechts „rechtsbegründend" durch Buchung bzw. Registrierung erfolgt ist, wobei sich die eintragende bzw. buchende Stelle in einem Mitgliedstaat befinden muss.

Eine Besonderheit der deutschen Fassung besteht darin, dass man sie so lesen kann, dass sich „rechtsbegründend" nur auf die Registrierung bezieht, nicht aber auf die Verbuchung.[93] Diese Möglichkeit ergibt sich, weil die Handlung des Eintragens des Sicherungsrechts unterschiedlich bezeichnet wird, je nachdem ob sie in einem Register oder auf einem Konto erfolgt: In ein Register wird das Recht „eingetragen", auf einem Konto wird es „verbucht". Man könnte so zu dem Schluss kommen, dass an Verbuchung und Registrierung unterschiedliche Anforderungen gestellt werden. In Bezug auf die englische und die französische Fassung ist diese Differenzierung hingegen nicht möglich.[94] Da der Sinn einer solchen Differenzierung nicht ersichtlich ist, muss für die deutsche Version von einem Redaktionsversehen ausgegangen werden, weshalb an die Buchung und an die Registrierung dieselben Anforderungen zu stellen sind. Verbuchung und Registrierung werden daher nachfolgend – wie nun auch in Artikel 24 der Bankensanierungs- und -liquidationsrichtlinie – zusammenfassend als „Eintragung" bezeichnet.[95]

Das Erfordernis einer „rechtsbegründenden" Eintragung ist ebenfalls eine Besonderheit der deutschen Fassung und könnte darauf hindeuten, dass nur solche Sicherungsrechte zu den Anknüpfungsgegenständen gehören, die ohne Eintra-

---

[92] So bereits die Begründung des Rates zu Artikel 9 Abs. 2 im Gemeinsamen Standpunkt (EG) Nr. 43/97, ABl. 1997 C 375/34, 46.

[93] So *Dittrich*, Effektengiroverkehr mit Auslandsberührung, 100.

[94] Nach der englischen Fassung muss das Recht stets „recorded" sein, nach der französischen stets „inscrit", und zwar jeweils unabhängig davon, ob die Eintragung auf einem Konto oder in einem Register vorgenommen wird.

[95] Artikel 24 der Bankensanierungs- und -liquidationsrichtlinie ist ähnlich aufgebaut wie Artikel 9 Abs. 2 der Finalitätsrichtlinie und verwendet auch in der deutschen Fassung eine einheitliche Bezeichnung für Eintragungen auf Konten und in Registern. Auf Artikel 24 der Bankensanierungs- und -liquidationsrichtlinie wird im Zusammenhang mit dieser Richtlinie eingegangen.

gung nicht bestünden.[96] Die englische und die französische Fassung fordern hier (nur) eine „rechtmäßige“ Eintragung des Sicherungsrechts.[97] Allerdings ist auch nach diesen Fassungen nicht eindeutig, was gemeint ist. So könnte man etwa die englische Formulierung *„legally“* als Abgrenzung zu solchen Eintragungen begreifen, die Sicherungsrechte der *equity* zum Gegenstand haben. Damit hätte der Zusatz indes nur für die *Common-law*-Mitgliedstaaten Bedeutung, wovon nicht auszugehen ist.[98]

Für die Bestimmung des Begriffs „rechtmäßig“ bzw. „rechtsbegründend“ kommt es auf den Zweck des Kriteriums an. Methodisch nicht korrekt ist es demgegenüber, seine Bedeutung anhand der vermeintlichen Bedeutung im Sachrecht eines Mitgliedstaates zu interpretieren, wie *Einsele* es tut:[99] Ob es beispielsweise im deutschen Sachrecht rechtserzeugende Buchungen gibt, ist für die Auslegung der Richtlinie schlicht ohne Belang.

Ein Anhaltspunkt für die Auslegung ergibt sich aus Erwägungsgrund Nr. 20, wonach Artikel 9 Abs. 2 nur auf Sicherungsrechte anwendbar ist, die den sachrechtlichen Erwerbsvoraussetzungen des Ortes genügen, an dem das Sicherungsrecht eingetragen ist.[100] Damit dies überprüft werden kann, ist notwendig, dass die Rechtsordnung des Eintragungsortes bereits für den Erwerb maßgeblich war. Das Merkmal „rechtmäßig“ bzw. „rechtsbegründend“ sorgt also dafür, dass nur Sicherungsrechte erfasst werden, deren Begründungsstatut die Rechtsordnung des Eintragungsortes ist.

Dass die Eintragung darüber hinaus eine bestimmte – oder überhaupt eine – sachrechtliche Rolle für den Rechtserwerb gespielt haben muss, ergibt sich daraus allerdings nicht. Man könnte zwar argumentieren, dass die Eintragung als Anknüpfungspunkt besonders zuverlässig ist, wenn mit ihr gleichzeitig der Bestand des auszuübenden Rechts feststeht. Dagegen spricht aber Erwägungsgrund Nr. 21, wonach Artikel 9 Abs. 2 den Vorschriften der Mitgliedstaaten über den

---

[96] So *Einsele*, Wertpapiere im elektronischen Bankgeschäft, WM 2001, 7, 15; *dies.*, Die internationalprivatrechtlichen Regelungen der Finalitätsrichtlinie und ihre Umsetzung in der Europäischen Union, WM 2001, 2415, 2421; *Than*, Neue Rechtsentwicklungen für den grenzüberschreitenden Effektenverkehr, FS Kümpel, 543, 553.

[97] Nach der englischen Fassung muss das Recht „legally recorded“ sein, nach der französischen „inscrit légalement“.

[98] Ablehnend auch: *Morton, Potok & Benjamin* in: Cross Border Collateral, RZ 10.11.

[99] *Einsele* (oben FN 96), WM 2001, 7, 15; *dies.* (oben FN 96), WM 2001, 2415, 2421; *dies.*, Bank- und Kapitalmarktrecht, § 9 RZ 89 f.

[100] So ausdrücklich Erwägungsgrund Nr. 20 in der französischen Fassung sowie – in der Folge – in Belgien: Artikel 8 § 2 Loi visant à transposer la directive 98/26/CE du 19 mai 1998 concernant le caractère définitif du règlement dans les systèmes de paiement et de règlement des opérations sur titres (28. April 1999).

Rechtserwerb nicht vorgreifen will. Sachgemäß erscheint es daher, die Rechtmäßigkeit der Eintragung genügen zu lassen.

cc. Durchsetzung des Sicherungsrechts in der Insolvenz des Sicherungsgebers

Die gemäß Artikel 9 Abs. 2 zu bestimmende Rechtsordnung legt die Stellung des Sicherungsnehmers in der Insolvenz des Sicherungsgebers fest. Das bedeutet insbesondere, dass sie über die Ausübung des Sicherungsrechts entscheidet.[101] Demgegenüber bestimmt Artikel 9 Abs. 2 unmittelbar weder die Anknüpfung des Erwerbs des Sicherungsrechts noch die Anknüpfung der sonstigen Rechtsverhältnisse des Sicherungsguts.[102] Ob auf den Rechtserwerb die Rechtsordnung des Eintragungsortes anwendbar war, hängt von den im Einzelfall anwendbaren autonomen Kollisionsnormen der Mitgliedstaaten ab.[103] Die Bestimmung nur des Wirkungsstatuts im Insolvenzfall hat Artikel 9 Abs. 2 mit Artikel 18 Abs. 1 DöKV gemeinsam.[104] Allerdings stellt Artikel 9 Abs. 2 einen notwendigen Zusammenhang zwischen Begründungs- und Wirkungsstatut her und vermeidet dadurch Statutenwechsel. Wurde das Sicherungsrecht nach der Rechtsordnung des Eintragungsortes erworben, so ist auch die Rechtsausübung in der Insolvenz – insbesondere des Sicherungsgebers – weiter nach derselben Rechtsordnung zu beurteilen. Damit wird das Sicherungsrecht davor bewahrt, aufgrund der Insolvenz in eine andere Rechtsordnung integriert zu werden.

c. Anknüpfung an den Ort des Registers, des Kontos bzw. des zentralen Verwahrsystems

Die Rechtsstellung des Sicherungsnehmers bestimmt sich nach der Rechtsordnung des Mitgliedstaates, in welchem sich das Register, das Konto bzw. die zentrale Verwahrstelle befindet, die sein Recht eingetragen hat. Dabei wird zwar nur im Falle der zentralen Verwahrstelle ausdrücklich an den Ort einer Institution angeknüpft, wohingegen es im Falle des Kontos und des Registers auf den Ort der Eintragung – also einer Handlung – ankommt. Allerdings ist davon auszugehen, dass mit dem Eintragungsort der Ort der eintragenden Institution ge-

---

[101] *Nierop & Stenström*, Cross-border aspects of insolvency proceedings for credit institutions – A legal perspective, 21.

[102] Vgl. MK-*Wendehorst*, EGBGB, Art. 43 RZ 221.

[103] *Hüpkes* (oben FN 52), 163.

[104] Artikel 18 Abs. 1 DöKV lautete auszugsweise: *„Befinden sich einzelne Vermögensgegenstände [...] zur Zeit der Eröffnung des Konkursverfahrens in einem der beiden Vertragsstaaten, so beurteilt sich nach dem Recht dieses Staates, welche Aussonderungs-, Absonderungs- und sonstigen besonderen Rechte hinsichtlich dieser Vermögensgegenstände [...] geltend gemacht werden können [...].“*

meint ist.[105] Das Anknüpfungsmerkmal ist damit als Ausprägung des PRIMA anzusehen (siehe dazu oben, S. 10) und weicht von den zu einem frühen Entwurf diskutierten Anknüpfungen ab.[106]

Kriterien zur Bestimmung des maßgeblichen Ortes enthält die Richtlinie indes nicht. Sie sind daher anhand des Zwecks des Anknüpfungsmerkmals zu entwickeln. Dieser Zweck besteht darin, dem Sicherungsnehmer die Rechtsdurchsetzung aufgrund einer für ihn vorhersehbaren Rechtsordnung zu ermöglichen. Daraus ergibt sich zunächst, dass der Ort, von dem auf die maßgebliche Rechtsordnung geschlossen werden soll, für den Sicherungsnehmer eindeutig erkennbar sein muss, und zwar unabhängig davon, ob das Sicherungsrecht mit oder ohne Umbuchung des Wertpapierguthabens erworben wurde. Denn die Richtlinie will den Schutz der Sicherungsrechte des Artikels 9 nicht von der Wahl der im Einzelfall gewählten Sicherungstechnik abhängig machen. Als Lokalisierungskriterien kommen vor diesem Hintergrund insbesondere objektive Merkmale des Depotkontos in Betracht, auf das das als Sicherungsgut dienende Wertpapierguthaben eingetragen ist, und die eine Zuordnung dieses Kontos zu einem bestimmten Ort erlauben. Diese Anforderungen können insbesondere die Depotkontonummer des maßgeblichen Depotkontos und/oder die Bankleitzahl der depotführenden Stelle erfüllen. Im Falle der zentralen Verwahrstelle kann auf den Sitz der Trägerinstitution abgestellt werden.

d. Sachnormverweisung

Artikel 9 Abs. 2 ist als Sachnormverweisung zu verstehen, denn die Zulassung einer Rück- bzw. Weiterverweisung würde die Vorhersehbarkeit der für die Wirkungen des Sicherungsrechts maßgeblichen Rechtsordnung erneut beeinträchtigen.[107]

e. Erfordernis einer „weiten Umsetzung“

Da der unmittelbare Geltungsbereich des Artikels 9 Abs. 2 beschränkt ist, hängt seine Bedeutung davon ab, inwieweit bereits die Anwendung der autonomen Kollisionsnormen der Mitgliedstaaten dazu führt, dass der Erwerb des Sicherungsrechts nach der Rechtsordnung des Eintragungsstaates zu beurteilen ist. Denn indem Artikel 9 Abs. 2 voraussetzt, dass der Erwerb nach der Rechtsord-

---

[105] *Bloch* (oben FN 1), Mélanges AEDBF-France II, 49, 79; *Banque Centrale du Luxembourg* (oben FN 52), Bulletin de la BCL 2001/2, 53, 67.

[106] Zu Artikel 4 Abs. 2 des Entwurfs von Artikeln über die Endgültigkeit der Abrechnung in EU-Zahlungssystemen (abgedruckt in ZBB 1995, 315 ff) war unter anderem die Anknüpfung an den Ort des Systems diskutiert worden, dem das Sicherungsrecht zuvor eingeräumt wurde, also an den Ort des Sicherungsnehmers.

[107] *Keller* (oben FN 41), WM 2000, 1269, 1274.

nung des Eintragungsortes rechtmäßig ist,[108] geht er davon aus, dass diese Rechtsordnung auf den Erwerb anwendbar war, also das Begründungsstatut bildet. Da die Begründung eines Sicherungsrechts an Wertpapieren herkömmlich nach dem Wertpapierrechtsstatut bestimmt wird, das gegebenenfalls an das Wertpapiersachstatut weiter verweist, käme Artikel 9 Abs. 2 nur dann eine Bedeutung zu, wenn es sich dabei im Einzelfall zufälligerweise um den Eintragungsort handelte. Entsprechendes ergäbe sich hinsichtlich der Rechte an Wertpapieren. Ein derartiger Einfluss des unvereinheitlichten Kollisionsrechts auf die mit der Richtlinie bezweckte Vereinheitlichung wäre indes nicht sachgerecht. Vor diesem Hintergrund erscheint es rechtspolitisch geboten, bei der Umsetzung des Artikels 9 Abs. 2 der Richtlinie – über das gemäß Artikel 249 Abs. 3 EG Erforderliche hinaus – eine Kollisionsnorm mit weiterreichendem Anwendungsbereich zu schaffen.

aa. Bestimmung des Begründungsstatuts des Sicherungsrechts

Angesichts des Umstandes, dass Artikel 9 Abs. 2 nur für Wertpapiersicherheiten gilt, deren Begründungsstatut die Rechtsordnung des Eintragungsortes war, ist daran zu denken, bereits das Begründungsstatut systematisch nach dem Eintragungsort zu bestimmen. Dafür spricht, dass Artikel 9 Abs. 2 damit einen weiten Anwendungsbereich erhielte und so noch weitergehend zur Steigerung der Rechtssicherheit des Sicherungsnehmers beitragen könnte. Zwar könnte man gegen einen solchen Vorschlag einwenden, der Richtliniengeber hätte das Begründungsstatut ja ausdrücklich vorgeben können, hätte er es überhaupt vorgeben wollen. Dass der Erwerb des Sicherungsrechts in der Richtlinie nicht als Anknüpfungsgegenstand genannt wird, ist aber bereits darauf zurückzuführen, dass die Richtlinie sich in Bezug auf Wertpapiersicherheiten nur mit der Frage befasst, wie bereits bestehende Rechte in der Insolvenz des Sicherungsgebers ausgeübt werden. Deshalb bestand kein Anlass und für den zeitlichen Geltungsbereich der Richtlinie auch keine Gelegenheit, die Anknüpfung des Begründungsstatuts zu regeln. Vielmehr musste das Begründungsstatut als bekannt vorausgesetzt werden.

Für die Ausweitung der Anknüpfungsregel auf die Bestimmung des Begründungsstatuts spricht, dass der Richtliniengeber implizit aufzeigt, dass er der Eintragung des Sicherungsnehmers die entscheidende kollisionsrechtliche Bedeutung in Bezug auf Wertpapiersicherheiten beimisst. Außerdem geht er – wie Erwägungsgrund Nr. 20 zeigt – davon aus, dass die Wirksamkeit des Sicherungsrechts an den Regelungen der Rechtsordnung des Eintragungsortes gemessen wird, womit von einem früheren Vorschlag abgewichen wird, wonach das Wirkungsstatut ausdrücklich unabhängig vom Begründungsstatut anzuknüpfen

[108] Näher dazu oben S. 39.

war.[109] Schließlich ist auch kein Grund ersichtlich, warum der kollisionsrechtliche Schwerpunkt des Erwerbs anhand anderer Kriterien zu beurteilen sein sollte als der Schwerpunkt der Rechtsausübung.

Im Falle der Ausweitung der PRIMA-Anknüpfung auf den Rechtserwerb darf allerdings nicht der Kernbereich der Regelungsvorgabe aus den Augen verloren werden: Die umsetzende Norm muss jedenfalls auch für die Rechtsausübung des Sicherungsnehmers, und zwar insbesondere im Insolvenzfall, gelten. Missverständlich ist insoweit der deutsche § 17a DepotG, denn ihm ist nicht ohne weiteres zu entnehmen, dass er überhaupt auf die Bestimmung des Wirkungsstatuts anwendbar ist. Dadurch ist vereinzelt der Eindruck entstanden, in seinem Geltungsbereich seien Begründungs- und Wirkungsstatut notwendigerweise unterschiedlich zu bestimmen.[110] Genau das wollte der Richtliniengeber verhindern, und es entspricht auch nicht dem Willen des deutschen Gesetzgebers.[111] Auch darf nicht übersehen werden, dass das Anknüpfungsmerkmal dasselbe ist, unabhängig davon ob Gegenstand des Sicherungsrechts Wertpapiere oder Rechte an Wertpapieren sind.

Soll die Anknüpfungsregel des Artikels 9 Abs. 2 auf den Erwerb des Sicherungsrechts ausgedehnt werden, so ist weiter zu beachten, dass Eigenschaften der Eintragung (etwa ein rechtmäßiger bzw. rechtsbegründender Charakter) nicht zur Beschreibung des Anknüpfungsgegenstandes herangezogen werden können, weil sie erst bestimmbar sind, wenn die auf den Rechtserwerb anwendbare Rechtsordnung zuvor feststeht. Stattdessen muss der Anknüpfungsgegenstand anhand deskriptiver Merkmale umschrieben werden.[112] Berücksichtigt man dies – wie der deutsche Gesetzgeber des § 17a DepotG – nicht, dann ergibt sich eine zirkuläre Anknüpfung.[113] Als deskriptives Merkmal der Eintragung kommt insbesondere in Betracht, dass sie zugunsten des behaupteten Erwerbers erfolgt und ihn identifiziert.

---

[109] Der Vorschlag zu Artikel 4 Abs. 2 Satz 2 des Entwurfs von Artikeln über die Endgültigkeit der Abrechnung in EU-Zahlungssystemen (abgedruckt in ZBB 1995, 315 ff) lautete: „*Diese Vorschrift greift der Anwendung desjenigen Rechts nicht vor, das für die förmliche Bestellung der Sicherheiten gilt.*"

[110] So: *Rakob* (oben FN 71), 14 f.

[111] BT-Drucksache 15/1439, 15; Diese Sichtweise wurde in den Materialien zum Gesetz zur Neuregelung des Internationalen Insolvenzrechts bestätigt, BT-Drucksache 15/16, 20.

[112] Vgl. MK-*Wendehorst*, EGBGB, Art. 43 RZ 246 a.E.

[113] Vgl. *Schödermeier, Löber & Wortmann* in: Cross Border Collateral, RZ 12.35, Text in FN 19; vgl. *Einsele*, Das UNIDROIT-Projekt zu intermediärverwahrten Wertpapieren als Konzept für eine Modernisierung des deutschen Depotrechts, WM 2005, 1109, 1111 f. Zur vergleichbaren Problematik des österreichischen § 33a IPRG: *Schacherreiter*, Das neue österreichische Kollisionsrecht des Effektengiroverkehrs, ÖBA 2005, 336, 339.

bb. Allgemeine Bestimmung des Statuts von Wertpapieren und Rechten an Wertpapieren

Kommt eine Erweiterung des Geltungsbereichs von PRIMA auf den Erwerb von Wertpapiersicherheiten in Betracht, dann ist weiter daran zu denken, auch Rechte ohne Sicherungszweck einzubeziehen. Erwerb und Wirkung aller Rechte an verbuchten Wertpapieren und an verbuchten Rechten an Wertpapieren unterlägen dann derselben Anknüpfungsregel.

α. Wertpapierrechts- und Wertpapiersachstatut

Hinsichtlich einer Erweiterung der PRIMA-Anknüpfung auf Rechtsverhältnisse von Wertpapieren im Sinne der Richtlinie müsste geklärt werden, welche Aspekte des Wertpapiers umfasst sein sollen. Dabei ist herkömmlich zwischen Wertpapierrechtsstatut und Wertpapiersachstatut zu unterscheiden.

Da der Zweck der PRIMA-Anknüpfung darin besteht, den Vehikeln, die in den mitgliedstaatlichen Rechtsordnungen den Umlauf von Kapitalmarktwerten ermöglichen (insbesondere Wertpapierurkunden) ihre kollisionsrechtliche Bedeutung zu nehmen, wird davon ausgegangen, dass das Wertpapiersachstatut vollständig mittels PRIMA bestimmt werden muss.[114] Das heißt, die Zuordnung von Befugnissen bezüglich des Kapitalmarktwerts – etwa wer Inhaber ist und wer darüber verfügen darf – wird nach der PRIMA-Rechtsordnung bestimmt, soweit das Wertpapierrechtsstatut auf diese Rechtsordnung verweist.[115]

Diese Verweisung des Wertpapierrechtsstatuts auf das Wertpapiersachstatut kann allerdings Probleme bereiten: Zum einen ist das, was das Wertpapierrechtsstatut als Wertpapiersachstatut ansieht, davon geprägt, ob und inwieweit es das Schicksal des Rechts gegenüber dem Emittenten sachrechtlich mit dem Schicksal einer Urkunde, eines Registers oder eines sonstigen Vehikels verknüpft. Im Falle der Verknüpfung des Rechts mit einer Urkunde ergibt sich für das Kollisionsrecht eine Verweisung auf das Statut dieser Urkunde. Umgekehrt folgt aus dieser Prägung des Kollisionsrechts durch das Sachrecht, dass es nicht zu einer Verweisung auf die PRIMA-Rechtsordnung kommen wird, sofern die Eintragung beim Intermediär sachrechtlich keine Bedeutung für die Zuordnung des Rechts gegenüber dem Emittenten hat. Dieser Zusammenhang ist indes rechtlich nicht zwingend. Insbesondere kann vom Wertpapierrechtsstatut verlangt werden, auf die PRIMA-Rechtsordnung zu verweisen, auch wenn nach dem Sachrecht des Wertpapierrechtsstatuts eine Verbriefung vorliegt und die entsprechenden Urkunden sich anderswo als am Ort des maßgeblichen Intermediärs befinden.

Ein weiteres Problem kann sich ergeben, wenn die Verweisung des Wertpapierrechtsstatuts auf die PRIMA-Rechtsordnung nicht umfassend ist. So wird

---

[114] *Schefold*, Intermediary Approach und Europäisches Kollisionsrecht, FS Kümpel, 463, 464.

[115] Zur Bestimmung des Wertpapierrechtsstatuts oben S. 9.

befürchtet, das Wertpapierrechtsstatut könne bestimmte Verfügungen gemäß der PRIMA-Rechtsordnung nicht zulassen, was insbesondere hinsichtlich der Übertragung aufgrund von Wertpapierpensionsgeschäften geäußert wird.[116] Das hätte zur Folge, dass der Eingetragene nicht Inhaber der zu seinen Gunsten eingetragenen Kapitalmarktwerte würde, sondern nur eine an sich wertlose Gutschrift erhielte. Um dies zu vermeiden, ist im Rahmen der weiten Umsetzung zu beachten, dass die Verweisung auf die PRIMA-Rechtsordnung umfassend erfolgt.

Was den Inhalt des Rechts gegenüber dem Emittenten anbelangt – ob es sich etwa um ein Mitgliedschafts- oder um ein Forderungsrecht handelt –, so erscheint die Rechtsordnung des maßgeblichen Intermediärs zu seiner Bestimmung nicht als sachgerecht. Insbesondere für den Emittenten könnten sonst Rechtsunsicherheiten entstehen, indem der Inhalt seiner Verpflichtungen potenziell nach jeder Umbuchung an einer anderen Rechtsordnung zu messen wäre. Gegen eine Ausweitung des Geltungsbereichs der PRIMA-Rechtsordnung auf die Bestimmung des Inhalts der Rechte gegenüber dem Emittenten spricht auch Erwägungsgrund Nr. 21, wonach der Richtliniengeber der auf die Kapitalmarktwerte selbst anwendbaren Rechtsordnung nicht vorgreifen will.

β. Statut der Rechte an Wertpapieren

Für Rechte an Wertpapieren hätte diese Verallgemeinerung der PRIMA-Anknüpfung zur Folge, dass eine Rechtswahl der Parteien des Depotvertrages nicht mehr zur Bestimmung der Rechte des Depotkunden hinsichtlich der für ihn verbuchten Wertpapiere herangezogen werden könnte. Denn Artikel 9 Abs. 2 sieht keine Rechtswahl vor. Auf die Rechte des Depotkunden aufgrund einer deutschen *Gutschrift in Wertpapierrechnung* wäre daher deutsches Recht nicht mehr allein deshalb anwendbar, weil der Depotvertrag deutschem Recht unterliegt, sondern vielmehr nur wenn und weil das Depotkonto in Deutschland geführt wird.[117] Damit würde sich zwar im Ergebnis kaum etwas ändern, doch ist die Bestimmung des Ortes der Depotführung möglicherweise praktisch schwieriger als die Bestimmung der für den Depotvertrag gewählten Rechtsordnung. Die einheitliche Anknüpfung von Wertpapieren und Rechten an Wertpapieren erleichtert allerdings den Umgang mit Wertpapierguthaben, indem Qualifikationsprobleme vermieden werden.

---

[116] *Banque Centrale du Luxembourg* (oben FN 52), Bulletin de la BCL 2001/2, 53, 67; Vgl. *Bloch* (oben FN 1), Mélanges AEDBF-France II, 49, 80.

[117] Eine richtlinienkonforme Auslegung des § 17a DepotG erscheint vor diesem Hintergrund geboten, vgl. *Kronke & Haubold* in: Handbuch Internationales Wirtschaftsrecht, Teil L RZ 286. Problematisch daran ist jedoch, dass die Erteilung einer *Gutschrift in Wertpapierrechnung* häufig darauf beruht, dass die im Ausland angeschafften Wertpapiere bereits keine Wertpapiere im Sinne von § 1 Abs. 1 DepotG sind. Ohne vorherige richtlinienkonforme Auslegung dieses Wertpapierbegriffs wäre § 17a DepotG in solchen Fällen nicht anwendbar.

V. Zusammenfassung

1. Sachrechtliche Vorgaben

Übertragungsaufträge sowie deren Verrechnung haben auch dann Bestand, wenn über den Auftraggeber nachträglich ein Insolvenzverfahren eröffnet wird. Aufträge, die in das System eingebracht sind, können nur im Rahmen der Regeln dieses Systems widerrufen werden. Sofern das System den Widerruf nicht mehr zulässt, setzt sich dieser Ausschluss auch gegen sonst mögliche Angriffe aufgrund des maßgeblichen Insolvenzrechts durch. Allerdings bleibt der Angriff von Rechtshandlungen gegenüber dem Endbegünstigten des Auftrags möglich.

Wertpapiersicherheiten, die den Zentralbanken des Eurosystems im Rahmen ihrer spezifischen Aufgaben oder aber Teilnehmern eines Systems zur Sicherung einer Verbindlichkeit aus dem System geleistet wurden, werden durch die Insolvenzeröffnung weder automatisch (relativ) unwirksam noch werden sie durch das anwendbare Insolvenzrecht umgewidmet. Die Rechtsdurchsetzung erfolgt ungeachtet der Verfahrenseröffnung wie vereinbart. Die Durchsetzung auf schuldvertraglicher Ebene, insbesondere durch Einbeziehung des Sicherungsguts in eine Aufrechnung infolge Beendigung, ist von diesem Schutz nicht umfasst. Insolvenzbedingte Angriffe auf den Erwerb einer privilegierten Wertpapiersicherheit sind ausgeschlossen.

2. Kollisionsrechtliche Vorgaben

Die Rechte und Pflichten des Teilnehmers – einschließlich der Pflicht zur Bestellung von Wertpapiersicherheiten – beurteilen sich nach der von den Teilnehmern gewählten Rechtsordnung des Systems, und zwar vor Insolvenzeröffnung gemäß Artikel 2 lit. a und danach gemäß Artikel 8.

Die Durchsetzung gemäß Artikel 9 Abs. 1 privilegierter Wertpapiersicherheiten richtet sich in der Insolvenz des Sicherungsgebers nach der Rechtsordnung des Eintragungsortes bzw. der eintragenden Stelle (PRIMA), sofern das Sicherungsrecht bereits nach dieser Rechtordnung begründet wurde. Damit diese Vorgabe allgemein die Vorhersehbarkeit der Anknüpfung des Wirkungsstatuts erhöht, ist erforderlich, dass bereits der Erwerb dieser Wertpapiersicherheiten nach der PRIMA-Rechtsordnung beurteilt wird, was im Wege einer „weiten Umsetzung“ des Artikels 9 Abs. 2 zu erreichen ist. Darüber hinaus erscheint es sinnvoll, das Wertpapiersachstatut sowie das Statut von Rechten an Wertpapieren allgemein nach demselben Merkmal anzuknüpfen.

B. Die Finanzsicherheitenrichtlinie

I. Hintergrund und Zweck

Noch vor dem Ende der Umsetzungsfrist der Finalitätsrichtlinie[118] berief die Europäische Kommission im September 1999 eine Forumgruppe aus europäischen Finanzmarktexperten ein,[119] auf deren Vorschlägen der erste Arbeitsentwurf der Kommission für die Finanzsicherheitenrichtlinie[120] basierte.[121] Durch diese weitere Richtlinie sollte die aufgrund der Finalitätsrichtlinie für Zahlungs- und Wertpapierliefersysteme erreichte Rechtssicherheit zugunsten aller Finanzmarkttransaktionen ausgeweitet werden.[122]

Um einen Finanzbinnenmarkt zu schaffen und so den vollen wirtschaftlichen Nutzen aus der Gemeinschaftswährung zu ziehen, hatte der Aktionsplan der Europäischen Kommission zur Umsetzung des Finanzmarktrahmens[123] 1999 die Integration der europäischen Finanzmärkte[124] gefordert. Dazu wurde die Überwindung der vorgefundenen Zersplitterung der Finanzmärkte mittels partieller Rechtsangleichungen für erforderlich gehalten, und zwar unter anderem im Bereich der Sicherungsrechte.[125]

Die Bedeutung dieses Bereichs für die Stabilität und Kostenwirksamkeit des europäischen Finanzsystems war im Zusammenhang mit den nationalen Maß-

---

[118] Die Umsetzungsfrist der Finalitätsrichtlinie endete am 11. Dezember 1999, vgl. Artikel 11 Abs. 1 Satz 1 der Richtlinie.

[119] *Forum Group on the cross-border use of collateral*, Issues paper for the first meeting of the group, 6.

[120] Richtlinie 2002/47/EG des Europäischen Parlaments und des Rates vom 6. Juni 2002 über Finanzsicherheiten, ABl. 2002 L 168/43. Zur Umsetzung in den Mitgliedstaaten: Europäische Kommission, Bewertungsbericht über die Richtlinie über Finanzsicherheiten, KOM (2006) 833 endg., sowie die Berichte der Mitgliedstaaten und von der Kommission befragten Institutionen, veröffentlicht unter: http://ec.europa.eu/internal_market/financial-markets/collateral/consultation_results_en.htm.

[121] *Löber*, Der Entwurf einer Richtlinie für Finanzsicherheiten, BKR 2001, 118, 119.

[122] Vgl. Erwägungsgrund Nr. 7 der Finanzsicherheitenrichtlinie; Vgl. bereits *Europäische Kommission*, Begründung zum Vorschlag für eine Richtlinie des Europäischen Parlaments und des Rates über Finanzsicherheiten, KOM (2001) 168 endg., 3.

[123] Mitteilung der Europäischen Kommission, KOM (1999) 232, häufig als „Financial services action plan“ bzw. „FSAP“ bezeichnet.

[124] Als Finanzmarkt wird ein Markt bezeichnet, auf welchem Finanzinstrumente, sonstige Finanzwerte, Warenterminkontrakte und -optionen gehandelt werden, sofern er sich in einem Mitgliedstaat befindet, regelmäßig funktioniert und Funktionsweise und Zugang durch Vorschriften dieses Mitgliedstaates geregelt sind, vgl. *Virgòs & Schmit*, Erläuternder Bericht zum EuInsÜ, RZ 120.

[125] Mitteilung der Europäischen Kommission, KOM (1999) 232, 8.

nahmen zur Umsetzung der Finalitätsrichtlinie zutage getreten,[126] denn die Richtlinienvorgaben decken die Rechtsverhältnisse zwischen Marktteilnehmern – insbesondere Zwei-Personen-Verhältnisse – nur sehr eingeschränkt ab. Stattdessen werden hauptsächlich das Eurosystem und die für die Durchführung der Geldpolitik erforderliche Infrastruktur geschützt.

Sicherungsrechte spielen jedoch nicht nur für liquiditätszuführende Operationen des Eurosystems und den Betrieb von Zahlungs- und Wertpapierabwicklungssystemen eine Rolle, sondern auch für sonstige besicherte Transaktionen zwischen Marktteilnehmern. In diesem Bereich aber sind grenzüberschreitend bestellte Sicherungsrechte weiterhin mit höherer Wahrscheinlichkeit nicht durchsetzbar als in Sachverhalten ohne Auslandsbezug,[127] woraus sich im Sicherungsfall systemische Konsequenzen ergeben können.[128] Diese Risiken vermeiden Marktteilnehmer in der Praxis häufig schlicht, indem sie besicherte Transaktionen nicht grenzüberschreitend vornehmen,[129] was die weitere Vertiefung der vorhandenen Spaltung der Finanzmärkte zur Folge hat.

Vor diesem Hintergrund bezweckt die Richtlinie auf der Ebene des Sachrechts die Schaffung einheitlicher Standards für Erwerb und Ausübung bestimmter Sicherungsrechte. Auf der Ebene des Kollisionsrechts sollte der Anwendungsbereich der in Artikel 9 Abs. 2 der Finalitätsrichtlinie enthaltenen Anknüpfungsregel erweitert werden.

II. Anwendungsbereich

1. Sicherungsgeber und Sicherungsnehmer

Die personelle Reichweite der Richtlinienvorgaben ergibt sich aus Artikel 1 Abs. 2 und erstreckt sich unter anderem auf alle Personen, die im Rahmen der Finalitätsrichtlinie als „Teilnehmer" in Betracht kommen,[130] insbesondere auf Kreditinstitute. Daneben sind nach Artikel 1 Abs. 2 lit. b die Zentralbanken des Eurosystems erfasst. Die Einbeziehung der übrigen in Artikel 1 Abs. 2 lit. b genannten Institutionen bedeutet im Vergleich zur Finalitätsrichtlinie eine Erweite-

---

[126] Mitteilung der Europäischen Kommission, KOM (1999) 232, 8.

[127] Mitteilung der Europäischen Kommission, KOM (1999) 232, 8; *Europäische Kommission*, Begründung zum Vorschlag für eine Richtlinie des Europäischen Parlaments und des Rates über Finanzsicherheiten, KOM (2001) 168 endg., 4.

[128] Vgl. *Europäische Kommission*, Begründung zum Vorschlag für eine Richtlinie des Europäischen Parlaments und des Rates über Finanzsicherheiten, KOM (2001) 168 endg., 6.

[129] *Löber* (oben FN 121), BKR 2001, 118.

[130] Vgl. Artikel 2 lit. f Satz 1 der Finalitätsrichtlinie. Im Gegensatz zur Finalitätsrichtlinie fordert die Finanzsicherheitenrichtlinie jedoch – anders als Artikel 2 lit. b der Finalitätsrichtlinie – nicht, dass diese Personen tatsächlich an einem System teilnehmen.

rung des personellen Anwendungsbereichs, ebenso wie die Einbeziehung der in Artikel 1 Abs. 2 lit. c iii) - vi) genannten Institutionen.

Darüber hinaus können gemäß Artikel 1 Abs. 2 lit. e sonstige juristischen Personen, Personenhandelsgesellschaften und Einzelkaufleute in die Umsetzungsmaßnahmen einbezogen werden, falls der Geschäftspartner einer der in Artikel 1 Abs. 2 lit. a - d genannten Personengruppen angehört. Wegen der *Opt-out*-Möglichkeit gemäß Artikel 1 Abs. 3 sind die Mitgliedstaaten dazu jedoch nicht verpflichtet.

2. Finanzsicherheiten

Mit „Finanzsicherheit" ist in Artikel 2 Abs. 1 lit. a das Sicherungsgeschäft gemeint.[131] Dieses kann die Übertragung des Sicherungsguts[132] oder die Bestellung eines beschränkten dinglichen Rechts daran vorsehen.[133] Es wird nicht danach unterschieden, ob das Geschäft für die dingliche Rechtsänderung kausal oder von ihr unabhängig ist. Je nach anwendbarer Rechtsordnung kann das Geschäft daher auch ein Verfügungsgeschäft in Bezug auf das Sicherungsgut beinhalten.

a. Sicherungszweck

Die Finanzsicherheit muss der Sicherung einer „maßgeblichen Verbindlichkeit" im Sinne von Artikel 2 Abs. 1 lit. f dienen. Dabei kann es sich um eine Verpflichtung zur Lieferung von Finanzinstrumenten und/oder zur Barzahlung handeln. Anders als der Wortlaut nahe legen könnte, ist eine Verpflichtung zur Barzahlung nicht in jeder Zahlungspflicht zu sehen. Dagegen spricht bereits die Verwendung des Begriffs in Artikel 2 Abs. 1 lit. e, wonach die Barzahlung aufgrund der Inhaberschaft eines Finanzinstruments erfolgt.[134] Die Definition ist zudem an Abschnitt B des Anhangs zur Richtlinie 93/22/EWG angelehnt, wo mit Barzahlung der Barausgleich bei Futures (Nr. 3) und Optionen (Nr. 6) gemeint ist.[135] Angesichts des beschränkten Zwecks der Richtlinie, die Risiken besicherter Finanzmarkttransaktionen zu senken, die der Verteilung der durch das

---

[131] So auch Artikel 2 Abs. 1 lit. b und c. Andererseits bezeichnet derselbe Begriff beispielsweise in Artikel 2 Abs. 1 lit. g, h und i sowie in Artikel 2 Abs. 2 das *Sicherungsgut*. Zu dieser terminologischen Uneinheitlichkeit: *Löber* (oben FN 121), BKR 2001, 118, 120. Die englische und die französische Fassung hingegen unterscheiden jeweils terminologisch zwischen Sicherungsrecht und Sicherungsgut. Richtig müsste das Sicherungsgut in der deutschen Fassung „Finanzaktivum" heißen, wie in Artikel 2 Abs. 1 lit. b und c, wo Sicherungsgut und Sicherungsgeschäft nebeneinander genannt sind.

[132] Artikel 2 Abs. 1 lit. b.

[133] Artikel 2 Abs. 1 lit. c.

[134] *„[...] Titel, die [...] zu einer Barzahlung führen [...]."*

[135] Deutlicher sind Nr. 4, 5 und 6 des Abschnitts C, Anhang I, MiFID formuliert, wo nicht von „Barzahlung", sondern von „bar abgerechnet" die Rede ist.

Eurosystem gesteuerten Liquidität dienen, erscheint es sachgerecht, maßgebliche Verbindlichkeiten in Form von Verpflichtungen zu einer Barzahlung auf die genannten Barausgleichspflichten zu beschränken.[136] Alternativ können – unter entsprechenden Voraussetzungen – Pflichten zur Lieferung von Finanzinstrumenten maßgebliche Verbindlichkeiten sein, was beispielsweise Lieferpflichten aus Optionsgeschäften und Futures einschließt.

Die Einschränkung bedeutet zugleich, dass weder die gewährten Überziehungskredite der Zentralbanken des Eurosystems zugunsten ihrer Geschäftspartner noch die gewährten Überziehungskredite der Betreiber von Systemen im Sinne der Finalitätsrichtlinie zugunsten ihrer Teilnehmer maßgebliche Verbindlichkeiten sind. Insoweit wird bereits durch die Finalitätsrichtlinie Schutz gewährt. Die Überschneidungen zwischen den Anwendungsbereichen der Finalitäts- und der Finanzsicherheitenrichtlinie sind daher gering. Sie erschöpfen sich im Wesentlichen in den Verbindlichkeiten der Geschäftspartner der Zentralbanken des Eurosystems aus bestimmten Offenmarktgeschäften gegenüber diesen Zentralbanken.[137]

b. Sicherungsgut

Als Sicherungsgüter kommen, wie sich aus Artikel 2 Abs. 1 lit. a - c ergibt, „Finanzaktiva“ in Betracht, worunter insbesondere Barsicherheiten[138] und Finanzinstrumente gemäß Artikel 2 Abs. 1 lit. e fallen. Die Richtlinie definiert das Finanzinstrument in Anlehnung an die Definition des Instruments aus Abschnitt B des Anhangs zur Richtlinie 93/22/EWG. Deshalb ist der Begriff des Finanzinstruments weitgehend mit dem Wertpapierbegriff der Finalitätsrichtlinie deckungsgleich. Insbesondere ist die Richtlinie auf Sicherungsgüter anwendbar, die nicht physisch existieren. Das zeigt bereits die Definition der Barsicherheit in Artikel 2 Abs. 1 lit. d, denn demnach besteht diese nur an Buchgeld. Bargeld hingegen ist gemäß Erwägungsgrund Nr. 18 ausdrücklich vom Anwendungsbereich der Richtlinie ausgeschlossen. Zwar könnte Artikel 1 Abs. 5 Satz 1 der deutschen Fassung eine Beschränkung auf physisch existente Sicherungsgüter entnommen werden, indem von „besitzgebundenen“ Sicherheiten die Rede ist. Eine solche Beschränkung besteht aber tatsächlich nicht, weil die deutsche Fassung insoweit auf einem Redaktionsversehen bzw. auf einem Übersetzungsfeh-

---

[136] *Kieper* (oben FN 17), 221; *Ehricke*, Nochmals: Zur Umsetzung der Finanzsicherheitenrichtlinie in das deutsche Recht, ZIP 2003, 2141, 2143; vgl. *Obermüller & Hartenfels*, Finanzsicherheiten, BKR 2004, 440, 444.

[137] Zu den einzelnen Offenmarktgeschäften des Eurosystems vgl. *Europäische Zentralbank* (oben FN 57), 15 ff.

[138] Das sind Zahlungsansprüche gegen eine Bank, vgl. Artikel 2 Abs. 1 lit. d.

ler beruht. Was mit „besitzgebunden“ gemeint ist, definiert Artikel 2 Abs. 2.[139] Demnach kann insbesondere eine Gutschrift ausreichen, um das Sicherungsgut „besitzgebunden“ zu machen. Eine Beschränkung auf körperliche Sicherungsgüter widerspräche außerdem dem Zweck der Richtlinie.

III. Sachrechtliche Vorgaben

1. Inhalt des Sicherungsrechts

Als Inhalt des Sicherungsrechts können die Parteien des Sicherungsgeschäfts entweder die Übertragung des Sicherungsguts oder die Einräumung eines beschränkten Sicherungsrechts vereinbaren (Artikel 2 Abs. 1 lit. a). Im Falle des beschränkten Sicherungsrechts kann dem Sicherungsnehmer gemäß Artikel 5 Abs. 1 ein Verfügungsrecht hinsichtlich des Sicherungsguts eingeräumt werden.

---

[139] Der systematische Zusammenhang zwischen Artikel 1 Abs. 5 Satz 1 und Artikel 2 Abs. 2 ist aus der deutschen Fassung der Richtlinie nicht ersichtlich, weil sie an den genannten Stellen unterschiedliche Begriffe verwendet. So werden in Artikel 1 Abs. 5 Satz 1 die in der Richtlinie nicht definierten Begriffe „Besitzverschaffung“ und „besitzgebunden“ verwendet, obwohl stattdessen die in Artikel 2 Abs. 2 definierten Begriffe „Bestellung“ und „bestellt“ gemeint sind. Dass ein solcher systematischer Zusammenhang zwischen Artikel 1 Abs. 5 Satz 1 und Artikel 2 Abs. 2 gewollt ist, ergibt sich einerseits aus der englischen und der französischen Fassung, die insoweit systematisch stimmig sind. Es ergibt sich aber auch aus dem Gemeinsamen Standpunkt (EG) Nr. 32/2002, ABl. 2002 C E119/12, 22 und 23, der Artikel 2 Abs. 2 als Definitionsnorm für die Begriffe des Artikels 1 Abs. 5 charakterisiert. Der Fehler wird in der deutschen Fassung durchgängig gemacht, so dass immer, wenn die Begriffe „Besitzverschaffung“ und „besitzgebunden“ benutzt werden, eigentlich die in Artikel 2 Abs. 2 definierten Begriffe „Bestellung“ und „bestellt“ gemeint sind.
Die Konsequenzen dieser Unstimmigkeit werden dadurch erschwert, dass der Begriff der Bestellung in der deutschen Fassung stattdessen in einem anderen Zusammenhang benutzt wird, nämlich in Bezug auf das Sicherungsgeschäft. So ist, wenn von der „Bestellung der Finanzsicherheit“ die Rede ist (vgl. Artikel 3 Abs. 1), der Abschluss des Sicherungsgeschäfts bzw. die dingliche Einigung gemeint (vgl. Artikel 2 Abs. 1 lit. a) und gerade nicht die tatsächliche Verschaffung von Kontrolle im Sinne von Artikel 2 Abs. 2. Dadurch ergeben sich in der deutschen Fassung falsche systematische Zusammenhänge.

2. Erwerb des Sicherungsrechts

a. Einheitliche Reduktion der Formalitäten für Sicherungsgeschäft und Bestellungsakt

Artikel 3 Abs. 1 verbietet den Mitgliedstaaten die Anwendung von Formerfordernissen, die entweder den Geschäftsabschluss[140] oder die Bestellung[141] betreffen und die über das in Artikel 1 Abs. 5 festgelegte Maß hinausgehen. Unzulässige Anforderungen sind beispielhaft in Erwägungsgrund Nr. 10 Satz 1 aufgeführt. Dazu gehören in England insbesondere die Registrierungserfordernisse in section 395 Companies Act 1985,[142] deren Anwendung auf Finanzsicherheiten nun durch regulation 4 der Financial Collateral Arrangements (No 2) Regulations (2003) ausgeschlossen wird.

Da die Reduktion der Wirksamkeitserfordernisse in gleicher Weise für die Einräumung beschränkter dinglicher Rechte und für die Übertragung des Sicherungsguts gilt, ergibt sich insoweit eine Angleichung der Sicherungsformen. Eine solche Angleichung war im Rahmen der Ausarbeitung der Richtlinie von der *ISDA* vorgeschlagen worden.[143] Sie verringert den Verwaltungsaufwand der Parteien gesicherter Transaktionen.

aa. Abschluss des Sicherungsgeschäfts („*financial collateral arrangement*")

Damit ein Geschäftsabschluss unter die Richtlinie fällt, muss er gemäß Artikel 1 Abs. 5 Satz 3[144] schriftlich oder in rechtlich gleichwertiger Form nachweisbar sein, wobei die Schriftlichkeit im Sinne des Artikels 2 Abs. 3 durch jede Aufzeichnung auf einem dauerhaften Datenträger erfüllt wird. Der Kommissionsentwurf hatte in Artikel 2 Abs. 2 iVm. Artikel 3 Abs. 2 wenigstens ein mit elektronischer Signatur versehenes Dokument in elektronischer Form gefordert, was jedoch als praxisfern kritisiert worden war,[145] denn tatsächlich wird der Inhalt des einzelnen Geschäfts häufig nur am Telefon besprochen, gegebenenfalls das Gespräch aufgezeichnet. Aufzeichnungen solcher Telefongespräche hätten das Schriftlichkeitserfordernis indes nicht erfüllt. Um der Marktpraxis Rechnung

[140] In der deutschen Fassung als „Bestellung einer Finanzsicherheit" bezeichnet, vgl. dazu FN 139.

[141] In der deutschen Fassung als „Besitzverschaffung an einer Finanzsicherheit" bezeichnet, vgl. dazu FN 139.

[142] Näher dazu oben S. 30 f.

[143] *ISDA*, Collateral Arrangements in the European Financial Market (1999), abgedruckt als Anhang zu: *Forum Group on the cross-border use of collateral*, Issues paper for the first meeting of the group, 12.

[144] In der deutschen Fassung als „Bestellung" bezeichnet, vgl. dazu FN 139.

[145] Stellungnahme der *European Financial Markets Lawyers Group* zum Richtlinienentwurf (KOM (2001) 168 endg.), 3 f; *Löber* (oben FN 121), BKR 2001, 118, 121.

zu tragen, wurden in der Folge solche Geschäfte in den Geltungsbereich der Richtlinie einbezogen, die auf rechtlich gleichwertige Weise nachweisbar sind. Maßstab der Gleichwertigkeit bildet dabei die auf das Geschäft anwendbare Rechtsordnung.[146]

bb. Bestellung des Sicherungsguts („*provision of financial collateral*")

Die Bestellung des Sicherungsguts erfolgt gemäß Artikel 2 Abs. 2 durch Lieferung, Gutschrift oder durch sonstige Verschaffung von Besitz oder Kontrolle. Der Begriff der Kontrolle ist nicht definiert, doch können sich Anhaltspunkte für seine Auslegung aus den aufgeführten Beispielen ergeben. Besitzverschaffung und Lieferung könnten dabei auf eine Publizitätsfunktion hindeuten. Dagegen spricht aber, dass die Publizität nach dem Konzept der Richtlinie erst aus der dauerhaften Aufzeichnung über die Bestellung folgt. Die Bestellung selbst hat also keine Publizitätsfunktion. Ein weiterer Anhaltspunkt könnte dem US-amerikanischen *Uniform Commercial Code* (UCC) entnommen werden, der ebenfalls das Merkmal der Kontrolle im Zusammenhang mit der Begründung von Sicherungsrechten verwendet.[147] Kontrolle über Wertpapierguthaben („*security entitlements*") kann demnach einerseits durch Gutschrift auf dem Depotkonto des Sicherungsnehmers erlangt werden (vgl. § 8-106 (d) (1) UCC), was insoweit mit Artikel 2 Abs. 2 Satz 1 der Richtlinie übereinstimmt. Weiter besteht gemäß § 8-106 (b) (2) UCC die Möglichkeit, dass sich der Intermediär des Sicherungsgebers den Weisungen des Sicherungsnehmers bezüglich des Wertpapierguthabens unterwirft. Kontrolle kann demnach als „Herrschaft" über das Sicherungsgut umschrieben werden. Dies lässt sich auch mit Artikel 2 Abs. 2 Satz 1 in Einklang bringen, zumal der dort beispielhaft genannte Besitz nicht nur Publizitätsfunktion hat, sondern auch für Sachherrschaft steht.

Die Bestellung wird nur berücksichtigt, wenn sie schriftlich im Sinne von Artikel 2 Abs. 3 nachweisbar ist, also mittels Aufzeichnung auf einem dauerhaften Datenträger. Darunter fällt etwa die dauerhaft aufgezeichnete Gutschrift auf einem Depotkonto.[148] Die Aufzeichnung soll es Dritten ermöglichen, bei Anstellung angemessener Nachforschungen Auskunft über die Berechtigung des Sicherungsgebers am Sicherungsgut zu erhalten.[149] Weitere Formalitäten müssen nicht beachtet werden. Zwar gelten einige einzelstaatliche Publizitätsanforde-

---

[146] Gemeinsamer Standpunkt (EG) Nr. 32/2002, ABl. 2002 C E119/12, 22.

[147] Vgl. § 9-104 UCC; § 9-106 (a) iVm. § 8-106 UCC; § 9-314 UCC. Dazu *v. Wilmowsky* in: Handbuch zum deutschen und europäischen Bankrecht, § 62 RZ 48.

[148] *Löber*, Die EG-Richtlinie über Finanzsicherheiten, BKR 2002, 601, 602. So auch die Umsetzung in Österreich: § 4 Abs. 1 Satz 3 FinSG.

[149] Zu Artikel 4 des Richtlinienentwurfs: *Europäische Kommission*, Begründung zum Vorschlag für eine Richtlinie des Europäischen Parlaments und des Rates über Finanzsicherheiten, KOM (2001) 168 endg., 8.

rungen wegen Artikel 3 Abs. 2 nicht als Formerfordernisse im Sinne von Artikel 3 Abs. 1 und bleiben damit anwendbar (etwa das Indossament beim Orderpapier oder der Registereintrag beim Namenspapier). Wie sich aus Erwägungsgrund Nr. 10 Satz 4 ergibt, gilt das aber nicht, sofern die Wertpapiere im Effektengiro übertragbar sind.

b. Möglichkeit des Erwerbs des Sicherungsrechts auch noch nach Einleitung von Sanierungsmaßnahmen bzw. Eröffnung eines Liquidationsverfahrens

Artikel 8 Abs. 2 stellt sicher, dass bestimmte Ereignisse, die sich nach der Einleitung von Sanierungsmaßnahmen bzw. nach Eröffnung eines Liquidationsverfahrens, aber jeweils noch am selben Tage zutragen, noch zur Entstehung eines Sicherungsrechts führen können.

aa. Sanierungsmaßnahmen und Liquidationsverfahren

Anders als die Finalitätsrichtlinie kennt die Finanzsicherheitenrichtlinie nicht den Begriff des Insolvenzverfahrens, sondern unterscheidet zwischen Sanierungsmaßnahmen und Liquidationsverfahren. Sanierungsmaßnahmen (vgl. Artikel 2 Abs. 1 lit. k) sind wie in der Bankensanierungs- und -liquidationsrichtlinie und der entsprechenden Richtlinie für Versicherungsunternehmen[150] definiert und umfassen insbesondere Moratorien zur Insolvenzvermeidung. Liquidationsverfahren sind in Artikel 2 Abs. 1 lit. j in Anlehnung an die Richtlinie zur Sanierung und Liquidation von Versicherungsunternehmen[151] definiert, so dass auch die insolvenzfreie Liquidation darunter fällt.

Das Begriffspaar Sanierungsmaßnahmen und Liquidationsverfahren umfasst damit inhaltlich, was die Finalitätsrichtlinie in ihrem Artikel 2 lit. j als Insolvenzverfahren definiert.

bb. Ereignisse, die auch nach Einleitung von Sanierungsmaßnahmen bzw. Eröffnung eines Liquidationsverfahrens zum Erwerb führen können

Gemäß Artikel 8 Abs. 2 können Geschäftsabschluss, Entstehung der maßgeblichen Verbindlichkeit sowie Verschaffung der Kontrolle über das Sicherungsgut auch dann noch den Erwerb des Sicherungsrechts herbeiführen, wenn sie am Tag der Einleitung von Sanierungsmaßnahmen bzw. der Eröffnung eines Liquidationsverfahrens über den Sicherungsgeber stattfinden.[152] Soweit Sanierungs-

---

[150] Artikel 2 lit. c der Richtlinie 2001/17/EG des Europäischen Parlaments und des Rates vom 19. März 2001 über die Sanierung und Liquidation von Versicherungsunternehmen, ABl. 2001 L 110/28.

[151] Artikel 2 lit. d.

[152] Auf der Grundlage der Definitionen der Richtlinie müsste die deutsche Fassung des Artikels 8 Abs. 2 lauten: *„Die Mitgliedstaaten stellen sicher, dass der Abschluss der Finanzsi-*

maßnahmen und Liquidationsverfahren die Einschränkung oder die Aufhebung der Verfügungsbefugnis des Schuldners zur Folge haben, beinhaltet das die Vorgabe, diese Maßnahmen- bzw. Verfahrenswirkungen zu durchbrechen.[153] Allerdings sind die so entstandenen Sicherungsrechte gegebenenfalls aus insolvenzrechtlichen Gründen angreifbar.[154]

cc. Nachweis der Unkenntnis der Einleitung von Sanierungsmaßnahmen bzw. der Eröffnung eines Liquidationsverfahrens durch den Sicherungsnehmer

Der Schutz des Sicherungsnehmers wird nur gewährt, wenn dieser im konkreten Fall keine Kenntnis von der Einleitung der Sanierungsmaßnahmen bzw. von der Eröffnung des Liquidationsverfahrens hatte und er diese fehlende Kenntnis nachweisen kann. Nachweisen muss er darüber hinaus fehlendes Kennenmüssen[155] bzw. Kennenkönnen,[156] so dass die konkrete Unkenntnis anhand eines objektiven Maßstabes überprüfbar ist. Dieser Maßstab kann konkretisiert werden, indem man berücksichtigt, dass die Einleitung von Sanierungsmaßnahmen bzw. die Eröffnung eines Liquidationsverfahrens nach Artikel 6 Abs. 2 und 3 der Finalitätsrichtlinie sowie nach Artikel 6 und Artikel 13 der Bankensanierungs- und -liquidationsrichtlinie bekannt gemacht werden. Ist die Bekanntmachung erfolgt, dann widerspräche es dem Zweck der Veröffentlichung, wenn man dem Sicherungsnehmer dennoch die Berufung auf seine individuelle Unkenntnis erlauben wollte.

Falls die öffentliche Mitteilung noch nicht erfolgt ist, stellt sich die Frage, ob der Sicherungsnehmer Nachforschungen anstellen muss, um nicht sorgfaltswidrig zu handeln. Gegen eine weitere Nachforschungspflicht spricht aber ebenfalls der Zweck der Veröffentlichungsvorschriften, einen einheitlichen Kenntnisstand der potentiell Betroffenen herzustellen. Nachforschungspflichten hingegen müssten notwendigerweise den individuell Betroffenen berücksichtigen und könnten sich daher in Umfang und Intensität unterscheiden, was zu Rechtsunsicherheit führt. Maßgeblicher Anknüpfungspunkt des Kennenmüssens ist daher

---

cherheit [d.h. hier: des Sicherungsvertrages, vgl. Artikel 2 Abs. 1 lit. a] oder die Entstehung der maßgeblichen Verbindlichkeit [vgl. Artikel 2 Abs. 1 lit. f] oder die Bestellung der Finanzsicherheit [d.h. hier: die Verschaffung von Kontrolle, vgl. Artikel 2 Abs. 2] am Tag der Eröffnung [...] rechtlich verbindlich und absolut wirksam ist [...].“

[153] In Deutschland erfolgt diese Durchbrechung im Falle des Insolvenzverfahrens durch § 81 Abs. 3 n.F. InsO (dazu: BT-Drucks 15/1853, 16), der im Falle des Moratoriums über ein Kreditinstitut über § 46a Abs. 1 Satz 6 n.F. KWG anwendbar ist.

[154] Vgl. Artikel 8 Abs. 4 sowie in der Folge in Deutschland § 147 Satz 1 InsO.

[155] So die französische und die englische Fassung.

[156] So die deutsche Fassung.

allein die öffentliche Bekanntmachung über die Einleitung der Maßnahmen bzw. über die Verfahrenseröffnung.[157]

Der Sicherungsnehmer muss demnach den Nachweis erbringen, dass die Bekanntmachung im maßgeblichen Zeitpunkt noch nicht erfolgt war.

3. Bestand und Durchsetzbarkeit des Sicherungsrechts

a. „Anerkennung" der Sicherungsübertragung

Gemäß Artikel 6 Abs. 1 wird eine Finanzsicherheit auch in Form der Übertragung des Sicherungsguts wirksam, wobei mit Finanzsicherheit hier das Sicherungsgeschäft („*financial collateral arrangement*") gemeint ist. Fraglich ist aber, was „wirksam werden" bedeutet, zumal sich bereits aus Artikel 3 iVm. Artikel 2 Abs. 1 lit. b ergibt, dass ein auf Übertragung des Sicherungsguts gerichtetes Geschäft wirksam geschlossen werden kann. Entgegen dem deutschen Wortlaut ist „wirksam werden" als „vertragsgemäße Wirkung entfalten" zu verstehen.[158] Geht man nämlich davon aus, dass die Richtlinie insbesondere grenzüberschreitende Sicherungsgeschäfte schützen will, dann ist die Vorgabe der Anerkennung der Sicherungsübertragung so zu verstehen, dass ihr – gleich in welchem Mitgliedstaat über sie zu entscheiden ist – auch tatsächlich die Wirkung einer Übertragung zukommen soll. Insbesondere soll ausgeschlossen werden, dass ein Gericht zum Ergebnis kommt, die Wirkung des Sicherungsgeschäfts bestehe nicht, wie von den Parteien gewollt, in der Übertragung des Sicherungsguts, sondern in der Einräumung eines beschränkten Sicherungsrechts daran.[159] Eine Regelung zum Ausschluss dieses Umwidmungsrisikos (des genannten *recharacterisation risk*) war bereits im Vorfeld des Kommissionsentwurfs als ein zentrales Anliegen künftiger Harmonisierung angesehen worden.[160] Denn wird ein von den Parteien als Übertragung gewolltes Geschäft nachträglich in die Einräumung eines beschränkten Sicherungsrechts umgewidmet,[161] so kann sich auf der Ebene des Rechtserwerbs ergeben, dass die Erwerbsvoraussetzungen für ein solches Sicherungsrecht aus der Sicht des erkennenden Gerichts

---

[157] Vgl. in diesem Sinne zu Artikel 3 Abs. 1 Satz 2 der Finalitätsrichtlinie: *Bloch* (oben FN 1), Mélanges AEDBF-France II, 49, 61 f.

[158] So im Ergebnis auch die Erläuterung der österreichischen Regierungsvorlage 251 für das Finanzsicherheiten-Gesetz, BlgNR XXII. GP, 8.

[159] Erwägungsgrund Nr. 13; vgl. *Benjamin, Yates & Montagu* (oben FN 7), RZ 4.43. Zum *recharacterisation risk* oben S. 31.

[160] *European Financial Markets Lawyers Group*, Proposal for an EU directive on collateralisation, 14.

[161] Vgl. Erwägungsgrund Nr. 13. Vgl. bereits *Europäische Kommission*, Begründung zum Vorschlag für eine Richtlinie des Europäischen Parlaments und des Rates über Finanzsicherheiten, KOM (2001) 168 endg., 10.

nicht vorlagen, so dass kein Sicherungsrecht erworben wurde. Das wirkt sich insbesondere dann aus, wenn an den Erwerb eines beschränkten Sicherungsrechts höhere Publizitätsanforderungen gestellt werden als an den schlichten Erwerb des Sicherungsguts. Auch auf der Ebene der Rechtswirkungen kann es zur Umwidmung kommen, indem zwar die Übertragung als Übertragung angesehen wird und als solche auch wirksam ist, der Inhaber des übertragenen Rechts jedoch in der Insolvenz aufgrund des Sicherungszwecks so behandelt wird, als hätte er nur ein beschränktes Sicherungsrecht erworben.[162] Eine solche Regelung enthält der deutsche § 51 Nr. 1 InsO, wonach Sicherungsübertragungen nur zur abgesonderten Befriedigung berechtigen. Risiken für den Sicherungsnehmer konnten sich daraus indes erst unter den zusätzlichen Voraussetzungen des § 166 Abs. 1 bzw. Abs. 2 InsO ergeben, die zum Übergang der Verwertungsbefugnis auf den Insolvenzverwalter und zum Abzug eines pauschalierten Kostenbeitrags vom Verwertungserlös führten. Soweit sich jedoch daraus in der Vergangenheit ein Risiko für den Sicherungsnehmer ergeben konnte,[163] ist es nun durch § 166 Abs. 3 Nr. 3 n.F. InsO ausgeschlossen, der zwar nicht die Umwidmung selbst, wohl aber die Konsequenzen der §§ 166, 171 InsO vermeidet.

b. Bestand

Artikel 8 Abs. 1 und Abs. 3 der Finanzsicherheitenrichtlinie schließen aus, dass die vor Einleitung von Sanierungsmaßnahmen bzw. vor Eröffnung eines Liquidationsverfahrens über den Sicherungsgeber bestellten Sicherungsrechte allein aufgrund des Zeitpunkts des Rechtserwerbs unwirksam werden. Mit den Worten des Artikels 9 Abs. 1 Satz 1 der Finalitätsrichtlinie könnte man sagen, dass die Sicherungsrechte durch die Einleitung von Sanierungsmaßnahmen bzw. die Eröffnung eines Liquidationsverfahrens insoweit „nicht berührt" werden.

Während Artikel 8 Abs. 1 für die Begründung des ursprünglichen Sicherungsrechts gilt, sind von Abs. 3 Austausch- und Aufstockungssicherheiten erfasst. Austausch und Aufstockung sind in einschlägigen Rahmenverträgen regelmäßig vorgesehen. Im Falle der Austauschsicherheit wird das ursprüngliche Siche-

---

[162] Vgl. *Kathrein*, Das Finanzsicherheiten-Gesetz, ÖBA 2004, 172, 177.

[163] Das war nur der Fall, wenn der Insolvenzverwalter im unmittelbaren Besitz der zur Sicherung übereigneten Sache war (§ 166 Abs. 1 InsO) oder es sich bei dem übertragenen Sicherungsgut um eine Forderung handelte (§ 166 Abs. 2 InsO). Beide Voraussetzungen liegen im Falle der Wertpapiersicherheit regelmäßig nicht vor, denn soweit über verbuchte Werte Urkunden ausgestellt sind, befinden sich diese nicht im unmittelbaren Besitz des Insolvenzverwalters, und soweit das Sicherungsrecht an Rechten gegen einen Intermediär in Bezug auf die Werte besteht (wie etwa im Falle der deutschen *Gutschrift in Wertpapierrechnung*), können diese Rechte nicht als Forderungen im Sinne der InsO angesehen werden, zumal zwischen Forderungen und anderen Rechten zu unterscheiden ist.

rungsgut durch ein neues ersetzt.[164] Der Sicherungsgeber kann also im Rahmen der Sicherungsabrede Wertpapierguthaben einer Gattung durch entsprechende Guthaben in einer anderen Gattung ersetzen. Im Falle der Aufstockungssicherheit wird zusätzlich zum Sicherungsrecht am ursprünglichen Sicherungsgut ein Sicherungsrecht an einem weiteren Sicherungsgut begründet.[165] Das geschieht zu dem Zweck, eine nachträgliche Veränderung der Netto-Position unter einem Rahmenvertrag auszugleichen, die sich sonst zu Lasten des Sicherungsnehmers auswirken würde. Davon zu unterscheiden – und von Artikel 8 gemäß Abs. 3 lit. a nicht erfasst – sind Aufstockungssicherheiten, die bei gleich bleibender Netto-Position allein aufgrund verminderter Bonität des Sicherungsgebers eingeräumt werden. Allerdings gibt die Richtlinie insoweit nur einen Mindestschutz vor, so dass darüber hinausgehende einzelstaatliche Regelungen nicht unzulässig werden.[166]

Die Funktion des Artikels 8 Abs. 1 und 3 besteht darin, Sicherungsrechte von den Wirkungen von Null-Uhr-Regeln freizustellen, wobei nicht nur Null-Uhr-Regeln im wörtlichen Sinne gemeint sind, die auf den Beginn eines Tages zurückwirken,[167] sondern auch solche mit längeren Rückwirkungszeiträumen.[168] Entscheidend ist, dass die Anwendbarkeit der Normen *allein* auf dem Zeitpunkt der Bestellung der ursprünglichen, der Austausch- oder Aufstockungssicherheit beruht.[169] Der Schutz gemäß Artikel 8 reicht allerdings weniger weit als der gemäß Artikel 9 Abs. 1 der Finalitätsrichtlinie, denn wie sich aus Artikel 8 Abs. 4 ergibt, ist die Geltendmachung insolvenzrechtlicher Angriffe auf das Sicherungsrecht nicht ausgeschlossen, soweit diese sich nicht *allein* aus dem Zeitpunkt einer Rechtshandlung ergeben.[170]

---

[164] Vgl. beispielsweise Nr. 3 des EMA-Produktanhangs für Pensionsgeschäfte, gegebenenfalls iVm. Nr. 3 des EMA-Sicherheitenanhangs, sowie Nr. 10 des deutschen Rahmenvertrags für Wertpapierpensionsgeschäfte.

[165] Vgl. beispielsweise Nr. 1 Abs. 1 Satz 1 des EMA-Sicherheitenanhangs, Nr. 6 Abs. 1 des deutschen Rahmenvertrags für Wertpapierpensionsgeschäfte sowie Artikel 5.1.1 des Sicherheitenanhangs zur Convention-cadre FBF relative aux opérations sur instruments financiers à terme.

[166] *Coiley*, New protections for cross-border collateral arrangements: Summary and analysis of draft EU directive on financial collateral, (2001) 5 JIBL 119, 123.

[167] Artikel 8 Abs. 1 lit. a; Artikel 8 Abs. 3 lit. b i).

[168] Artikel 8 Abs. 1 lit. b; Artikel 8 Abs. 3 lit. b i).

[169] Erwägungsgrund Nr. 16; Gemeinsamer Standpunkt (EG) Nr. 32/2002, ABl. 2002 C E119/12, 24.

[170] Erwägungsgrund Nr. 16 a.E.

c. Durchsetzbarkeit

aa. Bestimmung des Verwertungs- bzw. Beendigungsfalls durch die Parteien

Die Parteien des Sicherungsgeschäfts können den Verwertungs- bzw. Beendigungsfall gemäß Artikel 2 Abs. 2 lit. l selbst bestimmen, was ihnen insbesondere die Möglichkeit gibt, an die Einleitung von Sanierungsmaßnahmen oder an die Eröffnung eines Liquidationsverfahrens anzuknüpfen. Das ergibt sich zum einen daraus, dass keine Einschränkung der zulässigen Verwertungs- bzw. Beendigungsfälle vorgesehen ist, zum anderen sind Zahlungsschwierigkeiten einer Partei typische Beendigungsgründe der marktüblichen Rahmenverträge. Entsprechende Lösungsklauseln sehen teils eine Kündigungsmöglichkeit der solventen Partei,[171] teils eine automatische Beendigung im Insolvenzfall vor.[172] Solche Lösungsklauseln können mit Wahlrechten des Insolvenzverwalters in Konflikt geraten, die es ihm erlauben, die Erfüllung von Verträgen mit Wirkung für die Masse im Interesse der Gläubiger zu verlangen oder zu verweigern. Derartige Wahlrechte werden durch Lösungsklauseln ausgeschaltet, denn der Insolvenzverwalter findet einen beendeten Vertrag vor. Vor diesem Hintergrund wird die Frage aufgeworfen, ob der Ausschluss des Wahlrechts wirksam möglich ist.[173] Auf diese Frage verlangt Artikel 2 Abs. 2 lit. l von den Mitgliedstaaten eine positive Antwort.

bb. Einheitliche Reduktion der Verwertungsformalitäten

Artikel 4 beschränkt allgemein die Anforderungen, die von den Mitgliedstaaten an die Durchsetzung beschränkter dinglicher Sicherungsrechte gestellt werden dürfen. Artikel 4 Abs. 4 gilt aufgrund der Verweisung gemäß Artikel 7 Abs. 2 auch für den Fall, dass der Sicherungsnehmer Inhaber des Sicherungsguts geworden ist.

Durch die einheitliche Reduktion der zulässigen Anforderungen an die Durchsetzung von beschränkten und unbeschränkten Sicherungsrechten bilden diese Vorgaben das Gegenstück zu Artikel 3, der die Erwerbsformalitäten einheitlich reduziert. Daraus ergibt sich eine weitere Angleichung von beschränkten Sicherungsrechten einerseits und Übertragungen mit Sicherungszweck andererseits.

---

[171] Vgl. beispielsweise Artikel 7.1.1.6 iVm. Artikel 7.1.2 der Convention-cadre FBF relative aux opérations sur instruments financiers à terme.

[172] Vgl. beispielsweise Nr. 6 Abs. 1 lit. b Satz 2 der allgemeinen Bestimmungen des EMA, Nr. 11 Abs. 2 des deutschen Rahmenvertrags für Wertpapierpensionsgeschäfte sowie Nr. 7 Abs. 2 des deutschen Rahmenvertrags für Finanztermingeschäfte.

[173] Darüber herrschte in Deutschland vor Einführung des Artikels 105 EGInsO Streit, vgl. dazu MK-*Jahn*, InsO, § 104 RZ 158; *Kieper* (oben FN 17), 84 ff.

Der Ausschluss der genannten Formalitäten zielt auf eine Beschleunigung der Verwertung ab, und soll so vermeiden, dass der Sicherungsnehmer im Verwertungsfall in einen Liquiditätsengpass gerät, der als idiosynkratischer Schock wirken und zu einer Ansteckung anderer Marktteilnehmer führen könnte.[174]

cc. Durchsetzbarkeit des Sicherungsrechts unabhängig von Sanierung bzw. Liquidation des Sicherungsgebers

Vorgaben zur Verwertung sind in Artikel 4 für beschränkte dingliche Rechte am Sicherungsgut sowie in Artikel 6 Abs. 2 und in Artikel 7 für die Inhaberschaft des Sicherungsguts enthalten. Die Durchsetzung des Sicherungsrechts erfolgt gleichermaßen vor wie nach Einleitung von Sanierungsmaßnahmen bzw. Eröffnung eines Liquidationsverfahrens auf die vereinbarte Weise. Das gewährleisten Artikel 4 Abs. 5 und Artikel 7 Abs. 1, indem sie – ähnlich wie Artikel 9 Abs. 1 Satz 2 der Finalitätsrichtlinie – klarstellen, dass die Sicherungsrechte ungeachtet der Sanierung bzw. Liquidation des Sicherungsgebers vereinbarungsgemäß durchgesetzt werden können. Mit dem vereinbarungsgemäßen „Wirksamwerden" ist in Artikel 4 Abs. 5 und Artikel 7 Abs. 1 – ebenso wie in Artikel 6 Abs. 1 – nicht der Rechtserwerb gemeint,[175] sondern die Entfaltung der vereinbarungsgemäßen Wirkung.

Indem Artikel 7 Abs. 1 lit. a auch die vereinbarungsgemäße Verrechnung schützt, geht er über den im Rahmen der Finalitätsrichtlinie zu gewährenden Schutz des Sicherungsnehmers hinaus, denn dort wird nur die Zuordnung des Sicherungsguts (also die mögliche Grundlage der Verrechnung) geschützt. Beeinträchtigungen der Verrechnung, die sich aus der Insolvenz des Sicherungsgebers ergeben, werden durch die Finalitätsrichtlinie nicht ausgeschlossen.

Falls die Verwertung durch Verkauf oder Aneignung erfolgen soll, bedeutet vereinbarungsgemäßes Wirksamwerden, dass die durch das Sicherungsgeschäft zugewiesenen Befugnisse bezüglich des Sicherungsguts wie vereinbart ausgeübt werden können.[176] Zur Verwertung ist folglich der Sicherungsnehmer befugt, sofern dies vereinbart ist, woraus sich der Ausschluss von Vorschriften ergibt, die unter bestimmten Voraussetzungen die zwingende Verwertungsbefugnis des Insolvenzverwalters vorsehen.[177] Die Anwendung solcher Regeln hätte zur Fol-

---

[174] Vgl. *Europäische Kommission*, Begründung zum Vorschlag für eine Richtlinie des Europäischen Parlaments und des Rates über Finanzsicherheiten, KOM (2001) 168 endg., 8 f.

[175] Näher dazu oben S. 56.

[176] So die Umsetzung in Deutschland, vgl. § 166 Abs. 3 n.F. InsO, dazu: BT-Drucksache 15/1853, 16.

[177] Die gegenteilige Auffassung des Deutschen Bundesrates zu § 166 InsO (vgl. BT-Drucksache 15/1853, 27) beruht auf einem wortgetreuen, aber unzutreffenden Verständnis des „Wirksamwerdens". Zutreffend ist hingegen die Begründung der österreichischen Regie-

ge, dass der Sicherungsnehmer den Zeitpunkt der Verwertung und damit seine Liquidität nicht selbst steuern kann, was die Richtlinie vermeiden will. Die vereinbarungsgemäße Verwertbarkeit beinhaltet auch, dass der Sicherungsnehmer an der Ausübung seiner Befugnisse nicht durch ein insolvenzrechtliches Verwertungsverbot gehindert ist.[178]

Die Vorgabe der vereinbarungsgemäßen Durchsetzbarkeit auch für die Zeit nach Einleitung von Sanierungsmaßnahmen bzw. nach Eröffnung eines Liquidationsverfahrens entspricht dem allgemein mit der Verringerung formeller Anforderungen an die Durchsetzung verfolgten Ziel, Liquiditätsengpässe des Sicherungsnehmers und damit systemische Risiken zu vermeiden.[179] Da Einschränkungen der Befugnisse des Sicherungsnehmers insbesondere aufgrund von Sanierung und Liquidation des Sicherungsgebers zu erwarten sind, war gerade für diesen Zeitraum die Sicherstellung der vereinbarungsgemäßen Geltendmachung der Sicherungsrechte erforderlich.

dd. Aneignung bzw. Verkauf des Sicherungsguts

Aneignung und Verkauf des Sicherungsguts sind gemäß Artikel 4 Abs. 1 lit. a – gegebenenfalls in Verbindung mit Artikel 4 Abs. 5 – für die Verwertung beschränkter dinglicher Sicherungsrechte vorgesehen. Das bedeutet, dass die Parteien diese Verwertungsformen wirksam vereinbaren können, wobei eine Aneignungsmöglichkeit bereits im Sicherungsgeschäft vorgesehen sein muss.[180]

Je nach Inhalt der Vereinbarung kann der Sicherungsnehmer im Verwertungs- bzw. Beendigungsfall den Verkaufserlös bzw. das Sicherungsgut behalten, und zwar entweder an Zahlungs statt oder unter Verrechnung des Wertes auf die gesicherte Verbindlichkeit.[181] Mit der Aufnahme der Aneignung als Verwertungsmöglichkeit soll berücksichtigt werden, dass es sich dabei im Einzelfall um die wirtschaftlich sinnvollste Verwertungsmöglichkeit handeln kann.[182] Als Vorteil der Aneignung gegenüber dem Verkauf kommt insbesondere in Betracht, dass so eine Beeinträchtigung des Marktpreises durch die Verwertung vermieden

---

rungsvorlage 251 für das Finanzsicherheiten-Gesetz, BlgNR XXII. GP, 7 f. Zur Bedeutung des „Wirksamwerdens" oben S. 56.

178 Zu den bisher im englischen und österreichischen Recht bestehenden Verwertungsverboten oben S. 32 f.

179 Vgl. *Europäische Kommission*, Begründung zum Vorschlag für eine Richtlinie des Europäischen Parlaments und des Rates über Finanzsicherheiten, KOM (2001) 168 endg., 8 f.

180 Artikel 4 Abs. 2.

181 Vgl. beispielsweise Abschnitt V Nr. 6 Abs. 2 AGB Deutsche Bundesbank (April 2007).

182 Vgl. Stellungnahme der Europäischen Zentralbank zum Richtlinienentwurf (KOM (2001) 168 endg.), ABl. 2001 C 196/10, 11, welche die Aufnahme der Aneignung in den Richtlinienentwurf anregte.

wird, die im Falle eines Verkaufs – je nach Stückzahl oder Nennbetrag – denkbar wäre.[183]

Allerdings sind die Mitgliedstaaten nicht uneingeschränkt zur Zulassung der Aneignung als Verwertungsform verpflichtet. Vielmehr enthält Artikel 4 Abs. 3 eine Kompromisslösung, wonach lediglich diejenigen Mitgliedstaaten, welche die Verwertung durch Aneignung des Sicherungsguts bereits am Stichtag 27. Juni 2002 erlaubten, diese Möglichkeit aufrechterhalten müssen. Mitgliedstaaten, in denen die Aneignung bislang nicht zulässig ist, sind zur Zulassung zwar nicht verpflichtet. Sie müssen die Nichtzulassung jedoch gemäß Artikel 4 Abs. 3 Satz 2 der Kommission mitteilen. Dieser Kompromiss ist darauf zurückzuführen, dass die Vereinbarung einer Aneignungsmöglichkeit des Sicherungsnehmers in einigen Rechtsordnungen gegen das so genannte Verbot der Verfallvereinbarung verstößt und deshalb unwirksam ist.[184] Als Verfallvereinbarung wird eine Abrede bezeichnet, wonach der Pfandgläubiger das Pfand im Verwertungsfall zu vollem Recht erwirbt. Zweck des Verbots solcher Abreden ist es, Sicherungsgeber davor zu schützen, im Voraus in den Verlust des Sicherungsguts einzuwilligen, um Kredit zu erhalten. Not oder Unvorsicht des Sicherungsgebers könnten sonst insbesondere dazu führen, dass er einen nur geringen Kredit erhält und dafür den Verlust eines wertvollen Gegenstandes riskiert.[185] Für den Fall einer uneingeschränkten Verpflichtung der Mitgliedstaaten zur Zulassung der Aneignung wurden Rechtsunsicherheiten in denjenigen Mitgliedstaaten befürchtet, welche die Aneignung nicht bereits zulassen.[186] Diese allgemeine Begründung erscheint indes mit Blick auf Artikel 5 Abs. 1 zweifelhaft, denn nach dieser Vorgabe müssen die Mitgliedstaaten die Ausübung eines vertraglich eingeräumten Verfügungsrechts des Pfandgläubigers zulassen. Daraus ergibt sich, dass der Sicherungsnehmer zwar vor dem Eintritt des Verwertungs- bzw. Beendigungsfalls mit dem Pfand vertragsgemäß wirtschaften darf, ihm diese Befugnis jedoch im Verwertungs- bzw. Beendigungsfall entzogen wird. Das ist keine stimmige Regelung.[187] Die Zulassung der Aneignung im Falle der in den Geltungsbereich der Richtlinie fallenden Sicherungsrechte ist umso weniger problematisch, als der Schutzzweck des Verbots der Verfallvereinbarung auf die Sicherungsgeber des Finanzmarktes nicht zutrifft.[188] Einige Mitgliedstaaten, wel-

---

[183] Vgl. *Löber* (oben FN 121), BKR 2001, 118, 121; *European Financial Markets Lawyers Group* (oben FN 160), 4.

[184] So beispielsweise Deutschland: § 1229 BGB; Österreich: § 1371 Satz 2 ABGB.

[185] BGH, 23.6.1994, BGHZ 130, 101, 105.

[186] Gemeinsamer Standpunkt (EG) Nr. 32/2002, ABl. 2002 C E119/12, 23.

[187] Vgl. *Löber* (oben FN 121), BKR 2001, 118, 121; *v. Wilmowsky* in: Handbuch zum deutschen und europäischen Bankrecht, § 62 RZ 54.

[188] Deutschland: BT-Drucksache 15/1853, 17 (zu § 1259 n.F. BGB); Österreich: Regierungsvorlage 251 für das Finanzsicherheiten-Gesetz, BlgNR XXII. GP, 7 (zu § 5 und § 6 FinSG).

che die Aneignung des Pfandes generell verbieten, ließen daher bereits vor Inkrafttreten der Richtlinie Ausnahmen zu. Dies ist beispielsweise in Frankreich der Fall, wo Artikel 3 des Dekrets n° 97-509 unter anderem für Depotverpfändungen (vgl. Artikel L431-4 Code monétaire et financier) von den allgemeinen Verboten der Artikel 2078 Abs. 2 a.F. Code civil und L521-3 Abs. 4 a.F. Code de commerce abwich. Indem die Richtlinie die Aneignung nur dann erlaubt, wenn die auf das Sicherungsgut anzuwendende Bewertungsmethode bereits im Sicherungsgeschäft festgelegt ist,[189] wird zudem sichergestellt, dass der Rechtsverlust des Sicherungsgebers durch eine Schuldbefreiung in nachprüfbarer Höhe kompensiert wird.

Wie die Kommission in ihrem gemäß Artikel 10 der Richtlinie erstatteten Bericht vom 20. Dezember 2006 feststellt,[190] erlauben indes inzwischen auch die Mitgliedstaaten die Aneignung als Verwertungsform, die sie früher nicht zuließen.[191]

ee. Aufrechnung infolge Beendigung

Die Aufrechnung infolge Beendigung (*close-out netting*) wird durch Artikel 7 Abs. 1 geschützt. Sie ist in Artikel 2 Abs. 1 lit. n definiert und erfasst gesetzliche und vertragliche Reglungen, wonach im Verwertungs- bzw. Beendigungsfall ohne weiteres Zutun der Parteien die Fälligkeit von Verbindlichkeiten beschleunigt wird (so genannte Fälligkeitsklausel) und ungleichartige in gleichartige Leistungspflichten umgewandelt werden (so genannte Schuldumwandlung). Die Regelungen können darüber hinaus vorsehen, dass die – gegebenenfalls aufgrund einer Fälligkeitsklausel – fälligen Leistungspflichten der Parteien ihrem Wert nach verrechnet werden, so dass nur eine der Parteien eine Geldleistung (den so genannten Abschlussbetrag) schuldet. Der Schutz der Aufrechnungsmöglichkeit durch Artikel 7 trägt der gängigen Praxis Rechnung, Gegenparteiri-

---

[189] Das stellt beispielsweise in Frankreich Artikel L431-7-3 Abs. 2 Nr. 3 Code monétaire et financier sicher, in Österreich § 5 Abs. 2 FinSG. Der deutsche § 1259 Satz 2 n.F. BGB bestimmt die Bewertungsmethode hingegen selbst, so dass eine abweichende Vereinbarung nicht zulässig erscheint. Darin liegt gleichwohl kein Umsetzungsdefizit hinsichtlich Artikel 4 Abs. 2 lit. b, weil Artikel 4 Abs. 6 nationale Verpflichtungen, die Bewertung nach bestimmten Kriterien vorzunehmen, unberührt lässt.

[190] Europäische Kommission, Bewertungsbericht über die Richtlinie über Finanzsicherheiten, KOM (2006) 833 endg., 10 f.

[191] So etwa Belgien: Artikel 8 § 2 Satz 1 Loi relative aux sûretés financières et portant des dispositions fiscales diverses en matière de conventions constitutives de sûreté réelle et de prêts portant sur des instruments financières (15. Dezember 2004); Deutschland: § 1259 Satz 3 n.F. BGB; Großbritannien: Regulation 17 Financial Collateral Arrangements (n°2) Regulations 2003; Österreich: § 5 FinSG.

siken auf Netto-Basis zu kalkulieren.[192] Dabei werden die verschiedenen Positionen aus einer Geschäftsverbindung periodisch (meist täglich) bewertet.[193] Gegebenenfalls entstehende Differenzen werden durch einen Wertausgleich des Netto-Schuldners – beispielsweise in Wertpapieren – ausgeglichen, der bei nachträglicher Untersicherung aufgestockt, im Falle der Übersicherung freigegeben wird.

Eine Parteivereinbarung über die Aufrechnung infolge Beendigung muss den allgemeinen Anforderungen der maßgeblichen nationalen Rechtsordnung an solche Vereinbarungen genügen (vgl. Erwägungsgrund Nr. 15), d.h. nur allgemein zulässige Gestaltungen setzen sich auch im Insolvenzfall durch.[194]

Die Bedeutung des Artikels 7 für zum Wertausgleich gestellte Wertpapiersicherheiten ergibt sich daraus, dass sie ihrem Wert nach in die Berechnung des Abschlussbetrags eingehen. Die „Verwertung“ erfolgt durch Einbeziehung des anhand der vereinbarten Bewertungsmaßstäbe errechneten Wertes des Sicherungsguts in die Verrechnung. Hat der Sicherungsnehmer ein beschränktes Sicherungsrecht mit Verfügungsbefugnis über das Sicherungsgut inne, so stellen Artikel 6 Abs. 2 und Artikel 5 Abs. 5 sicher, dass der Wert des Rückübertragungsanspruchs verrechnet werden kann, wenn der Sicherungsnehmer das Sicherungsgut veräußert und noch keine gleichartigen Sicherungsgüter wiederbeschafft hat.

Der Schutz der Aufrechnung infolge Beendigung durch Artikel 7 Abs. 1 weist zwei Komponenten auf. Artikel 7 Abs. 1 lit. a verhindert Beeinträchtigungen, die sich aus der Einleitung von Sanierungsmaßnahmen bzw. aus der Eröffnung des Liquidationsverfahrens ergeben können. Damit wird insbesondere die Anwendung von Aufrechnungsverboten ausgeschlossen. Artikel 7 Abs. 1 lit. b beugt demgegenüber Beeinträchtigungen des Bestandes und der Verfügbarkeit der Aufrechnungsposten vor, die von Außenstehenden ausgehen können, etwa durch Pfändung von Ansprüchen, die nach dem Willen der Parteien der gesicherten Transaktion in die Verrechnung einbezogen werden sollen.

---

[192] Vgl. Stellungnahme der Europäischen Zentralbank zum Richtlinienentwurf (KOM (2001) 168 endg.), ABl. 2001 C 196/10, 12.

[193] Vgl. beispielsweise Artikel 11.1.2.2 des Sicherheitenanhangs zur Convention-cadre FBF relative aux opérations sur instruments financiers à terme.

[194] Vgl. *Johansson*, Transfer and Settlement of Securities: The New Order, (2005) EBLR 1093, 1103 f, die darin indes einen Widerspruch zwischen Artikel 7 Abs. 1 und Erwägungsgrund Nr. 15 sieht.

d. Vorbehalt der insolvenzbedingten Angreifbarkeit des Sicherungsrechts

aa. Der Angriff beruht nicht *allein* auf dem Zeitpunkt des Rechtserwerbs

Grundsätzlich erfolgt die Verwertung des Sicherungsrechts wie zwischen Sicherungsgeber und Sicherungsnehmer vereinbart. Das gilt aber – wie Artikel 8 Abs. 4 klarstellt – nur, wenn und solange nicht die Nichtigkeit oder die Anfechtbarkeit der Rechtshandlung erfolgreich geltend gemacht wird, durch die der Sicherungsnehmer das Sicherungsrecht erlangt hat. Einschränkend ergibt sich aus Artikel 8 Abs. 1 und 3, dass die Nichtigkeit bzw. Anfechtbarkeit im Sinne von Artikel 8 Abs. 4 nicht *allein* aus dem Zeitpunkt des Rechtserwerbs folgen darf.[195] Nichtigkeits- und Anfechtungsgründe, die lediglich *auch* auf diesem Zeitpunkt beruhen, bleiben hingegen grundsätzlich weiter anwendbar.[196] Das sind etwa solche Gründe, die außerdem an die objektive Begünstigung eines Gläubigers,[197] an die Benachteiligung der Gläubigergesamtheit und/oder an bestimmte Kenntnisse oder Absichten der Parteien anknüpfen.[198] Zwar werden Artikel 8 Abs. 1 und 3 teils über den Wortlaut hinaus als Verbot der Anwendung insolvenzrechtlicher Nichtigkeits- bzw. Anfechtungsnormen angesehen.[199] Das erscheint aber problematisch, weil Artikel 8 Abs. 4 betont, dass die Anwendbarkeit solcher Normen den Regelfall bildet. Die Ausnahmen der Abs. 1 und 3 sind daher restriktiv auszulegen. Daraus folgt indes nur, dass ein weitergehender Ausschluss von Angriffen nicht zur Umsetzung der Richtlinie erforderlich ist. Ein weitergehender Ausschluss aufgrund autonomer Vorschriften der Mitgliedstaaten bleibt daher möglich.[200] Für Sicherungsrechte, die zugleich unter Artikel 9 Abs. 1 der Finalitätsrichtlinie fallen, bleibt die Anfechtung ausgeschlossen.

---

[195] Vgl. Erwägungsgrund Nr. 16 Satz 4 sowie Gemeinsamer Standpunkt (EG) Nr. 32/2002, ABl. 2002 C E119/12, 25.

[196] So auch die Sicht der ISDA, vgl. Schreiben von Peter Werner (ISDA) an Dan Lambeth (HM Treasury UK) vom 29. April 2003, S. 4, veröffentlicht unter: http://www.isda.org/speeches/pdf/HMTcomment042903.pdf, sowie BT-Drucksache 15/1853, 26 (Stellungnahme des Bundesrates zum Regierungsentwurf).

[197] Z.B. in England section 239 para. 4 Insolvency Act 1986 sowie section 238 para. 4 Insolvency Act 1986. Section 238 hat eine Bedeutung für den Austausch des Sicherungsguts, sofern keine Wertäquivalenz vorliegt, vgl. *Benjamin* (oben FN 64), RZ 4.55.

[198] Z.B. in Deutschland §§ 129 ff InsO.

[199] *Löber* (oben FN 148), BKR 2002, 601.

[200] Eine überschießende Regelung enthält beispielsweise in Deutschland § 130 Abs. 1 Satz 2 n.F. InsO, der die Anfechtung der Rechtshandlung wegen kongruenter Deckung unabhängig davon ausschließt, ob sie im Einzelfall die Insolvenzgläubiger benachteiligt, vgl. § 129 InsO.

bb. Verdachtszeitraum bei Austausch und Aufstockung

Als Verdachtszeiträume werden hier die zeitlichen Anwendungsbereiche von Anfechtungs- und Nichtigkeitsnormen bezeichnet. Der Verdachtszeitraum beginnt beispielsweise mit der Verhängung eines Moratoriums (vgl. § 46c KWG) und erstreckt sich von da aus in die Vergangenheit. Rechtshandlungen, die im Verdachtszeitraum vorgenommen wurden, werden an den insolvenzspezifischen Anfechtungs- bzw. Nichtigkeitsnormen gemessen. Hinsichtlich der Verdachtszeiträume stellt sich im Falle des Austauschs oder der Aufstockung von Sicherungsgütern die Frage, an welchen Zeitpunkt anzuknüpfen ist: An den Zeitpunkt der Bereitstellung des ursprünglichen Sicherungsguts oder an den späteren Zeitpunkt der Aufstockung bzw. des Austauschs. Bei der Beantwortung dieser Frage ist vom Zweck des Artikels 8 Abs. 4 auszugehen. Dieser Zweck besteht darin, die Prüfung der Bestellung, des Austauschs und der Aufstockung von Sicherheiten am Maßstab der insolvenzrechtlichen Nichtigkeits- bzw. Anfechtungsnormen zuzulassen, sofern die Mitgliedstaaten dies vorsehen. Diesem Zweck entspricht die individuelle Prüfung eines jeden Austauschs bzw. einer jeden Aufstockung, denn eine Benachteiligung der Gläubigergesamtheit bzw. eine Begünstigung eines einzelnen Gläubigers kann sich auch aus einer überhöhten Aufstockung oder aus einem Austausch des Sicherungsguts gegen ein höherwertiges oder leichter verwertbares ergeben. Eine individuelle Prüfung ist aber nur möglich, wenn es bei der Berechnung der Verdachtszeiträume auf den Zeitpunkt des Austauschs bzw. der Aufstockung ankommt.

Einen Anhaltspunkt für die Anknüpfung an die Bereitstellung des ursprünglichen Sicherungsguts im Falle des Austauschs des Sicherungsguts könnte man allerdings Artikel 5 entnehmen, denn dieser lässt in Absatz 1 die vereinbarungsgemäße Verfügung über das ursprüngliche Sicherungsgut zu, behandelt aber andererseits in Absatz 3 das Sicherungsrecht dennoch als zur Zeit der ursprünglichen Bestellung entstanden. Daraus könnte der Grundsatz abgeleitet werden, dass ein Sicherungsrecht an einem anderen als dem ursprünglich bereitgestellten Sicherungsgut als im Zeitpunkt der Bereitstellung des ursprünglichen Sicherungsguts entstanden gilt, wenn der Austausch des Sicherungsguts im Sicherungsgeschäft vorgesehen war. Gegen diese Sichtweise spricht aber, dass es sich bei dem in Artikel 5 geregelten Fall um eine Ausnahme handelt. Zwar verfügt der Sicherungsnehmer über das Sicherungsgut. Im Gegensatz zur Austauschsicherheit treten an die Stelle der ursprünglich bereitgestellten Sicherungsgüter jedoch wieder Sicherungsgüter gleicher Gattung und gleichen Nennwerts bzw. gleicher Stückzahl. Unter diesen Umständen ist es ausgeschlossen, dass der Sicherungsnehmer aufgrund der Ersetzung des Sicherungsguts besser steht als vorher oder dass die Gläubiger des Sicherungsgebers dadurch benachteiligt werden, dass nicht dieselben Sicherungsgüter zurückgewährt werden, die anfangs bereitgestellt wurden. Aus Artikel 5 Abs. 3 kann folglich für die Austauschsicherheit, die ja gerade den Austausch der Gattung beinhaltet, nichts hergeleitet werden. Maßgeblich ist daher der Zeitpunkt des Austauschs.

Ein Anfechtungsproblem ergibt sich daraus freilich nicht, sofern die zurückgewährten Sicherungsgüter mit den im Austausch bereitgestellten wertgleich sind, denn unter diesen Voraussetzungen liegt ein anfechtungsneutrales Bargeschäft vor.[201]

IV. Kollisionsrechtliche Vorgaben

Sicherungsrechte an im Effektengiro übertragbaren Wertpapieren werden gemäß Artikel 9 angeknüpft. Im Vergleich zu Artikel 9 Abs. 2 der Finalitätsrichtlinie ist der Kreis der Anknüpfungsgegenstände weiter gefasst, was eines der wesentlichen Anliegen der Finanzsicherheitenrichtlinie verwirklicht.[202] Die Regelung der Finanzsicherheitenrichtlinie ist durch die parallelen und bei Fertigstellung der Richtlinie noch andauernden Arbeiten der Haager Konferenz an der Konvention Nr. 36 geprägt worden,[203] was sich insbesondere in der Formulierung der Anknüpfungsgegenstände sowie darin niedergeschlagen hat, dass die Richtlinie in Erwartung der Ergebnisse der Haager Konferenz noch keine konkretere Bestimmung des Anknüpfungsmerkmals vornimmt.[204]

1. Anknüpfungsgegenstände

a. Im Effektengiro übertragbare Wertpapiere

Die in Artikel 9 Abs. 2 aufgeführten Anknüpfungsgegenstände beziehen sich gemäß Absatz 1 auf im Effektengiro übertragbare Wertpapiere. Das sind Finanzinstrumente im Sinne von Artikel 2 Abs. 1 lit. e, die zusätzlich die Voraussetzungen gemäß Artikel 2 Abs. 1 lit. g erfüllen. Eine alternative Kategorie für „Rechte an Wertpapieren“ enthält Artikel 9 – im Gegensatz zur Finalitätsrichtlinie – nicht. Allerdings kann nicht davon ausgegangen werden, dass diese Rechte nicht erfasst sein sollen,[205] denn dies stünde im Widerspruch zum Willen des

---

[201] Vgl. BT-Drucksache 15/1853, 16.

[202] Erwägungsgrund Nr. 7 der Finanzsicherheitenrichtlinie. So auch bereits die Begründung zu Artikel 10 des Kommissionsentwurfs: *Europäische Kommission*, Begründung zum Vorschlag für eine Richtlinie des Europäischen Parlaments und des Rates über Finanzsicherheiten, KOM (2001) 168 endg., 12; *Löber* (oben FN 121), BKR 2001, 118, 122 f.

[203] Der letzte Stand des Haager-Konferenz-Projekts im Zeitpunkt der Fertigstellung der Richtlinie (Unterzeichnung durch das Europäische Parlament und den Rat am 6. Juni 2002) ist niedergelegt in: *Haager Konferenz*, April 2002 draft, Prel. Doc. No 10 (April 2002).

[204] Gemeinsamer Standpunkt (EG) Nr. 32/2002, ABl. 2002 C E119/12, 25.

[205] Anders wohl *Schefold*, Kollisionsrechtliche Lösungsansätze im Recht des grenzüberschreitenden Effektengiroverkehrs – die Anknüpfungsregelungen der Sicherheitenrichtlinie (EG)

Richtliniengebers, die in Artikel 9 Abs. 2 der Finalitätsrichtlinie enthaltene Anknüpfungsregel zu verallgemeinern. Zudem würden damit insbesondere die Rechte des Depotkunden nach belgischem und luxemburgischen Recht ausgenommen, wovon schon deshalb nicht auszugehen ist, weil sich die beiden internationalen Wertpapierabwicklungssysteme in diesen Staaten befinden. Der Begriff des im Effektengiro übertragbaren Wertpapiers muss daher so verstanden werden, dass er die jeweiligen Rechte des Depotkunden erfasst, die sich aus der Eintragung ergeben bzw. die durch die Eintragung dokumentiert werden, unabhängig davon, ob der Depotkunde Inhaber von Wertpapieren ist oder Rechte gegenüber seinem unmittelbaren Intermediär auf Lieferung oder Übertragung von Wertpapieren innehat.[206] Damit wird auch Übereinstimmung mit dem Haager-Konferenz-Entwurf in der bei Fertigstellung der Richtlinie diskutierten[207] und in der endgültigen Fassung erzielt, denn gemäß Artikel 1 handelt es sich bei *„securities held with an intermediary"* nicht um Wertpapiere, sondern um die jeweiligen Rechte des Depotkunden.

b. Rechtsnatur und dingliche Wirkung des Sicherungsrechts

Nach Artikel 9 Abs. 2 lit. a gehören zu den Anknüpfungsgegenständen Rechtsnatur und dingliche Wirkung von im Effektengiro übertragbaren Wertpapieren. Wörtlich verstanden würde das bedeuten, dass die Bestimmung der Eigenschaften des Sicherungsguts in Rede steht.[208] Allerdings ist nicht ersichtlich, worin die „Wirkung" eines Sicherungsguts bestehen könnte. Nach dem Zweck der Vorschrift ist vielmehr davon auszugehen, dass die Bestimmung der Wirkungen des Sicherungsrechts gemeint ist, denn Zweck des Artikels 9 ist es, die kollisionsrechtliche Behandlung von Sicherungsrechten zu klären.[209] Die im Effektengiroverkehr übertragbaren Wertpapiere sind hier als Synonym für die daran bestehenden Sicherungsrechte genannt. Die in Artikel 9 Abs. 2 lit. a genannten Anknüpfungsgegenstände beziehen sich also nicht auf das Sicherungsgut, sondern auf die Rechte des Sicherungsnehmers.[210]

---

und der Haager Konvention über das auf zwischenverwahrte Wertpapiere anwendbare Recht, FS Jayme, 805, 816, jedoch ohne nähere Begründung.

206 Vgl. auch *Kronke & Haubold* in: Handbuch Internationales Wirtschaftsrecht, Teil L RZ 184; vgl. *Herring & Cristea*, Die Umsetzung der Finanzsicherheiten-Richtlinie und ihre Folgen für Kapitalanlagegesellschaften, deutsche Single-Hedgefonds und Prime Broker, ZIP 2004, 1627, 1633; vgl. MK-*Wendehorst*, EGBGB, Art. 43 RZ 243.

207 *Haager Konferenz*, April 2002 draft, Prel. Doc. No 10 (April 2002).

208 So: *Schefold* (oben FN 205), FS Jayme, 805, 814.

209 Vgl. *Kronke & Haubold* in: Handbuch Internationales Wirtschaftsrecht, Teil L RZ 183.

210 Zutreffend: Begründung der österreichischen Regierungsvorlage 251 für das Finanzsicherheiten-Gesetz, BlgNR XXII. GP, 9 f.

c. Voraussetzungen der Drittwirksamkeit des Sicherungsgeschäfts und der Bestellung

Die gemäß Artikel 9 Abs. 1 zu ermittelnde Rechtsordnung bestimmt gemäß Artikel 9 Abs. 2 lit. b, welche Voraussetzungen erfüllt sein müssen, um die Drittwirksamkeit des Sicherungsgeschäfts (*„financial collateral arrangement"*) herbeizuführen.[211] Damit wird dem Umstand Rechnung getragen, dass nach der Konzeption einiger Rechtsordnungen das Sicherungsgeschäft Drittwirksamkeit erlangt, indem es durch einen Publizitätsakt hinsichtlich des Sicherungsguts ergänzt wird. Darüber hinaus ist auch die Bestellung des Sicherungsguts (*„provision"*) im Sinne von Artikel 2 Abs. 2 ist gemäß Artikel 9 Abs. 1 anzuknüpfen.

Diejenigen Aspekte des Sicherungsgeschäfts, die nicht seine Drittwirkungen betreffen, gehören hingegen nicht zu den Anknüpfungsgegenständen.

d. Nachträgliche Beeinträchtigung von Bestand oder Rang des Sicherungsrechts

Gegenstand der Anknüpfung sind gemäß Artikel 9 Abs. 2 lit. c Fragen der Beeinträchtigung des Bestandes und des Rangs des Sicherungsrechts. Demnach entscheidet die gemäß Artikel 9 zu ermittelnde Rechtsordnung darüber, ob und gegebenenfalls welche Rechtshandlungen nachträglich zum Verlust des Rangs oder zum gutgläubigen Wegerwerb des Sicherungsrechts führen.

Der gutgläubige Ersterwerb des Sicherungsrechts durch den Sicherungsnehmer fällt demgegenüber nicht unter Artikel 9 Abs. 2 lit. c, sondern unter Artikel 9 Abs. 2 lit. b.

e. Verwertungsmodalitäten

Von zentraler Bedeutung ist die Anknüpfung der Verwertungsmodalitäten im Verwertungs- bzw. Beendigungsfall, die gemäß Artikel 9 Abs. 2 lit. d ebenfalls gemäß Artikel 9 Abs. 1 vorzunehmen ist. Dabei ist – anders als in Artikel 9 Abs. 2 der Finalitätsrichtlinie – nicht ausdrücklich gesagt, dass die Anknüpfung auch für die Zeit nach Einleitung von Sanierungsmaßnahmen bzw. nach Eröffnung eines Liquidationsverfahrens über den Schuldner gilt. Dafür spricht aber, dass die sachrechtlichen Regelungsvorgaben zur Verwertung gemäß Artikel 4 Abs. 5 und Artikel 7 Abs. 1 lit. a ebenfalls unabhängig von Sanierung und Liquidation gelten. Dieser sachrechtlichen Beibehaltung der Verwertungsmodalitäten würde eine kollisionsrechtliche Differenzierung widersprechen. Für die Beibehaltung der Anknüpfung spricht auch der Zweck des Artikels 9, den Geltungsbereich der Anknüpfungsregel aus Artikel 9 Abs. 2 der Finalitätsrichtlinie zu erweitern. Dieser Zweck würde nicht erreicht, wenn der primäre Geltungsbereich des Artikels 9 Abs. 2 der Finalitätsrichtlinie ausgenommen wäre. Es ist daher

---

[211] In der deutschen Fassung ist der Begriff des Sicherungsgeschäfts mit dem des Sicherungsrechts vertauscht.

davon auszugehen, dass die Verwertung nach Einleitung von Sanierungsmaßnahmen bzw. nach Eröffnung eines Liquidationsverfahrens ebenfalls unter Artikel 9 Abs. 2 lit. d fällt.

Sofern die Verwertung durch Einbeziehung des Sicherungsrechts in eine vertraglich vereinbarte Verrechnung erfolgt, stellt sich die Frage, ob diese Verrechnung ebenfalls nach Artikel 9 Abs. 2 lit. d anzuknüpfen ist. Dagegen spricht, dass die Richtlinie systematisch zwischen Verwertung durch Verkauf bzw. Aneignung einerseits und Verrechnung andererseits unterscheidet. Es finden jeweils unterschiedliche Normen Anwendung.[212] Wie im Zusammenhang mit Artikel 9 Abs. 2 der Finalitätsrichtlinie ist darüber hinaus auch hier zu berücksichtigen, dass die vertraglich vereinbarte Verrechnungsmöglichkeit keine Handlungsbefugnis des Sicherungsnehmers in Bezug auf das Sicherungsgut ist, also kein Sicherungsrecht an einem Gegenstand. Dies spricht dafür, die Verrechnungsabrede gesondert anzuknüpfen.[213]

2. Anknüpfung an den Ort des maßgeblichen Kontos

Artikel 9 Abs. 1 Satz 1 verweist auf die Rechtsordnung des Landes, in dem das maßgebliche Konto geführt wird, wobei es sich – anders als nach Artikel 9 Abs. 2 der Finalitätsrichtlinie – nicht um einen Mitgliedstaat handeln muss. Hintergrund der Schwerpunktbildung zugunsten des Kontoführungsortes ist, dass die Berechtigung des Sicherungsnehmers nur am Ort des Depotkontos unmittelbar erkennbar ist.[214]

Wie sich aus Erwägungsgrund Nr. 8 Satz 2 ergibt, geht der Richtliniengeber davon aus, dass im Effektengiro übertragbare Wertpapiere am Ort des maßgeblichen Kontos zu lokalisieren sind. Demnach enthielte Artikel 9 Abs. 1 kein neues Anknüpfungsmerkmal, sondern eine Ortsfiktion, und es würde formal an den Belegenheitsort angeknüpft.[215] Ob das so gemeint ist, kann offen bleiben, weil es für die Anknüpfung keinen Unterschied macht, ob der Ort des maßgeblichen Kontos als Ort der verbuchten Wertpapiere angesehen wird.

---

[212] Das sind Artikel 5 Abs. 5, Artikel 6 Abs. 2 und Artikel 7 Abs. 1 lit. a für die Verrechnung und Artikel 4 Abs. 1 und 5 für den Verkauf bzw. für die Aneignung, näher dazu oben.

[213] So auch Artikel 25 der Bankensanierungs- und -liquidationsrichtlinie.

[214] Vgl. *Europäische Kommission*, Begründung zum Vorschlag für eine Richtlinie des Europäischen Parlaments und des Rates über Finanzsicherheiten, KOM (2001) 168 endg., 12.

[215] So bereits bislang in Luxemburg, Artikel 12 Satz 1 Loi concernant la circulation de titres et d'autres instruments fongibles. Ebenso nun Artikel 23 Abs. 1 Loi du 5 août 2005 sur les contrats de garantie financière. Vgl. dazu die Begründung zum Projet de loi n° 5251 sur les contrats de garantie financière, 21. Derselbe Gedanke findet auch in Artikel 24 der Bankensanierungs- und -liquidationsrichtlinie Ausdruck.

a. Bestimmung des maßgeblichen Kontos

Maßgeblich ist gemäß Artikel 2 Abs. 1 lit. h das Depotkonto, auf dem der Eintrag erfolgt, aufgrund dessen der Sicherungsnehmer die Sicherheit erlangt. Mit „Sicherheit" ist hier das Sicherungsgut gemeint, also die im Effektengiro übertragbaren Wertpapiere.[216] Der Begriff des „Erlangens" bezeichnet den Abschluss des Eintragungsvorgangs, aufgrund dessen der Sicherungsnehmer identifiziert wird und bildet damit das Gegenstück zur „Bestellung" des Sicherungsguts im Sinne von Artikel 2 Abs. 2.

Falls der Sicherungsnehmer die Gutschrift über die Wertpapiere aufgrund eines mehrgliedrigen Übertragungsvorgangs erlangt, der Buchungen unterschiedlicher Intermediäre auf unterschiedlichen Depotkonten erforderlich macht, so ist für den Sicherungsnehmer gleichwohl nur das eine Konto im Sinne des Artikels 9 Abs. 1 Satz 1 maßgeblich, auf dem der ihn identifizierende Eintrag erfolgt.[217]

b. Lokalisierung

Wie der Ort des Kontos zu bestimmen ist, wird in der Richtlinie nicht ausdrücklich vorgegeben. Der Wortlaut des Artikels 9 Abs. 1 Satz 1 iVm. Artikel 2 Abs. 1 lit. h deutet auf eine Lokalisierung des Kontos aufgrund objektiver Kriterien hin. Dafür spricht auch, dass der Richtliniengeber den Anwendungsbereich der Anknüpfungsregel des Artikels 9 Abs. 2 der Finalitätsrichtlinie durch ihre Aufnahme in die Finanzsicherheitenrichtlinie erweitern wollte,[218] zumal Artikel 9 Abs. 2 der Finalitätsrichtlinie im Interesse der Rechtssicherheit rein objektiv verstanden wird.[219] Insbesondere Kontonummer und Bankleitzahl kommen deshalb zur Ortsbestimmung in Betracht.[220] Fraglich ist, ob Artikel 9 Abs. 1 Satz 1 nicht im Lichte der Haager Konvention Nr. 36 auszulegen ist, denn schließlich wurde er aus Rücksicht auf die Arbeiten an dieser Konvention nicht weiter konkretisiert. Dagegen spricht indes, dass die Lösung der Konvention im Wider-

---

[216] Vgl. die englische und die französische Fassung.

[217] So bereits *Europäische Kommission*, Begründung zum Vorschlag für eine Richtlinie des Europäischen Parlaments und des Rates über Finanzsicherheiten, KOM (2001) 168 endg., 12 („das Depotkonto des Sicherungsnehmers"), sowie *Keller*, Die Wertpapiersicherheit im Gemeinschaftsrecht, BKR 2002, 347, 354. Vgl. auch Erläuterung der österreichischen Regierungsvorlage 251 für das Finanzsicherheiten-Gesetz, BlgNR XXII. GP, 10.

[218] Erwägungsgrund Nr. 7 der Finanzsicherheitenrichtlinie. Vgl. bereits zu Artikel 10 des Kommissionsentwurfs (KOM (2001) 168 endg.): *Europäische Kommission*, Begründung zum Vorschlag für eine Richtlinie des Europäischen Parlaments und des Rates über Finanzsicherheiten, KOM (2001) 168 endg., 12.

[219] Stellungnahme der *European Financial Markets Lawyers Group* zum Richtlinienentwurf (KOM (2001) 168 endg.), 5; *Löber* (oben FN 121), BKR 2001, 118, 123.

[220] So die Begründung zum luxemburgischen Projet de loi n° 5251 sur les contrats de garantie financière, 22.

spruch zur objektiven Anknüpfung des Artikels 9 Abs. 1 Satz 1 der Finanzsicherheitenrichtlinie steht, denn nach der Konvention ist primär die Wahl der maßgeblichen Rechtsordnung durch die Parteien des Depotvertrages vorgesehen (vgl. Artikel 4 Abs. 1 der Haager Konvention). Demgegenüber kann der Richtlinie keine entsprechende Wahlmöglichkeit entnommen werden.[221] Vor diesem Hintergrund erscheint es nicht möglich, Artikel 9 Abs. 1 Satz 1 in Übereinstimmung mit der Haager Konvention auszulegen. Nach der derzeitigen Fassung der Richtlinie ist daher in Übereinstimmung mit Artikel 9 Abs. 2 der Finalitätsrichtlinie von einer objektiven Anknüpfung auszugehen.

3. Sachnormverweisung

Artikel 9 Abs. 1 Satz 2 stellt klar, dass es sich bei der Verweisung des Satzes 1 um eine Sachnormverweisung handelt.

V. Zusammenfassung

1. Sachrechtliche Vorgaben

Die Finanzsicherheitenrichtlinie ebnet bestehende Unterschiede zwischen beschränkten Sicherungsrechten einerseits und Übertragungen zu Sicherungszwecken andererseits weitgehend ein, indem sie sowohl die Erwerbs- als auch die Verwertungsformalitäten einheitlich für alle Sicherungsformen reduziert. Die Parteien können – ebenfalls unabhängig von der Sicherungsform – eine Befugnis des Sicherungsnehmers zur Verfügung über das Sicherungsgut vereinbaren. Austausch und Aufstockung der Sicherungsgüter können wirksam vorgenommen werden. Das jeweilige Sicherungsrecht kann im Verwertungs- bzw. Beendigungsfall in eine Aufrechnung infolge Beendigung einbezogen werden.

Die Verwertung kann auch im Falle der Sanierung bzw. Liquidation des Sicherungsgebers unbeeinträchtigt von möglichen Verfahrenswirkungen erfolgen. Anders als die Finalitätsrichtlinie gibt die Finanzsicherheitenrichtlinie jedoch nicht die Unangreifbarkeit des Rechtserwerbs vor, weshalb eine insolvenzrechtliche Kontrolle der Sicherungsrechte vorbehalten bleibt. Das gilt nicht für Sicherungsrechte, die zugleich durch die Finalitätsrichtlinie privilegiert sind, was ausschließlich Sicherungsrechte zugunsten der Zentralbanken im Rahmen bestimmter Offenmarktgeschäfte des Eurosystems betrifft.

2. Kollisionsrechtliche Vorgaben

Die Finanzsicherheitenrichtlinie gibt eine Kollisionsnorm für Wertpapiersicherheiten vor, die – anders als Artikel 9 Abs. 2 der Finalitätsrichtlinie – ausdrücklich die Anknüpfung der zum Rechtserwerb erforderlichen Bestellung des Siche-

---

[221] *Europäische Kommission*, Bewertungsbericht über die Richtlinie über Finanzsicherheiten, KOM (2006) 833 endg., 12.

rungsguts einbezieht. Nicht erfasst ist hingegen die Anknüpfung des Sicherungsgeschäfts einschließlich (rahmen-) vertraglicher Schuldumwandlungs- und Verrechnungsvereinbarungen.

Die Anknüpfung der Verwertungsmodalitäten ist sowohl für den Zeitraum vor als auch nach Einleitung von Sanierungsmaßnahmen bzw. Eröffnung eines Liquidationsverfahrens über den Sicherungsgeber vorgegeben.

C. Die Bankensanierungs- und -liquidationsrichtlinie

I. Hintergrund und Zweck

Die Bankensanierungs- und -liquidationsrichtlinie[222] enthält Vorgaben zum internationalen Insolvenzrecht der Kreditinstitute. Das umfasst die Sanierung und Liquidation von Kreditinstituten sowie ihrer Zweigstellen (Artikel 1 Abs. 1). Die Richtlinie füllt damit einen Teil der Bereichsausnahme des Artikels 1 Abs. 2 EuInsVO.[223] Entsprechend sind Vorgaben für Wertpapierguthaben und Wertpapiersicherheiten nicht Kernbereich des Regelungsanliegens, worin sich die Bankensanierungs- und -liquidationsrichtlinie von Finalitäts- und Finanzsicherheitenrichtlinie unterscheidet. Gleichwohl haben die Richtlinienvorgaben Auswirkungen auf die Behandlung von Wertpapierguthaben und Wertpapiersicherheiten.

Die Entstehungsgeschichte der Richtlinie lässt sich bis ins Jahr 1979 zurückverfolgen, als das *Comité consultatif bancaire* der Europäischen Kommission die Ausarbeitung von Regelungen zur Behandlung europäischer Bankeninsolvenzen als Ergänzung zur ersten Bankrechtskoordinationsrichtlinie 77/780/EWG[224] empfahl. Nicht nur die Regelungen von Aufnahme und Ausübung des Bankbetriebs sollten harmonisiert werden, sondern auch die Regelungen seiner Beendigung.[225] Auch der heutige Richtliniengeber sieht die Koordination von Sanierung und Liquidation als Ergänzung des durch Bankrechtskoordination geschaffenen Rechtsrahmens an.[226] Die Besonderheit dieses Rechtsrahmens besteht darin, dass Kreditinstitut und Zweigstellen eine Einheit bilden und einheit-

---

[222] Richtlinie 2001/24/EG des Europäischen Parlaments und des Rates vom 4. April 2001 über die Sanierung und Liquidation von Kreditinstituten, ABl. 2001 L 125/15. Die Umsetzungsfrist endete gemäß Artikel 34 Abs. 1 Satz 1 am 5. Mai 2004.

[223] Die weitere Bereichsausnahme des Artikels 1 Abs. 2 EuInsVO wird durch die Vorgaben der Richtlinie 2001/17/EG vom 19. März 2003 über die Sanierung und Liquidation von Versicherungsunternehmen, ABl. 2001 L 110/28, ergänzt.

[224] ABl. 1977 L 322/30.

[225] Vgl. *Sousi*, La défaillance d'un établissement de crédit et le droit européen in: La défaillance d'une banque, 126, 127.

[226] Vgl. Erwägungsgründe 3 und 4.

lich der Aufsicht des Herkunftsmitgliedstaates unterliegen,[227] wobei die Wirkungen der aufsichtsrechtlichen Maßnamen des Herkunftsmitgliedstaates in den übrigen Mitgliedstaaten anerkannt werden. Im Falle der Sanierung oder Liquidation bleibt grundsätzlich allein dieser Staat zuständig (Artikel 3 Abs. 1 bzw. Artikel 9 Abs. 1 Satz 1), allein seine Rechtsnormen sind anwendbar (Artikel 3 Abs. 2 Satz 1 bzw. Artikel 9 Abs. 2) und Sanierungsmaßnahmen und die Eröffnung eines Liquidationsverfahrens haben unmittelbar gemeinschaftsweite Wirkung (Artikel 3 Abs. 2 Satz 2 bzw. Artikel 9 Abs. 1 Satz 2). Damit wird zugleich verwirklicht, was im internationalen Insolvenzrecht als „Einheit des Insolvenzverfahrens" und „Universalität des Insolvenzverfahrens" bezeichnet wird.[228] Einheit des Insolvenzverfahrens bedeutet, dass über den Schuldner nur ein Verfahren eröffnet wird, das nach nur einer Rechtsordnung durchgeführt wird; Universalität dieses Verfahrens bedeutet, dass die Verfahrenswirkungen in anderen Staaten anerkannt werden.

Die Konzentration der Zuständigkeit und die Anwendung einheitlicher sachrechtlicher Vorschriften begünstigen die Sanierung des Kreditinstituts, denn sie erlauben die schnelle und diskrete Verhandlung mit Gläubigern und die Ausarbeitung von Sanierungskonzepten. Die Anerkennung der ergriffenen Maßnahmen im Ausland ermöglicht die effektive Verfolgung des Sanierungskonzepts durch die Gerichte bzw. Behörden des Herkunftsmitgliedstaates, indem beispielsweise verhindert wird, dass ein Sanierungsplan durch Vollstreckung in Auslandsvermögen des Kreditinstituts vereitelt wird. Im Falle des Scheiterns der Sanierungsbemühungen besteht die Bedeutung einheitlicher Zuständigkeit und der Anwendung einheitlicher Regeln darin, die Masse bestmöglich zu verwerten und den Erlös nach einheitlichen Regeln zu verteilen. Auch hier verhindert die Anerkennung des Verfahrens im Ausland Beeinträchtigungen der Erreichung des Verfahrenszwecks durch Handlungen im Ausland.

Die strikte Beachtung der Einheit und der Universalität kann indes schützenswerte Interessen bestimmter Personengruppen oder des Rechtsverkehrs beeinträchtigen. Diese Interessen stehen in einem Spannungsverhältnis zum Interesse an der erfolgreichen Sanierung bzw. an der bestmöglichen Verwertung der in der Masse befindlichen Vermögensgegenstände. Die Richtlinie lässt daher Ausnahmen zu, die unter anderem für Wertpapierguthaben und Wertpapiersicherheiten von Bedeutung sind. Dabei handelt es sich einerseits um Abweichungen von der Anwendung der Rechtsnormen des Herkunftsmitgliedstaates und andererseits um die Begrenzung der Wirkungen von Sanierungsmaßnahmen und der Eröffnung von Liquidationsverfahren in Bezug auf bestimmte Rechte.

---

[227] Erwägungsgrund Nr. 3. Kritisch zu der vom Richtliniengeber angenommenen Einheitlichkeit des für Kreditinstitute geltenden Rechtsrahmens: *Wimmer* (oben FN 91), ZInsO 2002, 897, 900 f.

[228] *Sousi* (oben FN 225), 126, 129.

II. Anwendungsbereich

Der Anwendungsbereich der Richtlinienvorgaben beginnt zeitlich früher als derjenige der EuInsVO. Er umfasst bereits Maßnahmen und Verfahren, die keinen formellen Insolvenzgrund voraussetzen,[229] insbesondere Sanierungsmaßnahmen zur Insolvenzvermeidung. Damit wird einer Besonderheit von Kreditinstituten Rechnung getragen, die darin besteht, dass hoheitliche Maßnahmen gegenüber Kreditinstituten unter anderen Voraussetzungen und regelmäßig zu einem früheren Zeitpunkt eingeleitet werden können als gegenüber „gewöhnlichen" Schuldnern. Typische Probleme, die sich aus solchem Einschreiten insbesondere für Gläubiger ergeben können, treten also zeitlich früher auf.

Die Vorgaben der Bankensanierungs- und -liquidationsrichtlinie werden durch die spezielleren Vorgaben der Finalitäts- und der Finanzsicherheitenrichtlinie verdrängt, soweit sie mit diesen kollidieren. Im Verhältnis zur Finalitätsrichtlinie ist dieses Verhältnis in Erwägungsgrund Nr. 25 klargestellt, für die Finanzsicherheitenrichtlinie folgt es aus dem Spezialitätsgrundsatz.[230]

1. Sanierungsmaßnahmen

Als Sanierungsmaßnahmen bezeichnet Artikel 2 Satz 6 behördliche oder gerichtliche Maßnahmen zwecks Wiederherstellung der finanziellen Lage eines Kreditinstituts. Davon erfasst ist einerseits die Sanierung im Rahmen eines Insolvenzverfahrens, andererseits aber auch die Sanierung zwecks Insolvenzvermeidung. Es ist aber zu berücksichtigen, dass die Sanierung nach Eröffnung eines formellen Insolvenzverfahrens für Kreditinstitute kaum praktisch relevant ist, weil eine Fortführung des Bankbetriebs aufgrund des Vertrauensverlusts der Einleger und Marktteilnehmer bereits nach Stellung eines Insolvenzantrags regelmäßig ausscheidet.[231] Hinzu kommt, dass die Erlaubnis zum Betreiben von Bankgeschäften versagt bzw. widerrufen wird, wenn die erforderlichen Eigenmittel nicht zur Verfügung stehen, wovon nach dem Scheitern von Insolvenzvermeidungsmaßnahmen auszugehen ist.[232] Ohne Betriebserlaubnis bleibt nur die Liquidation. Sanierungsmaßnahmen sind daher praktisch hauptsächlich Insolvenzvermeidungsmaßnahmen. Dazu gehört beispielsweise das in §§ 45 ff KWG geregelte Instrumentarium der Bundesanstalt für Finanzdienstleistungsaufsicht.

---

[229] Dazu *Wimmer* (oben FN 91), ZInsO 2002, 897 f.

[230] Da die Finanzsicherheitenrichtlinie später verabschiedet wurde als die Bankensanierungs- und -liquidationsrichtlinie, kann aus dem Fehlen eines Hinweises auf die Finanzsicherheitenrichtlinie in den Erwägungsgründen kein Gegenschluss gezogen werden.

[231] Vgl. *Hüpkes* (oben FN 52), 19; *Raynaud-Contamine*, Les conséquences de la défaillance d'une banque: Les solutions in: La défaillance d'une banque, 140, 141.

[232] *Pannen*, Krise und Insolvenz bei Kreditinstituten, 98; *Hüpkes* (oben FN 52), 80.

2. Liquidationsverfahren

Liquidationsverfahren im Sinne des Artikels 2 Satz 9 sind behördliche oder gerichtliche Verfahren zwecks Verwertung der Vermögensgegenstände des Schuldners. Davon sind mangels entsprechender Einschränkung auch Verfahren ohne Vorliegen eines Insolvenzgrundes erfasst, die nach allgemeinen gesellschaftsrechtlichen Vorschriften erfolgen. Allerdings stehen Sanierung und Liquidation nach dem Zweck der Richtlinie in einem Zusammenhang, so dass vornehmlich die Liquidation nach dem Scheitern von Sanierungsmaßnahmen – also in der Insolvenz – gemeint ist.[233] Erfasst sind auch spezielle Verfahrensarten für Kreditinstitute, die in einigen Mitgliedstaaten anstelle des allgemeinen Insolvenzverfahrens zur Anwendung kommen. Solche besonderen Verfahren gibt es beispielsweise in Luxemburg, den Niederlanden und Österreich.[234] Dagegen findet in Deutschland, England und Frankreich auch auf Kreditinstitute allgemeines Insolvenzrecht Anwendung.[235]

III. Sachrechtliche Vorgaben

1. Bestand und Durchsetzbarkeit dinglicher Rechte an außerhalb des Herkunftsmitgliedstaates eingetragenen Wertpapierguthaben

Für dingliche Sicherungsrechte an auslandsbelegenen Gegenständen des Kreditinstituts gilt gemäß Artikel 21 Abs. 1 der bereits aus Artikel 9 Abs. 1 Satz 1 der Finalitätsrichtlinie bekannte „Nicht-berührt-Mechanismus". Dabei handelt es sich nicht – wie teils gesagt wird[236] – um eine territoriale Beschränkung von Maßnahmen- bzw. Verfahrenswirkungen, sondern um eine gegenständliche. Nicht ein bestimmtes Territorium, sondern bestimmte Rechte sind von den genannten Wirkungen ausgenommen.[237] Andere als die genannten Rechte können hingegen grundsätzlich durch die Maßnahmen bzw. Verfahren berührt werden, insbesondere die Rechte der Depotkunden des Kreditinstituts. Aufgrund des Spezialitätsverhältnisses zwischen den Richtlinien ist Artikel 21 Abs. 1 für Wertpapiersicherheiten nur insoweit maßgeblich, als diese weder unter die Fina-

---

[233] Vgl. Erwägungsgrund Nr. 14.

[234] Vgl. *Hüpkes* (oben FN 52), 68 f.

[235] In diesen Staaten gibt es für Kreditinstitute nur einzelne Abweichungen vom allgemeinen Insolvenzrecht. So muss beispielsweise in Frankreich vor Insolvenzantragstellung die Stellungnahme der Commission bancaire eingeholt werden (Artikel L613-27 Abs. 1 Code monétaire et financier) und in Deutschland kann nur die Aufsichtsbehörde selbst den Insolvenzantrag stellen (§ 46b Abs. 1 Satz 4 KWG).

[236] *Wimmer* (oben FN 91), ZInsO 2002, 897, 903 f. Noch zu Artikel 5 EuInsÜ vgl. *Trunk*, Internationales Insolvenzrecht, 358 f.

[237] Zu Artikel 5 Abs. 1 EuInsÜ: *v. Wilmowsky*, Sicherungsrechte im Europäischen Insolvenzübereinkommen, EWS 1997, 295, 297.

litäts- noch unter die Finanzsicherheitenrichtlinie fallen. Die Vorgabe gilt zwar unabhängig von der Person des Sicherungsnehmers und unabhängig vom Sicherungszweck. Allerdings sind die typischen Sicherungsnehmer und die typischen Sicherungszwecke bereits von den beiden anderen Richtlinien erfasst, so dass Artikel 21 für Wertpapiersicherheiten kaum eine Rolle spielen dürfte. Er wird daher nur der Vollständigkeit halber behandelt.

a. Dingliche Rechte an Gegenständen des Kreditinstituts

Artikel 21 setzt ein Recht voraus, das im Zeitpunkt der Einleitung der Maßnahmen bzw. der Eröffnung des Verfahrens bereits besteht. Dieses Recht muss dinglich sein, was dahingehend zu verstehen sein könnte, dass es eine ausschließliche Handlungsbefugnis in Bezug auf eine Sache zum Inhalt haben muss. Rechte an Wertpapierguthaben des Kreditinstituts, aufgrund derer dem Sicherungsnehmer keine unmittelbare Berechtigung in Bezug auf körperlich vorhandene Instrumente vermittelt wird, wären also nicht durch Artikel 21 geschützt. Aus Absatz 2 lit. b ergibt sich allerdings, dass auch Pfandrechte an Forderungen als dingliche Rechte angesehen werden. Wenn aber bereits eine Forderung Gegenstand eines dinglichen Rechts sein kann, dann muss das auch für die Rechte des Kreditinstituts als Depotkunde eines höherstufigen Intermediärs im Rahmen seines Wertpapierguthabens gelten. Ein dingliches Recht im Sinne der Richtlinie setzt also nicht notwendigerweise einen körperlichen Gegenstand als Objekt voraus.

b. Belegenheitsort des Sicherungsguts

Artikel 21 gilt nur für Sicherungsrechte an Gegenständen, die sich im Zeitpunkt der Einleitung der Sanierungsmaßnahme bzw. der Eröffnung des Liquidationsverfahrens in einem anderen Mitgliedstaat als dem Herkunftsmitgliedstaat des Kreditinstituts befunden haben. Für Wertpapierguthaben stellt sich daher die Frage, wo sie sich befinden. Eigene Regelungen zur Lokalisierung von Gegenständen enthält die Richtlinie nicht. Man könnte indes argumentieren, dass sich aus dem Gemeinschaftsrecht der Grundsatz der Lokalisierung von Wertpapierguthaben am Eintragungsort ergibt.[238] Ein solcher Grundsatz ließe sich daraus herleiten, dass sowohl Artikel 24 der Bankensanierungs- und -liquidationsrichtlinie als auch Erwägungsgrund Nr. 8 der Finanzsicherheitenrichtlinie die auf Wertpapierguthaben bzw. Wertpapiersicherheiten anwendbare Rechtsordnung als *„lex rei sitae“* bezeichnen. Dagegen könnte eingewandt werden, dass der Belegenheitsort unterschiedliche Funktionen erfüllen kann, und dass die Wahl der Lokalisierungskriterien von dieser jeweiligen Funktion abhängt, so dass derselbe Gegenstand im selben Zeitpunkt für unterschiedliche Zwecke an unter-

---

[238] Vgl. *Keller* (oben FN 217), BKR 2002, 347, 349.

schiedlichen Orten belegen sein kann.[239] Auch unter Berücksichtigung dieses Einwands lässt sich aber die Lokalisierung von Wertpapierguthaben am Eintragungsort begründen. Zweck des Artikels 21 Abs. 1 ist die Ausnahme des Sicherungsrechts von den Wirkungen des Insolvenzrechts des Herkunftsmitgliedstaates. Dieser Zweck steht mit der Bestimmung der für die Ausübung des Sicherungsrechts maßgeblichen Rechtsordnung in Zusammenhang. Dies zeigt Artikel 2 lit. g EuInsVO, dessen Lokalisierungskriterien unter anderem für den mit Artikel 21 Abs. 1 der Bankensanierungs- und -liquidationsrichtlinie funktionsgleichen Artikel 5 Abs. 1 EuInsVO maßgeblich sind. Demnach sind für die Lokalisierung dieselben Merkmale maßgeblich, die üblicherweise im Kollisionsrecht für die Anknüpfung herangezogen werden (insbesondere der Belegenheitsort für Sachen und der Sitz des Schuldners für Forderungen). Im Rahmen des Artikels 21 Abs. 1 ist daher für die Lokalisierung von Wertpapierguthaben als Sicherungsgut auf die Merkmale des Artikels 24 abzustellen.

c. Bestand und Durchsetzbarkeit

Nicht berührt zu werden, bedeutet für das Recht zunächst, dass sein Bestand nicht allein aufgrund der Verfahrenseröffnung beeinträchtigt werden darf. Damit schließt der Nicht-berührt-Mechanismus die Anwendung von Null-Uhr-Regeln aus und verhindert außerdem, dass ein Recht, dessen Erwerb nach dem Begründungsstatut abgeschlossen ist, wegen Nichterfüllung zwingender Erwerbsvoraussetzungen der *lex fori* als (relativ) unwirksam behandelt wird.

Die Durchsetzung des nicht berührten Sicherungsrechts erfolgt grundsätzlich so, als gäbe es keine Sanierungsmaßnahmen bzw. kein Liquidationsverfahren. Der Sicherungsnehmer muss daher eventuelle Verwertungsverbote des Herkunftsmitgliedstaates nicht beachten und verliert auch nicht seine Verwertungsbefugnis an einen Insolvenzverwalter. Damit wird Sicherungsrechten, die unter Artikel 21 Abs. 1 fallen, im Ansatz ein ähnlicher Schutz gewährt wie den Sicherungsrechten des Artikels 9 Abs. 1 der Finalitätsrichtlinie.

d. Vorbehalt der insolvenzbedingten Angreifbarkeit des Sicherungsrechts

Die Richtlinie behält in Artikel 21 Abs. 4 die Anwendung mitgliedstaatlicher Regelungen über die Nichtigkeit, Anfechtbarkeit oder relative Unwirksamkeit von Rechtshandlungen vor. Entsprechende Normen, die nicht *allein* an den Umstand der Verfahrenseröffnung anknüpfen, bleiben also grundsätzlich anwendbar. Dieser Vorbehalt entspricht inhaltlich Artikel 8 Abs. 4 der Finanzsicherheitenrichtlinie und führt für die erfassten Sicherungsrechte zu einem geringeren Schutz als Artikel 9 Abs. 1 der Finalitätsrichtlinie.

[239] *Wolff*, Private international law, RZ 515.

2. Ausschluss von Aufrechnungsverboten

Aufrechnungsmöglichkeiten, die Gläubiger des Kreditinstituts vor der Einleitung der Sanierungsmaßnahmen bzw. vor Eröffnung des Liquidationsverfahrens erworben haben, werden durch Artikel 23 – das Pendant zu Artikel 6 EuInsVO – geschützt. Besteht eine Aufrechnungsmöglichkeit nach dem Statut der Forderung des Schuldners, so wird sie ähnlich einem erworbenen Sicherungsrecht geschützt,[240] was auch in der Formulierung zum Ausdruck kommt, die Aufrechnungsbefugnis werde „nicht berührt". Unter welchen Voraussetzungen eine Aufrechnungsmöglichkeit besteht, ist Artikel 23 indes nicht zu entnehmen.

Die Bedeutung der Vorgabe für Wertpapiersicherheiten ergibt sich aus dem Umstand, dass diese nach verbreiteter Praxis durch Einbeziehung des Wertes der Sicherungsgüter in die Errechnung eines Abschlussbetrages nach Vertragsbeendigung verwertet werden.[241] Die Verwertung erfolgt also nicht durch Verkauf – etwa im Wege der Versteigerung –, sondern durch Verrechnung, weshalb ein Verrechnungsverbot insoweit einem Verwertungsverbot gleich käme. Dass es sich bei den genannten Verrechnungsvereinbarungen um Aufrechnungen im Sinne der Richtlinie handelt, ergibt sich aus Artikel 25. Die deutsche Unterscheidung zwischen „Aufrechnung" auf gesetzlicher und „Verrechnung" auf vertraglicher Grundlage wird hier ebenso wenig nachvollzogen wie in der Finanzsicherheitenrichtlinie.[242]

Die Geltendmachung von Angriffen auf Rechtshandlungen des Kreditinstituts bleibt gemäß Abs. 2 vorbehalten, was sowohl die Ausübung der Aufrechnungsmöglichkeit als auch ihre Herbeiführung betreffen kann.

3. Ausschluss insolvenzbedingter Angriffe im Falle der Unangreifbarkeit nach dem Begründungsstatut

Die Geltendmachung der Nichtigkeit, Anfechtbarkeit bzw. relativen Unwirksamkeit einer Rechtshandlung aufgrund der Vorschriften des Herkunftsmitgliedstaates ist gemäß Artikel 30 Abs. 1 ausgeschlossen, wenn der durch die Rechtshandlung Begünstigte nachweist, dass diese Rechtshandlung der Rechtsordnung eines Mitgliedstaates (mit Ausnahme des Herkunftsmitgliedstaates des Kreditinstituts) unterlag und dass sie nach dieser Rechtsordnung nicht angreifbar ist.

---

240 Vgl. zu Artikel 6 EuInsÜ: *Virgòs & Schmit* (oben FN 124), RZ 107.

241 Vgl. beispielsweise Nr. 7 Abs. 1 der allgemeinen Bestimmungen des EMA, Nr. 13 des deutschen Rahmenvertrags für Wertpapierpensionsgeschäfte sowie Artikel 8.1.2 der Convention-cadre FBF relative aux opérations sur instruments financiers à terme iVm. Artikel 9.2 des Sicherheitenanhangs.

242 Vgl. die Definition der „Aufrechnung infolge Beendigung" in Artikel 2 Abs. 1 lit. n der Finanzsicherheitenrichtlinie.

Somit gibt der Nachweis der Unangreifbarkeit der Rechtshandlung dem Begünstigten eine Art Veto-Recht.[243]

a. Hintergrund der Berücksichtigung des Begründungsstatuts

Als Hintergrund für die Berücksichtigung des Begründungsstatuts wird ein Interesse des solventen Geschäftspartners an der Beurteilung des Bestandes des erworbenen Rechts nach dem Begründungsstatut genannt.[244] Dieses Interesse an der Beibehaltung des Prüfungsmaßstabs ist vom Bestandsinteresse (also vom Interesse am Ergebnis der Prüfung) zu unterscheiden. Insbesondere dient die Anwendung des Begründungsstatuts nicht notwendigerweise dem Bestandsschutz, denn das Begründungsstatut kann im Einzelfall anfechtungsfreundlicher sein als das Insolvenzeröffnungsstatut. In diesen Fällen widerspräche seine Anwendung gerade den Bestandsinteressen der solventen Partei. Das Interesse der solventen Partei an der Maßgeblichkeit des Begründungsstatuts ergibt sich vielmehr aus der Vorhersehbarkeit dieser Rechtsordnung bereits im Zeitpunkt des Rechtserwerbs, denn so kann der spätere Anfechtungsgegner das Anfechtungsrisiko *ex ante* prüfen und seine Finanzierungsentscheidung davon abhängig machen.[245] Das Argument der Vorhersehbarkeit spricht allerdings im Geltungsbereich der Bankensanierungs- und -liquidationsrichtlinie nicht zwingend für das Begründungsstatut, weil auch die Rechtsordnung des Herkunftsmitgliedstaates zweifelsfrei *ex ante* bestimmbar ist.[246] Der Geschäftspartner könnte sich daher auch auf diese Rechtsordnung einstellen.

Für das Begründungsstatut spricht aber, dass es dann ausreicht, das Sicherungsrecht nach dieser einen Rechtsordnung wirksam und anfechtungsfest zu begründen. Weitere Rechtsordnungen – insbesondere die des Herkunftsmitgliedstaates des Geschäftspartners – sind nicht zu prüfen. Das Begründungsstatut bildet einen „sicheren Hafen" für das Sicherungsrecht. Das stellt eine erhebliche Erleichterung dar, die geeignet ist, Transaktionskosten zu senken.

b. Bestimmung des Begründungsstatuts und Unangreifbarkeit der Rechtshandlung

Die Bestimmung des Begründungsstatuts erfolgt nach dem Kollisionsrecht der *lex fori* des Rechtsstreits, in dem über die Nichtigkeit bzw. Anfechtbarkeit ent-

---

[243] Vgl. zu Artikel 13 EuInsVO: *Fritz & Bähr*, Die Europäische Verordnung über Insolvenzverfahren – Herausforderung an Gerichte und Insolvenzverwalter, DZWIR 2001, 221, 229; *Virgòs & Schmit* (oben FN 124), RZ 136.

[244] *Hanisch*, Die Wirkungen dinglicher Mobiliarsicherungsrechte im grenzüberschreitenden Insolvenzverfahren, FS Lalive, 61, 70; *Virgòs & Schmit* (oben FN 124), RZ 138.

[245] Vgl. *Trunk* (oben FN 236), 191 (in Bezug auf die Überlegung einer Sonderanknüpfung der Insolvenzanfechtung).

[246] Vgl. Artikel 10 Abs. 2 lit. l.

schieden wird. Deshalb ist es in diesem Zusammenhang von besonderer Bedeutung, dass die *lex fori* über klare Kollisionsnormen für Geschäfte der fraglichen Art – etwa für die Bestellung von Wertpapiersicherheiten – verfügt.[247]

Angreifbar kann die Rechtshandlung aus jedem Grund sein, den das Begründungsstatut dafür bereithält, unabhängig davon, welcher sachrechtlichen Kategorie er zugeordnet wird. Dabei kommt es grundsätzlich auf die konkrete Rechtshandlung in der konkreten Situation an. Fraglich ist aber, ob dies soweit geht, dass der Anfechtungsgegner sich im Falle einer tatbestandlich gegebenen Angriffsmöglichkeit auch auf die Verjährung nach dem Begründungsstatut berufen kann. Dafür spricht zunächst der Wortlaut des Artikels 30 Abs. 1, der die konkrete Beurteilung fordert. Allerdings erscheint ein solcher Schutz als zu weitgehend, zumal die Anfechtung im konkreten Fall gerade nicht nach dem Begründungsstatut erfolgt.[248] Die Verjährung dient der Befriedung des Rechtsverkehrs. Wann diese Befriedung eintritt, sollte die Rechtsordnung bestimmen, der das Verfahren zur Geltendmachung des Anfechtungsrechts unterliegt.

IV. Kollisionsrechtliche Vorgaben

1. Verfügungen über Instrumente oder Rechte an Instrumenten

Für die Anknüpfung von Verfügungen über bestimmte eingetragene Instrumente oder Rechte an Instrumenten in der Zeit nach Einleitung von Sanierungsverfahren bzw. nach Eröffnung eines Liquidationsverfahrens gibt Artikel 31 eine Abweichung von der Regelanknüpfung an den Herkunftsmitgliedstaat vor. Eine vergleichbare Regelung enthält Artikel 14 EuInsVO für die dort aufgeführten Rechte. Hintergrund der Sonderanknüpfung ist, dass Rechtshandlungen des Kreditinstituts in dem angegebenen Zeitraum gegen Verfügungsverbote oder -beschränkungen des Herkunftsmitgliedstaates verstoßen und deshalb von dieser Rechtsordnung als unwirksam angesehen werden können.[249] Wäre die Wirksamkeit der Rechtshandlung daher nach der Rechtsordnung des Herkunftsmitgliedstaates zu beurteilen, so könnte dies zur Folge haben, dass Eintragungen bezüglich der Instrumente bzw. Rechte an Instrumenten die Rechtslage nicht richtig wiedergeben. Die Sonderanknüpfung soll deshalb gewährleisten, dass Verfügungen über die eingetragenen Rechte wirksam möglich sind, solange der Weg-

[247] Zur Anknüpfung der Herbeiführung der Drittwirksamkeit von Wertpapiersicherheiten gemäß Artikel 9 der Finanzsicherheitenrichtlinie vgl. oben S. 69.

[248] *Balz*, Das neue Europäische Insolvenzübereinkommen, ZIP 1996, 948, 951 mit Text in FN 25.

[249] Zum deutschen Recht ist umstritten, ob Verstöße gegen ein gemäß § 46a Abs. 1 Nr. 1 KWG erlassenes Veräußerungsverbot zur absoluten oder nur zur relativen Unwirksamkeit führen, vgl. dazu *Kieper* (oben FN 17), 200 f.

fall der Verfügungsbefugnis nicht in den für den Verkehr dieser Rechte maßgeblichen Registern verlautbart wird.[250]

a. Anknüpfungsgegenstand

aa. Instrumente und Rechte an Instrumenten

Gegenstand der Verfügung müssen Instrumente oder Rechte an Instrumenten sein, deren Existenz oder Übertragung von der Eintragung in ein Register, auf ein Konto oder bei einer zentralen Verwahrstelle abhängt. Zur Definition des Instruments verweist Artikel 2 a.E. auf Abschnitt B des Anhangs zur Richtlinie 93/22/EWG, so dass der Begriff des Instruments der Bankensanierungs- und -liquidationsrichtlinie mit dem Wertpapierbegriff der Finalitätsrichtlinie übereinstimmt.[251] Entsprechend Artikel 9 Abs. 2 der Finalitätsrichtlinie ist auch hier davon auszugehen, dass die alternative Nennung von Instrumenten und Rechten an Instrumenten alle Formen von Wertpapierguthaben umfasst. Diese müssen nicht zum Vermögen des Kreditinstituts gehören, denn für den bezweckten Schutz des Vertrauens in die Funktionsfähigkeit des Effektenverkehrs macht es keinen Unterschied, ob das Kreditinstitut über die Wertpapiere seinerseits weitere Gutschriften zugunsten seiner Kunden erteilt hat. Dass die Eintragung der Instrumente oder Rechte an Instrumenten eine Existenz- bzw. Übertragungsvoraussetzung sein muss, kann nur in einem deskriptiven Sinne gemeint sein, soll eine zirkuläre Anknüpfung vermieden werden.[252] Es kann demnach nur gefordert werden, dass ein Wertpapierguthaben zugunsten des Kreditinstituts eingetragen ist.

bb. Rechtshandlung des Kreditinstituts

Anknüpfungsgegenstand ist die Rechtshandlung, die das Kreditinstitut zwecks Verfügung vornimmt.[253] Als Rechtshandlung kommt dabei insbesondere die Erteilung eines Auftrags an den maßgeblichen Intermediär in Betracht, mit dem dieser angewiesen wird, mit einem Wertpapierguthaben in bestimmter Weise zu verfahren. Das beinhaltet insbesondere Übertragungsaufträge. Mit Blick auf Übertragungsaufträge im Sinne von Artikel 2 lit. i der Finalitätsrichtlinie stellt sich jedoch die Frage, ob Artikel 31 für sie eine praktische Bedeutung hat, denn die insoweit vorrangige Finalitätsrichtlinie gewährt für Übertragungsaufträge keinen Vertrauensschutz, wie Artikel 3 Abs. 1 Satz 2 der Finalitätsrichtlinie im

---

[250] Vgl. zu Artikel 14 EuInsÜ: *Virgòs & Schmit* (oben FN 124), RZ 141.

[251] Zum Inhalt der Verweisung ab 1. November 2007 vgl. oben FN 33.

[252] Zu dieser Problematik im Zusammenhang mit einer „weiten Umsetzung“ des Artikels 9 Abs. 2 der Finalitätsrichtlinie oben S. 43.

[253] Undeutlich insoweit die englische Fassung, die nicht deutlich zwischen Rechtshandlung und Verfügung differenziert.

Gegenschluss zu entnehmen ist. Solche Aufträge sind vielmehr sachrechtlich unwirksam, so dass es auf ihre Anknüpfung nicht ankommt. Bedeutung erlangt Artikel 31 hingegen für Rechtshandlungen gegenüber anderen Intermediären, beispielsweise gegenüber Korrespondenzbanken.

Durch die Rechtshandlung muss verfügt werden, wobei der Begriff der Verfügung nicht definiert ist. Herkömmlich wird als Verfügung die unmittelbare Einwirkung auf ein Recht bezeichnet, insbesondere die Übertragung und die Belastung. Eine Übertragung beinhaltet sowohl den Rechtsverlust des Veräußerers als auch den Rechtserwerb des Erwerbers. Derselbe Gegenstand wird durch die Übertragung rechtlich neu zugeordnet.[254] Allerdings könnten Rechte an Instrumenten bei diesem Verständnis nicht Gegenstand einer Übertragung sein, weil der „Erwerber" nicht die Rechte des „Veräußerers" gegen dessen Intermediär, sondern Rechte gegen seinen eigenen Intermediär erwirbt. Es fehlt also an einer Neuzuordnung desselben Gegenstandes. Von einer Übertragung kann man jedoch auch in einem weiteren Sinne sprechen, und zwar dann, wenn der Erwerber die Rechte gegen seinen Intermediär zwar nicht im Rechtssinne, wohl aber im wirtschaftlichen Sinne vom Veräußerer erwirbt.[255] Zwar werden dabei nicht dieselben Rechte „erworben", die „veräußert" werden, doch beziehen sich diese unterschiedlichen Rechte nacheinander auf denselben Gegenstand und ordnen ihn in einem wirtschaftlichen Sinne neu zu. Von diesem weiten Verfügungsbegriff ist für Artikel 31 auszugehen.

cc. Entgeltlichkeit

Das Kriterium der Entgeltlichkeit dient dazu, unentgeltliche Verfügungen auszuschließen.[256] An die Entgeltlichkeit sind daher keine hohen Anforderungen zu stellen. Es ist daher nicht erforderlich, dass auf der schuldrechtlichen Ebene eine synallagmatische Verknüpfung zwischen der Verfügung und dem Entgelt besteht. Fraglich ist allerdings, ob nicht der Auftrag des Kreditinstituts die Entgeltlichkeit der Verfügung erkennen lassen muss, etwa indem es sich um einen Auftrag „gegen Zahlung" handeln muss. Dafür spricht, dass sonst der maßgebliche Intermediär des Kreditinstituts nicht erkennen kann, ob der Auftrag unter Artikel 31 fällt. Diese Erkennbarkeit ist Voraussetzung des Schutzes, den Artikel 31 bezweckt.

---

[254] *Benjamin* (oben FN 64), RZ 3.05; *Nizard*, Les titres négociables, RZ 578.

[255] Vgl. *Benjamin* (oben FN 64), RZ 3.05.

[256] Vgl. zu Artikel 14 EuInsÜ: *Virgòs & Schmit* (oben FN 124), RZ 140 a.E.

b. Anknüpfung an die Aufsicht über das Register, das Konto bzw. die zentrale Verwahrstelle

Die Wirksamkeit der Rechtshandlung – also des Auftrags – beurteilt sich nach der Rechtsordnung des Mitgliedstaates, unter dessen Aufsicht das Register, das Konto bzw. die zentrale Verwahrstelle steht, die das Recht eingetragen hat.

aa. Identifikation der maßgeblichen Eintragung

Sofern ein Übertragungsvorgang zu Eintragungen auf mehreren Konten, in mehreren Registern oder bei mehreren zentralen Verwahrstellen führt, könnte die Frage aufgeworfen werden, welche dieser Eintragungen im Rahmen des Artikels 31 maßgeblich sein soll. Bei der Fragestellung ist allerdings zu beachten, dass es nicht um die Anknüpfung des gesamten Übertragungsvorgangs geht, sondern nur um die Anknüpfung der Rechtshandlung des Kreditinstituts. Wird die Frage in dieser Weise exakt gestellt, dann kann die Antwort nur lauten, dass die Eintragung maßgeblich ist, die den Auftrag des Kreditinstituts dokumentiert, also die Eintragung auf dem Depotkonto des Kreditinstituts bei seinem maßgeblichen Intermediär. Dieser Befund ist unabhängig davon, welche sonstigen Eintragungen erforderlich sind, damit der durch den Auftrag Begünstigte ein Recht erwirbt. Etwas anderes lässt sich auch nicht aus dem Schutzzweck des Artikels 31 ableiten, denn dieser gebietet es nur, dem durch die Rechtshandlung des Kreditinstituts unmittelbar Betroffenen die Identifikation der maßgeblichen Rechtsordnung zu erlauben. Betroffen durch den Auftrag ist nur der maßgebliche Intermediär des Kreditinstituts.

bb. Aufsicht

Als Anknüpfungsmerkmal dient die Aufsicht über das Register, das Konto bzw. die zentrale Verwahrstelle. Der Begriff der Aufsicht ist nicht definiert, es ist jedoch nach dem Regelungszusammenhang davon auszugehen, dass es sich um eine behördliche Kontrolle der Funktionsfähigkeit des Buchungs- bzw. Registrierungssystems handelt. Wird die Eintragung von einem anderen Kreditinstitut vorgenommen, so handelt es sich demnach um die Aufsicht des Herkunftsmitgliedstaates im Sinne von Artikel 26 Abs. 1 der Richtlinie 2000/12/EG. Für Registereintragungen kommt es in entsprechender Weise darauf an, welcher Mitgliedstaat deren Ordnungsmäßigkeit kontrolliert.

c. Sachnormverweisung

Der Zweck der Richtlinienvorgabe gebietet es, die Verweisung auf die Rechtsordnung des Aufsichtsstaates als Sachnormverweisung zu begreifen, denn andernfalls könnte der Adressat der Rechtshandlung sich im Einzelfall möglicherweise doch nicht auf den Schutz durch diese Rechtsordnung verlassen.

2. Anknüpfung der Ausübung von Eigentumsrechten und anderen Rechten an Instrumenten

a. Anknüpfungsgegenstand

Artikel 24 gilt für die Bestimmung derjenigen Rechtsordnung, nach der die Inhaber von (Eigentums-) Rechten an Instrumenten diese Rechte im Falle der Sanierung bzw. Liquidation des Kreditinstituts ausüben können. Er entscheidet also den Streit darüber, ob die Rechtsausübung mangels Änderung anknüpfungsrelevanter Tatsachen nach dem Begründungsstatut oder nach dem Insolvenzeröffnungsstatut auszuüben sei. Eine personelle Beschränkung möglicher Inhaber der auszuübenden Rechte enthält Artikel 24 – anders als Artikel 9 Abs. 2 der Finalitätsrichtlinie und Artikel 9 der Finanzsicherheitenrichtlinie – nicht. Das auszuübende Recht muss im Zeitpunkt der Einleitung der Sanierungsmaßnahmen bzw. der Eröffnung des Liquidationsverfahrens bereits erworben sein, ohne dass Artikel 24 selbst unmittelbar die kollisionsrechtliche Behandlung des Rechtserwerbs (also der Vorfrage) vorgibt.

aa. Eigentumsrechte und andere Rechte an Instrumenten

Mit Eigentumsrechten an Instrumenten sind die Rechte gemeint, die Instrumente (im Sinne von Kapitalmarktwerte) einer Person ausschließlich zuordnen, unabhängig davon, ob das aufgrund einer Verbriefung in den Formen des Sachenrechts oder auf andere Weise erfolgt (näher dazu oben, S. 23). Rechte an Instrumenten sind – entsprechend Artikel 31 und der Finalitätsrichtlinie – Rechte gegenüber dem unmittelbaren Intermediär auf Lieferung bzw. Herausgabe von Instrumenten.

bb. Voraussetzung der Eintragung in einem Mitgliedstaat für Existenz bzw. Übertragung

Die Rechte, deren Ausübung nach Artikel 24 anzuknüpfen ist, zeichnen sich dadurch aus, dass ihre Existenz bzw. Übertragung eine Eintragung in ein Register, auf einem Konto bzw. bei einer zentralen Verwahrstelle voraussetzt, und zwar in einem Mitgliedstaat.[257] Die Formulierung weist zwar eine gewisse Ähnlichkeit mit Artikel 9 Abs. 2 der Finalitätsrichtlinie auf, doch wird die Eintragung im Unterschied zu Artikel 9 Abs. 2 der Finalitätsrichtlinie nicht durch den Zusatz „rechtsbegründend" bzw. „rechtmäßig" charakterisiert, sondern – wie in Artikel

---

[257] Die „zentrale Verwahrstelle" ist in der Richtlinie nicht definiert, unterscheidet sich aber vom in Artikel 9 Abs. 2 der Finalitätsrichtlinie genannten „zentralen Verwahrsystem" nur scheinbar, zumal der Wortlautunterschied – soweit ersichtlich – nur in der deutschen Fassung vorkommt. Es ist daher davon auszugehen, dass auch hier die Wertpapierabwicklungssysteme der Mitgliedstaaten einschließlich der beiden internationalen Systeme gemeint sind, unabhängig davon, ob sie auch tatsächlich Wertpapierurkunden aufbewahren.

31 – als Voraussetzung der Existenz oder der Übertragung des Rechts beschrieben.

Aus der Begründung des Rates zum Gemeinsamen Standpunkt (EG) Nr. 43/2000[258] kann jedoch abgeleitet werden, dass Artikel 24 für buchmäßig übertragbare Rechte an Instrumenten allgemein gelten soll, denn der Eintragungsvoraussetzung wurde keine einschränkende Bedeutung beigemessen.[259] Dies entspricht auch dem primären Zweck der Vorgabe, den kollisionsrechtlichen Schutz der Depotkunden des zu sanierenden bzw. zu liquidierenden Kreditinstituts zu gewährleisten. Dieser Schutz soll erreicht werden, indem der Depotkunde die im Rahmen seines Wertpapierguthabens bestehenden Rechte nach der Einleitung von Sanierungsmaßnahmen bzw. nach Eröffnung eines Liquidationsverfahrens nach derselben Rechtsordnung geltend machen kann wie zuvor.[260] Eine Differenzierung der Gewährung des Schutzes je nach sachrechtlicher Konstruktion des Rechtserwerbs erscheint hier nicht sachgerecht. Erforderlich ist nur, dass ein Wertpapierguthaben zugunsten des Depotkunden eingetragen ist.

cc. Bestimmung des Wirkungsstatuts

α. Rechtsausübung durch Depotkunden

Artikel 24 erfasst unmittelbar die Ausübung von Rechten ohne Sicherungszweck durch Depotkunden des zu sanierenden bzw. zu liquidierenden Kreditinstituts.

Ob auch Zurückbehaltungsrechte des Kreditinstituts gemäß Artikel 24 anzuknüpfen sind, ist nicht ausdrücklich geregelt. Die Anknüpfung von Zurückbehaltungsrechten kann danach differenziert werden, ob es sich um so genannte schuldrechtliche oder um so genannte dingliche Zurückbehaltungsrechte handelt. Das schuldrechtliche Zurückbehaltungsrecht erlaubt es dem Herausgabeschuldner, die Herausgabe zu verweigern, solange er selbst bestimmte Ansprüche gegen den Herausgabegläubiger hat. Beim dinglichen Zurückbehaltungsrecht hingegen überwiegt der Schutz eines Befriedigungsinteresses des Herausgabeschuldners hinsichtlich des herauszugebenden Gegenstandes.[261]

Schuldrechtliche Zurückbehaltungsrechte sind nach der Rechtsordnung auszuüben, aus der sich die Leistungspflicht des Herausgabeschuldners ergibt,[262] womit die Spaltung eines einheitlichen Rechtsverhältnisses (Leistungspflicht

---

258 ABl. 2000 C 300/13.

259 Vgl. Gemeinsamer Standpunkt (EG) Nr. 43/2000, ABl. 2000 C 300/13, 29 zu Artikel 20 Abs. 1 lit. f des Richtlinienentwurfs, der mit Artikel 24 der geltenden Fassung fast wortgleich ist.

260 *Keller* (oben FN 217), BKR 2002, 347, 350.

261 Staudinger-*Stoll*, Internationales Sachenrecht, RZ 279.

262 *Bleckmann*, Die Stellung des Bankkunden/Wertpapiereigentümers bei der Verwahrung im Rahmen des Auslandsgeschäfts, 161; Staudinger-*Stoll*, Internationales Sachenrecht, RZ 280.

und Leistungsverweigerungsrecht) vermieden wird. Da Artikel 24 nicht auf die vertraglichen Aspekte der Depotbeziehung anwendbar ist, ist er daher auch nicht auf die schuldrechtlichen Zurückbehaltungsrechte des Intermediärs anwendbar. Für die Verweigerung einer aufgrund des Depotvertrags geschuldeten Herausgabe ist vielmehr die für diesen Vertrag geltende Rechtsordnung maßgeblich.

Dingliche Zurückbehaltungsrechte hingegen beurteilten sich nach dem Sachstatut.[263] Da die Zuweisung von Befugnissen hinsichtlich des Wertpapierguthabens nach Artikel 24 beurteilt wird, gilt das auch für entsprechende Befugnisse des maßgeblichen Intermediärs, insbesondere für die Befugnis, sich aus dem Wertpapierguthaben zu befriedigen.

β. Rechtsausübung durch Sicherungsnehmer

Ob Artikel 24 auch für die Ausübung von Sicherungsrechten gilt, die das Kreditinstitut eingeräumt hat, könnte fraglich erscheinen, zumal nach der hier vertretenen Auffassung Eigentumsrechte und andere Rechte an Instrumenten nur das Spektrum verschiedener Rechte in Bezug auf verbuchte Wertpapiere abdecken. Insbesondere sind demnach „Rechte an Instrumenten" keine beschränkten Sicherungsrechte. Allerdings dürfte die Frage allenfalls geringe Bedeutung haben, zumal die von Kreditinstituten eingeräumten Sicherungsrechte an Wertpapierguthaben typischerweise bereits unter Artikel 9 Abs. 2 der Finalitätsrichtlinie oder unter Artikel 9 der Finanzsicherheitenrichtlinie fallen. Die Ausübung der verbleibenden Wertpapiersicherheiten sollte gleichwohl nach Artikel 24 erfolgen, denn es erschiene nicht sachgerecht, die Eintragung eines Wertpapierguthabens zugunsten des Sicherungsnehmers allein aufgrund des Sicherungszwecks kollisionsrechtlich anders zu behandeln als ein gewöhnliches Wertpapierguthaben ohne Sicherungszweck. Davon geht auch Artikel 26 aus, indem er sich für Pensionsgeschäfte „unbeschadet" des Artikels 24 für anwendbar erklärt, denn darin kommt zum Ausdruck, dass Artikel 24 grundsätzlich auch für Wertpapierguthaben gilt, die Gegenstand eines Pensionsgeschäfts sind. Das Pensionsgeschäft wird aber sowohl in der Finalitäts- als auch in der Finanzsicherheitenrichtlinie als Sicherungsgeschäft angesehen. Ist an dem Wertpapierguthaben nur ein beschränktes Recht eingeräumt, etwa eine Verwertungsbefugnis im Sicherungsfall, so erscheint es sachgerecht, die Ausübung dieses Rechts ebenfalls nach Artikel 24 anzuknüpfen, denn es ist nicht ersichtlich, aus welchem Grund die Ausübung einer Verwertungsbefugnis des Sicherungsnehmers kollisionsrechtlich unterschiedlich behandelt werden sollte, je nachdem ob ihm darüber hinaus weitere Befugnisse eingeräumt wurden.

---

[263] *Bleckmann* (oben FN 262), 161; Für gesetzliche Pfandrechte des Kommissionärs: *Brändl*, Internationales Börsenprivatrecht, 120; Staudinger-*Stoll*, Internationales Sachenrecht, RZ 281.

γ. Rechtsausübung durch das betroffene Kreditinstitut selbst

Artikel 24 gilt seinem Wortlaut nach auch für die Ausübung von Rechten des zu sanierenden bzw. zu liquidierenden Kreditinstituts in Bezug auf seine Eigenbestände. Zwar könnte man einwenden, die Geltendmachung von Rechten durch das von Sanierung bzw. Liquidation betroffene Kreditinstitut werfe keine spezifischen Probleme auf, zumal der Schuldner der entsprechenden Ansprüche solvent ist. Daraus könnte man aber nur dann eine Einschränkung des Geltungsbereichs herleiten, wenn Artikel 24 auf kollisionsrechtlichen Wertungen beruhte, die sich aus der spezifischen Sanierungs- bzw. Liquidationssituation ergeben. Das ist aber gerade nicht der Fall, wie sich darin zeigt, dass Artikel 24 ja gerade von der Regelanknüpfung gemäß Artikel 3 Abs. 2 Satz 1 und Artikel 10 Abs. 1 abweicht.

b. Anknüpfung an den Ort des Registers, des Kontos bzw. des zentralen Verwahrsystems

Der Berechtigte kann sein Recht nach der Rechtsordnung des Mitgliedstaates ausüben, in dem es eingetragen ist, also nach derselben Rechtsordnung, nach der er es erworben hat.

Kriterien zur Bestimmung dieses Ortes sind ebenso wenig wie in der Finalitätsrichtlinie genannt. Für die Lokalisierung des Depotkontos bieten sich Kontonummer oder Bankleitzahl an (siehe oben, S. 41), die zentrale Verwahrstelle kann am Sitz ihres Trägers lokalisiert werden (siehe oben, S. 41).

c. Sachnormverweisung

Da die Anknüpfung an den Eintragungsort die Vorhersehbarkeit von Entscheidungen erhöhen soll, ist sie als Sachnormverweisung zu verstehen, zumal durch die Zulassung einer Weiterverweisung erneut kollisionsrechtliche Unsicherheit entstünde.

Die Verweisung bezieht sich insbesondere auf die sanierungs- bzw. liquidationsspezifischen Normen, so dass die Rechtsausübung einerseits sanierungs- bzw. liquidationsspezifischen Einschränkungen nach der verwiesenen Rechtsordnung unterliegt, andererseits aber auch ihrem Schutz. Dagegen könnte man einwenden, dass in der verwiesenen Rechtsordnung keine entsprechenden Maßnahmen bzw. Verfahren eingeleitet sind und – aufgrund der ausschließlichen Zuständigkeit des Herkunftsmitgliedstaates – auch nicht eingeleitet werden können. Allerdings kann dieser Einwand nicht uneingeschränkt zutreffen, denn sonst könnte es gar keine Kollisionsnormen geben, die bestimmte Insolvenzwirkungen einer anderen Rechtsordnung als der *lex fori concursus* unterstellen. Es kann also für den Eintritt von Rechtsfolgen sanierungs- bzw. liquidationsspezifischer Normen eines Staates nicht allein darauf ankommen, ob solche Maßnahmen bzw. Verfahren gerade in diesem Staat stattfinden. Gegen die Anwendung sanierungs- oder liquidationsspezifischer Normen der verwiesenen Rechtsordnung könnte weiter ein Vergleich mit Artikel 20 sprechen, denn dieser gibt einen ausdrücklichen Verweisungsbefehl bezüglich der Rechtsfolgen der Maßnahmen bzw. der Verfahrenseröffnung.[264] Man könnte also argumentieren, dass man Artikel 24 entsprechend hätte formulieren können, wäre eine entsprechende Verweisung gewollt gewesen. Allerdings spricht für eine Verweisung auch auf die sanierungs- bzw. liquidationsspezifischen Normen der verwiesenen Rechtsordnung, dass die unter Artikel 24 fallenden Rechte andernfalls letztlich durch die Sanierungsmaßnahmen bzw. durch die Einleitung des Liquidationsverfahrens nicht berührt würden. Das widerspräche einerseits dem Ziel des Artikels 24, dem Depotkunden den insolvenzrechtlichen Schutz der Rechtsordnung des Eintragungsortes zu erhalten.[265] Die schützenden Sachnormen können insbesondere regeln, wie die Massefremdheit eines Wertpapierguthabens geltend gemacht werden kann. Sie können auch die Behandlung von Unterdeckungen regeln. Hält das Kreditinstitut in der betroffenen Gattung Eigenbestände, so können diese generell oder unter bestimmten Umständen zur Befriedigung der Aussonderungsansprüche der Depotkunden herangezogen werden.[266] Andererseits hätte eine Beschränkung der Verweisung für den Sicherungsnehmer zur Folge, dass er keine Einschränkungen seiner Rechtsausübungsmöglichkeiten hinzunehmen hätte, obwohl Artikel 21 dafür gesonderte Voraussetzungen aufstellt.

Um zu gewährleisten, dass Artikel 24 seinen Schutzzweck in Bezug auf Depotkunden erreicht und für Inhaber anderer Rechte nicht zu ungewollten Privilegierungen führt, ist die Verweisung auch auf die sanierungs- bzw. liquidationsspezifischen Regelungen der verwiesenen Rechtsordnung zu beziehen.

d. Erfordernis einer „weiten Umsetzung"

Wie in Artikel 9 Abs. 2 der Finalitätsrichtlinie ergibt sich eine Einschränkung des direkten Geltungsbereichs des Artikels 24 daraus, dass er das Begründungsstatut seinem Wortlaut nach als bekannt voraussetzt und nur für den Fall eine Regelung enthält, dass es sich dabei um die Rechtsordnung des Eintragungsortes handelt.

Diese Beschränkung ist auf den Regelungsanlass der Richtlinie zurückzuführen, denn da die Existenz des auszuübenden Rechts vorausgesetzt wird, bestand insoweit – wie im Rahmen des Artikels 9 Abs. 2 der Finalitätsrichtlinie – kein Anlass, die Anknüpfung des Rechtserwerbs zu regeln. Eine „weite Umsetzung"

---

[264] Entsprechende insolvenzspezifische Kollisionsnormen enthalten auch die Artikel 8 - 11 EuInsVO.

[265] Vgl. *Keller* (oben FN 217), BKR 2002, 347, 350.

[266] Vgl. beispielsweise in Belgien: Artikel 10 Abs. 2 Arrêté Royal n° 62; Deutschland: § 32 Abs. 1 Nr. 2 iVm. Abs. 3 DepotG; Frankreich: Artikel L211-6 Code monétaire et financier; Luxemburg: Artikel 7 Abs. 1 Loi concernant la circulation de titres et d'autres instruments fongibles.

über das gemäß Artikel 249 Abs. 3 EG Erforderliche hinaus erscheint auch hier sinnvoll, wobei jedoch zu beachten ist, dass an das Anknüpfungsmerkmal „Eintragung" keine inhaltlichen Anforderungen – wie etwa „rechtmäßig" oder „rechtsbegründend" – gestellt werden können.

Die Existenz des Artikels 31 steht einer weiten Umsetzung nicht entgegen, weil dieser nicht die Anknüpfung des Rechtserwerbs, sondern nur die der zwecks Verfügung vorzunehmenden Rechtshandlung regelt.

3. Anknüpfung der Aufrechnung infolge Beendigung und des Pensionsgeschäfts

Sofern die Verwertung des Sicherungsguts durch Einbeziehung seines Wertes in eine Aufrechnung infolge Beendigung erfolgen soll, kommt es darauf an, welcher Rechtsordnung diese Aufrechnung unterliegt. Weder die Finalitäts- noch die Finanzsicherheitenrichtlinie enthalten insoweit Regelungen. Gemäß Artikel 10 Abs. 2 lit. b der Bankensanierungs- und -liquidationsrichtlinie sind die Voraussetzungen einer Aufrechnung grundsätzlich der Rechtsordnung des Herkunftsmitgliedstaates zu entnehmen. Für Schuldumwandlungs- und Verrechnungsabreden hingegen bleibt gemäß Artikel 25 die dafür geltende Rechtsordnung maßgeblich. Dieselbe Regelung gilt gemäß Artikel 26 für Pensionsgeschäfte, insbesondere auch für solche, die Wertpapierguthaben im Sinne von Artikel 24 zum Gegenstand haben. Damit setzt sich auch im Falle der Sanierung oder der Liquidation die außerhalb solcher Szenarien anwendbare Rechtsordnung durch, die auch von den Parteien gewählt sein kann. Durch diese Abweichung von der Regelanknüpfung wird die Rechtssicherheit der Parteien erhöht.

4. Anknüpfung von Angriffen auf Rechtshandlungen des Kreditinstituts

Die kollisionsrechtliche Behandlung insolvenzbedingter Rückgewähransprüche war bis zur Einführung der EuInsVO umstritten.[267] Nachdem Artikel 4 Abs. 2 lit. m EuInsVO den Streit zugunsten der *lex fori concursus* entschieden hat, ist die entsprechende Anknüpfung an den Herkunftsmitgliedstaat nun auch für Kreditinstitute maßgeblich, wie sich für den Zeitraum der Sanierung aus Artikel 3 Abs. 2 ergibt, für den Zeitraum der Liquidation aus Artikel 10 Abs. 2 lit. l. Für Versicherungsunternehmen enthält Artikel 9 Abs. 2 lit. l der Richtlinie 2001/17/EG[268] eine entsprechende Vorgabe.[269] Die Anknüpfung ist damit für alle Kategorien von Schuldnern gemeinschaftsrechtlich einheitlich geregelt. Ebenfalls einheitlich kann sich der Anfechtungsgegner auf die Unangreifbarkeit der

---

[267] Vgl. *Trunk* (oben FN 236), 186.

[268] ABl. 2001 L 110/28.

[269] In Deutschland ist mit § 339 InsO die Lösung des Artikels 4 Abs. 2 lit. m iVm. Artikel 13 EuInsVO für das autonome Insolvenzkollisionsrecht rezipiert worden. Die Regelung gilt mangels Einschränkung auch für Bankeninsolvenzen.

ihn begünstigenden Rechtshandlung nach der für die Rechtshandlung maßgeblichen Rechtsordnung berufen und so seine Verpflichtung zur Rückgewähr ausschließen.[270]

a. Grundsatz der Anknüpfung an den Herkunftsmitgliedstaat

Die Anknüpfung der Nichtigkeits-, Anfechtbarkeits- und relativen Unwirksamkeitsgründe an den Herkunftsmitgliedstaat ist in Artikel 10 Abs. 2 lit. l für das Liquidationsverfahren ausdrücklich vorgegeben. Für die Sanierung ergibt sich die Anknüpfung aus der allgemeinen Regel des Artikels 3 Abs. 2, wie Artikel 30 Abs. 2 bestätigt.

aa. Verhältnis zu den gemeinschaftsrechtlichen Sonderanknüpfungen

Fraglich ist, in welchem Verhältnis die Anknüpfung an den Herkunftsmitgliedstaat zu den gemeinschaftsrechtlichen Sonderanknüpfungen steht, beispielsweise zu Artikel 9 der Finanzsicherheitenrichtlinie und zu Artikel 24 der Bankensanierungs- und -liquidationsrichtlinie. Man könnte argumentieren, dass die Sonderanknüpfungen als Spezialregeln für bestimmte Rechte auch die Anknüpfung der Nichtigkeits-, Anfechtbarkeits- bzw. relativen Unwirksamkeitsgründe bestimmen. Dagegen spricht aber, dass bei der Anwendung von Nichtigkeits-, Anfechtbarkeits- und relativen Unwirksamkeitsgründen nicht die durch Sonderanknüpfung berücksichtigten Interessen des Berechtigten im Vordergrund stehen, sondern die Interessen an der Durchführung des jeweiligen Sanierungs- bzw. Liquidationsverfahrens. Dazu gehört insbesondere das rechtspolitische Interesse an der Gleichbehandlung der ungesicherten Gläubiger. Dieses Interesse wird geschützt, indem nach einheitlichen Regeln bestimmt wird, wer im Vorfeld der Verfahrenseröffnung erlangte Gegenstände des Schuldners zurückgeben muss.[271] Der kollisionsrechtliche Schwerpunkt der Geltendmachung insolvenzspezifischer Nichtigkeits- bzw. Anfechtungsgründe liegt daher grundsätzlich im Verfahrensstaat.[272] Die Sonderanknüpfungen wären im Verhältnis zu den Sonderanknüpfungen nur dann merkmalsreicher und damit speziell, wenn ihnen zu entnehmen wäre, dass sie das Interesse an der Gläubigergleichbehandlung berücksichtigen. Das ist jedoch weder aus Artikel 9 der Finanzsicherheitenrichtli-

---

[270] Die allgemeine Regelung hierzu enthält Artikel 13 EuInsVO. Entsprechendes gilt für Kreditinstitute (Artikel 30 Abs. 1 der Bankensanierungs- und -liquidationsrichtlinie) sowie für Versicherungsunternehmen (Artikel 24 der Richtlinie 2001/17/EG).

[271] Vgl. *Trunk* (oben FN 236), 187.

[272] *Gottwald*, Insolvenzrechtshandbuch, § 129 RZ 61; *Hanisch* (oben FN 244), FS Lalive, 61, 70; *ders.*, Extraterritoriale Wirkung eines allgemeinen Veräußerungsverbots im Konkursverfahren – Revisibilität ermessensfehlerhafter Ermittlung ausländischen Rechts – Durchgriff – Auf die Insolvenzanfechtung anwendbares Recht, IPRax 1993, 69, 74; vgl. *OLG Köln*, 9.6.1994, IPRax 1996, 340, 341.

nie noch aus Artikel 24 der Bankensanierungs- und -liquidationsrichtlinie ersichtlich. Auch sind in Artikel 3 Abs. 2 und Artikel 10 Abs. 2 lit. l der Bankensanierungs- und -liquidationsrichtlinie keine Ausnahmen vorgesehen. Hätte der Richtliniengeber zulassen wollen, dass andere Sachnormen als die des Herkunftsmitgliedstaates zur Anwendung kommen, so hätte er entsprechende Ausnahmen vorsehen können. Das zeigt Artikel 9 EuInsVO, der ausdrücklich die Anwendung von Nichtigkeits-, Anfechtungs- bzw. relativen Unwirksamgründen anderer Rechtsordnungen als der des Verfahrensstaates zulässt.[273]

Die Sonderanknüpfungen in Artikel 9 der Finanzsicherheitenrichtlinie und in Artikel 24 der Bankensanierungs- und -liquidationsrichtlinie verdrängen folglich nicht die Anknüpfungsregeln aus Artikel 3 Abs. 2 und aus Artikel 10 Abs. 2 lit. l.

bb. Reichweite der Verweisung

Auf die Rechtsordnung des Herkunftsmitgliedstaates wird umfassend verwiesen, so dass alle Aspekte der Geltendmachung der Nichtigkeits- bzw. Anfechtungsgründe sich nach dieser Rechtsordnung richten.[274] Dazu gehört beispielsweise die Beantwortung der Fragen, ob die Geltendmachung gerichtlich oder durch bloße Gestaltungserklärung erfolgt, wer zur Geltendmachung befugt ist, welche Frist dafür zu wahren ist, wie lange der Verdachtszeitraum ist und so fort. Die Rechtsfolge eines erfolgreichen Angriffs wird nach derselben Rechtsordnung beurteilt, was beispielsweise die Beantwortung der Frage beinhaltet, ob die Rechtshandlung ursprünglich wirksam war oder rückwirkend als nichtig anzusehen ist. Auch der Umfang der Rückgewähr ist erfasst.

b. Koppelung mit dem Begründungsstatut

Für die erfolgreiche Geltendmachung eines Nichtigkeits- bzw. Anfechtungsgrundes ist neben der Erfüllung der sachrechtlichen Voraussetzungen der *lex fori concursus* – gleichsam als negatives Merkmal – erforderlich, dass der durch die Rechtshandlung Begünstigte sich nicht wirksam auf die Unangreifbarkeit nach dem Begründungsstatut berufen hat. Dieses Zusammenspiel von Verfahrens- und Begründungsstatut wird als „Koppelung“ oder als „unechte Kumulation“ bezeichnet[275] und ist im Rahmen der Arbeiten an der EuInsVO von *Manfred Balz* entwickelt worden.[276] Es handelt sich dabei nicht um eine kollisionsrechtli-

---

[273] Vgl. zum Verhältnis zwischen Artikel 4 Abs. 2 lit. m und Artikel 9 EuInsVO: Duursma-Kepplinger/Duursma/Chalupsky/*Duursma-Kepplinger*, EuInsVO, Artikel 13 RZ 22.

[274] Zu Artikel 13 EuInsVO: Duursma-Kepplinger/Duursma/Chalupsky/*Duursma-Kepplinger*, EuInsVO, Artikel 13 RZ 12; *Balz* (oben FN 248), ZIP 1996, 948, 951, dort mit Text in FN 24.

[275] *Hanisch* (oben FN 272), IPRax 1993, 69, 74; *Otte*, Anspruch des Konkursverwalters auf Rückgewähr von Inhaberaktien einer AG mit Sitz im Ausland, IPRax 1996, 327, 331 f.

[276] *Balz*(oben FN 248), ZIP 1996, 948, 951.

che Lösung, sondern um ein sachrechtliches Verbot der Anwendung entsprechender Normen der *lex fori concursus* (siehe oben, S. 79 f).

Insgesamt wird durch die Koppelung die Zahl der Fälle verringert, in welchen die Nichtigkeit bzw. Anfechtbarkeit erfolgreich geltend gemacht werden kann, denn die Interessen des Geschäftspartners am Bestand seiner Rechtsposition erhalten zweimal die Chance, berücksichtigt zu werden: einmal im Tatbestand der Nichtigkeits- bzw. Anfechtungsnorm des Herkunftsmitgliedstaates und ein weiteres Mal in den entsprechenden Tatbeständen des Begründungsstatuts.[277] Die Angemessenheit der darin liegenden Bevorzugung des Geschäftspartners ist in Frage gestellt worden, zumal sie spiegelbildlich einen geringeren Masseschutz zur Folge hat.[278] Da die Regelung allgemein gilt, kann sie nicht mit Besonderheiten gerechtfertigt werden, die in Bezug auf Wertpapierguthaben bzw. Wertpapiersicherheiten eine entsprechende Einschränkung der Anfechtungsmöglichkeiten gebieten könnte. Ihr Vorteil liegt jedoch in einer Senkung der Transaktionskosten, indem die Unangreifbarkeit von Rechtshandlungen unter einer einzigen Rechtsordnung herbeigeführt werden kann (oben S. 80).

Angesichts des Gewichts des Begründungsstatuts im Rahmen der Koppelungslösung kann die Frage gestellt werden, warum überhaupt noch grundsätzlich die Rechtsordnung des Herkunftsmitgliedstaates zur Anwendung kommt und nicht von vornherein eine Sonderanknüpfung an das Begründungsstatut vorgegeben wurde. Dafür spräche, dass anzuerkennende kollisionsrechtliche Sonderinteressen typischerweise mittels Sonderanknüpfung berücksichtigt werden.[279] Im Verhältnis zur Sonderanknüpfung bietet die Koppelungslösung jedoch einen prozessökonomischen Vorteil, denn ein Gericht des Herkunftsmitgliedstaates muss im Rechtsstreit um die Geltendmachung der Nichtigkeit, Anfechtbarkeit bzw. relativen Unwirksamkeit einer Rechtshandlung nur „eigene" Rechtsnormen anwenden. Ausländisches Recht ist nur insoweit zu berücksichtigen, als sich der Anfechtungsgegner zu seiner Verteidigung darauf beruft.

V. Internationale Zuständigkeit für sanierungs- bzw. liquidationsverwandte Einzelverfahren

Die Frage nach der internationalen Zuständigkeit stellt sich nicht nur für die Entscheidung über die Durchführung von Sanierungsmaßnahmen oder für die Eröffnung eines Liquidationsverfahrens, sondern auch für Streitigkeiten, die sich aus der Sanierung bzw. Liquidation oder im Zusammenhang damit ergeben. Dazu gehören insbesondere Verfahren, in denen über die Nichtigkeit, die Anfechtbarkeit oder die (relative) Unwirksamkeit von Rechtshandlungen zu entscheiden

---

[277] Vgl. *Hanisch* (oben FN 244), FS Lalive, 61, 70; *Trunk* (oben FN 236), 189 f.

[278] *Eidenmüller*, Europäische Verordnung über Insolvenzverfahren und zukünftiges deutsches internationales Insolvenzrecht, IPRax 2001, 2, 14.

[279] Vgl. *Trunk* (oben FN 236), 191 und 192.

ist sowie Streitigkeiten, in denen zu klären ist, ob und inwieweit ein Depotkunde, ein Sicherungsnehmer oder ein sonstiger Geschäftspartner des Kreditinstituts durch die Sanierung bzw. Liquidation in seiner Rechtsinhaberschaft oder Rechtsausübung betroffen wird. Der Geltungsbereich der Zuständigkeitsvorgaben aus Artikel 3 Abs. 1 bzw. Artikel 9 Abs. 1 Satz 1 ist hier vom Anwendungsbereich der EuGVO, EuGVÜ und LugÜ abzugrenzen.

Die Bedeutung der Abgrenzung liegt darin, dass die Richtlinienvorgaben zur einheitlichen und ausschließlichen Zuständigkeit des Herkunftsmitgliedstaates führen, wohingegen EuGVO, EuGVÜ und LugÜ Differenzierungen erlauben. Insbesondere blieben bei Anwendung der allgemeinen Regeln der Gerichtsstand des Erfüllungsortes gemäß Artikel 5 Nr. 1 lit. a EuGVO sowie der Gerichtsstand der Zweigniederlassung gemäß Artikel 5 Nr. 5 EuGVO erhalten. Im Verhältnis zu Geschäftskunden und anderen Geschäftspartnern wären Gerichtsstandsvereinbarungen gemäß Artikel 23 EuGVO zu berücksichtigen. Schließlich käme für Depotkunden, die auch Verbraucher sind, der Verbrauchergerichtsstand gemäß Artikel 16 Abs. 1 iVm. Artikel 15 Abs. 2 EuGVO in Betracht.

1. Harmonisierung des Zuständigkeitsrechts

Eine ausdrückliche Aussage darüber, ob Artikel 3 Abs. 1 bzw. Artikel 9 Abs. 1 Satz 1 der Bankensanierungs- und -liquidationsrichtlinie auch für sanierungs- bzw. liquidationsverwandte Streitigkeiten gelten sollen, enthält die Richtlinie nicht. Deshalb ist zunächst zu fragen, ob die genannten Vorgaben überhaupt für solche Einzelverfahren gelten. Dafür spricht mittelbar, dass EuGVO, EuGVÜ und LugÜ „Konkurse, Vergleiche oder ähnliche Verfahren" von ihrem Anwendungsbereich ausnehmen.[280] Hintergrund dieser Ausnahme war, dass man bereits bei Schaffung des EuGVÜ von einer künftigen gesonderten Harmonisierung des Insolvenzrechts ausging, der man nicht vorgreifen wollte.[281] Die Bankensanierungs- und -liquidationsrichtlinie ist nun Teil dieser damals erwarteten Harmonisierung.

Unter die Ausnahme des EuGVÜ fallen nach der Rechtsprechung des EuGH nicht nur die jeweiligen Gesamtverfahren selbst, sondern auch bestimmte, damit im Zusammenhang stehende Einzelverfahren.[282] Wären diese Einzelverfahren auch vom Geltungsbereich der Richtlinie nicht erfasst, dann ergäbe sich eine Lücke in der Harmonisierung des Zuständigkeitsrechts. Wie die Materialien zur EuInsVO zeigen, sind Lücken zwischen den allgemeinen und den besonderen harmonisierten Regelungen des Zuständigkeitsrechts indes nicht gewollt. Vielmehr ging man davon aus, dass insolvenzverwandte Einzelverfahren von der

---

[280] Vgl. Artikel 1 Abs. 2 lit. b EuGVO, Artikel 1 Abs. 2 Nr. 2 EuGVÜ sowie Artikel 1 Abs. 2 Nr. 2 LugÜ.

[281] Schlussantrag zu EuGH, *Gourdain v. Nadler*, Slg. 1979, 746, 749.

[282] EuGH, 22.2.1979, *Gourdain v. Nadler*, Slg. 1979, 733.

EuInsVO erfasst seien.[283] Dieser Gedanke kann auf das Verhältnis zwischen der Bankensanierungs- und -liquidationsrichtlinie einerseits und EuGVO, EuGVÜ und LugÜ andererseits übertragen werden, zumal die Richtlinie die Zuständigkeit stärker konzentriert als die EuInsVO, insbesondere indem sie keine Nebeninsolvenzverfahren über Kreditinstitute zulässt. Wenn also bereits die EuInsVO auf insolvenzverwandte Einzelverfahren anwendbar ist, dann ist es die Richtlinie erst recht.

2. Abgrenzung zwischen allgemeinen und sanierungs- bzw. liquidationsspezifischen Zuständigkeitsregelungen

Mit der Feststellung, dass EuGVO, EuGVÜ und LugÜ einerseits und die Bankensanierungs- und -liquidationsrichtlinie andererseits einander ergänzen, ist noch nicht die Grenze zwischen den jeweiligen Anwendungsbereichen definiert. Diese ergibt sich, da die Richtlinie selbst kein positives Kriterium enthält, indirekt aus den negativen Kriterien der allgemeinen Regeln.

Zur Qualifikation von Einzelverfahren hat der EuGH im Jahre 1979 in *Gourdain v. Nadler* im Zusammenhang mit der Bestimmung des Anwendungsbereichs des EuGVÜ Stellung genommen.[284] Der Entscheidung lag die Frage zugrunde, ob ein französisches Urteil, das den faktischen Geschäftsführer einer insolventen französischen Gesellschaft persönlich zur Begleichung eines Teils der Verbindlichkeiten der Gesellschaft verurteilt,[285] in Deutschland nach dem EuGVÜ vollstreckt werden könne. Die Frage nach der Auslegung des dafür maßgeblichen Artikel 1 Abs. 2 Nr. 2 EuGVÜ hatte der BGH dem EuGH zur Vorabentscheidung vorgelegt. Der EuGH stellte bei seiner Entscheidung darauf ab, ob sich das zu vollstreckende Urteil unmittelbar aus einem Konkursverfahren ergebe oder damit in engem Zusammenhang stehe. Dies sei der Fall, wenn sich die Klage auf eine Norm stütze, welche dem Konkursrecht zuzuordnen sei.[286] Die Konturen dieses Rechtsgebiets seien rechtsvergleichend unter Berücksichtigung von Zweck und Systematik des EuGVÜ zu bestimmen.[287]

Eine erneute Stellungnahme des EuGH zur Abgrenzung der Zuständigkeitsregeln steht in einem derzeit anhängigen Vorabentscheidungsverfahren bevor. Der

---

[283] *Virgòs & Schmit* (oben FN 124), RZ 77.

[284] *Gourdain v. Nadler*, Slg. 1979, 733.

[285] So genannte *action en comblement de passif*, damals geregelt in Artikel 99 L67-563. Demnach hafteten die – satzungsmäßigen oder faktischen – Geschäftsführer einer überschuldeten Gesellschaft in deren gerichtlicher Liquidation (*liquidation judiciaire*) oder Reorganisation (*redressement judiciaire*) persönlich für deren Verbindlichkeiten, wenn sie nicht die gesetzliche Vermutung der Mitursächlichkeit ihrer Geschäftsführung für diese Überschuldung widerlegen konnten.

[286] EuGH, 22.2.1979, *Gourdain v. Nadler*, Slg. 1979, 733, 744.

[287] EuGH, 22.2.1979, *Gourdain v. Nadler*, Slg. 1979, 733, 743.

Bundesgerichtshof hat die Frage nach der auf die Bestimmung der internationalen Zuständigkeit anwendbaren Regelung gemäß Artikel 68 Abs. 1, 234 Abs. 1 lit. b, Abs. 3 EGV in einem Rechtsstreit vorgelegt, dem die Insolvenzanfechtungsklage aufgrund eines deutschen Insolvenzverfahrens gegen einen Anfechtungsgegner mit Sitz in Belgien zu Grunde liegt.[288]

Ob sich ein Verfahren demnach im Einzelfall „unmittelbar" aus einem Insolvenzverfahren oder einer Sanierungsmaßnahme ergibt und damit in „engem Zusammenhang" steht, ist letztlich eine Wertungsfrage.[289] Die Antwort muss berücksichtigen, inwieweit der Rechtsverkehr auf die Anwendung der allgemeinen Zuständigkeitsregeln vertraut.[290]

3. Einzelfälle

Wenngleich die Abgrenzung in jedem Einzelfall vorzunehmen ist, können folgende typischen Gruppen gebildet werden.

a. Geltendmachung der Nichtigkeit, Anfechtbarkeit bzw. der relativen Unwirksamkeit von Rechtshandlungen des Kreditinstituts

Für Geschäftspartner des Kreditinstituts ist es von Bedeutung, *ex ante* einschätzen zu können, wo ein Insolvenzverwalter gegebenenfalls die Nichtigkeit, Anfechtbarkeit bzw. relative Unwirksamkeit von Rechtshandlungen des Kreditinstituts geltend machen kann. Für die insolvenzrechtliche Qualifikation spricht dabei nach den Kriterien des EuGH, wenn die geltend gemachte Anspruchsgrundlage von den außerinsolvenzlichen Regeln abweicht und wenn sie nur durch den Insolvenzverwalter geltend gemacht werden kann.[291] Diese Kriterien werden beispielsweise von der deutschen Insolvenzanfechtung erfüllt, indem §§ 129 ff InsO an insolvenzspezifische Sachverhalte anknüpfen und außerdem nur der Insolvenzverwalter die Anfechtung gerichtlich geltend machen kann. Folglich ist die deutsche Insolvenzanfechtung als Insolvenzverfahren zu qualifizieren und vom Anwendungsbereich der EuGVO, EuGVÜ und LugÜ ausgenommen.[292] Der Anfechtungsrechtsstreit fiele daher in den Anwendungsbereich der Richtlinie.

Dieses Ergebnis ist auch interessengerecht, denn die geltend zu machenden Rechtsnormen dienen der Realisierung der Soll-Masse, um die Betriebsfortführung oder eine möglichst hohe Insolvenzquote zu erreichen. Diesem Interesse entspricht es, die Zuständigkeit im Herkunftsmitgliedstaat zu konzentrieren, zu-

---

[288] BGH, 21.6.2007, DB 2007, 1693 ff.

[289] So in Bezug auf die EuInsVO *Haubold*, Europäisches Zivilverfahrensrecht und Ansprüche im Zusammenhang mit Insolvenzverfahren, IPRax 2002, 157, 162.

[290] *Haubold* (oben FN 289), IPRax 2002, 157, 163.

[291] EuGH, 22.2.1979, *Gourdain v. Nadler*, Slg. 1979, 733, 744.

[292] *Haubold* (oben FN 289), IPRax 2002, 157, 158.

mal dadurch für die mit der Sanierung oder Liquidation betraute Stelle ein geringerer Zeit- und Kostenaufwand entsteht als bei Anrufung der Gerichte unterschiedlicher Staaten. Der Anfechtungsgegner wird dadurch nicht benachteiligt, denn einerseits kann er den Gerichtsstand zweifelsfrei vorhersehen und andererseits steht ihm auf der Ebene des Sachrechts das Veto der Unangreifbarkeit seines Rechtserwerbs zu.

b. Geltendmachung von Ansprüchen des Depotkunden

Macht ein Depotkunde gegen das Kreditinstitut Rechte in Bezug auf sein Wertpapierguthaben geltend, beispielsweise auf Auslieferung effektiver Stücke oder auf Umbuchung des Wertpapierguthabens in ein bei einem anderen Intermediär geführtes Depot, so handelt es sich mit Blick auf die EuGH-Kriterien um Rechte, die auch außerhalb der Insolvenz des Kreditinstituts bestehen. Zwar erfolgt die Rechtsausübung im „unmittelbaren Zusammenhang" mit der Sanierung bzw. Liquidation. Durch den Zeitpunkt der Geltendmachung wird jedoch der Charakter der Anspruchsgrundlage nicht beeinflusst. Somit bleiben die allgemeinen Regeln anwendbar, das heißt ein Depotkunde, der Verbraucher ist, kann den Intermediär bzw. dessen Insolvenzverwalter am Verbrauchergerichtsstand verklagen und im Verhältnis zu Geschäftskunden entfalten Gerichtsstandsvereinbarungen weiterhin Wirkung. Für ausländische Geschäftskunden deutscher Banken führt das wegen Nr. 6 Abs. 2 Satz 2 iVm. Abs. 3 AGB Banken regelmäßig zu einer Klagemöglichkeit am Ort der depotführenden Haupt- bzw. Zweigstelle.

Auch dieses Ergebnis ist interessengerecht, denn Depotkunden sind in besonderer Weise schutzwürdig. Dass der Richtliniengeber Depotkunden besonders schützen will, kommt insbesondere auch in der Anknüpfungsregel des Artikels 24 zum Ausdruck. Diesem Schutzzweck entspricht es, die außerhalb von Sanierung und Liquidation maßgeblichen Gerichtsstände beizubehalten.

c. Durchsetzung von Wertpapiersicherheiten

Hinsichtlich der Durchsetzung von Wertpapiersicherheiten können je nach der vereinbarten Verwertungsart unterschiedliche Streitigkeiten entstehen. Insbesondere kann im Falle der Verwertung des Sicherungsguts durch Verrechnung seines Wertes mit Ansprüchen des Gläubigers – beispielsweise im Wege einer Aufrechnung infolge Beendigung – die Wirksamkeit der Verrechnung streitig sein. Streit kann auch über die Wirksamkeit einer vereinbarten Aneignung des Sicherungsguts durch den Sicherungsnehmer entstehen oder darüber, wer zur Verwertung befugt ist.

Wendet man die Kriterien des EuGH an, so spricht für die Beibehaltung der allgemeinen Zuständigkeitsregeln, dass dieselben Streitigkeiten auch außerhalb von Sanierung und Liquidation auftreten können und es insoweit an einem insolvenzspezifischen Zusammenhang fehlt. Es erschiene auch nicht sachgerecht, die Zuständigkeit davon abhängig zu machen, ob der Rechtsstreit um die Durchsetzung des Sicherungsrechts vor oder nach Einleitung von Sanierungsmaßnahmen bzw. Eröffnung eines Liquidationsverfahrens entsteht. Soweit die Verwertung auf schuldrechtlicher Ebene erfolgt, insbesondere durch Einbeziehung des Sicherungsrechts in eine Aufrechnung infolge Beendigung, ergibt sich ein Argument für die Beibehaltung der allgemeinen Zuständigkeitsregeln aus der Zulässigkeit von Gerichtsstandsvereinbarungen, denn daraus folgt ein besonderes Vertrauen des Gläubigers in die Zuständigkeit. Dieser Lösung steht das Interesse an einer möglichst raschen und kostengünstigen Abwicklung der Sanierung bzw. Liquidation nicht entgegen. Zwar erhöhen sich durch das Führen von Prozessen in unterschiedlichen Staaten die Kosten, was die Sanierungsaussichten für das Kreditinstitut oder die Quotenerwartung seiner Gläubiger beeinträchtigt, dies ist aber hinzunehmen, solange keine Einwände gegen den Bestand des Sicherungsrechts selbst erhoben werden (zur Zuständigkeit im Anfechtungsrechtsstreit siehe oben).

VI. Zusammenfassung

1. Sachrechtliche Vorgaben

Sicherungsrechte an Wertpapierguthaben, die in einem anderen Mitgliedstaat als dem Herkunftsmitgliedstaat des Kreditinstituts eingetragen sind, werden gegen Beeinträchtigungen ihres Bestandes und ihrer Ausübung durch Sanierungsmaßnahmen bzw. durch die Eröffnung des Liquidationsverfahrens geschützt. Die Geltendmachung ihrer Nichtigkeit, Anfechtbarkeit bzw. relativer Unwirksamkeit bleibt jedoch – wie in Artikel 8 Abs. 4 der Finanzsicherheitenrichtlinie – vorbehalten. Der Begünstigte kann dagegen die Unangreifbarkeit der Rechtshandlung nach dem Begründungsstatut einwenden. Diese Verteidigungsmöglichkeit besteht auch zugunsten von Sicherungsnehmern, deren Sicherungsrecht im Geltungsbereich der Finanzsicherheitenrichtlinie bestellt wurde und daher dem Vorbehalt ihres Artikel 8 Abs. 4 unterliegt.

2. Kollisionsrechtliche Vorgaben

Rechtshandlungen – insbesondere Übertragungsaufträge –, durch die ein Kreditinstitut nach Einleitung von Sanierungsmaßnahmen bzw. nach Eröffnung eines Liquidationsverfahrens über ein Wertpapierguthaben verfügt, unterliegen der Rechtsordnung des Staates, der die Aufsicht über die eintragende Stelle führt.

Die Durchsetzung von Wertpapierguthaben und Wertpapiersicherheiten unterliegt der Rechtsordnung des Eintragungsortes. Eine weite Umsetzung, die auch den Rechtserwerb einbezieht, erscheint auch hier als sachgerecht.

3. Internationale Zuständigkeit für sanierungs- bzw. liquidationsverwandte Einzelverfahren

Für die Abgrenzung der Zuständigkeitsregelungen der EuGVO, EuGVÜ und LugÜ von den in der Richtlinie vorgegebenen Zuständigkeiten sind mangels ausdrücklicher Regelung die Kriterien des EuGH aus *Gourdain v. Nadler* maßgeblich.

Für Klagen, mit denen die zuständige Stelle den Bestand eines durch einen Geschäftspartner des Kreditinstituts erworbenen Rechts – insbesondere einer Wertpapiersicherheit – angreift, gilt typischerweise die ausschließliche Zuständigkeit des Herkunftsmitgliedstaates. Für Klagen von Depotkunden, Sicherungsnehmern und sonstigen Geschäftspartnern des Kreditinstituts bezüglich der Durchsetzung ihrer Rechte bleibt es hingegen typischerweise bei den allgemeinen Zuständigkeitsregeln.

D. Grundlinien des gemeinschaftsrechtlichen Rahmens und Ausblick

I. Grundlinien

Im Mittelpunkt der gemeinschaftsrechtlichen Regelungsvorgaben stehen bislang Insolvenzszenarien. Insbesondere wird sichergestellt, dass die Infrastruktur zur Umsetzung der Geldpolitik des Eurosystems nicht durch den Zusammenbruch eines Marktteilnehmers beeinträchtigt wird.

1. Sachrecht

Die sachrechtlichen Vorgaben zielen auf die Begrenzung des gegenständlichen Geltungsbereichs der jeweils anwendbaren insolvenzrechtlichen Normen ab. Dadurch wird der Eintritt der von den Parteien eines Rechtsgeschäfts gewünschten Rechtsfolgen bzw. Rechtswirkungen gewährleistet, solange das Recht bzw. die Rechtshandlung Bestand hat.

Übertragungsaufträge, die in ein Wertpapierabwicklungssystem eingebracht wurden, können ungeachtet einer späteren Insolvenz des Auftraggebers so verarbeitet bzw. verrechnet werden, wie es die Regeln des Systems vorsehen. Ein Widerruf ist nur möglich, solange die Regeln des Systems ihn zulassen, so dass insbesondere die Insolvenz des Auftraggebers keinen weitergehenden Widerruf erlaubt. Damit bleiben die Aufträge und ihre Verarbeitung im System vom Insolvenzverfahren ausgenommen.

Bestimmte Sicherungsrechte können in der Insolvenz des Sicherungsgebers auf dieselbe Weise ausgeübt werden wie außerhalb von Insolvenzszenarien, was im Bereich der Finanzsicherheitenrichtlinie auch die Verwertung durch Einbeziehung in eine Aufrechnung infolge Beendigung umfasst. Eine Beeinträchtigung des Sicherungsnehmers ergibt sich nur, falls aufgrund der Insolvenz des Sicherungsgebers das Sicherungsrecht erfolgreich angegriffen wird. Diese Möglichkeit ist jedoch teils aufgehoben, teils beschränkt: Unangreifbar sind Sicherungsrechte, die der Sicherung von Verbindlichkeiten aus einem Zahlungs- oder Wertpapierabwicklungssystem dienen und solche, die einer Zentralbank des Eurosystems im Rahmen ihrer spezifischen Aufgaben gestellt wurden. Damit sind diese Sicherungsrechte vom Insolvenzverfahren ausgenommen. Andere Sicherungsrechte sind unangreifbar, wenn sie in einem anderen Mitgliedstaat als dem Herkunftsmitgliedstaat des Kreditinstituts eingetragen sind und der Sicherungsnehmer sich erfolgreich auf Unangreifbarkeit nach der Rechtsordnung dieses Eintragungsortes beruft.

2. Kollisionsrecht

Parallel zur Beschränkung der gegenständlichen Wirkungen von Insolvenznormen auf der Ebene des Sachrechts wird die insolvenzkollisionsrechtliche Regelanknüpfung an die *lex fori concursus* für bestimmte Rechte verdrängt. Die Ausübung der gesondert anzuknüpfenden Rechte erfolgt nach Eröffnung des Insolvenzverfahrens weiter nach dem Begründungsstatut.

Sonderanknüpfungen gelten unter anderem für die Ausübung bestimmter Wertpapiersicherheiten und für Wertpapierguthaben der Depotkunden eines zu sanierenden bzw. zu liquidierenden Kreditinstituts.

Die Anknüpfung des Rechtserwerbs ist nur in Artikel 9 Abs. 2 lit. b der Finanzsicherheitenrichtlinie ausdrücklich vorgegeben. Dagegen fehlt es an einer allgemeinen gemeinschaftsrechtlichen Kollisionsnorm zur Bestimmung der auf den Erwerb eines Wertpapierguthabens bzw. einer Wertpapiersicherheit anwendbaren Rechtsordnung. Aus den vorhandenen Anknüpfungsregeln kann aber abgeleitet werden, dass im Gemeinschaftsrecht die Anknüpfung an den Ort des maßgeblichen Depotkontos bzw. an den Ort der depotführenden Institution favorisiert wird. Wie dieser Ort zu bestimmen ist, ist allerdings nicht ausdrücklich vorgegeben, doch wird eine objektive Lokalisierung anhand der Bankleitzahl bzw. Kontonummer befürwortet.

3. Zuständigkeitsrecht

Im Falle der Sanierung bzw. Liquidation des Kreditinstituts bleiben für Einzelverfahren grundsätzlich die Zuständigkeitsregeln der EuGVO, des EuGVÜ bzw. des LugÜ anwendbar, es sei denn, das Verfahren fällt unter die dafür vorgesehenen Ausnahmen. Nur, soweit dies der Fall ist, kommen die einheitlichen, ausschließlichen Zuständigkeitsregelungen der Bankensanierungs- und -liquidationsrichtlinie zur Anwendung. Daraus ergibt sich, dass Depotkunden und Geschäftspartner bzw. Sicherungsnehmer ihre Rechte weiter vor den üblicherweise zuständigen Gerichten einklagen können. Allerdings muss mit der gerichtlichen Geltendmachung insolvenzbedingter Nichtigkeits-, Anfechtbarkeits- bzw. relativer Unwirksamkeitsgründe vor den Gerichten des Herkunftsmitgliedstaates gerechnet werden, was insbesondere für den Sicherungsnehmer relevant sein kann.

II. Ausblick: Das *Account-Certainty*-Projekt

Die bisherigen gemeinschaftsrechtlichen Vorgaben für Wertpapierguthaben und Wertpapiersicherheiten sind von der jeweiligen mitgliedstaatlichen Erscheinungsform der Wertpapiere und von der entsprechenden sachrechtlichen Bedeutung der Gutschrift unabhängig. Wenn also beispielsweise von Wertpapiersicherheiten im Gemeinschaftsrecht die Rede ist, dann unterscheidet sich in Wahrheit das Sicherungsgut in Natur und Qualität von Mitgliedstaat zu Mitgliedstaat. Das hat Auswirkungen auf die sachrechtlichen Voraussetzungen des Rechtserwerbs und damit indirekt bereits darauf, ob der Sicherungsgeber dem Sicherungsnehmer überhaupt wirksam ein Sicherungsrecht verschaffen kann.

1. Hintergrund

Die *Giovannini*-Gruppe[293] regte in ihrem zweiten Bericht (2003) die Ausarbeitung eines so genannten *Account-Certainty*-Projekts an, um die Unterschiede zwischen den sachrechtlichen Regelungen der Mitgliedstaaten für Wertpapierguthaben abzubauen.[294] Solche Unterschiede waren im ersten *Giovannini*-Bericht 2001 als eines von fünfzehn Hindernissen der grenzüberschreitenden Wertpapierabwicklung identifiziert worden.[295] Sie wirken sich immer dann aus, wenn mehrere Rechtsordnungen auf unterschiedliche Aspekte eines einheitlichen Sachverhalts anwendbar sind.[296]

Die Europäische Kommission griff den Vorschlag des zweiten *Giovannini*-Berichts zur Ausarbeitung eines *Account-Certainty-Projekts* in ihrer zweiten Mitteilung zu Clearing und Abrechnung in der Europäischen Union[297] auf und setzte zur Prüfung des weiteren Vorgehens die *Legal Certainty Group* ein,[298] die inzwischen eine erste Empfehlung abgegeben hat.[299]

---

[293] Die *Giovannini*-Gruppe, benannt nach ihrem Vorsitzenden *Alberto Giovannini*, wurde 1996 zur Beratung der Europäischen Kommission in Finanzmarktfragen gegründet.

[294] *Giovannini*-Bericht 2003, 13 ff. Vgl. dazu auch die ergänzenden Vorschläge der *European Financial Markets Lawyers Group* im *EFMLG*-Bericht 2003.

[295] *Barrier* 13, *Giovannini*-Bericht 2001, 55.

[296] *Giovannini*-Bericht 2003, 14.

[297] Mitteilung der Kommission an den Rat und das Europäische Parlament, Clearing und Abrechnung in der Europäischen Union – Künftige Maßnahmen, KOM (2004) 312 endg.

[298] Vgl. Mitteilung der Europäischen Kommission, KOM (2004) 312 endg., 29, sowie das Mandat der Europäischen Kommission (Januar 2005). Die *Legal Certainty Group* trat im Januar 2005 zu ihrer ersten Sitzung zusammen, dazu: Pressemitteilung der Kommission IP/05/123.

[299] *Legal Certainty Group*, Advice (August 2006), veröffentlicht unter: http://www.ec.europa.eu/internal_market/financial-markets/docs/certainty/advice_final_en.pdf, sowie *Legal Certainty Group*, Annex to the advice of the Group, Practical examples of legal barriers (Juli

2. Konzept

Im Zentrum des Projekts steht die Bestimmung der sachrechtlichen Bedeutung von Depotgutschriften. Es soll ein einheitliches Konzept für die Inhaberschaft von depotverbuchten Wertpapieren geschaffen werden, das auf innerstaatliche und grenzüberschreitende Sachverhalte gleichermaßen anwendbar ist und Rechte mit und ohne Sicherungszweck erfasst.[300] Die Rechtsordnungen der Mitgliedstaaten sollen allerdings insoweit nicht ersetzt, sondern nur harmonisiert werden.[301] Eine weitergehende Harmonisierung in Richtung eines europäischen Wertpapierrechts ist dabei nicht geplant.[302]

Die *Legal Certainty Group* beschreibt die von ihr empfohlenen Regelungsinhalte mit neutralen Begriffen, um zu gewährleisten, dass sie nicht mit bestimmten nationalen Konzepten in Zusammenhang gebracht und so möglicherweise missverstanden werden. Dies ist – in Anlehnung an die Arbeiten am *Unidroit*-Projekt – als *functional approach* bezeichnet worden.[303]

a. Inhalt der Rechte des Depotkunden und des Sicherungsnehmers

Derzeit ist vorgesehen, Natur und Gegenstand der Berechtigung des Depotkunden bezüglich der verbuchten Wertpapiere zu harmonisieren.[304] Die Rechte des Depotkunden – von der *Legal Certainty Group* vorläufig als *book-entry rights* bezeichnet – sollen zugunsten des Depotkunden gegenüber dem maßgeblichen Intermediär[305] bestehen.[306] Sie beinhalten insbesondere die Befugnis des Depotkunden, dem maßgeblichen Intermediär Aufträge zwecks Veräußerung und Belastung seiner Rechte zu erteilen,[307] die Auslieferung der gutgeschriebenen

---

2006), veröffentlicht unter: http://www.ec.europa.eu/internal_market/financial-markets/docs/certainty/advice_annex_en.pdf.
Empfehlung und Anhang beruhen auf einer vergleichenden Studie zu den Rechtsordnungen der Mitgliedsstaaten, veröffentlicht unter: http://www.ec.europa.eu/internal_market/financial-markets/docs/certainty/background/comparative_survey_en.pdf.

300 *Giovannini*-Bericht 2003, 14 f.

301 *Legal Certainty Group*, Advice (August 2006), 4 und 5.

302 *Giovannini*-Bericht 2003, 17.

303 *Legal Certainty Group*, Advice (August 2006), 3. Auf den *functional approach* wird im Zusammenhang mit dem *Unidroit*-Projekt näher eingegangen.

304 *Giovannini*-Bericht 2003, 15.

305 Die *Legal Certainty Group* verwendet anstelle von *intermediary* (vgl. Artikel 1 Abs. 1 lit. c der Haager Konvention Nr. 36 sowie Artikel 1 lit. d des *Unidroit*-Entwurfs, Doc. 94 (Juli 2007)) den Begriff *account provider*, weil *intermediary* als nicht neutral angesehen wird, näher dazu: *Legal Certainty Group*, Common terminology (April 2005), 1 ff. Hier soll jedoch die eingangs (S. 1 und 2) eingeführte Terminologie beibehalten werden.

306 Vgl. *Legal Certainty Group*, Advice (August 2006), 5.

307 Vgl. *Legal Certainty Group*, Advice (August 2006), 5.

Wertpapiere zu verlangen[308] sowie das Recht, dem maßgeblichen Intermediär Weisungen zwecks Ausübung der Rechte aus den gutgeschriebenen Wertpapieren zu geben[309] und gegebenenfalls Auskünfte zur Ausübung seiner Gesellschafterstellung weitergeleitet zu erhalten.[310] Die *Legal Certainty Group* hat sich indes ausdrücklich dagegen ausgesprochen, die Kapitalmarktwerte selbst durch Gutschriften zuzuordnen und damit die Entmaterialisierung des Effektenwesens der Mitgliedstaaten gemeinschaftsrechtlich zu forcieren,[311] wie es die *European Financial Markets Lawyers Group* in Ergänzung des *Giovannini*-Berichts von 2003 vorgeschlagen hatte. Dieser Vorschlag beinhaltete, die Gutschrift als einheitliches Instrument einzuführen.[312] Nach dem derzeitigen Konzept hingegen ist der Depotkunde beispielsweise aufgrund einer auf Aktien lautenden Gutschrift nicht notwendigerweise auch Aktionär. Vielmehr wird eine einheitliche Form der Berechtigung gegenüber Intermediären geschaffen, die gegenüber der Erscheinungsform der verbuchten Wertpapiere indifferent ist und damit an das belgische und das luxemburgische Konzept erinnert, denn diese Rechtsordnungen lassen die Rechtsverhältnisse der verbuchten Wertpapiere selbst unberührt und geben stattdessen den wesentlichen Inhalt der Rechte des Depotkunden vor.[313] Die belgische und die luxemburgische Rechtsordnung waren bereits im *Giovannini*-Bericht 2003 als potentiell richtungweisend hervorgehoben worden.[314] Entsprechend soll es ausgeschlossen sein, diese Rechte gegenüber anderen Intermediären – insbesondere gegenüber höherstufigen – geltend zu machen, was als Verbot des *upper-tier attachment* bezeichnet wird.[315] Unangetastet bleiben auch die Rechte gegenüber dem Emittenten.[316]

Um die *book-entry rights* der Depotkunden zu gewährleisten, muss der maßgebliche Intermediär insbesondere Kundenbestände von Eigenbeständen getrennt halten[317] und dafür sorgen, dass die Gutschriften zugunsten seiner Depot-

[308] Vgl. *Legal Certainty Group*, Advice (August 2006), 5.

[309] Vgl. *Legal Certainty Group*, Advice (August 2006), 5.

[310] Vgl. *Legal Certainty Group*, Advice (August 2006), 5.

[311] Vgl. *Legal Certainty Group*, Summary of action points (April 2006), 3.

[312] *EFMLG*-Bericht 2003, 12 und 21.

[313] Vgl. zum belgischen Recht: *Baur*, Einführung eines Effektengiroverkehrs in Belgien, Bank-Betrieb 1968, 160, 171; *de Ghenghi & Servaes* (oben FN 36), (1999) 3 JIBFL 83, 85 f.

[314] *Giovannini*-Bericht 2003, 15.

[315] *Legal Certainty Group*, Advice (August 2006), 6 sowie bereits *Giovannini*-Bericht 2003, 14.

[316] *Legal Certainty Group*, Summary of action points (April 2006), 2; vgl. bereits *Giovannini*-Bericht 2003, 16.

[317] *Legal Certainty Group*, Advice (August 2006), 7. Eine entsprechende Verpflichtung für Kreditinstitute und Wertpapierfirmen könnte sich bereits im Rahmen des Artikels 13 Abs. 7 MiFID ergeben, denn danach sind die für Kunden gehaltenen Finanzinstrumente durch ge-

kunden gedeckt sind.[318] Von der letztgenannten Verpflichtung kann er nicht durch Vereinbarung befreit werden.[319] Tritt dennoch eine Unterdeckung auf, so hat der maßgebliche Intermediär sie auszugleichen.[320]

In Verbindung mit der Pflicht der Intermediäre zur Trennung von Eigen- und Kundenbeständen folgt ein weiterer Schutz der Rechte des Depotkunden aus dem Verbot staatlicher Zwangsmaßnahmen gegen andere Intermediäre als den maßgeblichen Intermediär des Depotkunden.[321] Gläubiger des maßgeblichen Intermediärs können zwar grundsätzlich in die vom maßgeblichen Intermediär bei einem höherstufigen Intermediär gehaltenen Wertpapierguthaben vollstrecken. Das gilt aber nicht für die zugunsten seiner Depotkunden gehaltenen Deckungsbestände, die aufgrund der Trennung von den Eigenbeständen als nicht zum Vermögen des maßgeblichen Intermediärs gehörend erkennbar sind.

b. Erwerb von Wertpapierguthaben und Wertpapiersicherheiten

Der Rechtserwerb des Depotkunden soll aufgrund einer wirksamen Gutschrift über Wertpapiere auf seinem Depotkonto erfolgen,[322] wobei insbesondere der gutgläubige Erwerber auf seine Gutschrift stets vertrauen darf.[323] Dies ist vor dem Hintergrund zu sehen, dass im ersten *Giovannini*-Bericht Unterschiede zwischen den Rechtsordnungen der Mitgliedstaaten hinsichtlich der Möglichkeit eines Erwerbs vom Nichtberechtigten als Ursache von Rechtsunsicherheiten identifiziert worden waren.[324]

Fraglich ist, ob die Gutschrift auch bei Fehlen des guten Glaubens konstitutiv sein soll, denn es wird ausdrücklich gesagt, dass die Rechte des Depotkunden mit der Gutschrift entstehen.[325] Das steht einer Beschränkung auf Fälle des guten

---

eignete Vorkehrungen zu schützen. Die Umsetzungsempfehlung sieht dafür die Trennung von Eigen- und Kundenbeständen als erforderlich an. Im Falle der Drittverwahrung sind gesonderte Depotkonten für Eigen- und Kundenbestände zu eröffnen, vgl. *CESR*, CESR's Technical Advice on Possible Implementing Measures of the Directive 2004/39/EC on Markets in Financial Instruments, 1st Set of Mandates (Januar 2005), 37.

318 *Legal Certainty Group*, Advice (August 2006), 7.

319 *Legal Certainty Group*, Advice (August 2006), 7.

320 *Legal Certainty Group*, Advice (August 2006), 7.

321 Vgl. *Legal Certainty Group*, Advice (August 2006), 6.

322 *Legal Certainty Group*, Advice (August 2006), 8. Die Gutschrift allein begründet daher nur die widerlegliche Vermutung des Rechtserwerbs des Depotkunden, so ausdrücklich: *Legal Certainty Group*, Draft advice (August 2006), 4.

323 *Legal Certainty Group*, Advice (August 2006), 6; vgl. bereits *Giovannini*-Bericht 2003, 15.

324 *Giovannini*-Bericht 2001, 56.

325 „*Book entries on securities accounts are a source of rights for the account holder,*" Legal Certainty Group, Advice (August 2006), 5; vgl. auch 5 f.

Glaubens entgegen. Allerdings geht die *Legal Certainty Group* davon aus, dass unwirksame Gutschriften nicht zum Rechtserwerb führen,[326] so dass es denkbar wäre, das Fehlen des guten Glaubens an bestimmte Tatsachen als Unwirksamkeitsgrund zu definieren. In Betracht kommen insbesondere die fehlende Berechtigung des Verfügenden oder seine fehlende Verfügungsberechtigung. Unter welchen Voraussetzungen eine Gutschrift unwirksam sein wird, ist derzeit allerdings noch offen.[327] Hier bleibt die Konkretisierung des Projekts abzuwarten, die sich am *Unidroit*-Projekt orientieren sollte.[328]

c. Bestand und Ausübung der Rechte des Depotkunden, des Sicherungsnehmers und sonstiger Geschäftspartner in der Insolvenz eines Kreditinstituts

Die Rechte des Depotkunden sollen gegen Zugriffe des Intermediärs bzw. seiner Gläubiger geschützt werden, und zwar insbesondere im Falle der Insolvenz des Intermediärs.[329] Das geschieht insbesondere, indem für Depotkunden gehaltene Deckungsbestände nicht in die Insolvenzmasse des maßgeblichen Intermediärs fallen.[330] Hierbei geht es um die Vermeidung von *intermediary risk*. Dieser Schutz kommt mittelbar auch den Sicherungsnehmern des Depotkunden zugute, weil er das Vorhandensein des Sicherungsguts gewährleistet.

d. Verlustumlage

Das *Account-Certainty*-Projekt sieht einheitliche rechtliche Vorkehrungen zur Vermeidung von Unterdeckungen im Deckungsbestand der Intermediäre vor,[331] die indes noch nicht konkret bezeichnet sind. Hier wird insbesondere mit aufsichtsrechtlichen Anforderungen an die Depotführung der Intermediäre zu rechnen sein.

Welcher Bestand gegebenenfalls die Basis der Verlustumlage bildet – ob etwa auch Eigenbestände des Intermediärs in der betroffenen Gattung dazu gehören – und nach welchem Verteilungsschlüssel die Umlage erfolgt, ist derzeit noch nicht geklärt.[332]

---

[326] Vgl. *Legal Certainty Group*, Advice (August 2006), 6.

[327] Vgl. *Legal Certainty Group*, Advice (August 2006), 6.

[328] Das Konzept des gutgläubigen Erwerbs vom Nichtberechtigten nach dem *Unidroit*-Entwurf wird im Zusammenhang mit dem *Unidroit*-Projekt diskutiert.

[329] *Legal Certainty Group*, Advice (August 2006), 6 sowie bereits *Giovannini*-Bericht 2003, 15.

[330] *Legal Certainty Group*, Advice (August 2006), 6.

[331] *Giovannini*-Bericht 2003, 15.

[332] Vgl. *Legal Certainty Group*, Advice (August 2006), 6. Der Entwurf der Empfehlung sah hier die Anteilige Umlage auf Depotkunden mit Beständen in derselben Wertpapiergattung vor, vgl. *Legal Certainty Group*, Draft advice (August 2006), 3.

3. Umsetzung des Projekts im Gemeinschaftsrecht

Für die Ausarbeitung des Projekts hatte die *Giovannini*-Gruppe ursprünglich drei Jahre veranschlagt,[333] doch geht man inzwischen davon aus, dass die Arbeiten erst Ende 2008 abgeschlossen sein werden.[334]

Während die *Giovannini*-Gruppe offen gelassen hat, welches Regelungsinstrument zur Umsetzung des *Account-Certainty*-Projekts geeignet ist,[335] schlägt die *European Financial Markets Lawyers Group* für die Umsetzung ihrer Ergänzungen die Richtlinie vor, um die Einheit der Rechtsordnungen der Mitgliedstaaten zu schützen.[336] Gestützt werden soll diese Richtlinie auf die Kapitalverkehrsfreiheit (Artikel 56 ff EG) sowie auf die Dienstleistungsfreiheit (Artikel 49 EG).[337] Die Empfehlung der *Legal Certainty Group* lässt die Form der Umsetzung im Gemeinschaftsrecht – wie die *Giovannini*-Gruppe – ausdrücklich offen. Darüber hinaus zog die Gruppe zeitweise in Betracht, von einer gemeinschaftsrechtlichen Regelung ganz abzusehen, falls die gewünschte Harmonisierung bereits durch das – derzeit noch in der Ausarbeitung befindliche – *Unidroit*-Projekt erreicht wird.[338] Davon wird jedoch inzwischen nicht mehr ausgegangen.[339]

---

[333] *Giovannini*-Bericht 2003, 17.

[334] *Legal Certainty Group*, Introduction/Methodology Subject 1, LCG-2 (Februar 2007), 5.

[335] *Giovannini*-Bericht 2003, 17.

[336] *EFMLG*-Bericht 2003, 28.

[337] *EFMLG*-Bericht 2003, 27.

[338] *Legal Certainty Group*, Advice (August 2006), 10.

[339] Vgl. *Legal Certainty Group*, Monitoring Report on the Unidroit Draft, LCG-3 (Februar 2007), 3; vgl. *Legal Certainty Group*, Introduction/Methodology Subject 1, LCG-2 (Februar 2007), 4.

Zweiter Teil: Globale Harmonisierungsansätze

« National laws are frequently designed for one-country application and may be poorly adapted for cross-border multi-jurisdictional business. »[1]

Auf globaler Ebene werden derzeit zwei Harmonisierungsprojekte bezüglich der auf Wertpapierguthaben und Wertpapiersicherheiten anwendbaren Rechtsnormen verfolgt. Dabei handelt es sich zum einen um die Haager Konvention Nr. 36[2] und zum anderen um die noch in der Ausarbeitung befindliche *Unidroit*-Konvention.[3] Entsprechend der Kompetenzverteilung der beteiligten Organisationen, unterscheidet sich die Herangehensweise auf globaler Ebene grundlegend von der gemeinschaftsrechtlichen, denn eine zusammenhängende Behandlung der kollisions- und der sachrechtlichen Probleme eines Problemkreises ist naturgemäß ausgeschlossen. Vielmehr beschränkt sich die Haager Konvention auf Kollisions-, der *Unidroit*-Entwurf auf Sachrechtsvereinheitlichung. Die zuerst begonnene Arbeit an der Haager Konvention hat hierbei Aufschlüsse über die Möglichkeit und Erforderlichkeit komplementärer Sachrechtsvereinheitlichung gebracht.

A. Die Haager Konvention Nr. 36

I. Hintergrund und Zweck

1. Der gemeinsame Vorschlag des Vereinigten Königreichs, Australiens und der USA

Den Anstoß zur Ausarbeitung der Haager Konvention Nr. 36 gab ein gemeinsamer Vorschlag des Vereinigten Königreichs, Australiens und der USA im Mai

---

[1] *Euroclear Operations Centre*, Cross-Border Clearance, Settlement and Custody: Beyond the G 30 Recommendations, 24.

[2] Hague Convention on the Law Applicable to Certain Rights in Respect of Securities held with an Intermediary. Vgl. dazu: *Goode/Kanda/Kreuzer*, Explanatory Report. Der endgültige Text der Konvention wurde am 13. Dezember 2002 von der Haager Konferenz verabschiedet. Ihr In-Kraft-Treten hängt gemäß Artikel 19 Abs. 1 von der Ratifikation durch mindestens drei Staaten ab.

[3] *Haager Konferenz*, Preliminary draft Convention on Substantive Rules regarding Intermediated Securities, Doc. 94 (Juli 2007).

2000.[4] Schwerpunkt des Regelungsanliegens war die Schaffung von Rechtssicherheit für den Erwerb und die Wirkungen von Sicherungsrechten an Depotbeständen in Wertpapieren. Dem Anliegen wurde besondere Dringlichkeit beigemessen, weil die herrschende Rechtsunsicherheit nicht nur grenzüberschreitende besicherte Finanzmarkttransaktionen behindere, sondern außerdem systemische Risiken berge. Gleichwohl bezog der Vorschlag Rechte ohne Sicherungszweck ein.[5]

Zur Verdeutlichung der Problematik wurde auf einen Aufsatz *Richard Potoks* aus dem Jahre 1999 verwiesen,[6] in welchem der Frage nach der Anknüpfung von Wertpapiersicherheiten nachgegangen wird.[7] *Potok* favorisiert dort die Anwendung des Anknüpfungsmerkmals aus Artikel 9 Abs. 2 der Finalitätsrichtlinie zur Bestimmung der auf Wertpapierguthaben und Wertpapiersicherheiten anwendbaren Rechtsordnung. Eine diesbezügliche Regelung wurde angesichts des eingeschränkten direkten Geltungsbereichs des Artikels 9 Abs. 2 der Finalitätsrichtlinie und der unterschiedlichen Umsetzung bzw. Umsetzungsvorhaben auch in den Mitgliedstaaten für erforderlich gehalten.[8]

Der Vorschlag wurde von der Spezialkommission der Konferenz zur Aufnahme in die Tagesordnung der Diplomatischen Konferenz vorgeschlagen, und bereits im Vorfeld der Konferenz sollte eine Arbeitsgruppe die Machbarkeit einer Harmonisierung untersuchen.[9] Diese positive Reaktion steht in einem gewissen Gegensatz zur Ablehnung eines australischen Vorschlags zur Harmonisierung des Kollisionsrechts der Mobiliarsicherheiten durch die Spezialkommission der Konferenz im Jahre 1988,[10] zumal die im Hinblick auf Wertpapiersicherheiten zu lösenden Probleme als Sonderprobleme des Mobiliarsicherungsrechts angesehen werden können. Die damalige Ablehnung war damit begründet worden, dass trotz erheblicher Anstrengungen weder auf regionaler noch auf globaler

---

[4] *Haager Konferenz*, Special Commission on general affairs and policy of the Conference (8 - 12 May 2000), Work. Doc. No 1 (8. Mai 2000).

[5] *Haager Konferenz*, Special Commission on general affairs and policy of the Conference (8 - 12 May 2000), Work. Doc. No 1 (8. Mai 2000), 1: „ *[...] there seems to be no reason why the proposed Convention should not deal with all dispositions of securities held through intermediaries.* "

[6] *Haager Konferenz*, Special Commission on general affairs and policy of the Conference (8 - 12 May 2000), Work. Doc. No 1 (8. Mai 2000), Anhang A (ursprünglich: *Potok*, Legal certainty for securities held as collateral, IFLR 1999, 12).

[7] *Potok* aaO., 1.

[8] *Potok* aaO., 2 ff.

[9] *Haager Konferenz*, Conclusion of the Special Commission of May 2000, Prel. Doc. No 10 (Juni 2000), 25 f.

[10] Vgl. Conclusions of the Special Commission of January 1988, Prel. Doc. No 14 (April 1988).

Ebene Harmonisierungserfolge erzielt worden seien, welche eine Erfolgsaussicht eines Projekts der Konferenz begründen könnten. Insoweit war die im Jahre 2000 für Wertpapiersicherheiten vorgefundene Situation angesichts der gemeinschaftsrechtlichen Vorgabe in Artikel 9 Abs. 2 der Finalitätsrichtlinie und der Bestrebung, den Geltungsbereich dieser Regelung mittels der Finanzsicherheitenrichtlinie zu erweitern, weitaus günstiger. Zudem klammert die Konvention problematische Bereiche weitgehend aus.

2. Der *Bernasconi*-Bericht

Das Ständige Büro der Haager Konferenz legte im November 2000 einen Bericht vor, in dem *Christophe Bernasconi* die kollisionsrechtliche Problematik und den sachrechtlichen Zusammenhang aufarbeitet.[11] Der Bericht konstatiert neben den sachrechtlichen Unterschieden zwischen nationalen Effektensystemen[12] eine tatsächliche Gemeinsamkeit, die darin besteht, dass die Zuordnung von Wertpapieren (bzw. der jeweiligen Rechte in Bezug darauf) äußerlich durch Gutschriften auf Depotkonten erfolgt.

a. Tatsächliche Gemeinsamkeit als Basis der Kollisionsrechtsvereinheitlichung

Die Gemeinsamkeit wird damit umschrieben, dass keine direkte Beziehung mehr zwischen dem Emittenten und dem Anleger bestehe, was – in Anlehnung an die US-amerikanische Terminologie – als *„indirect holding system"* bezeichnet wird.[13] Dies ist verkürzt, denn genauer gesagt ist den Rechtsordnungen nur die indirekte Beziehung des Depotkunden zu den Instrumenten gemeinsam, indem der Depotkunde nicht im unmittelbaren Besitz von Wertpapierurkunden bzw. nicht selbst im Emittentenregister eingetragen ist. Eine direkte Beziehung zum Emittenten kann daneben durchaus bestehen, indem der Depotkunde – anders als im US-amerikanischen *indirect holding system* – auch im Rechtssinne Aktionär oder Schuldverschreibungsgläubiger ist. An der gemeinsamen tatsächlichen Erscheinung des Wertpapierguthabens ändern solche Unterschiede indes freilich nichts, so dass der Ausgangspunkt des *Bernasconi*-Berichts im Ergebnis zutrifft. Aufgrund der tatsächlichen Gemeinsamkeit sollte eine Kollisionsnorm entwickelt werden, die indifferent gegenüber sachrechtlichen Unterschieden ist.[14]

---

[11] Report on the Law Applicable to Dispositions of Securities held through Indirect Holding Systems, Prel. Doc. No 1 („*Bernasconi*-Bericht").

[12] *Bernasconi*-Bericht, 20 ff.

[13] *Bernasconi*-Bericht, 2, 18.

[14] Vgl. *Bernasconi*-Bericht, 25 f.

b. PRIMA als Anknüpfungsmerkmal

Der *Bernasconi*-Bericht favorisiert die Anknüpfung an den Ort des maßgeblichen Intermediärs (PRIMA).[15] Dies sollte der Ort der depotführenden Haupt- bzw. Zweigstelle des maßgeblichen Intermediärs sein. Unter mehreren möglichen Stellen sollte dabei diejenige ausschlaggebend sein, die im Depotvertrag, hilfsweise im letzten Depotauszug genannt ist.[16] Ausgangspunkt der kollisionsrechtlichen Betrachtung sind also nicht mehr die Rechtsverhältnisse der Wertpapiere und der Instrumente, die sie traditionell umlauffähig machen, sondern die Rechte, die der Depotkunde im Rahmen seiner Gutschrift innehat.

Gegen den herkömmlichen kollisionsrechtlichen Ansatz, der von den Wertpapieren ausgeht und deren Rechtsverhältnisse an den Aufbewahrungsort der Wertpapierurkunden, an den Ort des Emittentenregisters, an den Sitz- bzw. Gründungsort des Emittenten o.ä. anknüpft, wurden praktische Einwände erhoben, und zwar einerseits wegen Schwierigkeiten bei der Bestimmung dieser Orte[17] und andererseits wegen des Problems der kumulativen Anwendbarkeit mehrerer Rechtsordnungen im Falle der Verfügung über heterogene Depotbestände.[18] Maßgeblich für PRIMA war die Erwägung, dass die Berechtigung des Depotkunden nur in den Unterlagen des für ihn depotführenden Intermediärs aufgezeichnet ist, so dass die Vollstreckung von Urteilen, die sich auf die Rechte des Depotkunden beziehen, nur am Ort des unmittelbar depotführenden Intermediärs erfolgen kann.[19] Damit ist sowohl die Zwangsvollstreckung des Kunden gegen den Intermediär als auch die Zwangsvollstreckung Dritter in die Rechte des Depotkunden angesprochen.[20] PRIMA sollte also den Gerichtsstand der Zwangsvollstreckung antizipieren.

---

[15] *Bernasconi*-Bericht, 29.

[16] *Bernasconi*-Bericht, 40.

[17] *Bernasconi*-Bericht, 29.

[18] Vgl. *Bernasconi*-Bericht, 29.

[19] Vgl. *Bernasconi*-Bericht, 28. Dieselbe Erwägung wird von Teilen der Literatur in England herangezogen, um zu begründen, dass der *situs* von *beneficial interests* des Depotkunden sich am Ort der Depotbank befindet (oben Einleitung FN 41).

[20] Als Beispiel für die Zwangsvollstreckung Dritter in die Rechte des Depotkunden am Ort der Depotbank kann ein vom Schweizerischen Bundesgericht am 2. März 1976 entschiedener Fall (BGE 102 III 94) genannt werden. Der Vollstreckungsschuldner ließ durch seine Schweizer Depotbank Wertpapiere im Ausland drittverwahren. Der Vollstreckungsgläubiger erwirkte einen Arrest der *„Guthaben des Arrestschuldners bei der Bank [...]"*. Im Verfahren um die Beschwerde des Vollstreckungsschuldners gegen den Arrestvollzug entschied das Gericht, dass der Herausgabeanspruch des Depotkunden Gegenstand eines Arrests am Ort der Depotbank sein kann, BGE 102 III 94, 102. Zur Begründung wurde unter anderem auf die Verkehrsanschauung verwiesen, wonach „das Wertpapierdepot bei derjenigen Bank gelegen ist, die das Depotkonto führt, wo immer sich die einzelnen Papiere befinden", BGE 102 III 94,

3. Abkehr von PRIMA als Grundregel

Auf PRIMA einigte man sich bereits zu Beginn des ersten Expertentreffens im Januar 2001.[21] Keinen Zuspruch fand hingegen der „*look through approach*“, also die Anknüpfung an die Wertpapiere selbst bzw. an die Instrumente, die sie traditionell umlauffähig machen. Stattdessen sollte die tatsächliche Bedeutung der eingeschalteten Intermediäre im Kollisionsrecht berücksichtigt werden.

Allerdings bereitete die Beantwortung der grundsätzlichen Frage Probleme, ob der Ort des Intermediärs frei nach dem Willen der Parteien des Depotvertrages wählbar oder vielmehr anhand objektiver Kriterien wie Kontonummer und Bankleitzahl bestimmt werden sollte.[22] Für eine Bestimmung des Ortes durch die Parteien sprach dabei die Rechtssicherheit *inter partes*, für eine objektive Bestimmung hingegen der Schutz Dritter, insbesondere der Gläubiger des Depotkunden bzw. seiner Sicherungsnehmer. Vom ersten Entwurf an wurde ein Kompromiss darin gesucht, grundsätzlich eine Beeinflussung der maßgeblichen Rechtsordnung durch die Parteien des Depotvertrages zuzulassen, den Kreis der in Betracht kommenden Rechtsordnungen aber aufgrund objektiver Kriterien zu beschränken.[23] Dieser Grundsatz ist erhalten geblieben, wenngleich sich die Wahl der Parteien nach der endgültigen Fassung nicht mehr auf einen Ort des Intermediärs, sondern unmittelbar auf die anwendbare Rechtsordnung bezieht. Die Bestimmung der maßgeblichen Rechtsordnung erfolgt also nicht mehr primär nach dem PRIMA,[24] obwohl das Akronym noch in der Präambel genannt ist. PRIMA ist nur noch subsidiäres Anknüpfungsmerkmal.[25] Die Anknüp-

---

106. Damit wurde die frühere Rechtsprechung aufgegeben, wonach lediglich die Wertpapiere selbst Gegenstand der Zwangsvollstreckung sein können, und zwar nur an ihrem Belegenheitsort, vgl. BGE 90 II 158 ff (Vetania Trust reg. c. Lloyd's Bank (Foreign) Ltd.).

[21] *Bernasconi & Potok*, Prima Convention brings certainty to cross-border deals, IFLR 2003, 11, 12.

[22] Vgl. dazu *Girsberger*, Revolution des Internationalen Wertpapier-Sachenrechts? – Dynamik der Rechtsvereinheitlichung durch die Haager Konferenz, FS Schnyder, 77, 84.

[23] Vgl. Artikel 4 des Januar-2001-Entwurfs, *Haager Konferenz*, Report of working group, Prel. Doc. No 13 (Juni 2001), Anhang B.

[24] Stellungnahme der Europäischen Zentralbank zum vorläufigen Konventionsentwurf von Juni 2002, wiedergegeben in: *Haager Konferenz*, Comments on preliminary draft convention and options, Prel. Doc. No 18 (November 2002), 48 f; *Reuschle*, Haager Übereinkommen über die auf bestimmte Rechte in Bezug auf Intermediär-verwahrte Wertpapiere anzuwendende Rechtsordnung, IPRax 2003, 495, 500; *Schefold*, Kollisionsrechtliche Lösungsansätze im Recht des grenzüberschreitenden Effektengiroverkehrs – die Anknüpfungsregelungen der Sicherheitenrichtlinie (EG) und der Haager Konvention über das auf zwischenverwahrte Wertpapiere anwendbare Recht, FS Jayme, 805, 810 f; *Pöch*, Die Regelung des internationalen Wertpapierverkehrs ist in Bewegung – aber wohin?, ÖBA 2004, 507, 516.

[25] Vgl. Artikel 5 Abs. 2 und 3.

fungsmerkmale und die Reihenfolge, in der sie zur Anwendung kommen, stimmen weitgehend mit § 8-110 (e) UCC überein.

II. Anwendungsbereich

Die Anwendung der Konvention setzt gemäß Artikel 3 einen Auslandsbezug voraus. Im Interesse ihrer möglichst weitgehenden Anwendung ist ein solcher Bezug zu bejahen, wenn nicht ausgeschlossen ist, dass zwei oder mehrere Rechtsordnungen Geltung beanspruchen können. Für die Feststellung des Auslandsbezugs können auch Faktoren berücksichtigt werden, die bei der Anknüpfung gemäß Artikel 6 außer Betracht bleiben müssen.[26] Der Auslandsbezug kann sich auch allein aufgrund einer Rechtswahl der Parteien des Depotvertrages ergeben.[27]

Die Regelungen der Konvention beanspruchen gemäß Artikel 9 Abs. 1 auch dann Geltung, wenn die Anknüpfung zur Maßgeblichkeit der Rechtsordnung eines Nicht-Vertragsstaates führt; es handelt sich also um eine *loi universelle.*

III. Wertpapierguthaben

Der zentrale Begriff *„securities held with an intermediary"* bzw. *„titres détenus auprès d'un intermédiaire"* ist in Artikel 1 Abs. 1 lit. f definiert und bezeichnet die Rechte, die dem Depotkunden aufgrund einer auf Wertpapiere lautenden Gutschrift auf seinem Depotkonto zustehen. Man kann ihn daher mit „Wertpapierguthaben" übersetzen. Die bislang im Deutschen gebrauchten Begriffe „Intermediär-verwahrte Wertpapiere"[28] und „indirekt gehaltene Wertpapiere"[29] sind demgegenüber wenig anschaulich und stellen außerdem nicht klar, dass die Konvention weder für Wertpapiere (also etwa für Aktien oder Schuldverschreibungen)[30] noch für Vehikel, die sie umlauffähig machen (also etwa für Wertpapierurkunden oder Eintragungen im Emittentenregister) Kollisionsnormen enthält, sondern – wie in Artikel 1 Abs. 1 lit. f gesagt – ausschließlich für die Rechte des Depotkunden aufgrund einer auf Wertpapiere lautenden Gutschrift. Die Rechte des Depotkunden müssen sich auf Wertpapiere im Sinne der Konvention beziehen, also entweder auf die Kapitalmarktwerte selbst oder auf *„any interest*

---

[26] *Goode/Kanda/Kreuzer*, Explanatory Report, RZ 3-3.

[27] *Goode/Kanda/Kreuzer*, Explanatory Report, RZ 3-6. Ebenso bereits: *Haager Konferenz*, Annotated July 2001 draft, Prel. Doc. No 3 (Juli 2001), 9; *Reuschle* (oben FN 24), IPRax 2003, 495, 499.

[28] Vgl. *Reuschle*, Das neue IPR für Intermediär-verwahrte Wertpapiere, BKR 2003, 562.

[29] Vgl. *Schefold*, Intermediary Approach und Europäisches Kollisionsrecht, FS Kümpel, 463, 470.

[30] Nach der hier verwendeten Terminologie sind Wertpapiere Rechte, die sich durch eine besondere Umlauffähigkeit auszeichnen, vgl. oben S. 1, d.h. Kapitalmarktwerte bzw. *securities* und nicht Wertpapier*urkunden*.

therein" bzw. *„tout droit sur ces titres"*. Wie im Gemeinschaftsrecht werden damit „Wertpapiere/Instrumente" und „Rechte an Wertpapieren/Instrumenten" gleichgestellt.

Eine Beschränkung des Anwendungsbereichs auf Gutschriften, die dingliche Rechte verschaffen oder dokumentieren war zwar anfangs vorgesehen, wurde jedoch verworfen.[31] Dadurch werden sonst zu erwartende Qualifikationsprobleme vermieden, denn ein Teil der vorgefundenen kollisionsrechtlichen Unsicherheit beruht darauf, dass nicht in jeder nationalen Rechtsordnung klar ist, welcher Natur die Rechte des Depotkunden sind. Diese Unsicherheit setzt sich im Kollisionsrecht fort, wenn es um das Auffinden der geeigneten Kollisionsnorm und die Subsumtion darunter geht. In einigen Rechtsordnungen würde eine Beschränkung auf dingliche Rechte zudem eine Spaltung des kollisionsrechtlichen Regimes entlang rechtstechnischer Grenzen des nationalen Sachrechts herbeiführen oder verstetigen. Eine solche Spaltung besteht beispielsweise derzeit noch in Deutschland zwischen der kollisionsrechtlichen Behandlung von *Girosammelgutschrift* und *Gutschrift in Wertpapierrechnung*.[32] Derartige Spaltungen werden durch die Konvention überwunden,[33] denn sie setzt nur eine auf Wertpapiere lautende Gutschrift voraus. Damit sind alle rechtlichen Erscheinungsformen von Wertpapierguthaben erfasst.[34] Vor diesem Hintergrund ist die Aussage, die Kollisionsnormen der Konvention lösten die Anknüpfung an den Belegenheitsort ab,[35] ungenau, weil nicht alle Anknüpfungsgegenstände der Konvention vorher der Anknüpfung an den Belegenheitsort unterlagen.[36]

---

[31] Die Beschränkung war noch im Juli-2001-Entwurf vorgesehen, *Haager Konferenz*, Annotated July 2001 draft, Prel. Doc. No 3 (Juli 2001), 3. Der November-2001-Entwurf hingegen enthält sie nicht mehr, vgl. *Haager Konferenz*, November 2001 draft, 5, wo es in Artikel 1 Abs. 1 heißt: *„ 'securities held with an intermediary' means the rights of an account holder resulting from a credit of securities to a securities account, whether such rights are property, contract or other rights. "*

[32] Für die kollisionsrechtliche Gleichbehandlung aller in Deutschland gebräuchlichen Verwahrungsformen ist in Den Haag insbesondere der Bundesverband deutscher Banken eingetreten, vgl. seine Stellungnahme zum Juli-2001-Entwurf, wiedergegeben in: *Haager Konferenz*, Comments on „Annotated July 2001 draft", Prel. Doc. No 5 (November 2001), 6.

[33] So ausdrücklich für die Anwendbarkeit auf die deutsche *Gutschrift in Wertpapierrechnung*: *Goode/Kanda/Kreuzer*, Explanatory Report, *Example* 2-5. Ebenso bereits: *Reuschle* (oben FN 28), BKR 2003, 562, 566; *Löber*, Der Entwurf einer Richtlinie für Finanzsicherheiten, BKR 2001, 118, 124.

[34] *Goode/Kanda/Kreuzer*, Explanatory Report, RZ 2-8.

[35] So *Reuschle* (oben FN 28), BKR 2003, 562, 567.

[36] Unzutreffend ist auch die Aussage, die Konvention enthalte internationales Sachenrecht, vgl. *Merkt & Rossbach*, Das "Übereinkommen über das auf bestimmte Rechte in Bezug auf bei einem Zwischenverwahrer sammelverwahrte Effekten anzuwendende Recht" der Haager

IV. Anknüpfungsgegenstände

Die Anknüpfungsgegenstände der Konvention sind in Artikel 2 Abs. 1 aufgelistet. Sie sind weit gefasst, um zu gewährleisten, dass jeweils alle praktisch relevanten Fragen in Bezug auf ein bestimmtes Wertpapierguthaben derselben Rechtsordnung unterliegen.[37]

1. Erwerb von Wertpapierguthaben und Wertpapiersicherheiten

a. Wertpapierguthaben

Der Erwerb von Wertpapierguthaben ist in Artikel 2 Abs. 1 nicht ausdrücklich als Anknüpfungsgegenstand genannt. Er kommt aber als Folge einer Gutschrift über Wertpapiere im Sinne von Artikel 2 Abs. 1 lit. b in Betracht, sobald der Erwerber eine solche Gutschrift über die zu erwerbenden Wertpapiere erhält. Hat der Erwerber (noch) keine Gutschrift über die Wertpapiere erhalten, so kann der Erwerb im Sinne von Artikel 2 Abs. 1 lit. b und c als Folge der Verfügung des Veräußerers über sein Wertpapierguthaben angesehen werden.

Ein abgeschlossener Rechtserwerb bleibt gemäß Artikel 8 Abs. 1 auch in der Zeit nach Eröffnung eines Insolvenzverfahrens – etwa über den Veräußerer – der anhand der Konvention ermittelten Rechtsordnung unterworfen, womit ausgeschlossen wird, dass es zu einer nachträglichen Neubeurteilung des Erwerbs nach der *lex fori* kommt.[38] Das Begründungsstatut bleibt so unwandelbar. Artikel 11 Abs. 3 verhindert ergänzend die Anwendung international zwingender Erwerbsvoraussetzungen des *Forum*-Staates, sofern seine Rechtsordnung nicht ohnehin auf den Erwerb anwendbar ist.[39]

b. Wertpapiersicherheiten

Wie sich aus Artikel 1 Abs. 1 lit. h ergibt, kennt die Konvention zwei Formen der Wertpapiersicherheit, nämlich einerseits das Sicherungsrecht aufgrund Übertragung des Wertpapierguthabens an den Sicherungsnehmer („*transfer by way of security*") und andererseits das beschränkte Sicherungsrecht („*security interest*"). Der Erwerb aufgrund Übertragung führt dazu, dass der Sicherungsneh-

---

Konferenz für Internationales Privatrecht, ZVglRWiss 102 (2003) 33, 44, sowie *Paech*, Grenzüberschreitende Wertpapiertransaktionen – UNIDROIT als Forum der globalen Harmonisierung, Die Bank 9/2003, 616, 618, denn die Existenz einer Sache wird an keiner Stelle vorausgesetzt. Insbesondere ist ohne Belang, ob die verbuchten Kapitalmarktwerte verbrieft sind.

[37] *Goode/Kanda/Kreuzer*, Explanatory Report, RZ 2-10.

[38] *Bernasconi & Potok* (oben FN 21), IFLR 2003, 11, 14; *Deguée & Devos*, La loi applicable aux titres intermédiés: l'apport de la Convention de La Haye de décembre 2002, RDC 2006, 5, 27.

[39] *Deguée & Devos* (oben FN 38), RDC 2006, 5, 29.

mer selbst ein Wertpapierguthaben erwirbt (vgl. dazu oben). Der Erwerb eines beschränkten Sicherungsrechts ist nicht ausdrücklich als Anknüpfungsgegenstand genannt. Er kann jedoch das Gegenstück einer entsprechenden Verfügung des Sicherungsgebers gemäß Artikel 2 Abs. 1 lit. b und c bilden, worunter gemäß Artikel 1 Abs. 2 lit. c auch die Entstehung eines gesetzlichen Pfandrechts des Intermediärs am Wertpapierguthaben seines Depotkunden fällt.

Der Erwerb von Wertpapiersicherheiten darf gemäß Artikel 8 Abs. 1 in Insolvenzfällen nicht neu angeknüpft werden. Das ist insbesondere in der Insolvenz des Sicherungsgebers von Bedeutung. Artikel 11 Abs. 3 schließt ergänzend die Anwendung international zwingender Regelungen der *lex fori* aus, falls sie nicht bereits aufgrund der Kollisionsnormen der Konvention auf den Erwerb anwendbar ist. Zwingende Erwerbsvoraussetzungen wie die englischen sections 395, 396 Companies Act 1985, die für die Berücksichtigung bestimmter Sicherungsrechte in einem englischen Verfahren unabhängig vom Begründungsstatut die Erfüllung englischer Erwerbsvoraussetzungen fordern (näher dazu oben S. 30 f), werden so zurückgedrängt.[40]

2. Rechtsausübung in Krise und Insolvenz eines Kreditinstituts

a. Insolvenzverfahren

Der Begriff des Insolvenzverfahrens ist in Artikel 1 Abs. 1 lit. k definiert und umfasst behördliche oder gerichtliche Gesamtverfahren, in deren Rahmen die Geschäfte und das Vermögen des Schuldners zwecks Sanierung oder Liquidation behördlich oder gerichtlich kontrolliert oder überwacht werden. Vorläufige Maßnahmen dieser Art sind ebenfalls erfasst. Die Definition ist aus Artikel 5 der UN-Konvention über die Forderungsabtretung im internationalen Warenhandel übernommen.[41]

In Bezug auf Kreditinstitute fallen demnach Sanierungsmaßnahmen zur Insolvenzvermeidung ebenso darunter wie Liquidationsverfahren bei Vorliegen eines formellen Insolvenzgrundes.

b. Rechtsausübung durch Depotkunden

Die Wirkungen der Rechte des Depotkunden gegenüber dem Intermediär sind gemäß Artikel 2 Abs. 1 lit. a der aufgrund der Konvention zu bestimmenden Rechtsordnung zu entnehmen. Diese Anknüpfung stellt die Konvention allerdings nur für den Zeitraum vor der Insolvenz des Intermediärs sicher, wie sich aus Artikel 8 Abs. 2 lit. b ergibt. Die Anknüpfung der Rechtsausübung nach Insolvenzeröffnung gehört nicht zu den Anknüpfungsgegenständen der Konventi-

---

40 *Goode/Kanda/Kreuzer*, Explanatory Report, RZ 11-12.

41 *Goode/Kanda/Kreuzer*, Explanatory Report, RZ 1-26.

on und bleibt somit dem autonomen internationalen Insolvenzrecht überlassen.[42] Das bedeutet, dass es mit der Eröffnung eines Insolvenzverfahrens zu einem Statutenwechsel kommen kann, denn die Rechtsausübung wird dann nach einer anderen Anknüpfungsregel bestimmt als der Rechtserwerb. Die Rechte des Depotkunden müssen daher gegebenenfalls in die für die Rechtsausübung geltenden Normen der *lex fori concursus* integriert werden, wobei die *lex fori concursus* ihrerseits nicht anhand der Konvention ermittelt wird. Da es vorkommen kann, dass über dieselbe Depotbank mehrere Insolvenzverfahren in unterschiedlichen Staaten eröffnet werden, können unterschiedliche Insolvenzrechtsordnungen als für die Rechtsausübung maßgeblich in Betracht kommen. Der Depotkunde weiß daher im Zeitpunkt des Rechtserwerbs nicht, welche Rechtsordnung in der Insolvenz seiner Depotbank über die Geltendmachung der Massefremdheit seines Wertpapierguthabens oder über die Umlage gegebenenfalls im Deckungsbestand der Depotbank aufgetretener Unterdeckungen entscheidet.

Darin unterscheidet sich die Konvention von Artikel 24 der Bankensanierungs- und -liquidationsrichtlinie, der in Sanierung und Liquidation die Beibehaltung der vorher geltenden Anknüpfung sicherstellt. Da die Rechtsausübung durch den Depotkunden unter Artikel 8 Abs. 2 fällt, bleiben in der Insolvenz der Depotbank zudem Insolvenznormen anwendbar, die Bestand und Ausübung der Rechte des Depotkunden beeinträchtigen können.

c. Rechtsausübung durch Sicherungsnehmer

Gemäß Artikel 2 Abs. 1 lit. f gehören zu den Anknüpfungsgegenständen die Voraussetzungen der Durchsetzung („*realisation*") von Wertpapiersicherheiten.[43] Verwertungsvoraussetzungen sind insbesondere die gegebenenfalls einzuhaltenden Förmlichkeiten wie etwa die Androhung der Verwertung oder die Einhaltung eines bestimmten Verfahrens, beispielsweise einer öffentlichen Versteigerung. Dagegen ist Artikel 2 Abs. 1 lit. f nicht auf die Verwertung des Wertpapierguthabens durch Schuldumwandlung und Verrechnung (beispielsweise durch Einbeziehung in eine Aufrechnung infolge Beendigung) anwendbar, denn dabei handelt es sich nicht um die Ausübung von Befugnissen aufgrund der Gutschrift, sondern um eine vertragliche Gestaltung, in der sich die Bedeutung der Rechtsinhaberschaft in der Innehabung eines Verrechnungspostens erschöpft. Auf vertragliche Aspekte ist die Konvention indes gemäß Artikel 2 Abs. 3 lit. b nicht anwendbar.

Der Geltungsanspruch der Konvention ist gemäß Artikel 8 Abs. 2 lit. b auch hinsichtlich der Durchsetzung von Sicherungsrechten auf die Zeit vor Eröffnung

---

[42] Vgl. *Goode/Kanda/Kreuzer*, Explanatory Report, RZ 8-6.

[43] Vgl. noch zu Artikel 5 lit. e des Entwurfs von Januar 2001: *Haager Konferenz*, Report of working group, Prel. Doc. No 13 (Juni 2001), 28.

eines Insolvenzverfahrens beschränkt.[44] Sobald daher über den Sicherungsgeber ein Insolvenzverfahren eröffnet wird, sind die Anknüpfungsregeln der Konvention nicht mehr maßgeblich. Damit kommt es auch für den Sicherungsnehmer zu einem Statutenwechsel durch Wechsel des Anknüpfungsmerkmals, so dass seine Rechtsausübung einer Rechtsordnung unterliegen kann, die er im Zeitpunkt des Rechtserwerbs nicht vorhersehen konnte. Die Schwierigkeiten, die sich daraus ergeben, sind für den Sicherungsnehmer noch schwerwiegender als für den Depotkunden, weil nicht sicher davon ausgegangen werden kann, dass ein fremdes Insolvenzrecht die Rechtsausübung wie vereinbart zulässt. Haben die Parteien des Sicherungsgeschäfts beispielsweise im Falle eines beschränkten Sicherungsrechts die Aneignung durch den Sicherungsnehmer im Verwertungsfall vereinbart, so kann dies nach dem maßgeblichen Insolvenzrecht unzulässig sein, obwohl es nach der anhand der Konvention bestimmten Rechtsordnung möglich gewesen wäre. Außerdem kann das Insolvenzrecht Verwertungsformalitäten aufstellen, die in der aufgrund der Konvention bestimmten Rechtsordnung nicht existieren, und so fort. Die Konvention spart damit einen Großteil der Probleme aus, die im Gemeinschaftsrecht Anlass der Harmonisierung waren, insbesondere ist der gesamte Regelungsbereich des Artikels 9 Abs. 2 der Finalitätsrichtlinie – die Insolvenz des Sicherungsgebers – von der Konvention ausgenommen.

Von einer entsprechenden Selbstbeschränkung der Konvention war indes bereits im *Bernasconi*-Bericht ausgegangen worden.[45] Die Erstreckung des Geltungsbereichs der Anknüpfungsregeln der Konvention auf den Zeitraum nach Insolvenzeröffnung hätte sichergestellt, dass die Rechtsausübung weiter nach dem Begründungsstatut erfolgt, wie es gemäß Artikel 9 Abs. 2 der Finalitätsrichtlinie und Artikel 24 der Bankensanierungs- und -liquidationsrichtlinie der Fall ist. Das war auch so vorgeschlagen worden,[46] wurde jedoch als zu ambitioniert zurückgewiesen.[47] Dass Kollisionsnormen, die in der Insolvenz des Sicherungsgebers keine Anwendung beanspruchen, für den Sicherungsnehmer keine Rechtssicherheit schaffen können, liegt auf der Hand. Vor diesem Hintergrund ist die Aussage, die Konvention schaffe Rechtssicherheit,[48] zu relativieren, denn der Inhaber einer Wertpapiersicherheit weiß im Zeitpunkt des Rechtserwerbs

---

[44] Vgl. *Bernasconi & Potok* (oben FN 21), IFLR 2003, 11, 14.

[45] *Bernasconi*-Bericht, 42 f.

[46] *Haager Konferenz*, Report of working group, Prel. Doc. No 13 (Juni 2001), 30.

[47] *Haager Konferenz*, ebendort. Bemerkenswert ist, dass Australien, auf dessen Vorschlag die Konvention mit zurückgeht, besonders engagiert für den unbedingten Vorrang des Insolvenzeröffnungsstatuts gegenüber dem Sachstatut eingetreten ist, vgl. die Stellungnahme zum Juli-2001-Entwurf, wiedergegeben in: *Haager Konferenz*, Comments on „Annotated July 2001 draft", Prel. Doc. No 5 (November 2001), 38 f.

[48] *Bernasconi & Potok* (oben FN 21), IFLR 2003, 11 ff; *dies.* in: Cross Border Collateral, RZ 28.21.

nicht, welche Rechtsordnung tatsächlich für die Rechtsausübung im Verwertungsfall maßgeblich sein wird. Da die Rechtsausübung durch den Sicherungsnehmer in der Insolvenz eines Kreditinstituts unter Artikel 8 Abs. 2 fällt, bleiben auch Insolvenznormen anwendbar, die die vereinbarungsgemäße Verwertung beeinträchtigen (beispielsweise durch Übergang der Verwertungsbefugnis auf den Insolvenzverwalter) oder verhindern (beispielsweise durch ein Verwertungsverbot).

3. Angriffe auf die Wirksamkeit des Rechtserwerbs

Artikel 8 Abs. 2 lit. a behält für Insolvenzszenarien die Anwendung von Normen vor, die aus Anlass der Insolvenz Angriffe auf in der Vergangenheit abgeschlossene Verfügungen des Schuldners zulassen. Da die Konvention die maßgebliche Insolvenzrechtsordnung nicht selbst bestimmt und diese Rechtsordnung im Falle einer international tätigen Bank außerhalb des Gemeinschaftsrechts auch kaum eindeutig vorhersehbar ist, ergeben sich hier weitere Unsicherheiten für Sicherungsnehmer und andere Geschäftspartner von Kreditinstituten. Sie können im Zeitpunkt ihres Rechtserwerbs nicht vorhersehen, mit welchen Angriffen auf ihre Rechtsposition sie zu rechnen haben.

V. Anknüpfungsmerkmale

Für die Anknüpfung spielt der maßgebliche Intermediär eine zentrale Rolle, denn mit ihm kann die anwendbare Rechtsordnung vereinbart werden. Hilfsweise kommt es im Rahmen der objektiven Anknüpfung auf bestimmte Eigenschaften dieses Intermediärs an.

1. Bestimmung des maßgeblichen Intermediärs

Maßgeblicher Intermediär ist gemäß Artikel 1 Abs. 1 lit. g die Person, die das Depotkonto[49] für den Depotkunden[50] führt. Unselbständige Zweigstellen oder Niederlassungen kommen daher nicht selbst als Intermediäre in Betracht. Die Identifikation des maßgeblichen Intermediärs erfolgt aufgrund objektiver Kriterien, nämlich danach, welcher Rechtsträger mit dem Depotkunden in einer direkten depotvertraglichen Beziehung steht.[51]

a. Verfügungen zugunsten des maßgeblichen Intermediärs

Sofern der Depotkunde zugunsten seines unmittelbaren Intermediärs über Wertpapierguthaben verfügt, stellt Artikel 4 Abs. 3 lit. a klar, dass der Intermediär auch in diesem Falle der maßgebliche bleibt. Hintergrund dieser Klarstellung ist, dass aufgrund einer solchen Verfügung auch eine Umbuchung auf der Ebene des

---

[49] Definiert in Artikel 1 Abs. 1 lit. b.

[50] Definiert in Artikel 1 Abs. 1 lit. d.

[51] Vgl. *Haager Konferenz*, Annotated July 2001 draft, Prel. Doc. No 3 (Juli 2001), 5.

Intermediärs dieses Intermediärs erforderlich sein kann, und zwar vom Fremd- in den Eigenbestand des maßgeblichen Intermediärs. Ohne Artikel 4 Abs. 3 lit. a könnte man diesen höherstufigen Intermediär für den maßgeblichen halten.[52]

b. Das Seite-37-Problem

Das Seite-37-Problem trägt seinen Namen aufgrund seines Standorts im *Bernasconi*-Bericht. Es beruht darauf, dass in einer Kette von Depotverträgen immer der nächst höherstufige Intermediär der maßgebliche ist, und zwar insbesondere auch im Falle der „Übertragung" von Wertpapierguthaben zwischen Depotkunden unterschiedlicher Intermediäre: Für den Veräußerer ist dabei sein Intermediär der maßgebliche, für den Erwerber der seine.[53] Dies war bereits im *Bernasconi*-Bericht so vorgesehen,[54] hat aber bis zum Abschluss der Arbeiten zu Kontroversen geführt.[55] Sie beruhen darauf, dass die Maßgeblichkeit unterschiedlicher Intermediäre regelmäßig auch zur Maßgeblichkeit unterschiedlicher Rechtsordnungen führen wird und damit eine Koordination von Veräußerung und Erwerb nicht möglich ist. Veräußert beispielsweise A Aktien an B, so kann es vorkommen, dass B ein entsprechendes Wertpapierguthaben erwirbt, A seines jedoch noch nicht verloren hat oder aber dass die Veräußerung wirksam ist, ohne dass ein entsprechender Erwerb stattgefunden hätte.

Die Befürworter des Konzepts der Konvention gehen davon aus, dass solche Konflikte keine rechtliche Bedeutung haben, weil der Gegenstand der Berechtigung für Veräußerer und Erwerber unterschiedlich ist. Da der Erwerber unter Umständen und nach Maßgabe der verschiedenen materiellrechtlichen Konzepte rechtlich etwas anderes erwirbt, als das, was der Veräußerer veräußert, ist eine Koordination von Veräußerung und Erwerb nicht zwingend erforderlich.[56] Die Gegner der Aufspaltung von Übertragungsvorgängen hatten indes zur Vermeidung der genannten Konflikte vorgeschlagen, einen der beteiligten Intermediäre als für den gesamten Übertragungsvorgang maßgeblich auszuwählen, und zwar den Intermediär des Endbegünstigten.[57] Das wurde als „Super-PRIMA" be-

---

[52] *Reuschle* (oben FN 28), BKR 2003, 562, 568; *ders.* (oben FN 24), IPRax 2003, 495, 500.

[53] *Goode/Kanda/Kreuzer*, Explanatory Report, RZ 4-43.

[54] *Bernasconi*-Bericht, 37. Da nie etwas anderes vorgesehen war, kann insoweit nicht mit *Pöch* (oben FN 24), ÖBA 2004, 507, 515, von einer bloßen „Teillösung" gesprochen werden.

[55] *Haager Konferenz*, Response to Prel. Doc. No 12 by Japan, Prel. Doc. No 14 A (Mai 2002), 7; Stellungnahme Japans zum vorläufigen Konventionsentwurf von Januar 2002, wiedergegeben in: *Haager Konferenz*, Comments on preliminary draft convention, Prel. Doc. No 9 (März 2002), 24. In diesem Sinne auch die Stellungnahme des Bundesverbandes deutscher Banken, wiedergegeben ebendort, 25, sowie die Stellungnahme der Giovannini-Gruppe, 28 f.

[56] Vgl. *Haager Konferenz*, Transfers involving several intermediaries, Prel. Doc. No 12 (Mai 2002), 5.

[57] *Haager Konferenz*, Proposal by the delegation of Japan, Work. Doc. No 21 (Januar 2002).

zeichnet. Im obigen Beispiel wäre somit der Intermediär des B für den gesamten Übertragungsvorgang maßgeblich. Eine entsprechende Regelung findet sich beispielsweise im deutschen § 17a DepotG.

Der Super-PRIMA-Vorschlag beruht auf der Prämisse, dass das Rechtsverhältnis zwischen Veräußerer und Endbegünstigtem zu den Anknüpfungsgegenständen gehört. Diese Prämisse ist aber unzutreffend: Erfolgt die „Übertragung" im obigen Beispiel unter Einschaltung der Intermediäre X (Depotbank des A und Teilnehmer in Y), Y (Wertpapierabwicklungssystem) und Z (Depotbank des B und Teilnehmer in Y), dann ist maßgeblicher Intermediär für die Veräußerung des A die X. Für die Veräußerung des X sowie für die Folgen der Gutschrift des Y zugunsten des Z ist es Y. Für die Folgen der Gutschrift des Z zugunsten des B ist es Z. Das Rechtsverhältnis zwischen A und B hat damit nichts zu tun und ist in keiner Weise von der Konvention erfasst, mag es auch den wirtschaftlichen Zweck des Übertragungsvorgangs bilden. Insbesondere handelt es sich nicht um eine Verfügung in Form der Übertragung („*transfer of title*") gemäß Artikel 1 Abs. 1 lit. h.[58] Mit dem Super-PRIMA-Vorschlag würde der Konvention daher ein neuer Anknüpfungsgegenstand entnommen, den sie nicht regeln will. Zudem würde die Maßgeblichkeit des Intermediärs des Endbegünstigten zu Rechtsunsicherheiten für den Veräußerer und sonstige zwischengeschaltete Intermediäre führen, denn sie könnten im Zeitpunkt ihrer jeweiligen Rechtshandlungen nicht erkennen, welcher Rechtsordnung die Wirkungen dieser Handlungen unterliegen.

Der Kritik ist aber zuzugeben, dass die nach der Konvention vorzunehmende Aufspaltung von Übertragungsvorgängen auch dann zu Konflikten führt, wenn die Rechte des Veräußerers und des Erwerbers bei formaler Betrachtung unterschiedlich sind. Veräußert A Aktien an B und erhält B eine Gutschrift ohne dass das Depotkonto des A entsprechend belastet wird, so muss beispielsweise geklärt werden, wer von beiden zur Hauptversammlung gehen und dort abstimmen darf. Die Antwort, dass A und B unproblematisch gleichzeitig in unterschiedlicher Weise hinsichtlich derselben Aktien berechtigt sein können, führt hier nicht weiter.[59] Dieses Koordinationsproblem muss aber nicht notwendigerweise auf der Ebene des Kollisionsrechts gelöst werden, indem nur ein Intermediär für die Anknüpfung maßgeblich ist. Vielmehr ist die erforderliche Koordination auch

---

[58] Missverständlich ist insoweit der Titel des Prel. Doc. No 12 „Transfers involving several intermediaries", denn solche *transfers* gibt es nach der Konvention gar nicht. Deshalb wäre zu überlegen, ob man nicht der Begriff *transfer* ganz aus der Konvention streichen und stattdessen zwischen *disposition* (Veräußerung) und *acquisition* (Erwerb) unterscheiden sollte.

[59] Das Problem tritt daher auch in treuhandrechtlich organisierten Systemen auf. Anders wohl *Haubold*, PRIMA – Kollisionsregel mit materiellrechtlichem Kern, RIW 2005, 656, 659.

durch sachrechtliche Abreden zwischen Intermediären möglich.[60] Da die Maßgeblichkeit mehrerer Intermediäre im Rahmen mehrgliedriger Übertragungsvorgänge die genannten Rechtsunsicherheiten vermeidet, die sich für die übrigen Beteiligten aus der Auswahl nur eines maßgeblichen Intermediärs ergeben würden, verdient die Lösung der Konvention im Ergebnis Zustimmung.

2. Wahl der maßgeblichen Rechtsordnung durch die Parteien des Depotvertrages

a. Ausdrückliche Rechtswahl im Depotvertrag

Maßgeblich für die Rechtsverhältnisse des Wertpapierguthabens ist nach Artikel 4 Abs. 1 Satz 1 das ausdrücklich gewählte Statut des Depotvertrages (1. Alternative) bzw. die im Depotvertrag ausdrücklich bestimmte andere Rechtsordnung (2. Alternative). Man kann daher mit *Mankowski* von einem *„Account Agreement Approach"* im Gegensatz zum *„Place of the Relevant Intermediary Approach"* sprechen.[61] Damit erlangen Rechtswahlklauseln in Depotverträgen eine über die Bestimmung des Vertragsstatuts hinausgehende Bedeutung, indem sie gleichzeitig das Statut der im Depot verbuchten Wertpapierguthaben festlegen. Diese Regelungstechnik war vorgeschlagen worden, um zu vermeiden, dass die Wahl der Parteien des Depotvertrages im Streitfall nicht als wirksam angesehen wird, etwa weil sie nicht bestimmte Formulierungen verwendet.[62] Die Rechtswahlklausel kann insbesondere in allgemeinen Geschäftsbedingungen des Intermediärs enthalten sein.[63] Da die Konvention gemäß Artikel 16 Abs. 1 grundsätzlich auch für vor ihrem In-Kraft-Treten geschlossene Verträge gilt, kommt einer bereits erfolgten Rechtswahl dieselbe Bedeutung zu. Eine Anpassung „alter" Depotverträge wird folglich nur insoweit erforderlich sein, als die Wertpapierguthaben nach dem Willen der Parteien einer anderen Rechtsordnung unterliegen sollen als der Depotvertrag selbst.

Bei der Beeinflussung des Statuts des Wertpapierguthabens durch die Parteien des Depotvertrags handelt es sich nicht um eine Rechtswahl im klassischen Sinne, denn das würde voraussetzen, dass den Parteien eines Geschäfts Parteiautonomie eingeräumt wird, also etwa Sicherungsgeber und Sicherungsnehmer oder

---

[60] Vgl. bereits *Drobnig*, Vergleichende und kollisionsrechtliche Probleme der Girosammelverwahrung von Wertpapieren im Verhältnis Deutschland – Frankreich, FS Zweigert, 73, 91 f.

[61] *Mankowski*, Rezension „Cross Border Collateral: Legal Risk and the Conflict of Laws" (Richard Potok), ZBB 2003, 258; vgl. MK-*Wendehorst*, EGBGB, Art. 43 RZ 219 und 238.

[62] *Haager Konferenz*, Summary of discussion workshops in June/July 2002, Prel. Doc. No 16 (September 2002), 5.

[63] *Reuschle* (oben FN 28), BKR 2003, 562, 567.

Veräußerer und Erwerber.[64] Verglichen mit der kollisionsrechtlichen Behandlung von Sachen ist die Wahl der Rechtsordnung durch die Parteien des Depotvertrages indes eher mit der Wahl eines Ortes vergleichbar, an dem eine Sache aufbewahrt wird, deren Rechtsverhältnisse zu beurteilen sind.

Außenstehende können freilich die gewählte Rechtsordnung – anders als den gewählten Ort einer Sache – nicht erkennen. Es fehlt also der Publizitätsaspekt, den die Anknüpfung an den Belegenheitsort typischerweise aufweist.

b. Objektive Grenzen der Wahlmöglichkeit

aa. Inhalt und Zweck der Grenzen

Zum Schutz Dritter gegen die überraschende Anwendung einer Rechtsordnung wird die Wahlmöglichkeit der Parteien des Depotvertrages durch objektive Korrektive beschränkt.[65] Ein solcher Schutz wird beispielsweise zugunsten von Sicherungsnehmern für erforderlich gehalten, die ein Sicherungsrecht an einem Wertpapierguthaben ohne Umbuchung in ein eigenes Depot erwerben,[66] denn die Erwerbsvoraussetzungen, Verwertungsmodalitäten außerhalb der Insolvenz usw. ergeben sich in diesem Falle aus der zwischen dem Sicherungsgeber und dessen Intermediär vereinbarten Rechtsordnung.[67] Die Korrektive des Artikels 4 Abs. 1 Satz 2 sollen ein Mindestmaß an Vorhersehbarkeit der anwendbaren Rechtsordnung gewährleisten. Deshalb wird gefordert, dass der maßgebliche Intermediär im Geltungsbereich der gewählten Rechtsordnung eine Zweigstelle („*office*“) im Sinne von Artikel 1 Abs. 1 lit. j betreibt,[68] die eines der weiteren Kriterien des Artikels 4 Abs. 1 Satz 2 erfüllt.[69] Dazu gehören verschiedene Tätigkeiten im Zusammenhang mit der Depotführung, die von der Zweigstelle allein oder zusammen mit anderen Zweigstellen oder Kooperationspartnern des Intermediärs vorgenommen werden.[70] Die Kriterien müssen indes zum einen nur

---

[64] *Haager Konferenz*, Report of working group, Prel. Doc. No 13 (Juni 2001), 20 f.

[65] Vgl. *Haager Konferenz*, Report of working group, Prel. Doc. No 13 (Juni 2001), 21.

[66] Vgl. Stellungnahme der Europäischen Zentralbank zum vorläufigen Konventionsentwurf von Juni 2002, wiedergegeben in: *Haager Konferenz*, Comments on preliminary draft convention and options, Prel. Doc. No 18 (November 2002), 47.

[67] Vgl. Artikel 2 Abs. 1 lit. b und c.

[68] Die Definition des „*office*“ der Haager Konvention Nr. 36 entspricht weitgehend dem Begriff der „*Zweigstelle*“ in Artikel 1 Nr. 3 der Richtlinie 2000/12/EG, nennt die rechtliche Unselbständigkeit jedoch nicht ausdrücklich.

[69] Der erläuternde Bericht bezeichnet diese Zweigstelle als „*Qualifying Office*“, vgl. *Goode/Kanda/Kreuzer*, Explanatory Report, RZ 4-21 ff.

[70] Vgl. Artikel 4 Abs. 1 Satz 2 lit. a i) - iii). Umstände, die im Rahmen des Artikels 4 Abs. 1 lit. a iii) nicht berücksichtigt werden dürfen, sind in der so genannten „*black list*“ des Absatz 2 aufgeführt.

alternativ erfüllt sein und weisen außerdem keinen notwendigen Bezug zum konkreten Depotkonto auf, auf dem das fragliche Wertpapierguthaben verbucht wurde.

Alternativ dient das Führen von Depotkonten im Geltungsbereich der gewählten Rechtsordnung als Kriterium, sofern diese Konten sich anhand ihrer Kontonummern oder Bankleitzahlen oder auf andere Weise dem entsprechenden Staat zuordnen lassen.[71] Zu diesen Depotkonten muss indes nicht notwendigerweise das konkrete Depotkonto gehören, worauf das fragliche Wertpapierguthaben verbucht wurde.

bb. Zweckdienlichkeit der Grenzen

Maßstab der Zweckdienlichkeit dieser Kriterien ist, ob sie die von den Parteien des Depotvertrages getroffene Rechtswahl – wie beabsichtigt – für Außenstehende erkennbar machen oder wenigstens eine Eingrenzung der wählbaren Rechtsordnungen erlauben. Die Erreichung dieses Zwecks erscheint indes fraglich, weil die Kriterien in keinem Zusammenhang mit einem konkreten Depotkonto stehen.

Für international tätige Geschäftsbanken und Wertpapierhäuser dürfte es regelmäßig möglich sein, im Verhältnis zu ihren Depotkunden die Rechtsordnung ihres Hauptverwaltungssitzes oder einer nahezu beliebigen Zweigstelle zu vereinbaren, zumal die Beschränkungen faktisch nur greifen, wenn die Zweigstelle im Geltungsbereich der gewählten Rechtordnung mit der Führung von Depotkonten nichts zu tun hat.[72] Außerdem kann jedes Haus – jedenfalls theoretisch – so viele Rechtsordnungen zur Anwendung bringen, wie es Depotkunden hat. Die Sicherungsnehmer und Gläubiger des jeweiligen Depotkunden haben keine Möglichkeit, das Gewählte zu erkennen, was die maßgebliche Rechtsordnung für sie unberechenbar macht. Die Einschränkungen der Wahlmöglichkeit sind daher voraussichtlich nicht zweckdienlich. Aufgrund dieser Unsicherheiten ist zu erwarten, dass die Konvention die Tendenz verstärken wird, zur Bestellung von Sicherungsrechten auf Techniken zurückzugreifen, die zur Umbuchung des Wertpapierguthabens auf ein Depotkonto des Sicherungsnehmers führen.

Für die Betreiber von Wertpapierabwicklungssystemen sind die Kriterien hingegen bereits nicht erforderlich, um die Vorhersehbarkeit der maßgeblichen Rechtsordnung zu gewährleisten. Denn für die Betreiber besteht hinsichtlich der Wahlmöglichkeiten ein weitaus engerer Spielraum als für Geschäftsbanken und Wertpapierhäuser, zumal sie in der Regel kaum operative Zweigstellen in unter-

---

[71] Vgl. Artikel 4 Abs. 1 Satz 2 lit. b.

[72] Vgl. Stellungnahme der Europäischen Zentralbank zum vorläufigen Konventionsentwurf von Juni 2002, wiedergegeben in: *Haager Konferenz*, Comments on preliminary draft convention and options, Prel. Doc. No 18 (November 2002), 58; vgl. auch *Pöch* (oben FN 24), ÖBA 2004, 507, 515.

schiedlichen Staaten betreiben.[73] Außerdem besteht für die Betreiber kaum Interesse an der Anwendung unterschiedlicher Rechtsordnungen im Verhältnis zu unterschiedlichen Teilnehmern, denn dadurch könnten die Prozesse des Systems beeinträchtigt werden.[74] Hinzu kommt, dass die Rechtsordnung eines Systems gleichsam seinen Standort bildet, mit dessen Vorzügen bei den Marktteilnehmern um die Teilnehme am System geworben wird. Kämen unterschiedliche Rechtsordnungen zur Anwendung, dann ginge dieser Vorteil verloren. Im Bereich des Gemeinschaftsrechts hätte die Anwendung unterschiedlicher Rechtsordnungen auf unterschiedliche Teilnehmer außerdem praktisch zur Folge, dass das System seine Eigenschaft als System im Sinne der Finalitätsrichtlinie und damit ihren Schutz verliert, denn einheitliche Abwicklungsregeln im Sinne von Artikel 2 lit. a der Richtlinie sind unter diesen Voraussetzungen kaum denkbar.[75] Daran dürfte seitens des Systembetreibers ebenfalls kein Interesse bestehen, zumal der Status als gemeldetes System im Sinne der Richtlinie als „Gütezeichen" angesehen wird.[76] Es ist daher auch ohne die Einschränkungen des Artikels 4 Abs. 1 Satz 2 davon auszugehen, dass die maßgebliche Rechtsordnung allen Beteiligten bekannt ist.

Zusammenfassend kann man daher sagen, dass die Einschränkungen ihren Zweck nicht erreichen.

c. Grenzen der Wirkung der Rechtswahl gegenüber Dritten, die zuvor ein Recht am Wertpapierguthaben erworben haben

Die Parteien des Depotvertrages können die Wahl der anwendbaren Rechtsordnung nachholen oder wiederholen. Hat ein Dritter vor der Wahl der (neuen) Rechtsordnung ein Recht am Wertpapierguthaben des Depotkunden erworben, ohne dass dieses Guthaben seither abgebucht wurde, dann ergibt sich für die daran bestehenden Rechte ein Statutenwechsel. Dies bliebe dem Dritten verborgen und könnte eine Verschlechterung seiner Rechtsstellung zur Folge haben. Um die Beeinträchtigung erworbener Rechte Dritter zu mindern, wurde auf der Diplomatischen Konferenz Artikel 7 neu eingefügt.[77]

Gemäß Artikel 7 Abs. 3 ist grundsätzlich die neue Rechtsordnung auf die Anknüpfungsgegenstände des Artikels 2 Abs. 1 anwendbar. Einschränkungen zum

---

[73] *Deguée & Devos* (oben FN 38), RDC 2006, 5, 24; *Saager*, Die Haager Wertpapierkonvention, Die Bank 11/2005, 24, 26 f.

[74] Stellungnahme der Europäischen Zentralbank zum Beschlussvorschlag KOM (2003) 783 endg., ABl. 2005 C 81/10, 14.

[75] Vgl. *Deguée & Devos* (oben FN 38), RDC 2006, 5, 24.

[76] Vgl. *Europäische Kommission*, Auswertungsbericht zur Richtlinie 98/26/EG über die Wirksamkeit von Abrechnungen in Zahlungs- sowie Wertpapierliefer- und -abrechnungssystemen, KOM (2005) 657 endg./2, 5.

[77] Dazu *Reuschle* (oben FN 28), BKR 2003, 562, 569.

Schutz des Dritten enthält Abs. 4, wonach Erwerb und Veräußerung des Rechts des Dritten von der Rechtsänderung unberührt bleiben, wenn sie vorher abgeschlossen waren.[78] Auf nicht abgeschlossene Verfügungen kommt insgesamt die neue Rechtsordnung zur Anwendung.[79] Eine entsprechende Unterscheidung zwischen vor und nach dem Wechsel erworbenen Rechten gilt für die Beurteilung von Rangfragen: Zwischen vor dem Wechsel erworbenen Rechten entscheidet die „alte" Rechtsordnung. Ist ein nach dem Wechsel erworbenes Recht im Spiel, dann entscheidet die „neue" Rechtsordnung.[80] Das gilt auch für Erwerbsvorgänge, die im Zeitpunkt des Wechsels noch nicht abgeschlossen („*perfected*") waren.[81]

Die Gegenstände des Artikels 2 Abs. 1 lit. a des vor dem Wechsel erworbenen Rechts bleiben gegenüber dem maßgeblichen Intermediär sowie gegenüber Personen, die vor dem Wechsel an Verfügungen über das Wertpapierguthaben beteiligt waren (etwa als Veräußerer) der alten Rechtsordnung unterstellt.[82] Dasselbe gilt gegenüber Personen, die nach dem Wechsel zwangsweise auf das Wertpapierguthaben zugreifen wollen, dem das Recht des Dritten besteht.[83]

Gegenüber einem Insolvenzverwalter in einem nach dem Wechsel eröffneten Insolvenzverfahren richten sich sämtliche Anknüpfungsgegenstände des Artikels 2 Abs. 1 nach dem „alten" Recht.[84] Das betrifft aber wegen Artikel 8 Abs. 2 nicht die Rechtsausübung. Diese unterliegt vielmehr der maßgeblichen Insolvenzrechtsordnung.

3. Objektive Anknüpfung (PRIMA)

Fehlt es an der ausdrücklichen Wahl einer Rechtsordnung, dann kommen stufenweise die objektiven Anknüpfungsmerkmale aus Artikel 5 zur Anwendung. Dabei wird jeweils eine Lokalisierung des Intermediärs vorgenommen, von deren Ergebnis dann der Schwerpunkt der Rechtsverhältnisse des Wertpapierguthabens abhängt. In dieser subsidiären Regelung ist der ursprüngliche PRIMA noch erhalten.

a. Lokalisierung des maßgeblichen Intermediärs anhand der Angaben im Depotvertrag

Die Lokalisierung kann in der ersten Variante des Artikels 5 durch die Parteien des Depotvertrages beeinflusst werden. Sofern sich demnach aus einem schrift-

---

[78] Vgl. Artikel 7 Abs. 4 lit. a.

[79] Vgl. Artikel 7 Abs. 3), dazu *Reuschle* (oben FN 24), IPRax 2003, 495, 503.

[80] Artikel 7 Abs. 4 lit. c.

[81] Artikel 7 Abs. 5.

[82] Artikel 7 Abs. 4 lit. b i).

[83] Artikel 7 Abs. 4 lit. b ii).

[84] Artikel 7 Abs. 4 lit. b iii).

lichen Depotvertrag ausdrücklich ergibt, dass der Intermediär diesen Vertrag durch eine bestimmte Zweigstelle geschlossen hat, ist die Rechtsordnung am Ort dieser Zweigstelle maßgeblich, sofern es sich um ein *Qualifying Office* handelt.[85] Die in Artikel 5 Abs. 1 Satz 2 enthaltene Liste mit nicht zu berücksichtigenden Umständen enthält insbesondere das Verbot der Berücksichtigung von Gerichtsstandsvereinbarungen. Das ist deshalb bemerkenswert, weil eines der Argumente für die Anknüpfung an den Ort des Intermediärs ursprünglich war, dass an diesem Ort Rechte in Bezug auf die verbuchten Wertpapiere im Wege der Klage gegen den Intermediär geltend gemacht werden können.[86] Vor diesem Hintergrund wäre es nicht von vornherein ausgeschlossen gewesen, als Ort des Intermediärs gegebenenfalls auch einen vereinbarten Gerichtsstand anzusehen.

Eine Bestimmung der maßgeblichen Zweigstelle des maßgeblichen Intermediärs durch die Parteien des Depotvertrages war ab Mai 2001 als *„branch / office approach"* diskutiert worden.[87] Neu an Artikel 5 ist aber, dass die Wahl der Zweigstelle ausdrücklich erfolgen muss, was die Rechtssicherheit zwischen den Parteien des Depotvertrages erhöht. Neu im Verhältnis zum ursprünglichen *branch / office approach* ist auch, dass die Kriterien, welche die Wahlmöglichkeit einschränken, nicht auf das konkrete Depotkonto bezogen sind, worauf das fragliche Wertpapierguthaben verbucht ist. Das ergibt sich aus der Verweisung des Artikels 5 Abs. 1 Satz 1 auf Artikel 4 Abs. 1 Satz 2, der keinen entsprechenden Bezug herstellt (siehe oben, S. 123 f).

b. Objektive Lokalisierung

Die Anknüpfung an einen objektiv zu bestimmenden Ort des maßgeblichen Intermediärs kommt erst dann zum Zuge, wenn es auch an einer Ortswahl fehlt. Anknüpfungsmerkmal ist dann gemäß Artikel 5 Abs. 2 Halbsatz 1 zunächst der Gründungs- bzw. der sonstige Organisationsort des maßgeblichen Intermediärs, wobei für die Bestimmung dieses Ortes der Zeitpunkt des Abschlusses des schriftlichen Depotvertrages maßgeblich ist, andernfalls der Zeitpunkt der Depoteröffnung.

Der Gründungs- bzw. der sonstige Organisationsort bestimmt in Mehrrechtsstaaten zugleich die anwendbare Teilrechtsordnung, falls Gründung bzw. Organisation nach dieser Teilrechtsordnung erfolgten. Andernfalls kommt die Teilrechtsordnung zur Anwendung, in welcher der Intermediär zur entsprechenden Zeit seinen (Haupt-) Geschäftssitz hatte (Artikel 5 Abs. 2 Halbsatz 2).

Kann die anwendbare Rechtsordnung nicht aufgrund der vorstehenden Anknüpfungsmerkmale bestimmt werden, so wird gemäß Artikel 5 Abs. 3 an den (Haupt-) Geschäftssitz des Intermediärs angeknüpft.

---

[85] Artikel 5 Abs. 1 iVm. Artikel 4 Abs. 1 Satz 2.

[86] Vgl. *Wood*, Comparative law of security and guarantees, RZ 6-44.

[87] Vgl. *Haager Konferenz*, Annotated July 2001 draft, Prel. Doc. No 3 (Juli 2001), 14.

4. Nicht zu berücksichtigende Umstände („*black list*")

Artikel 6 listet Umstände auf, die bei der Bestimmung der maßgeblichen Rechtsordnung generell unberücksichtigt bleiben müssen. Dazu gehören insbesondere die bislang gebräuchlichen Anknüpfungsmerkmale des Wertpapierkollisionsrechts (Sitz- bzw. Gründungsort des Emittenten, Belegenheitsort der Wertpapierurkunden und Ort des Emittentenregisters).

V. Sachnormverweisung

Die aufgrund der Artikel 4 bzw. 5 bestimmte Rechtsordnung ist unter Ausschluss ihrer Kollisionsnormen anwendbar (vgl. Artikel 10). Die Zulassung eines *renvoi* hätte insbesondere dem Zweck der Rechtswahlmöglichkeit widersprochen. Außerdem könnte er dazu führen, dass ungeachtet der Kollisionsrechtsvereinheitlichung unvereinheitlichtes Kollisionsrecht zur Anwendung käme, was unsachgemäß wäre.

VI. Zusammenfassung

Zu den Anknüpfungsgegenständen der Konvention gehören Inhalt und Wirkungen der Rechte des Depotkunden im Rahmen seines Wertpapierguthabens. Auch darüber hinaus sind die Folgen einer auf Wertpapiere lautenden Gutschrift auf einem Depotkonto – insbesondere für den Rechtserwerb des Depotkunden oder Sicherungsnehmers – nach der Konvention anzuknüpfen. Weiter ist die Geltendmachung von Wertpapierguthaben und Wertpapiersicherheiten als Anknüpfungsgegenstand erfasst.

Die maßgebliche Rechtsordnung kann von den Parteien des Depotvertrages gewählt werden, hilfsweise wird sie aufgrund objektiver Kriterien bestimmt.

Im Falle der Insolvenz eines Kreditinstituts (als maßgeblicher Intermediär, Sicherungsgeber oder sonstiger Geschäftspartner) bleibt das Begründungsstatut der Rechte des Depotkunden bzw. des Sicherungsnehmers unwandelbar, sofern der Erwerb vor Verfahrenseröffnung abgeschlossen war. Die Rechtsausübung durch Depotkunden und Sicherungsnehmer hingegen unterliegt der aufgrund autonomer Regeln zu ermittelnden Rechtsordnung. Sie kann außerdem durch anzuerkennende Insolvenzwirkungen beeinträchtigt werden. Die Anknüpfung insolvenzbedingter Angriffe, insbesondere auf die Rechte eines Sicherungsnehmers oder sonstigen Geschäftspartners, ist nicht geregelt.

VII. Vergleich der Anknüpfungsregeln der Konvention mit den gemeinschaftsrechtlichen Anknüpfungsregeln

Während sich das Gemeinschaftsrecht bislang auf die Bestimmung des Wirkungsstatuts von Wertpapiersicherheiten in der Insolvenz des Sicherungsgebers bzw. auf das Wirkungsstatut von Wertpapierguthaben in der Insolvenz des maßgeblichen Intermediärs konzentriert, spart die Haager Konvention diesen Bereich aus. Sie bestimmt stattdessen das Begründungsstatut und das Wirkungsstatut außerhalb von Insolvenzszenarien und damit Bereiche, die von den gemeinschaftsrechtlichen Vorgaben jedenfalls nicht unmittelbar erfasst sind. Auch die Anknüpfungsmerkmale des Gemeinschaftsrechts und der Haager Konvention unterscheiden sich grundlegend.

1. Anknüpfungsgegenstand

a. Wertpapierguthaben

Die gemeinschaftsrechtlichen Richtlinienvorgaben unterscheiden teils noch begrifflich zwischen „Wertpapieren" und „Rechten an Wertpapieren" (Artikel 9 Abs. 2 der Finalitätsrichtlinie) bzw. zwischen „Eigentumsrechten an Instrumenten" und „anderen Rechten an Instrumenten" (Artikel 24 der Bankensanierungs- und -liquidationsrichtlinie). Diese umständlichen Formulierungen verschleiern, dass letztlich die jeweiligen Rechte des Depotkunden aufgrund einer Gutschrift über Wertpapiere auf seinem Depotkonto in Rede stehen. Missverständnisse entstehen dabei insbesondere weil die verwendeten Begriffe („Wertpapier", „Eigentum" und Recht „an" einem Gegenstand) im Sachrecht der Mitgliedstaaten bereits mit einem Sinn belegt sind.

Demgegenüber besteht die Neuerung der Haager Konvention darin, den kollisionsrechtlichen Ausgangspunkt auf die Beurteilung der Rechte des Depotkunden zu verlagern: *securities held with an intermediary* sind etwas anderes als *securities* bzw. Wertpapiere. Die Konvention schließt zwar nicht aus, dass der Depotkunde auch Wertpapiere oder Wertpapierurkunden erwirbt, sie enthält aber insoweit selbst keine Regelung.

b. Rechtserwerb

Der Rechtserwerb gehört unmittelbar zu den Anknüpfungsgegenständen der Haager Konvention, und zwar sowohl mit als auch ohne Sicherungszweck. Im Gemeinschaftsrecht hingegen ist die Anknüpfung des Rechtserwerbs nur für bestimmte Wertpapiersicherheiten im Rahmen des Artikels 9 der Finanzsicherheitenrichtlinie vorgegeben. Im Übrigen kann allenfalls eine „weite Umsetzung" der Anknüpfungsregeln der Finalitäts- und der Bankensanierungs- und -liquidationsrichtlinie vorgenommen werden. Eine Lösung des im Haag so genannten Seite-37-Problems ist für das Gemeinschaftsrecht aufgrund des eingeschränkten direkten Geltungsbereichs der Anknüpfungsvorgaben bislang nicht diskutiert worden.

c. Rechtsausübung

Die Anknüpfung der Rechtsausübung durch Depotkunden ist in der Haager Konvention und in Artikel 24 der Bankensanierungs- und -liquidationsrichtlinie geregelt, wobei die Haager Konvention nur die Zeit vor der Eröffnung eines Insolvenzverfahrens über den maßgeblichen Intermediär erfasst und die

Rechtsausübung danach gemäß Artikel 8 Abs. 2 lit. b dem maßgeblichen Insolvenzrecht überlässt, ohne dieses selbst zu bestimmen. Durch einen Wechsel der Anknüpfungsregel kann die Verfahrenseröffnung einen Statutenwechsel herbeiführen. Demgegenüber stellt Artikel 24 der Bankensanierungs- und -liquidationsrichtlinie sicher, dass Begründungs- und Wirkungsstatut identisch sind.

Für die Anknüpfung der Ausübung erworbener Sicherungsrechte enthalten sowohl die Haager Konvention als auch die gemeinschaftsrechtlichen Richtlinien Regelungen. Auch diese unterscheiden sich in ihren zeitlichen Anwendungsbereichen, denn nur die Haager Konvention und Artikel 9 Abs. 2 lit. d der Finanzsicherheitenrichtlinie erfassen unmittelbar die Rechtsausübung außerhalb von Insolvenzverfahren. Für die Zeit nach Insolvenzeröffnung hingegen sind zwar die untersuchten gemeinschaftsrechtlichen Vorgaben einschlägig, nicht aber die Haager Konvention, die auch insoweit die Rechtsausübung dem maßgeblichen Insolvenzrecht überlässt.

Die Anknüpfung der Verwertung des Sicherungsguts durch wertmäßige Einbeziehung in eine Aufrechnung infolge Beendigung ist nur im Gemeinschaftsrecht vorgegeben.

2. Anknüpfungsmerkmale

Die Anknüpfungsmerkmale der Haager Konvention und des Gemeinschaftsrechts unterscheiden sich grundlegend, indem die Konvention den Parteien des Depotvertrages die Wahl der maßgeblichen Rechtsordnung erlaubt, wohingegen die Richtlinien von einer objektiven Anknüpfung ausgehen.[88] Gleichwohl beanspruchen beide Ansätze jeweils für sich, die Rechtssicherheit zu erhöhen.

Aus gemeinschaftsrechtlicher Sicht soll gewährleistet werden, dass der Anknüpfungspunkt – und damit die maßgebliche Rechtsordnung – für Personen, die Rechte in Bezug auf ein Wertpapierguthaben erwerben, in vergleichbarer Weise erkennbar ist, wie der Belegenheitsort einer Sache. Das soll insbesondere für Teilnehmer von Wertpapierabwicklungssystemen gelten. Die Anknüpfung soll zu diesem Zweck nach klaren und objektiv erkennbaren Kriterien erfolgen.[89] Wer ein Sicherungsrecht in einem Wertpapierabwicklungssystem erwirbt, soll *ex ante* sicher sein, welcher Rechtsordnung die Rechtsausübung unterliegen wird, ohne herausfinden zu müssen, was der Sicherungsgeber mit dem Betreiber

---

[88] Stellungnahme der Europäischen Zentralbank zum vorläufigen Konventionsentwurf von Juni 2002, wiedergegeben in: *Haager Konferenz*, Comments on preliminary draft convention and options, Prel. Doc. No 18 (November 2002), 49; *Löber*, The developing EU legal framework for clearing and settlement of financial instruments, 55 f.

[89] Stellungnahme der *European Financial Markets Lawyers Group* zum Richtlinienentwurf (KOM (2001) 168 endg.), 5.

vereinbart hat.[90] Problematisch daran ist aber zunächst, dass die Richtlinienvorgaben selbst keine klaren Kriterien dafür enthalten, wie der Ort des maßgeblichen Kontos bzw. einer kontoführenden Institution zu bestimmen ist. Die Umsetzung kann daher zu inhaltlich unterschiedlichen Regelungen führen.[91] Auch ist nicht in jedem Falle sichergestellt, dass Sicherungsnehmer, die das Wertpapierguthaben nicht selbst erwerben, eine eigene Erkenntnismöglichkeit hinsichtlich der auf ihr Sicherungsrecht anwendbaren Rechtsordnung haben. Denn selbst wenn man Bankleitzahl oder Kontonummer für maßgeblich hält, muss der Sicherungsnehmer sich insoweit auf Aussagen des Sicherungsgebers oder auf von ihm vorgelegte Verträge oder Depotauszüge verlassen.[92] Zwar handelt es sich um objektive Kriterien, die relevanten Umstände sind aber ihrerseits nicht objektiv erkennbar.[93] Es steht im Ergebnis nicht fest, dass es für den Sicherungsnehmer einfacher ist, Auskunft bezüglich einer Bankleitzahl oder Depotkontonummer zu erhalten als bezüglich einer gewählten Rechtsordnung.

Die Haager Konvention macht die maßgebliche Rechtsordnung durch Einräumung der Wahlmöglichkeit nur, aber immerhin für die Parteien des Depotvertrages eindeutig erkennbar. Sicherungsnehmer können sich gegen die Anwendung dieser für sie nicht erkennbaren Rechtsordnung schützen, indem sie den Sicherungsgeber veranlassen, das als Sicherungsgut dienende Wertpapierguthaben in ein Depot umbuchen zu lassen, dessen maßgebliche Rechtsordnung dem Sicherungsnehmer bekannt ist.

3. Möglichkeit der Anpassung des Gemeinschaftsrechts

Da sich derzeit sowohl die Anknüpfungsgegenstände als auch die Anknüpfungsmerkmale des Gemeinschaftsrechts einerseits der Haager Konvention andererseits unterscheiden, stellt sich die Frage, ob und gegebenenfalls wie diese Inkompatibilität überwunden werden soll. Für eine Angleichung spricht, dass gerade die Unterschiede in der Anknüpfung und die daraus resultierenden Rechtsunsicherheiten Anlass zur gemeinschaftsrechtlichen Harmonisierung und auch zur Ausarbeitung der Haager waren. Eine Koexistenz unterschiedlicher

---

[90] Stellungnahme der Europäischen Zentralbank zum vorläufigen Konventionsentwurf von Juni 2002, wiedergegeben in: *Haager Konferenz*, Comments on preliminary draft convention and options, Prel. Doc. No 18 (November 2002), 51 f.

[91] Für den Fall der Beibehaltung der objektiven Anknüpfung im Gemeinschaftsrecht tritt die Europäische Kommission daher für eine gemeinschaftsrechtliche Präzisierung der Lokalisierungskriterien ein, *Europäische Kommission*, Bewertungsbericht über die Richtlinie über Finanzsicherheiten, KOM (2006) 833 endg., 12 f.

[92] Vgl. *Europäische Kommission*, Legal assessment of certain aspects of the Hague Securities Convention, SEC (2006) 910, 12.

[93] Zum Problem der Lokalisierung eines Depotkontos bereits *Guynn*, Modernizing Securities Ownership, Transfer and Pledging Laws, 35.

Kollisionsregeln kann daher grundsätzlich nicht als wünschenswert angesehen werden.[94] Eine Angleichung erscheint auch deshalb sinnvoll, weil die Mitgliedstaaten an die gemeinschaftsrechtlichen Vorgaben gebunden und deshalb gehindert sind, die Haager Konvention zu ratifizieren, solange das Gemeinschaftsrecht nicht mit den Regelungen der Konvention in Einklang steht.[95] Die Konvention würde somit keine praktische Bedeutung erlangen, obwohl sie einstimmig angenommen wurde.

Übereinstimmung zwischen dem Gemeinschaftsrecht und der Konvention kann entweder durch Änderung der Richtlinienvorgaben erzielt werden, wie es die Europäische Kommission vorschlägt,[96] oder durch ersatzlose Streichung der entsprechenden kollisionsrechtlichen Vorgaben des Gemeinschaftsrechts.[97] Zu berücksichtigen ist dabei, dass die Angleichung nicht zu einer Verringerung der im Gemeinschaftsrecht erreichten Rechtssicherheit führen darf.[98] Vor diesem Hintergrund sprechen die Defizite der Konvention hinsichtlich ihres Anwendungsbereichs gegen die Streichung der gemeinschaftsrechtlichen Vorgaben, denn der Anwendungsbereich der Konvention erfasst insbesondere nicht den Kernbereich des Artikels 9 Abs. 2 der Finalitätsrichtlinie und des Artikels 24 der Bankensanierungs- und -liquidationsrichtlinie sowie nur einen Teil des Anwendungsbereichs des Artikels 9 der Finanzsicherheitenrichtlinie. Die Defizite führen dazu, dass es im Geltungsbereich der Haager Konvention in der Insolvenz eines Kreditinstituts für Depotkunden, Sicherungsnehmer und andere Geschäftspartner zum Statutenwechsel kommen kann, womit Rechtsunsicherheiten verstetigt werden, die das Gemeinschaftsrecht ausräumt. Die Streichung der gemeinschaftsrechtlichen Vorgaben hätte daher einen unmittelbaren Verlust an Rechtssicherheit zur Folge.

Die Lösung des Problems ist daher in einer Anpassung der in den Richtlinien enthaltenen Anknüpfungsmerkmale zu suchen. Dabei stellt sich – ungeachtet der Zustimmung auch der Mitgliedstaaten zur Konvention – die Frage, ob die Einführung einer Wahl der maßgeblichen Rechtsordnung im Gemeinschaftsrecht

---

[94] Vgl. *Giovannini*-Bericht 2003, 13.

[95] Vgl. Stellungnahme der Europäischen Zentralbank zum vorläufigen Konventionsentwurf von Juni 2002, wiedergegeben in: *Haager Konferenz*, Comments on preliminary draft convention and options, Prel. Doc. No 18 (November 2002), 51.

[96] *Europäische Kommission*, Vorschlag für einen Beschluss des Rates zur Unterzeichnung des Haager Übereinkommens über die auf bestimmte Rechte in Bezug auf Intermediär-verwahrte Wertpapiere anzuwendende Rechtsordnung, KOM (2003) 783 endg., 4.

[97] *Reuschle* (oben FN 28), BKR 2003, 562, 571. Vgl. auch die Stellungnahme Belgiens zum vorläufigen Konventionsentwurf von Juni 2002, wiedergegeben in: *Haager Konferenz*, Comments on preliminary draft convention and options, Prel. Doc. No 18 (November 2002), 30.

[98] Vgl. Stellungnahme der Europäischen Zentralbank zum Beschlussvorschlag KOM (2003) 783 endg., ABl. 2005 C 81/10, 13 f.

ohne einen Verlust an Rechtssicherheit möglich ist. Das kann im Ergebnis bejaht werden.

Wertpapierguthaben und Wertpapiersicherheiten, die in gemeldeten Systemen im Sinne der Finalitätsrichtlinie eingetragen sind, werden auch im Falle einer Anpassung der Richtlinie weiterhin nur jeweils einer Rechtsordnung unterliegen, denn die Wahl unterschiedlicher Rechtsordnungen im Verhältnis zu unterschiedlichen Teilnehmern würde den Verlust der Privilegierung des Systems bedeuten. Denn einheitliche Abwicklungsregeln im Sinne der Finalitätsrichtlinie sind ohne Übereinstimmung der abzuwickelnden Rechte kaum praktikabel.[99] Umgekehrt hätte aber die Anpassung des Artikels 9 Abs. 2 der Finalitätsrichtlinie an die Anknüpfungsmerkmale der Haager Konvention den Vorteil, für die Verwertung von Wertpapiersicherheiten, die im System verbucht sind, die für das System gewählte Rechtsordnung zur Anwendung zu bringen, denn die Wahl einer Rechtsordnung für das System hätte zugleich Bedeutung für die im System verbuchten Wertpapierguthaben und Wertpapiersicherheiten. Eine Einbuße an Rechtssicherheit wäre nicht zu erwarten, weil alle Teilnehmer die maßgebliche Rechtsordnung kennen und Außenstehende sie ohne größere Schwierigkeiten anhand der Meldung des Systems herausfinden können.[100] Da die Wahl unterschiedlicher Rechtsordnungen bezüglich der Wertpapierguthaben der Teilnehmer rechtlich jedoch nicht ausdrücklich ausgeschlossen ist, können verbleibende Unsicherheiten beseitigt werden, indem die Wahl nur einer Rechtsordnung im Verhältnis zu allen Teilnehmern bezüglich ihrer Wertpapierguthaben ergänzend in Artikel 2 lit. a der Finalitätsrichtlinie aufgenommen wird.[101]

Für außerhalb der gemeldeten Systeme eingetragene Wertpapierguthaben und Wertpapiersicherheiten bleibt es hingegen dabei, dass regelmäßig nur der Depotkunde und sein maßgeblicher Intermediär die anwendbare Rechtsordnung kennen können, sofern diese aufgrund der Regelungen der Konvention von den Parteien des Depotvertrags gewählt werden kann. Wer ein Recht an einem Wertpapierguthaben erwerben will, muss daher dafür sorgen, dass es einem Depotkonto gutgeschrieben wird, dessen maßgebliche Rechtsordnung dem Erwerber bekannt ist, was gegebenenfalls eine Änderung der Marktpraxis erfordert.

Ein gewisses Missbrauchspotential könnte sich mit Blick auf die gemeinschaftsrechtliche Koppelungslösung für die Angreifbarkeit von Rechtshandlungen ergeben. Denn nach dieser Lösung hat das Begründungsstatut bezüglich der Angreifbarkeit eines Rechts das „letzte Wort" (dazu oben, S. 79 f). Durch die

---

[99] Vgl. *Europäische Kommission*, Legal assessment of certain aspects of the Hague Securities Convention, SEC (2006) 910, 18.

[100] Eine Liste der gemeldeten Systeme ist abrufbar unter: http://europa.eu.int/comm/internal_market/payments/clearing/dir-98-26-art10-national_en.htm.

[101] Vgl. *Europäische Kommission*, Legal assessment of certain aspects of the Hague Securities Convention, SEC (2006) 910, 18 und 21 f.

Wahl einer anfechtungsfeindlichen Rechtsordnung könnten die Parteien des Depotvertrags daher die Angreifbarkeit ihrer Rechtshandlungen zum Nachteil späterer Insolvenzgläubiger des Depotkunden ausschließen. Dieses Risiko sollte aber nicht überschätzt werden, denn es ist davon auszugehen, dass die Rechtsordnungen der Mitgliedstaaten die Interessen der Gläubiger grundsätzlich ebenfalls schützen.

4. Zusammenfassung

Der Ansatz der Haager Konvention, einheitliches Kollisionsrecht für Wertpapierguthaben und Wertpapiersicherheiten zu schaffen, steht im Gegensatz zu den fragmentarischen Anknüpfungsvorgaben des Gemeinschaftsrechts. Allerdings nimmt die Konvention die Anknüpfung der Rechtsausübung in Insolvenzsituationen vollständig aus. Da kollisionsrechtliche Unsicherheiten insbesondere in Insolvenzszenarien zutage treten, sollten gemeinschaftsrechtliche Anknüpfungsregeln für solche Szenarien unbedingt beibehalten werden. Die Anknüpfungsmerkmale sind indes an die Haager Konvention anzupassen.

B. Der *Unidroit*-Entwurf

I. Hintergrund und Zweck

Im Jahre 2002 nahm *Unidroit* die Arbeit am Projekt *Harmonised Substantive Rules regarding Securities held with an Intermediary* auf. Die so entwickelten Sachnormen sollen einerseits die Kollisionsregeln der Haager Konvention und andererseits die nur fragmentarischen Vorgaben des Gemeinschaftsrechts ergänzen[102] mit dem Ziel, Anleger und Sicherungsnehmer sowie Integrität und Effizienz des Finanzsystems als solchem zu schützen.[103]

Die Vereinheitlichung wird auf das Notwendige beschränkt, um zu vermeiden, dass die künftige Konvention typische Schwächen des Einheitsrechts aufweist (etwa einen weiten Anwendungsbereich bei geringer Regelungsdichte) und/oder von den Normadressaten inhaltlich nicht akzeptiert wird.[104] Diese Beschränkung auf das Notwendige kommt insbesondere in der Zweiteilung des vorliegenden Entwurfs[105] zum Ausdruck: Während die Kapitel I - V für die beitretenden Staaten obligatorisch sind, unterliegt Kapitel VI einer differenzierten *Opt-out*-Möglichkeit.

---

[102] *Unidroit*, Study LXXVIII, Explanatory notes, Doc. 19 (Dezember 2004), 17.

[103] *Unidroit*, Study LXXVIII, First session of the UNIDROIT Study Group on securities held with an intermediary (September 2002), 1.

[104] Vgl. zu diesen Kritikpunkten am klassischen Einheitsrecht: *Kronke*, FS Max-Planck-Institut für Privatrecht, 757, 761.

[105] Preliminary draft Convention on Substantive Rules regarding Intermediated Securities, Doc. 94 (Juli 2007).

Als notwendig wird die Sachrechtsvereinheitlichung angesehen, soweit sie zur Verringerung rechtlicher oder systemischer Risiken erforderlich ist oder zur Steigerung der Markteffizienz beiträgt.[106] Vor diesem Hintergrund ergibt sich die Notwendigkeit des Projekts zum einen daraus, dass die kollisionsrechtliche Regelung der Haager Konvention die Anwendung wenig entwickelter Sachrechtsordnungen zur Folge haben kann.[107] Um Risiken zu vermeiden, die sich daraus für die Rechtssicherheit ergeben würden, sind ergänzend einheitliche sachrechtliche Standards erforderlich.[108]

Eine Sachrechtsvereinheitlichung ist weiter insoweit erforderlich, als die bislang mangelnde Kompatibilität unterschiedlicher Sachrechte im Falle rechtsordnungsübergreifender Inhaberschaft oder Übertragung von Wertpapierguthaben zu Rechtsunsicherheiten führt.[109] Das heißt: Sind auf unterschiedliche Aspekte desselben Lebenssachverhalts unterschiedliche Rechtsordnungen anwendbar, so kann bislang nicht von einem reibungslosen Zusammenspiel dieser Rechtsordnungen ausgegangen werden. Vielmehr hat die Anwendung unterschiedlicher Rechtsordnungen auf die unterschiedlichen Depotverträge einer Kette zur Folge, dass auf jeder Stufe unterschiedliche Rechtspositionen bezüglich der verbuchten Wertpapiere verschafft bzw. weitergeleitet werden. Die Rechtsposition des Depotkunden bleibt daher häufig unklar,[110] woran sich auch durch eine gestufte Anknüpfung der Wirkungen von Gutschriften nichts ändert.[111] Eine Klärung steht derzeit auch im Gemeinschaftsrecht noch aus.[112]

Nach dem Entwurf bleibt zwar neben den einheitsrechtlichen Standards die Anwendung unvereinheitlichten nationalen Rechts weiter möglich. Im Interesse der Rechtssicherheit gehen die aufgrund Einheitsrechts erworbenen Sicherungsrechte an einem Wertpapierguthaben jedoch im Konfliktfall anderen Sicherungsrechten an demselben Wertpapierguthaben vor.

---

[106] *Unidroit*, Study LXXVIII, Position Paper, Doc. 8 (August 2003), 14.

[107] Vgl. *Unidroit*, Study LXXVIII, Position Paper, Doc. 8 (August 2003), 11; *Paech*, Grenzüberschreitende Wertpapierverfügungen – Rechtssicherheit und Effizienz durch Kompatibilität des Depotrechts, WM 2005, 1101, 1102.

[108] Dieser Aspekt ist als *„internal soundness"* bezeichnet worden, *Unidroit*, Study LXXVIII, Position Paper, Doc. 8 (August 2003), 13.

[109] Paech, Harmonising Substantive Rules for the Use of Securities Held with Intermediaries as Collateral: the UNIDROIT Project, Unif. L. Rev. 2002, 1140, 1156; Dieser Aspekt ist als „compatibility" bezeichnet worden, Unidroit, Study LXXVIII, Position Paper, Doc. 8 (August 2003), 13.

[110] Näher dazu oben, S. 5.

[111] Das zeigt insbesondere das im Rahmen der Haager Konvention Nr. 36 diskutierte Seite-37-Problem, näher dazu oben S. 119 ff.

[112] Zum *Account-Certainty*-Projekt oben S. 101 ff.

Bei der Formulierung des Entwurfs wurde darauf geachtet, möglichst weitgehend Funktionsbegriffe zu verwenden, was als *functional approach* bezeichnet wurde.[113] Funktionsbegriffe sind nicht mit einer rechtlichen Bedeutung in einzelnen Rechtsordnungen belegt, sondern bezeichnen Tatbestandsmerkmale und Rechtsfolgen anhand ihrer Funktion und weichen so von den Systembegriffen der nationalen Rechtsordnungen ab.[114] Dadurch wird vermieden, dass Einheitsrecht im Lichte nationaler Rechtsbegriffe ausgelegt und der Vereinheitlichungserfolg somit gemindert bzw. dass einer nationalen Rechtsordnung neue Bedeutungen bestehender Begriffe aufgezwungen werden;[115] die eigenständige Auslegung und Anwendung des Einheitsrechts wird so gefördert. Dieser funktionale Ansatz erklärt, weshalb man im Entwurf auf neutrale Beschreibungen von Umständen auf Tatbestandsseite (z.B. *„credit of securities to a securities account"*, vgl. Artikel 7 Abs. 1) bzw. daran geknüpfter Folgen auf Rechtsfolgenseite (z.B. *„right to receive and exercise the rights attached to the securities"*, vgl. Artikel 7 Abs. 1 lit. a) stößt. Freilich sind dem funktionalen Ansatz Grenzen gesetzt, wie insbesondere die Beibehaltung des zentralen Terminus *„securities"* zeigt.[116]

II. Anwendungsbereich

Die Konvention ist gemäß Artikel 3 lit. a anwendbar, sofern das Internationale Privatrecht des *Forum*-Staates auf die Rechtsordnung eines Signatarstaates verweist. Entsprechend ihrer Zielsetzung, auch die Qualität der auf Inlandssachverhalte anwendbaren Regeln durch Vereinheitlichung zu verbessern, gilt das grundsätzlich auch in Fällen ohne Auslandsbezug. Da jedoch Zweifel daran geäußert wurden, ob die Anwendung der *lex fori* in Fällen ohne Auslandsbezug Ergebnis einer kollisionsrechtlichen Verweisung ist,[117] stellt Artikel 3 lit. b die Anwendung der Konvention auf Inlandssachverhalte des *Forum*-Staates ausdrücklich klar, falls es sich um einen Signatarstaat handelt. Der Signatarstaat, dessen Rechtsordnung zur Anwendung kommt, wird hier nachfolgend als „maßgeblicher Signatarstaat" bezeichnet.

Hinsichtlich des Anwendungsbereichs ist zwischen den allgemeinen Regelungen der Kapitel I - V einerseits und den besonderen Regeln in Kapitel VI andererseits zu unterscheiden. Letztere beziehen sich nur auf bestimmte Sicherungsrechte und unterliegen gemäß Artikel 34 geschlossen einer *Opt-out-*

---

[113] *Unidroit*, Study LXXVIII, Explanatory notes, Doc. 19 (Dezember 2004), 18 ff.

[114] Grundlegend zum Funktionsbegriff: *Kropholler*, Das Haager Abkommen über den Schutz Minderjähriger, 55 f.

[115] Vgl. *Unidroit*, Study LXXVIII, Explanatory notes, Doc. 19 (Dezember 2004), 19.

[116] *Unidroit*, Study LXXVIII, SEM. 2 (Oktober 2005), Appendix 9, 3 (Javier Díaz).

[117] Vgl. Stellungnahme der Russischen Föderation zum März-2006-Entwurf, *Unidroit*, Study LXXVIII, Doc. 52 (Oktober 2006), 1.

Möglichkeit, wobei die Reichweite eines *opt out* gemäß Artikel 34 Abs. 2 von den Signatarstaaten bestimmt werden kann.

1. Allgemeine Regelungen (Kapitel I - V)

Der personelle Anwendungsbereich der allgemeinen Regeln ist nicht beschränkt. Ihr Verhältnis zum Insolvenzrecht der Signatarstaaten ist in den Artikeln 18 und 24 geregelt, wobei die Definition des Insolvenzverfahrens in Artikel 1 lit. h – in Übereinstimmung mit dem entsprechenden Begriff der Haager Konvention – Artikel 5 der UN-Konvention über die Forderungsabtretung im internationalen Warenhandel entnommen ist. Da Artikel 18 für bestimmte Regelungsbereiche einen Vorrang der Konvention anordnet, ist diese grundsätzlich geeignet, sich in der Insolvenz eines Marktteilnehmers zu bewähren.[118] Da es in der Insolvenz der hier praktisch bedeutenden Kreditinstitute außerhalb des Gemeinschaftsrechts keine klaren Kollisionsnormen für Wertpapierguthaben und Wertpapiersicherheiten gibt,[119] kommt der Vereinheitlichung bestimmter Sachnormen, die auch in Insolvenzszenarien Anwendung beanspruchen, eine besondere Bedeutung zu.

2. Besondere Regelungen (Kapitel VI)

Für Sicherungsrechte im Sinne von Artikel 28 Abs. 1 („*security interests*") enthält Kapitel VI besondere Regeln. Als Sicherungsrechte kommen sowohl beschränkte Rechte an einem bestehenden Wertpapierguthaben des Sicherungsgebers als auch die Inhaberschaft eines eigenen Wertpapierguthabens des Sicherungsnehmers in Betracht. Zwar deutet die in Artikel 9 Abs. 4 und Artikel 10 Abs. 1 verwendete Formulierung „*A security interest, or a limited interest other than a security interest [...]*" darauf hin, dass *security interests* lediglich beschränkte Rechte sind, so dass die Inhaberschaft eines Wertpapierguthabens ausgeschlossen wäre.[120] Eine solche Einschränkung widerspräche jedoch den

---

[118] Zu dieser Zielsetzung: *Unidroit*, Study LXXVIII, Explanatory notes, Doc. 19 (Dezember 2004), 8.

[119] Die Kollisionsnormen der Haager Konvention Nr. 36 beanspruchen – wie oben gezeigt wurde – für Insolvenzszenarien in entscheidenden Punkten keine Geltung.
Die *UNCITRAL*-Modellbestimmungen über grenzüberschreitende Insolvenzverfahren aus dem Jahre 1997 (vgl. dazu *Wimmer*, Die UNCITRAL-Modellbestimmungen über grenzüberschreitende Insolvenzverfahren, ZIP 1997, 2220 ff) enthalten bereits keine Kollisionsnormen und sind außerdem nicht auf Kreditinstitute zugeschnitten (Artikel 1 Abs. 2).

[120] Diese Auslegung entspräche auch der zum englischen und US-amerikanischen Recht gebräuchlichen Terminologie, die unter einem *security interest* ein beschränktes Recht versteht und vom *outright transfer* unterscheidet, vgl. aus US-amerikanischer Sicht: *Unidroit*, Study LXXVIII, Doc. 12 (Februar 2004), 10 (Sandra Rocks); aus englischer Sicht: *Benjamin*, Interests in securities, RZ 4.11 ff; *Benjamin, Yates & Montagu*, The law of global custody, RZ 4.9 ff.

weiteren Regelungen des Kapitels VI,[121] denn zum einen ergeben die Definitionen in Artikel 28 Abs. 2 lit. a, c, f und g nur einen Sinn, wenn die Übertragung zu Sicherungszwecken unter Kapitel VI fällt. Zum anderen bezweckt Artikel 29 einzig den Schutz von Sicherungsübertragungen.[122] Eine Übertragung zu Sicherungszwecken liegt auch dann vor, wenn der Sicherungsnehmer nicht durch eine Treuhandabrede gebunden ist, denn andernfalls wären maßgebliche marktübliche Sicherungsformen und verwandte Transaktionen wie etwa Wertpapierpensionsgeschäfte ausgeschlossen.[123]

a. Sicherungsgeber und Sicherungsnehmer

Der Anwendungsbereich des Kapitels VI ist nicht personell beschränkt. Insbesondere bestehen keine branchen- oder eigenkapitalbezogenen Anforderungen an Sicherungsgeber und Sicherungsnehmer, die sowohl natürliche als auch juristische Personen sein können. Artikel 34 Abs. 2 lit. a erlaubt es den Signatarstaaten jedoch, durch Erklärung natürliche Personen oder andere selbst bestimmte Kategorien von Personen vom Anwendungsbereich des Kapitels VI auszuschließen. Da die Konvention an die Kategorien keine eigenen Anforderungen stellt, ergibt sich daraus die Gefahr, dass auch Institutionen vom Anwendungsbereich ausgenommen werden, die für die Stabilität des Finanzsystems von Bedeutung sind.

b. Sicherungszweck

Ein bestimmter Sicherungszweck ist nicht erforderlich, um den Anwendungsbereich des Kapitels VI zu eröffnen. Damit wird bewusst auf Anforderungen im Sinne der Finanzsicherheitenrichtlinie verzichtet, deren Vorgaben nur für die Sicherung von Verbindlichkeiten gemäß Artikel 2 Abs. 1 lit. f gelten.[124] Dies ist

---

[121] Richtig müsste Artikel 28 Abs. 1 lauten: „*This Chapter applies to collateral agreements under which a collateral taker acquires intermediated securities or a security interest in intermediated securities in order to secure the performance of any existing or future obligation of the collateral provider or a third person.*"

[122] Im Ergebnis erhält der Begriff *security interest* damit eine Bedeutung, die von seiner herkömmlichen Bedeutung in England und den USA abweicht. Es handelt sich nicht um einen neutralen Funktionsbegriff (näher zum Funktionsbegriff oben S. 135).

[123] Zur Übertragung von Sicherungsgütern ohne Treuhandabrede vgl. insbesondere Nr. 3 Abs. 2 lit. a der allgemeinen Bestimmungen des EMA iVm. Nr. 1 Abs. 1 des EMA-Sicherheitenanhangs, auf den Nr. 5 des EMA-Produktanhangs für Wertpapierdarlehen, Nr. 6 Abs. 1 des EMA-Produktanhangs für Pensionsgeschäfte sowie Nr. 3 des EMA-Produktanhangs für Derivategeschäfte verweisen; zum Wertpapierpensionsgeschäft (oben Einleitung FN 9) vgl. Nr. 2 Abs. 1 des EMA-Produktanhangs für Pensionsgeschäfte sowie Nr. 4 Abs. 5 Satz 1 des deutschen Rahmenvertrags für Wertpapierpensionsgeschäfte.

[124] Zu den Anforderungen im Rahmen der Finanzsicherheitenrichtlinie oben S. 49 f.

zu begrüßen, denn eine Beschränkung möglicher Sicherungszwecke führt nicht nur zu Abgrenzungsproblemen, sondern ist auch geeignet, bestimmte Personengruppen – insbesondere natürliche Personen – faktisch auszuschließen.

Allerdings erhalten die Signatarstaaten durch Artikel 34 Abs. 2 lit. c die Möglichkeit, bestimmte Verbindlichkeiten von der Anwendung des Kapitels VI auszunehmen, wobei die Konvention keine Anforderungen an zulässige Ausschlusskriterien stellt. Deshalb ist nicht gewährleistet, dass Verbindlichkeiten mit Finanzmarktbezug – insbesondere Barausgleichspflichten –, die den Regelungsanlass des Kapitels VI bilden, auch von dessen Anwendungsbereich umfasst sind.

III. Wertpapierguthaben

Der Begriff *intermediated securities* in Artikel 1 lit. b des Konventionsentwurfs umfasst sowohl *securities* im Sinne von Artikel 1 lit. a, die einem Depotkonto gutgeschrieben sind, als auch gutgeschriebene Rechte in Bezug auf *securities*, was durch den Zusatz „*or rights or interests in securities*" in Artikel 1 lit. b verdeutlicht wird.[125] Ein konzeptioneller Unterschied zur Haager Konvention besteht darin, dass die letztgenannten Rechte dort bereits mit *securities* gleichgesetzt werden, wohingegen sie nach dem *Unidroit*-Entwurf erst Folge einer Gutschrift auf einem Depotkonto sind. Das *Unidroit*-Konzept ist überzeugender, weil es den Unterschied zwischen den Kapitalmarktwerten einerseits und den Rechten des Depotkunden andererseits nicht verwischt. Allerdings kommt es auf diesen Unterschied auch nach dem *Unidroit*-Entwurf letztlich nicht an, denn der Funktionsbegriff der *intermediated securities* nimmt dem Unterschied seine Bedeutung, indem er für alle Wertpapierguthaben dieselben Regeln anwendbar macht.

Aus diesem Grund lässt sich auch die Frage, ob auf Depotkonten gutgeschriebene Rechte ausgeschlossen sind, die bezüglich der verbuchten Wertpapiere formal nur eine schuldrechtliche Position gegenüber dem Intermediär begründen, klar verneinen.[126] Unabhängig von rechtstechnischen Eigenheiten der Signatarstaaten, regelt der Entwurf den wesentlichen Inhalt der Rechte des Depotkunden selbst.[127] Zu fordern ist daher letztlich nur, dass die Gutschrift auf Wertpapiere lautet,[128] was insbesondere als Abgrenzung zu Gutschriften über Geldbeträge anzusehen ist.

---

[125] Vgl. noch zur in Artikel 1 lit. a des Juni-2005-Entwurfs enthaltenen Formulierung „*[...] or any interest therein*": *Unidroit*, Study LXXVIII, SEM. 2 (Oktober 2005), Appendix 9, 7 (Javier Díaz); *Unidroit*, Study LXXVIII, SEM. 3 (Februar 2006), 3 (Alexander Dörrbecker).

[126] Auf einen solchen Ausschluss deutete ein früher Diskussionsentwurf noch hin, vgl. *Unidroit*, Study LXXVIII, Doc. 13 prov. 2 (April 2004), 3.

[127] Vgl. *Unidroit*, Study LXXVIII, Explanatory notes, Doc. 19 (Dezember 2004), 23.

[128] *Unidroit*, Study LXXVIII, Explanatory notes, Doc. 19 (Dezember 2004), 24.

IV. Inhalt der Rechte des Depotkunden, des Sicherungsnehmers und sonstiger Geschäftspartner des Kreditinstituts

1. Rechte des Depotkunden

Der Depotkunde hat aufgrund der Gutschrift die in Artikel 7 Abs. 1 genannten Rechte, die er gemäß Abs. 2 lit. b und c gegenüber dem maßgeblichen Intermediär geltend machen kann. Darüber hinaus lässt Abs. 2 lit. b in bestimmtem Umfang die Geltendmachung gegenüber dem Emittenten zu. Dagegen ist es dem Depotkunden nicht möglich, Rechte gegenüber anderen Intermediären als dem maßgeblichen Intermediär geltend zu machen. Maßgeblicher Intermediär ist hierbei die Person, die das Depotkonto des Depotkunden führt (vgl. Artikel 1 lit. g).[129]

Der Inhalt der Berechtigung gemäß Artikel 7 Abs. 1 ist für alle Depotkunden mit auf Wertpapiere lautenden Guthaben derselbe, und zwar unabhängig davon, ob die Wertpapiere aus der Sicht des maßgeblichen Intermediärs im Ausland oder im Inland emittiert, verwahrt oder verwaltet werden. Dieser Ansatz entspricht den bereits bestehenden Regelungen des belgischen,[130] des luxemburgischen[131] und des US-amerikanischen Rechts.[132] Andererseits schließt Artikel 7 Abs. 1 aber nicht aus, dass der Depotkunde nach der maßgeblichen Rechtsordnung weitere Rechte hat, beispielsweise, indem er im Umfang seines Wertpapierguthabens auch Eigentümer von Wertpapierurkunden ist. Der Entwurf ist daher auch mit Effektensystemen wie dem deutschen kompatibel, die auf dem Eigentum an Wertpapierurkunden basieren.

Die Rechtsposition des Depotkunden wird dadurch verstärkt, dass seine Rechte gemäß Artikel 7 Abs. 2 lit. a auch Dritten gegenüber wirksam sind. Außerdem darf der maßgebliche Intermediär gemäß Artikel 20 Abs. 1 keine Weisungen Dritter in Bezug auf Wertpapierguthaben eines Depotkunden befolgen, wenn nicht eine Ausnahme gemäß Abs. 2 einschlägig ist, und er muss gemäß Artikel 21 Abs. 1 Deckungsbestände im Umfang der von ihm erteilten Gutschriften unterhalten. Tritt dennoch eine Unterdeckung auf, so ist der maßgebliche Intermediär gemäß Artikel 21 Abs. 3 verpflichtet, Übereinstimmung zwischen dem vorhandenen Deckungsbestand und dem Umfang von ihm erteilter Gutschriften herzustellen. Welche konkreten Maßnahmen er zu diesem Zweck ergreifen

---

[129] Wie sich aus der Definition des Intermediärs in Artikel 1 lit. d ergibt, kommt als Intermediär nur eine Person, also ein Rechtsträger in Betracht. Eine Zweigstelle kann daher nicht Intermediär sein.

[130] Artikel 2bis Arrêté Royal n° 62: « *droit de copropriété, de nature incorporelle* ».

[131] Artikel 6 Abs. 2 Loi concernant la circulation de titres et d'autres instruments fongibles: « *droit réel, de nature incorporelle* ».

[132] § 8-503 (b) UCC: „*security entitlement*".

muss, ist gemäß Artikel 21 Abs. 4 der maßgeblichen Rechtsordnung, den einheitlichen Regelungen eines Wertpapierabwicklungssystems[133] bzw. einer Depotvereinbarung[134] zu entnehmen. Denkbar ist entweder die Wiederherstellung des Deckungsbestandes durch Zukäufe oder die Verringerung der Kundenguthaben.

Wie Artikel 16 zeigt, ist indes nicht ausgeschlossen, dass der maßgebliche Intermediär Dritten Sicherungsrechte an seinen Deckungsbeständen einräumt. Das kann insbesondere im Verhältnis des maßgeblichen Intermediärs zu einem höherstufigen Intermediär (also seinem maßgeblichen Intermediär) von Bedeutung sein, der für seine Forderungen aus der Anschaffung und Verwaltung des Deckungsbestandes Sicherheiten verlangt. Inwieweit solche Sicherheiten bestellt werden dürfen, bleibt – mangels einheitlicher Regelung – der Depotvereinbarung bzw. dem autonomen Recht vorbehalten.[135]

Ein weiterer Schutz der Rechte des Depotkunden wird durch das Verbot staatlicher Zwangsmaßnahmen hinsichtlich der Deckungsbestände der Intermediäre gemäß Artikel 17 erreicht. Gläubiger eines der Intermediäre oder eines Depotkunden können Wertpapierguthaben aufgrund dieser Regelung nicht mit Arrest belegen oder pfänden lassen, sofern sie nicht dem entsprechenden Schuldner allein zugeordnet sind. Auf diese Weise wird verhindert, dass Deckungsbestände durch solche Zwangsmaßnahmen blockiert und Depotkunden dadurch an der Verfügung über ihre Wertpapierguthaben gehindert werden. Angesichts dieser Regelung erscheint es sinnvoll, bei der Depotbuchführung zwischen Eigen- und Fremdbeständen zu unterscheiden,[136] denn andernfalls führt sie zu einer Privilegierung auch der Eigenbestände der Intermediäre, wofür ein rechtliches Bedürfnis nicht ersichtlich ist.

Dieser Schutz wird durch die im Juli-2007-Entwurf neu eingefügte Ausnahme in Abs. 3 nicht gemindert, denn sie greift nur für Effektensysteme ein, in welchen eine Beeinträchtigung Unbeteiligter letztlich dadurch ausgeschlossen ist,

---

[133] Das Wertpapierabwicklungssystem („*securities settlement system*") ist in Artikel 1 lit. n definiert, einheitliche Regelungen („*uniform rules*") in Artikel 1 lit. p.

[134] Vgl. Artikel 1 lit. f.

[135] Deutschland: Für die Girosammelverwahrung vgl. § 4 Abs. 1 Satz 2 DepotG; für die *Gutschrift in Wertpapierrechnung* vgl. Punkt 2 der beim ausländischen Verwahrer einzuholenden Drei-Punkte-Erklärung (abgedruckt bei BuB-*Kümpel*, Rn. 8/182). Im Gemeinschaftsrecht ist hier eine Harmonisierung aufgrund Artikel 13 Abs. 8 MiFID iVm. der Umsetzungsempfehlung zu erwarten, vgl. *CESR*, CESR's Technical Advice on Possible Implementing Measures of the Directive 2004/39/EC on Markets in Financial Instruments, 1st Set of Mandates (Januar 2005), 35.

[136] Eine Trennung von Eigen- und Fremdbeständen ist im Rahmen des *Account-Certainty*-Projekts sowie der Umsetzung der MiFID vorgesehen, vgl. oben Erster Teil FN 317.

dass Zwangsmaßnahmen nur im Umfang des Wertpapierguthabens des Schuldners zulässig sind.[137]

2. Rechte des Sicherungsnehmers und sonstiger Geschäftspartner des Kreditinstituts

a. Inhalt bei Inhaberschaft eines Wertpapierguthabens

Der Inhalt der Rechte der Sicherungsnehmer und sonstigen Geschäftspartner, denen selbst eine Gutschrift erteilt wurde, richtet sich nach den Standards des Artikels 7, denn der jeweilige Geschäftspartner ist insoweit Depotkunde seines maßgeblichen Intermediärs. Seine Rechte kann auch er gemäß Artikel 7 Abs. 2 lit. b und c gegenüber seinem maßgeblichen Intermediär sowie gegebenenfalls gegenüber dem Emittenten geltend machen.[138] Die Rechte sind Dritten gegenüber wirksam, was die Wirksamkeit gegenüber dem Veräußerer als früherem Rechtsinhaber beinhaltet.

Artikel 7 Abs. 3 erlaubt den Signatarstaaten, die Rechtsstellung des Sicherungsnehmers aufgrund autonomer Regelungen zu beschränken. Soweit davon Gebrauch gemacht wird, hat der Sicherungsnehmer trotz eigener Gutschrift nur ein beschränktes Recht – etwa ein Pfandrecht – inne. Ein derartiger Einfluss unvereinheitlichten Sachrechts könnte zu Rechtsunsicherheiten führen. Allerdings betreffen solche Unsicherheiten allenfalls den maßgeblichen Intermediär des Sicherungsnehmers, denn nur er und der Depotkunde kennen überhaupt die Gutschrift und nur der maßgebliche Intermediär weiß möglicherweise nichts von der nur beschränkten Rechtsstellung des Depotkunden im Verhältnis zum Sicherungsgeber. Da der maßgebliche Intermediär jedoch die Rechtsordnung kennt, der etwaige Beschränkungen zu entnehmen sind, kann er sich darauf einstellen.

b. Inhalt bei Inhaberschaft eines Sicherungsrechts an einem Wertpapierguthaben des Kreditinstituts

Inhaber von Sicherungsrechten an einem Wertpapierguthaben des Kreditinstituts haben die insoweit vereinbarten Befugnisse (vgl. Artikel 10 Abs. 1 lit. a). Diese Befugnisse können gemäß Artikel 10 Abs. 3 auch hinsichtlich eines wechselnden Depotbestands eingeräumt werden. Zu den Befugnissen des Sicherungsnehmers gehört – sofern es die Sicherungsvereinbarung vorsieht – die Befugnis, selbst über das Wertpapierguthaben zu verfügen. Staaten, die ein solches Verfü-

---

[137] Vgl. *Unidroit*, Study LXXVIII, Doc. 88 (Mai 2007), 15 ff. Das ist nur in Effektensystemen möglich, in welchen Person und Umfang des Wertpapierguthabens eines Depotkunden auch auf höherer Stufe bekannt sind, wofür sich – ungeachtet der Unterschiede zwischen diesen Systemen – die Bezeichnung „transparente Systeme" („*transparent systems*") eingebürgert hat.

[138] Zur Rechtsstellung des Depotkunden oben S. 139 ff.

gungsrecht bislang nicht zulassen, können es in ihre Rechtsordnung einführen, indem sie von ihrer *Opt-out*-Möglichkeit gemäß Artikel 34 Abs. 1 keinen Gebrauch machen, denn Artikel 31 gestattet die Vereinbarung einer Verfügungsbefugnis zugunsten des Sicherungsnehmers. Verfügt demnach der Sicherungsnehmer über das Sicherungsgut, so kann er anstelle der ursprünglich bereitgestellten Wertpapiere solche gleicher Gattung (vgl. Artikel 28 Abs. 2 lit. i) oder – je nach Inhalt der Vereinbarung – andere Vermögensgegenstände zurück übertragen, sofern der Verwertungsfall nicht eintritt (vgl. Artikel 31 Abs. 2).

V. Erwerb von Wertpapierguthaben und Wertpapiersicherheiten

1. Wertpapierguthaben

a. Erwerb vom Berechtigten

Für den Erwerb der Rechte des Depotkunden (*„acquisition"*)[139] ist gemäß Artikel 9 Abs. 1 lediglich eine Gutschrift seines maßgeblichen Intermediärs erforderlich. Diese Gutschrift muss wirksam sein, was gemäß Artikel 13 Abs. 2 lit. a nach der maßgeblichen Rechtsordnung, den einheitlichen Regelungen eines Wertpapierabwicklungssystems bzw. einer Depotvereinbarung zu beurteilen ist. Die wirksame Gutschrift ist für den Erwerb der in Artikel 7 Abs. 1 genannten Rechte konstitutiv. Soweit Rechtsordnungen der Gutschrift bislang keine solche Wirkung beimessen, ergibt sich daraus ein Anpassungsbedarf,[140] der allerdings

---

[139] Die *acquisition* ist nicht definiert, vgl. bereits *Unidroit*, Study LXXVIII, Explanatory notes, Doc. 19 (Dezember 2004), 24. Der Erwerb eines Sicherungsrechts oder eines sonstigen beschränkten Rechts wird ebenfalls als *acquisition* angesehen, wenn er zu einer Gutschrift zugunsten des Erwerbers führt (vgl. Artikel 9 Abs. 4).

[140] In Deutschland ist die Rolle der Gutschrift im Effektengiroverkehr in diesem Sinne klarzustellen. Sie wird allerdings nicht darin bestehen können, dem Begünstigten über die in Artikel 7 Abs. 1 genannten Rechte hinaus auch Miteigentum an einem Girosammelbestand zu verschaffen, weil dies dann für alle Gutschriften zu gelten hätte, insbesondere auch für Gutschriften zugunsten der eingeschalteten Intermediäre, die neben dem Endbegünstigten ebenfalls alle Miteigentümer würden. Für eine Anpassung des deutschen Rechts gibt es im Wesentlichen zwei Möglichkeiten, vgl. Saager, Depotrecht im Umbruch, Die Bank 4/2005, 22, 23. Zum einen kann der deutsche Effektengiroverkehr auf der Basis fiduziarischer Treuhandverhältnisse konzipiert werden, wie Einsele bereits 1995 vorgeschlagen hat (grundlegend Einsele, Wertpapierrecht als Schuldrecht, 561 ff). Zum anderen können die Wertpapierurkunden als Instrumente der Zuordnung von Kapitalmarktwerten durch die Gutschrift abgelöst werden, vgl. Saager, Die Bank 4/2005, 22, 23. Im deutschen Treuhandgiroverkehr hingegen sind keine Änderungen erforderlich, denn er folgt den Regeln des Geldgiroverkehrs (vgl. Kümpel, Bank- und Kapitalmarktrecht, RZ 11.449), so dass die Gutschrift bereits nach derzeitiger Rechtslage konstitutive Wirkung hat (vgl. BGH, 25.1.1988, BGHZ 103, 143, 146.

durch den nationalen Einfluss auf die Wirksamkeitsvoraussetzungen der Gutschrift relativiert wird.

Sofern die maßgebliche Rechtsordnung, die einheitlichen Regelungen eines Wertpapierabwicklungssystems bzw. eine Depotvereinbarung es bestimmt, kann die Gutschrift bedingt erteilt werden (Artikel 13 Abs. 2 lit. d), und sie entfaltet dann während der Schwebezeit gemäß Artikel 13 Abs. 2 lit. e die von der maßgeblichen Rechtsordnung, den einheitlichen Regelungen eines Wertpapierabwicklungssystems bzw. einer Depotvereinbarung angeordneten Wirkungen. Bedingte Gutschriften kommen in der Praxis häufig vor. So wird dem Depotkunden, der seiner Depotbank einen Kaufauftrag gibt, oft bereits am Tag des Kaufs eine Gutschrift erteilt, obwohl die Abwicklung des Geschäfts einige Tage in Anspruch nimmt. Die Gutschrift wird dann regelmäßig unter der aufschiebenden Bedingung des Eingangs der Deckung zugunsten des maßgeblichen Intermediärs im Rahmen der Abwicklung stehen.[141] Artikel 13 Abs. 2 lit. d lässt aber auch zu, dass ungedeckte Gutschriften zum Rechtserwerb führen, wie es beispielsweise gemäß § 8-501 (c) iVm. (b) (1) UCC der Fall ist.[142]

Ist die Gutschrift einmal wirksam geworden, so bleibt gemäß Artikel 13 Abs. 2 lit. c ihr Widerruf möglich, sofern und soweit die maßgebliche Rechtsordnung, die einheitlichen Regelungen eines Wertpapierabwicklungssystems bzw. eine Depotvereinbarung ihn zulässt.

Unter den Artikel 14 Abs. 2 zu entnehmenden Voraussetzungen ist der Erwerber des Wertpapierguthabens auch im Falle eines Widerrufs der früheren Gutschrift seines Veräußerers geschützt (vgl. Artikel 14 Abs. 2 lit. a). Das setzt voraus, dass die Gutschrift des Erwerbers wirksam ist (vgl. Artikel 9 Abs. 1) und dass der Erwerber die Widerruflichkeit der Gutschrift des Veräußerers im Zeitpunkt seiner eigenen Gutschrift nicht kannte (vgl. Artikel 14 Abs. 2 HS 1). Ist die Gutschrift des Erwerbers bedingt, so schadet ihm daher eine zwischen Erteilung und Bedingungseintritt erlangte Kenntnis nicht. Ob Kenntnis vorliegt, ist am Maßstab des Artikels 14 Abs. 4 lit. b zu prüfen, wonach der eigentlichen Kenntnis die Kenntnis von Umständen gleichgestellt ist, aufgrund derer sich eine hohe Wahrscheinlichkeit für die Widerruflichkeit der Gutschrift des Veräußerers ergibt. Für die Kenntnis einer Organisation kommt es gemäß Artikel 14 Abs. 4 lit. c darauf an, ob und wann die natürliche Person, die mit der Abwicklung des Erwerbs betraut ist, Kenntnis erlangt hat oder vernünftigerweise

---

141 So beispielsweise in Deutschland (dazu: *Horn*, Die Erfüllung von Wertpapiergeschäften unter Einbeziehung eines Zentralen Kontrahenten an der Börse, WM Sonderbeilage 2/2002, 3, 12) und in der Schweiz (dazu: *Bertschinger*, Zum neuen bankgesetzlichen Aussonderungsrecht (Art. 16 und 37 b BankG), AJP 1995, 426, 429). Auch in Frankreich verschafft die Gutschrift allein dem Depotkunden noch keine gesicherte Rechtsposition, vgl. *Nizard*, Les titres négociables, RZ 580.

142 Kritisch zu dieser Regelung des UCC: *Nizard* (oben FN 141), RZ 644.

hätte erlangen müssen. Eine Zurechnung von Kenntnissen des maßgeblichen Intermediärs ist hingegen nicht vorgesehen und kann sich allenfalls aus autonomem Recht ergeben.[143] Schließlich darf der Erwerb nicht unentgeltlich erfolgt sein, Artikel 14 Abs. 3.

b. Erwerb vom Nichtberechtigten

Die Funktion des Schutzes des gutgläubigen Erwerbs vom Nichtberechtigten erfüllt Artikel 14. Zwar wird ein Wertpapierguthaben unabhängig von der Berechtigung des Veräußerers und Kenntnissen des Erwerbers durch Gutschrift erworben (vgl. Artikel 9 Abs. 1),[144] so dass ein weitergehender Schutz des Erwerbers hinsichtlich des Erwerbs nicht erforderlich ist. Ist er Erwerber aber nicht gutgläubig, so kann seine Gutschrift – etwa aufgrund eines Bereicherungsanspruchs des maßgeblichen Intermediärs – widerrufen werden bzw. der Erwerber kann Ansprüchen Dritter ausgesetzt sein.[145]

Artikel 14 Abs. 2 schützt den Erwerber gegen die Folgen der Unwirksamkeit einer früheren Gutschrift des Veräußerers (und damit des Rechtserwerbs des Veräußerers).[146] Dieser Schutz des Erwerbers wäre aber unvollständig, wenn Dritte ihm sein Wertpapierguthaben mit der Behauptung streitig machen könnten, sie seien Inhaber eines Rechts an den verbuchten Wertpapieren selbst. Dagegen schützt Artikel 14 Abs. 1, indem er unter bestimmten Voraussetzungen die Geltendmachung von Rechten Dritter gegen den Erwerber ausschließt.

Die Voraussetzungen der Absätze 1 und 2 sind weitgehend gleich, die Unkenntnis des Erwerbers muss sich aber auf unterschiedliche Gegenstände beziehen.

aa. Unwirksamkeit der früheren Gutschrift des Veräußerers

Die Unwirksamkeit der Gutschrift des Veräußerers ist ein Fall der fehlerhaften Eintragung gemäß Artikel 14 Abs. 4 lit. a. Damit die Gutschrift zugunsten des

---

[143] Im deutschen Effektengiroverkehr werden dem Erwerber girosammelverwahrter Wertpapiere Kenntnisse des maßgeblichen Intermediärs sowie der *Clearstream Banking AG* gemäß § 166 Abs. 2 BGB zugerechnet, vgl. *Horn* (oben FN 141), WM Sonderbeilage 2/2002, 3, 12. Demgegenüber ist der Erwerb einer *Gutschrift in Wertpapierrechnung* unabhängig von Kenntnissen des Erwerbers oder des maßgeblichen Intermediärs, weil er den Regeln des Geldgiroverkehrs folgt, oben FN 140).

[144] Vgl. zu Artikel 5 Abs. 1 des Juni-2005-Entwurfs: *Unidroit*, Study LXXVIII, SEM. 1 (September 2005), Appendix 5, 1 (Dorothee Einsele).

[145] Vgl. noch zum November-2004-Entwurf: *Einsele*, Das UNIDROIT-Projekt zu intermediärverwahrten Wertpapieren als Konzept für eine Modernisierung des deutschen Depotrechts, WM 2005, 1109, 1116.

[146] Zum verwandten Fall des Widerrufs einer zuvor wirksam gewordenen Gutschrift oben S. 143.

Erwerbers trotzdem wirksam ist, müssen die bereits im Zusammenhang mit dem Widerruf der Gutschrift des Veräußerers dargestellten Voraussetzungen gemäß Artikel 14 Abs. 2 erfüllt sein,[147] das heißt der Erwerber darf im Zeitpunkt seiner Gutschrift nicht die Unwirksamkeit der früheren Gutschrift des Veräußerers gekannt haben (vgl. Artikel 14 Abs. 2), und er darf nicht unentgeltlich erworben haben (vgl. Artikel 14 Abs. 3).

bb. Rechte Dritter in Bezug auf die verbuchten Wertpapiere

Indem Artikel 14 Abs. 1 die Geltendmachung von Rechten Dritter gegen Inhaber von Wertpapierguthaben beschränkt, wird Rechtsverfolgungsansprüchen wie dem im *common law* bekannten *tracing* ein Riegel vorgeschoben. Diese könnten es sonst ermöglichen, gegen einen Depotkunden oder dessen Intermediär als *constructive trustee* vorzugehen. Entsprechende Ansprüche entstehen, wenn ein Intermediär als *trustee* in Verletzung seiner treuhänderischen Pflichten über Kundenwerte verfügt.[148] Dem Erwerber steht gegen die Ansprüche die Einrede des gutgläubigen entgeltlichen Erwerbs nur dann zu, wenn er ein Recht erworben hat, das als *legal* und nicht bloß als *equitable* anzusehen ist. Da die Einschaltung von Intermediären im englischen Effektensystem dazu führt, dass die Rechte der Depotkunden nicht mehr *legal* sind (das wären sie nur, wenn der Depotkunde auch im Emittentenregister eingetragen wäre), besteht bislang kein Schutz des Depotkunden gegen solche Rechte Dritter.[149]

Für den Schutz des Erwerbers gegen Rechte eines Dritten kommt es gemäß Artikel 14 Abs. 1 darauf an, dass er im Zeitpunkt der Gutschrift keine Kenntnis von diesem Recht oder von dem Umstand hat, dass seine Gutschrift dieses Recht verletzt.

Schließlich darf der Erwerb gemäß Artikel 14 Abs. 3 nicht unentgeltlich erfolgt sein.

c. Bestand und Unwiderruflichkeit von Übertragungsaufträgen in der Insolvenz des Auftraggebers

Wird über den Veräußerer eines Wertpapierguthabens ein Insolvenzverfahren eröffnet, nachdem er einen Übertragungsauftrag erteilt hat, so könnte sich daraus der automatische Wegfall des Auftrags oder seine Widerruflichkeit ergeben, sofern der Auftrag noch nicht ausgeführt wurde. Das könnte im Falle der technischen Verknüpfung von Wertpapier- und Zahlungsabwicklung (*delivery versus payment*) zum Scheitern von Abwicklungsvorgängen führen. Im Falle fehlender Verknüpfung könnte es vorkommen, dass der Zahlungsauftrag des Erwerbers

---

[147] Näher dazu oben S. 143.

[148] *Benjamin* (oben FN 120), RZ 2.53.

[149] *Benjamin* (oben FN 120), RZ 3.64; vgl. *Benjamin, Yates & Montagu* (oben FN 120), RZ 3.7.

ausgeführt wird, ohne dass er im Gegenzug das Wertpapierguthaben erhält, womit sich für ihn Herstatt-Risiko realisieren würde.[150]

Ist der Auftraggeber (also der Veräußerer) Teilnehmer eines Wertpapierclearing- bzw. -abwicklungssystems,[151] so stellt daher Artikel 24 Abs. 1 lit. a sicher, dass nach den Regeln des Systems unwiderrufliche Aufträge nicht automatisch aufgrund der Verfahrenseröffnung unwirksam werden. Dies entspricht funktional Artikel 3 Abs. 1 Satz 1 der Finalitätsrichtlinie.[152] Artikel 24 Abs. 2 verbietet ergänzend auch den Widerruf von Aufträgen aufgrund international zwingender Insolvenznormen, soweit diese Aufträge nach den Regeln des Systems unwiderruflich geworden sind,[153] was Artikel 5 der Finalitätsrichtlinie entspricht.[154]

Im Gegensatz zu Artikel 9 Abs. 1 der Finalitätsrichtlinie und anders als noch in Artikel 22 Abs. 1 des März-2006-Entwurfs vorgesehen,[155] gewährt Artikel 24 Abs. 1 den genannten Schutz jedoch nur unter Vorbehalt der maßgeblichen Rechtsordnung, wodurch der Nutzen der Vorschrift relativiert wird. Außerdem ist mangels einheitlicher Kollisionsnormen nicht klar, welche Rechtsordnung hier die maßgebliche im Sinne von Artikel 1 lit. m iVm. Artikel 3 ist. In Betracht kommt zum einen die Rechtsordnung, der die im System verbuchten Wertpapierguthaben unterliegen, zum anderen aber auch die Rechtsordnung, der ein insolvenzbedingter Wegfall des Auftrags unterliegt. Hier wäre eine einheitliche Sachnorm erforderlich gewesen, um für die solventen Teilnehmer vorhersehbare Ergebnisse zu erzielen. Auf dazu erforderliche Zugeständnisse hinsichtlich des Anwendungsbereichs nationaler Insolvenzrechte konnte man sich indes nicht einigen,[156] weshalb kein mit der Finalitätsrichtlinie gleichwertiger Schutz erreicht wird.

Anders als in Artikel 3 Abs. 1 Satz 1 der Finalitätsrichtlinie ist auch der Schutz der Verrechnung von Aufträgen nicht ausdrücklich von Artikel 24 des Entwurfs erfasst. Zwar kann Artikel 24 Abs. 1 lit. b entnommen werden, dass eine bereits erfolgte Verrechnung geschützt ist, soweit sie im System zu einem Rechtserwerb oder Rechtsverlust geführt hat. Daraus lässt sich aber nicht ableiten, dass auch eine noch nicht erfolgte Verrechnung eines vor Verfahrenseröffnung eingebrachten Auftrags noch nach Verfahrenseröffnung erfolgen kann. Für

---

[150] Zum Herstatt-Risiko oben S. 26 f.

[151] Vgl. Artikel 1 lit. o („*securities clearing system*“) bzw. Artikel 1 lit. n („*securities settlement system*“).

[152] Vgl. oben S. 25 f.

[153] Vgl. noch zu Artikel 12 des November-2004-Entwurfs: *Unidroit*, Study LXXVIII, Explanatory notes, Doc. 19 (Dezember 2004), 32.

[154] Vgl. oben S. 26 f.

[155] *Unidroit*, Study LXXVIII, Doc. 42.

[156] Vgl. Stellungnahme Japans zum funktionsgleichen, aber noch vorbehaltlosen Artikel 13 des Juni-2005-Entwurfs, *Unidroit*, Study LXXVIII, Doc. 28 (Januar 2006), 2.

Systeme, die auf der Verrechnung von Aufträgen basieren, wird daher der Schutz der Finalitätsrichtlinie unterschritten.

d. Erwerb aufgrund autonomer Vorschriften der maßgeblichen Rechtsordnung

Der Erwerb von Wertpapierguthaben aufgrund unvereinheitlichter Vorschriften der maßgeblichen Rechtsordnung bleibt gemäß Artikel 11 lit. a neben dem Erwerb nach den vereinheitlichten Vorschriften möglich.

2. Wertpapiersicherheiten

a. Erwerb vom Berechtigten

Der Erwerb von Wertpapiersicherheiten ist in Artikel 9 Abs. 4 und Artikel 10 geregelt, wobei Artikel 9 Abs. 4 nur, aber immer dann zur Anwendung kommt, wenn der Sicherungsnehmer eine eigene Gutschrift bezüglich des Sicherungsguts erlangt. In diesem Fall erwirbt der Sicherungsnehmer das Sicherungsrecht gemäß Artikel 9 Abs. 1.[157] Soll der Sicherungsnehmer hingegen keine eigene Gutschrift erhalten, ist Artikel 10 zu prüfen, dessen Anwendungsbereich die Signatarstaaten in personeller Hinsicht gemäß Artikel 10 Abs. 4 lit. a beschränken können.

aa. Erwerb eines Wertpapierguthabens

Der Erwerb eines Wertpapierguthabens zu Sicherungszwecken erfolgt gemäß Artikel 9 Abs. 1 iVm. Abs. 4 durch Gutschrift auf dem Depotkonto des Erwerbers bei seinem maßgeblichen Intermediär. Hinsichtlich des Erwerbs aufgrund bedingter und widerruflicher Gutschriften gilt grundsätzlich das zum Rechtserwerb des Depotkunden Gesagte (siehe oben, S. 143 ff), denn der Sicherungsnehmer erwirbt das Guthaben in seiner Eigenschaft als Depotkunde.

bb. Erwerb eines Sicherungsrechts an einem Wertpapierguthaben des Kreditinstituts

An einem Wertpapierguthaben des Kreditinstituts kann der Sicherungsnehmer ein Sicherungsrecht gemäß Artikel 10 Abs. 1 erwerben. Gegenstand eines solchen Sicherungsrechts kann auch ein – gegebenenfalls wechselnder – Depotbestand sein (vgl. Artikel 10 Abs. 3), sofern der maßgebliche Signatarstaat keine abweichende Erklärung gemäß Artikel 10 Abs. 4 lit. c oder lit. d abgegeben hat.

Gemäß Artikel 10 Abs. 1 lit. a setzt der Rechtserwerb eine Vereinbarung zugunsten des Sicherungsnehmers voraus, so dass – wie Artikel 10 Abs. 7 klarstellt – ein Erwerb kraft Gesetzes nicht in Betracht kommt. Weiter muss gemäß Artikel 10 Abs. 1 lit. b iVm. Abs. 2 diejenige zusätzliche Voraussetzung erfüllt

[157] Zu den Voraussetzungen des Artikels 9 oben S. 142 f; zu den möglichen Beschränkungen der Rechtsstellung des Sicherungsnehmers durch autonomes Recht oben S. 141.

sein, die der maßgebliche Signatarstaat gemäß Artikel 10 Abs. 4 lit. a für erforderlich erklärt hat.[158] Dabei ist danach zu differenzieren, ob Sicherungsnehmer der maßgebliche Intermediär des Sicherungsgebers oder ein Dritter ist.

α. Sicherungsnehmer ist der maßgebliche Intermediär des Sicherungsgebers

Für den Erwerb eines beschränkten Sicherungsrechts durch den maßgeblichen Intermediär des Sicherungsgebers ist gemäß Artikel 10 Abs. 1 lit. a eine Vereinbarung der Parteien bzw. eine Vereinbarung zugunsten des Sicherungsnehmers ausreichend; Ein zusätzlicher Akt ist gemäß Artikel 10 Abs. 1 lit. a iVm. Abs. 2 lit. a nicht erforderlich. Auch setzt die Wirksamkeit des Sicherungsrechts gegenüber Dritten nicht voraus, dass das Sicherungsrecht in den Buchungsunterlagen des maßgeblichen Intermediärs oder auf den Depotauszügen des Sicherungsgebers kenntlich gemacht wird. Dagegen könnte man Einwände erheben, wenn so eine Möglichkeit für die Gläubiger des Sicherungsgebers entfiele, sich über die Rechtsverhältnisse des betroffenen Wertpapierguthabens bzw. Depotkontos zu informieren. Das trifft indes nicht zu, denn selbst wenn eine Kennzeichnungspflicht bestünde, könnte der Gläubiger sich nicht informieren, weil ihm weder die Buchungsunterlagen des Intermediärs noch die Depotauszüge des Schuldners zugänglich sind, so dass er gleichwohl auf die Mitwirkung des Sicherungsgebers angewiesen wäre.

β. Sicherungsnehmer ist ein Dritter

Ist der Sicherungsnehmer nicht mit dem maßgeblichen Intermediär identisch, so ist eine Kontrollvereinbarung gemäß Artikel 1 lit. k oder eine Kennzeichnung des Sicherungsguts zugunsten des Sicherungsnehmers gemäß Artikel 1 lit. l erforderlich. Beide schränken die ansonsten gemäß Artikel 7 Abs. 1 lit. b bestehenden Befugnisse des Sicherungsgebers als Depotkunden zugunsten des Sicherungsnehmers ein (vgl. Artikel 1 lit. l bzw. Artikel 1 lit. k).

Die Wirksamkeit der Kennzeichnung eines Wertpapierguthabens im Sinne von Artikel 1 lit. l hängt gemäß Artikel 13 Abs. 1 von einer Ermächtigung hierzu ab. Diese kann vom Depotkunden oder einem früheren Sicherungsnehmer erteilt werden (vgl. Artikel 13 Abs. 1 lit. a) oder sich unmittelbar aus der maßgeblichen nationalen Rechtsordnung ergeben (vgl. Artikel 13 Abs. 1 lit. b). Auch im Falle des Artikels 13 Abs. 1 lit. a ist die Wirksamkeit der Ermächtigung jedoch nach der maßgeblichen nationalen Rechtsordnung zu beurteilen, zumal der Entwurf insoweit keine einheitlichen Anforderungen aufstellt. Sonstige Wirksamkeitsvoraussetzungen der Kennzeichnung sind gemäß Artikel

---

[158] Artikel 10 Abs. 2 bietet zwei Verfahren an: einerseits die Kennzeichnung des Sicherungsguts in den Buchungsunterlagen des maßgeblichen Intermediärs („*designating entry*") gemäß Artikel 1 lit. l und andererseits die Kontrollvereinbarung („*control agreement*") gemäß Artikel 1 lit. k.

13 Abs. 2 lit. b der maßgeblichen Rechtsordnung, den einheitlichen Regelungen eines Wertpapierabwicklungssystems bzw. einer Depotvereinbarung zu entnehmen.[159]

γ. Erweiterung der Erwerbsmöglichkeiten aufgrund der besonderen Regelungen des Kapitels VI

Artikel 33 ermöglicht den Austausch des Sicherungsguts und die Aufstockung des Sicherungsrechts auch noch nach der Eröffnung eines Insolvenzverfahrens über den Sicherungsgeber, sofern sich die Unwirksamkeit des Erwerbs sonst *allein* aus dem Zeitpunkt der zum Rechtserwerb führenden Rechtshandlung ergäbe.

Diese Regelung ähnelt Artikel 8 Abs. 2 der Finanzsicherheitenrichtlinie,[160] ermöglicht aber nicht den erstmaligen Rechtserwerb.[161] Austausch und Aufstockung hingegen sind weitergehend als im Rahmen der Finanzsicherheitenrichtlinie möglich, weil der Sicherungsnehmer nicht den Nachweis seiner Unkenntnis von der Verfahrenseröffnung führen muss. Artikel 33 beinhaltet damit eine weitgehende Durchbrechung von Verfügungsverboten, wie sie typischerweise mit der Eröffnung von Insolvenzverfahren im Sinne von Artikel 1 lit. h einhergehen. Seine praktische Bedeutung dürfte allerdings gering sein, zumal die maßgeblichen Verträge typischerweise im Insolvenzfall beendet werden, so dass Austausch und Aufstockung nicht mehr in Betracht kommen.

b. Erwerb vom Nichtberechtigten

Der Erwerb vom Nichtberechtigten wird für Wertpapiersicherheiten durch einen Schutz der Wirksamkeit der Gutschrift bzw. des Erwerbs gemäß Artikel 10 im Falle der Unwirksamkeit der Gutschrift des Sicherungsgebers (vgl. Artikel 14 Abs. 2) und durch den Schutz des aufgrund wirksamer Gutschrift erworbenen Sicherungsrechts gegen Rechte Dritter (vgl. Artikel 14 Abs. 1) ermöglicht.

Artikel 14 Abs. 2 stellt sicher, dass die Gutschrift gemäß Artikel 9 Abs. 1 bzw. der Erwerb gemäß Artikel 10 Abs. 1 unter den genannten Voraussetzungen auch dann wirksam ist, wenn die Gutschrift des Sicherungsgebers unwirksam ist bzw. war.[162] Ein ergänzender Schutz des Sicherungsnehmers gegen Rechte Dritter gemäß Artikel 14 Abs. 1 besteht indes nur, falls der Sicherungsnehmer eine eigene Gutschrift erhalten hat.[163] Sicherungsnehmer, die ihr Siche-

---

[159] Insoweit kann auf die zur Wirksamkeit der Gutschrift gemachten Ausführungen verwiesen werden (oben S. 142 f).

[160] Näher oben S. 54 ff.

[161] Anders noch Artikel 26 lit. a des März-2006-Entwurfs.

[162] Zu den Voraussetzungen des Artikels 14 Abs. 2 oben S. 144.

[163] Zu den Voraussetzungen des Artikels 14 Abs. 1 oben S. 145.

rungsrecht gemäß Artikel 10 Abs. 1 auf andere Weise erworben haben, sind nicht geschützt.

Der Schutz des Sicherungsnehmers ist gemäß Artikel 14 Abs. 3 nicht ausgeschlossen, falls er sein Recht unentgeltlich erworben hat. Zwar geht der erläuternde Bericht zum November-2004-Entwurf ohne weiteres davon aus, dass der Erwerb eines Sicherungsrechts kaum als unentgeltlich angesehen werden könne.[164] Somit wäre der Sicherungsnehmer auch dann geschützt, wenn der Unentgeltlichkeitstest gemäß Artikel 14 Abs. 3 auf ihn angewendet würde. Allgemein ergibt sich aus dem Unentgeltlichkeitsmerkmal jedoch das Problem, dass eine Transaktion nachträglich in einen entgeltlichen und einen unentgeltlichen Teil gespalten werden könnte, sofern Zweifel an der Angemessenheit der vom Sicherungsnehmer erbrachten Leistung bestehen, was zu Rechtsunsicherheiten führen würde. Dies vermeidet die ausdrückliche Beschränkung des Artikels 14 Abs. 3.

c. Erwerb aufgrund autonomer Vorschriften der maßgeblichen Rechtsordnung

Der Erwerb eines Wertpapierguthabens zu Sicherungszwecken und der Erwerb eines Sicherungsrechts an einem Wertpapierguthaben bzw. an einem Depotkonto kann – wie Artikel 11 lit. a bzw. Artikel 11 lit. b klarstellt – auch weiter nach autonomen Sachnormen der maßgeblichen Rechtsordnung erfolgen. Im Falle eines Konflikts mit einem gemäß Artikel 10 der Konvention erworbenen Sicherungsrecht geht dieses jedoch gemäß Artikel 15 Abs. 2 im Rang vor.

VI. Bestand und Ausübung der Rechte des Depotkunden, des Sicherungsnehmers und sonstiger Geschäftspartner in Krise und Insolvenz eines Kreditinstituts

1. Rechte des Depotkunden

a. Bestand

In der Insolvenz des maßgeblichen Intermediärs bleiben die Rechte des Depotkunden gemäß Artikel 17 wirksam. Dieser Schutz wird dadurch ergänzt, dass der gemäß Artikel 22 Abs. 1 zur Deckung der Gutschriften der Depotkunden vorhandene Bestand des maßgeblichen Intermediärs gemäß Artikel 22 Abs. 2 als nicht zu seinem Vermögen gehörend anzusehen ist und daher nicht zur Befriedigung der Gläubiger des maßgeblichen Intermediärs zur Verfügung steht. Eine Ausnahme kann bestehen, falls Gläubiger des maßgeblichen Intermediärs ein Sicherungsrecht an einem Deckungsbestand erworben haben. Das zeigt der Verweis in Artikel 22 Abs. 2 auf Artikel 16, denn er setzt voraus, dass der maßgebliche Intermediär Deckungsbestände zu Sicherungszwecken einsetzt. Als Sicherungsnehmer kommen insoweit insbesondere die Intermediäre des (aus

[164] *Unidroit*, Study LXXVIII, Explanatory notes, Doc. 19 (Dezember 2004), 31.

Sicht des Depotkunden) maßgeblichen Intermediärs in Betracht, die ihre Forderungen aus Anschaffung und Verwaltung des Deckungsbestandes sichern lassen. Inwieweit der Einsatz von Deckungsbeständen als Sicherungsgut zulässig ist, bleibt indes – mangels einheitlicher Regelung – autonomem Recht überlassen.

Auch die Zuordnung des Deckungsbestandes regelt das autonome Recht (vgl. Artikel 22 Abs. 3 und 4). Das ist insoweit zu begrüßen, als Anlegerschutz in vielen Rechtsordnungen bereits gewährleistet ist. Für eine Vereinheitlichung hätte allenfalls gesprochen, dass außerhalb des Gemeinschaftsrechts mangels klarer Kollisionsnormen für den Fall der Insolvenz einer Depotbank nicht vorhersehbar ist, welche der vorhandenen nationalen Schutzvorschriften zur Anwendung kommen. Diese Unsicherheit ist jedoch von geringem Gewicht.

b. Ausübung

Nach den Grundregeln der Artikel 7 Abs. 2 lit. b und c kann der Depotkunde seine Rechte gegenüber dem maßgeblichen Intermediär sowie gegebenenfalls gegenüber dem Emittenten ausüben.[165] Dabei bleibt es gemäß Artikel 17 Abs. 1 auch in der Insolvenz dieses Intermediärs. Eine Geltendmachung dieser Rechte gegenüber einem höherstufigen Intermediär, etwa gegenüber einer Korrespondenzbank oder einem Wertpapierabwicklungssystem, ist damit auch im Insolvenzfall ausgeschlossen.

Wie die Rechte geltend zu machen sind, ist gemäß Artikel 18 lit. b nach dem maßgeblichen Insolvenzrecht zu beurteilen. Diese Regelung ist zu begrüßen, denn der Schutz der Depotkunden wird aufgrund unterschiedlicher rechtlicher Konstruktionen erreicht,[166] die an sich beibehalten werden können. Allerdings ergibt sich bei der Bestimmung der maßgeblichen Rechtsordnung das Problem, dass es außerhalb des Gemeinschaftsrechts an Kollisionsnormen für den Insolvenzfall fehlt, so dass der Depotkunde nicht immer im Voraus wissen kann, welche Vorschriften zur Anwendung kommen.

Hinsichtlich des Rechts aus Artikel 7 Abs. 1 lit. b, durch Erteilung eines Übertragungsauftrags über das Wertpapierguthaben zu verfügen, stellt sich die Frage, ob Artikel 17 Abs. 1 sich auch gegenüber einer insolvenzrechtlichen Beschränkung oder Aufhebung der Verfügungsbefugnis des Intermediärs durchsetzt, denn nur falls dies zu bejahen ist, kann der Intermediär Aufträge des Depotkunden noch auszuführen. Wollte man Artikel 17 eine solche Aussage entnehmen, dann hätte dies weitreichende Folgen, zumal der insolvente Intermediär dann weiter zur Teilnahme an der Wertpapierabwicklung – und insoweit wohl auch am Zahlungsverkehr – berechtigt und sogar verpflichtet wäre. Dies hätte, wenn es so gewollt wäre, deutlicher zum Ausdruck kommen müssen und kann im Zweifel nicht bejaht werden. Im Ergebnis ist davon auszugehen, dass der

---

[165] Näher oben S. 151 f.

[166] Oben Einleitung FN 23.

Depotkunde in der Insolvenz des maßgeblichen Intermediärs indirekt an der Verfügung über sein Wertpapierguthaben gehindert sein kann.

c. Verlustumlage

Reicht in der Insolvenz des maßgeblichen Intermediärs der vorhandene Bestand in einer Gattung nicht aus, um alle von diesem Intermediär erteilten Gutschriften in dieser Gattung zu decken, dann stellt sich die Frage, wen dieser Verlust treffen soll. Artikel 23 Abs. 2 macht dies von der Zuordnung des Deckungsbestandes gemäß Artikel 22 Abs. 1 abhängig. Ob Eigenbestände des Intermediärs im Insolvenzfall dem Kundenbestand zuzuordnen sind, wenn andernfalls eine Unterdeckung aufträte, ist als Frage der Zuordnung nach autonomem Recht zu beurteilen.[167] Eine Umlage der Unterdeckung auf die Depotkunden mit Wertpapierguthaben in der betroffenen Gattung sieht Artikel 23 Abs. 2 lit. b für den Fall vor, dass der Deckungsbestand nicht einzelnen Depotkunden zugeordnet ist, sondern allen Depotkunden mit einer bestimmten Wertpapiergattung. Basis der Umlage ist der tatsächlich vorhandene Deckungsbestand des maßgeblichen Intermediärs in dieser Gattung. Die Umlage erfolgt im Verhältnis der Guthaben der einzelnen Depotkunden in der betroffenen Gattung zueinander. Bei der Berechnung bleibt insbesondere unberücksichtigt, wann der Depotkunde seine Gutschrift erhalten hat und aufgrund welcher früheren Transaktionen. Damit wird eine individuelle Zuweisung der Unterdeckung zu einem Depotkunden ausgeschlossen, die sonst gegebenenfalls umfangreiche Rückrechnungen erforderlich machen könnte.[168]

Zur individuellen Zuweisung einer Unterdeckung zu einem Depotkunden kommt es gemäß Artikel 23 Abs. 2 lit. a nur, wenn bereits der Deckungsbestand einem Depotkunden allein zugeordnet ist (vgl. Artikel 22 Abs. 1).

2. Rechte des Sicherungsnehmers und sonstiger Geschäftspartner

a. „Anerkennung" der Sicherungsübertragung

In Anlehnung an Artikel 6 Abs. 1 der Finanzsicherheitenrichtlinie ordnet Artikel 29 Abs. 1 an, dass die Vereinbarung einer Sicherungsübertragung (vgl. Artikel 28 Abs. 2 lit. c vertragsgemäße Wirkung entfaltet, was insbesondere die Umwidmung in ein beschränktes Sicherungsrecht verhindern soll. Hinter dieser Regelung steht die Notwendigkeit, das so genannte *recharacterisation risk* auszuschließen, dessen Verwirklichung dazu führen würde, dass die Sicherungsübertragung nachträglich an den Erwerbsvoraussetzungen für beschränkte Sicherungsrechte gemessen wird.[169]

---

[167] Dazu oben S. 150.

[168] Vgl. *Paech* (oben FN 107), WM 2005, 1101, 1107 f.

[169] Zum *recharacterisation risk* oben S. 31.

b. Bestand

Der Bestand der Rechte des Sicherungsnehmers und der sonstigen Geschäftspartner wird nach dem Entwurf geschützt, sofern die Rechte in einem Wertpapierclearing- bzw. -abwicklungssystem erworben wurden. Sicherungsrechten im Sinne von Kapitel VI wird unabhängig vom Erwerb in einem solchen System Schutz gewährt.

aa. Teilnehmer von Wertpapierclearing- bzw. -abwicklungssystemen

Ist der Sicherungsnehmer bzw. Geschäftspartner des insolventen Kreditinstituts Teilnehmer eines Wertpapierclearing- oder -abwicklungssystems und hat er sein Recht unter Einschaltung des Systems durch Gutschrift gemäß Artikel 9 Abs. 1 oder durch Kennzeichnung gemäß Artikel 10 Abs. 2 lit. b in diesem System endgültig erworben, so bleiben Gutschrift bzw. Kennzeichnung in der Insolvenz des Sicherungsgebers gemäß Artikel 24 Abs. 2 wirksam. Damit soll ausgeschlossen werden, dass ein abgeschlossener Rechtserwerb nachträglich aufgrund von Null-Uhr-Regeln[170] des Verfahrensstaates als unwirksam angesehen wird. Der Rechtserwerb darf gemäß Artikel 24 Abs. 1 lit. b auch nicht auf andere Weise rückgängig gemacht werden, sofern er nach den Regeln des Systems endgültig ist. Die Regeln des Systems setzen sich insoweit auch gegen international zwingende Regelungen des maßgeblichen Insolvenzrechts durch,[171] was Artikel 18 lit. a ausdrücklich klarstellt. Artikel 24 sichert damit die Finalität von Abwicklungsvorgängen.

Allerdings wird die Anwendung der Regeln des Systems aufgrund des in Artikel 24 Abs. 1 eingefügten Vorbehalts zugunsten der maßgeblichen Rechtsordnung nur insoweit gewährleistet, als diese Rechtsordnung es zulässt. Dies relativiert den Nutzen der Vorschrift, und es ist außerdem unklar, welche Rechtsordnung in der Insolvenz eines Teilnehmers die maßgebliche im Sinne von Artikel 1 lit. m iVm. Artikel 3 ist. Die Haager Konvention enthält insoweit keine Kollisionsnorm. Diese kollisionsrechtliche Unsicherheit wäre ohne den Vorbehalt – wie zuletzt noch in Artikel 22 Abs. 1 des März-2006-Entwurfs[172] vorgesehen – ausgeräumt worden, worauf man sich jedoch nicht einigen konnte.[173] Nach der nun vorliegenden Fassung kann das Insolvenzeröffnungsstatut als maßgebliche Rechtsordnung beispielsweise weiter seine Null-Uhr-Regeln zur Anwendung bringen.

---

[170] Zum Inhalt von Null-Uhr-Regeln oben S. 8.

[171] Vgl. noch zu Artikel 12 des November-2004-Entwurfs: *Unidroit*, Study LXXVIII, Explanatory notes, Doc. 19 (Dezember 2004), 31 f.

[172] *Unidroit*, Study LXXVIII, Doc. 42.

[173] Vgl. FN 156 im Zusammenhang mit dem Schutz für Übertragungsaufträge durch Artikel 24.

bb. Inhaber von Sicherungsrechten gemäß Kapitel VI

Artikel 33 schützt die Sicherungsrechte des Kapitels VI gegen Unwirksamkeitsgründe, die *allein* an den Zeitpunkt des Austauschs oder der Aufstockung anknüpfen. Insoweit wird insbesondere die Anwendung von Null-Uhr-Regeln ausgeschlossen, darüber hinaus aber – in Übereinstimmung mit Artikel 8 Abs. 1 und Abs. 3 der Finanzsicherheitenrichtlinie – auch vergleichbarer Regeln mit weiterreichenden Rückwirkungszeiträumen. Abweichend von Artikel 8 Abs. 3 lit. a der Finanzsicherheitenrichtlinie und anders als noch in Artikel 26 des März-2006-Entwurfs vorgesehen, ist jedoch der erstmalige Erwerb des Sicherungsrechts nicht geschützt.

Der Bestand der Aufstockung wird einerseits im Falle der Veränderung der Netto-Position gewährt, wie es gemäß Artikel 8 Abs. 3 der Finanzsicherheitenrichtlinie der Fall ist (vgl. Artikel 33 Abs. 1 lit. a (i)). Darüber hinaus sind aber auch solche Aufstockungen geschützt, die sich aus anderen vertraglich bestimmten Gründen – insbesondere aus einer verminderten Bonität der Gegenpartei – ergeben (vgl. Artikel 33 Abs. 1 lit. a (ii)), sofern der Signatarstaat dies nicht durch Erklärung gemäß Artikel 33 Abs. 2 ausgeschlossen hat.

Dass die Unwirksamkeit sich *allein* aus dem Zeitpunkt der jeweiligen Rechtshandlung ergeben muss, bedeutet im Umkehrschluss, dass Unwirksamkeitsgründe mit weiteren Tatbestandsvoraussetzungen – wie insbesondere der Benachteiligung der Insolvenzgläubiger – weiter anwendbar bleiben.

c. Durchsetzbarkeit

aa. Bestimmung des Verwertungsfalls durch die Parteien

Artikel 28 Abs. 2 lit. h erlaubt es den Parteien, den Verwertungsfall zu definieren. Wie sich Artikel 30 Abs. 2 lit. b entnehmen lässt, kann es sich dabei auch um die Eröffnung eines Insolvenzverfahrens handeln. Damit entspricht die Rechtslage derjenigen im Geltungsbereich der Finanzsicherheitenrichtlinie.[174]

bb. Einheitliche Reduktion der Verwertungsformalitäten

Die nach der maßgeblichen Rechtsordnung zu beachtenden Verwertungsformalitäten werden durch Artikel 30 Abs. 2 lit. a einheitlich für alle Verwertungsformen reduziert.

Dieses Konzept ist aus der Finanzsicherheitenrichtlinie bekannt und dazu bestimmt, die sich aus der Nichtleistung eines Marktteilnehmers ergebende Marktstörung zu begrenzen, indem ein Liquiditätsengpass des Sicherungsnehmers aufgrund zu beachtender Verwertungsformalitäten vermieden wird. Anders als Artikel 4 Abs. 4 lit. d (gegebenenfalls iVm. Artikel 7 Abs. 2) der Finanzsicherheitenrichtlinie schließt der Entwurf indes nicht auch Pflichten zur Einhal-

---

[174] Dazu oben S. 59.

tung von Wartefristen vor der Verwertung aus. Da eine solche Bestimmung – ebenso wie die drei ausgeschlossenen Formalitäten – zu einer Verzögerung der Verwertung führt, bleibt der Sicherungsnehmer im Vergleich zur Finanzsicherheitenrichtlinie einem höheren Risiko ausgesetzt.

cc. Durchsetzbarkeit unabhängig von der Insolvenz des Kreditinstituts

Artikel 30 Abs. 2 lit. b stellt sicher, dass die Verwertung gemäß Artikel 30 Abs. 1 ungeachtet eines möglicherweise über den Sicherungsgeber eröffneten Insolvenzverfahrens erfolgen kann.

Die vereinbarten Befugnisse des Sicherungsnehmers bezüglich des Wertpapierguthabens bzw. bezüglich des Depotkontos können daher so ausgeübt werden, wie es ohne das Insolvenzverfahren möglich wäre. Insbesondere wird die Verwertung nicht durch Verwertungsverbote oder durch einen Übergang der Verwertungsbefugnis auf den Insolvenzverwalter behindert. Haben die Parteien die Verwertung durch Einbeziehung in eine Aufrechung infolge Beendigung vereinbart, so schließt Artikel 30 Abs. 2 lit. b entgegenstehende gesetzliche Aufrechnungsverbote aus.

dd. Aneignung bzw. Verkauf des Sicherungsguts

Die Verwertung erfolgt auf die von den Parteien vereinbarte Weise, wobei Artikel 30 Abs. 1 lit. a die Verwertung durch Verkauf oder Aneignung zulässt. Obwohl die Verwertung durch Aneignung gegen das in einigen Rechtsordnungen bestehende Verbot der Verfallvereinbarung verstößt,[175] ist sie ohne gesonderte *Opt-out*-Möglichkeit von den Signatarstaaten zuzulassen. Damit werden Marktstörungen, die im Falle eines Verkaufs des Sicherungsguts entstehen könnten, zunächst weitergehend vermieden als im Rahmen der Finanzsicherheitenrichtlinie. Zugleich ermöglicht es Artikel 34 Abs. 2 lit. a, das Verbot der Verfallvereinbarung weiter auf bestimmte als schutzwürdig angesehene Personengruppen anzuwenden.

ee. Aufrechnung infolge Beendigung

Die Aufrechnung infolge Beendigung ist in Artikel 28 Abs. 2 lit. j definiert und gemäß Artikel 30 Abs. 1 lit. b allgemein als Verwertungsform zugelassen. Auf diese Weise kann – unabhängig davon, ob der Sicherungsnehmer das Wertpapierguthaben selbst oder nur ein beschränktes Sicherungsrecht daran erworben hat – der jeweilige Rückübertragungsanspruch des Sicherungsgebers vereinbarungsgemäß in einen Zahlungsanspruch umgewandelt und mit Zahlungsansprüchen des Sicherungsnehmers verrechnet werden.[176]

---

[175] Näher dazu oben S. 62.

[176] Vgl. beispielsweise Nr. 7 Abs. 1 lit. a der allgemeinen Bestimmungen des EMA zu „Abschlussbetrag" und „Sicherheitenansprüche".

Für den Fall, dass dem Sicherungsnehmer gemäß Artikel 31 Abs. 1 bzw. Artikel 29 Abs. 1 ein Verfügungsrecht über das Sicherungsgut zusteht, ermöglicht Artikel 28 Abs. 2 lit. j die vertragsgemäße Einbeziehung seines Wertes in Fälligkeits-, Schuldumwandlungs- und Verrechnungsabreden, sofern der Verwertungsfall zu einem Zeitpunkt eintritt, in dem der Sicherungsnehmer vom Verfügungsrecht Gebrauch gemacht und die Wertpapiere noch nicht wiederbeschafft hat. Damit wird vermieden, dass der Sicherungsnehmer sich erst erneut mit den Wertpapieren eindecken muss, bevor er sie dann durch Aneignung oder Verkauf verwerten kann. Die Regelung entspricht damit für beschränkte Sicherungsrechte Artikel 5 Abs. 5 und für die Sicherungsübertragung Artikel 6 Abs. 2 der Finanzsicherheitenrichtlinie.

d. Ausschluss der Angreifbarkeit des Rechtserwerbs

Erwirbt ein Sicherungsnehmer oder sonstiger Geschäftspartner ein Wertpapierguthaben oder eine Wertpapiersicherheit in einem Wertpapierclearing- oder Wertpapierabwicklungssystem, dann ist der Rechtserwerb in der Insolvenz des Veräußerers bzw. des Sicherungsgebers gemäß Artikel 24 Abs. 1 lit. b iVm. Abs. 2 nicht angreifbar, sofern er nach den Regeln des Systems endgültig ist und die maßgebliche Rechtsordnung nichts anderes bestimmt. Wie im Rahmen des Artikels 9 Abs. 1 der Finalitätsrichtlinie bedeutet das allerdings nicht, dass auch die mittels eines Systems abgewickelten Transaktionen selbst unangreifbar sind. Die Angreifbarkeit gegenüber dem Geschäftspartner bleibt daher vorbehalten.

Der Rechtserwerb außerhalb solcher Systeme bleibt grundsätzlich angreifbar, wie sich aus Artikel 18 lit. a ergibt, wobei ein Problem darin besteht, dass es zur Bestimmung der maßgeblichen Rechtsordnung außerhalb des Gemeinschaftsrechts keine Kollisionsnormen gibt.

VII. Zusammenfassung

1. Notwendige Regelungen

Der Depotkunde hat im Rahmen seines Wertpapierguthabens Rechte gegenüber dem maßgeblichen Intermediär inne, die auch Dritten gegenüber wirksam sind. Diese Rechte sind von den verbuchten Wertpapieren selbst unabhängig und können gegenüber dem maßgeblichen Intermediär geltend gemacht werden. Der Inhalt beschränkter Sicherungsrechte wird weiter durch die maßgebliche Rechtsordnung bzw. durch die Sicherungsvereinbarung bestimmt.

Für den Erwerb eines Wertpapierguthabens ist eine wirksame Gutschrift erforderlich, aber auch ausreichend. Ein beschränktes Sicherungsrecht kann durch Gutschrift zugunsten des Sicherungsnehmers erworben werden. Sofern der Signatarstaat, auf dessen Rechtsordnung das Kollisionsrecht der *lex fori* verweist, eine entsprechende Erklärung abgegeben hat, ist für den Erwerb eines beschränkten Sicherungsrechts durch den maßgeblichen Intermediär des Sicherungsgebers die bloße Einigung ausreichend. Andere Sicherungsnehmer können im Falle einer entsprechenden Erklärung des maßgeblichen Signatarstaates beschränkte Sicherungsrechte durch Einigung und Kennzeichnung des Wertpapierguthabens bzw. Depotkontos oder durch Einigung und Abschluss einer Kontrollvereinbarung erwerben. Die Funktion des gutgläubigen Erwerbs wird durch Regelungen zum Schutz des Depotkunden bzw. des Sicherungsnehmers im Falle der Bedingtheit oder Unwirksamkeit früherer Gutschriften sowie gegen die Geltendmachung von Rechten Dritter erfüllt.

Die Rechte der Depotkunden bleiben in der Insolvenz des Kreditinstituts als maßgeblichem Intermediär bestehen. Deckungsbestände, die nach der maßgeblichen Rechtsordnung den Depotkunden zur Deckung ihrer Wertpapierguthaben zugeordnet sind, fallen nicht in die Insolvenzmasse des maßgeblichen Intermediärs. Unterdeckungen werden auf die Depotkunden im Verhältnis ihrer Berechtigung in der betroffenen Wertpapiergattung umgelegt. Eine individuelle Zuordnung der Unterdeckung erfolgt nur, falls der Deckungsbestand individuell zugeordnet ist.

Der Erwerb von Wertpapierguthaben und Wertpapiersicherheiten in Wertpapierclearing und -abwicklungssystemen ist unangreifbar, sobald er nach den Regeln des Systems endgültig ist. In der Insolvenz des Auftraggebers geht die maßgebliche Rechtsordnung jedoch den Regeln des Systems vor.

2. Fakultative Regelungen

Im Rahmen des Kapitels VI kann für beschränkte Sicherungsrechte ein Verfügungsrecht des Sicherungsnehmers vereinbart werden. Austausch und Aufstockung sind auch nach Eröffnung eines Insolvenzverfahrens über den Sicherungsgeber noch möglich.

Der Bestand von Austausch und Aufstockung der Sicherungsrechte ist gegen Beeinträchtigungen geschützt, die sich ansonsten *allein* aus dem Zeitpunkt der Aufstockung oder des Austauschs des Sicherungsguts ergeben könnten. Die Verwertung der Sicherungsrechte erfolgt – auch in der Insolvenz des Sicherungsgebers – vereinbarungsgemäß, gegebenenfalls durch Aneignung.

Insolvenzbedingte Angriffe auf Austausch und Aufstockung des Sicherungsrechts sind möglich, sofern sie nicht *allein* auf dem Zeitpunkt der maßgeblichen Rechtshandlung beruhen.

VII. Vergleich der Sachnormen des *Unidroit*-Entwurfs mit den gemeinschaftsrechtlichen Vorgaben

1. Rechte des Depotkunden

Zu den sachrechtlichen Standards, die der *Unidroit*-Entwurf für den Inhalt der Rechte des Depotkunden schafft, gibt es derzeit noch keine gemeinschaftsrechtliche Entsprechung. Allerdings wird aufgrund des *Account-Certainty*-Projekts ein vergleichbares Ziel verfolgt, und ein gemeinschaftsrechtlicher Regelungsentwurf erscheint möglich. Die Rechte des Depotkunden bestehen nach beiden Vorhaben gegenüber dem maßgeblichen Intermediär und sind davon unabhängig, ob der Depotkunde außerdem unmittelbare Rechte gegenüber dem Emittenten innehat (etwa, indem er Aktionär ist) oder ob ihm unmittelbare Rechte in Bezug auf Wertpapierurkunden oder andere Instrumente zustehen (etwa, indem er Eigentümer von Urkunden oder im Emittentenregister eingetragen ist). In der Insolvenz des maßgeblichen Intermediärs fallen für Depotkunden gehaltene Deckungsbestände nicht in die Insolvenzmasse des maßgeblichen Intermediärs und stehen auch sonst nicht zur Befriedigung seiner ungesicherten Gläubiger zur Verfügung. Ein Zugriff der Gläubiger eines Depotkunden oder Intermediärs auf Wertpapierguthaben, die nicht ausschließlich dem Schuldner zugeordnet sind (*upper-tier attachment*), ist nach beiden Vorhaben ausgeschlossen.

Hinsichtlich des Erwerbs von Wertpapierguthaben ohne Sicherungszweck enthält das Gemeinschaftsrecht derzeit keine Vorgaben. Nur mittelbar wird der Erwerb durch die Finalitätsrichtlinie geschützt, indem Übertragungsaufträge des Veräußerers in dessen Insolvenz Bestand haben und ausgeführt werden können, sofern der Veräußerer Teilnehmer eines Wertpapierabwicklungssystems ist. Wann und unter welchen Voraussetzungen der Erwerber sein Wertpapierguthaben erwirbt und welche Rolle gegebenenfalls eine Gutschrift auf seinem Depotkonto spielt, wird nicht gesagt. Das *Account-Certainty*-Projekt sieht insoweit vor, der Gutschrift zugunsten des Erwerbers rechtsbegründende Bedeutung beizumessen, doch sind derzeit noch keine Anforderungen an rechtsbegründende Gutschriften formuliert. Demgegenüber ist der Erwerb von Wertpapierguthaben im *Unidroit*-Entwurf bereits geregelt. Demnach hat die Gutschrift zwar grundsätzlich rechtsbegründende Bedeutung. Dieser Grundsatz kann jedoch aufgrund autonomen Rechts insbesondere für bedingte Gutschriften relativiert werden. Die Funktion des Erwerbs vom Nichtberechtigten wird nach dem *Unidroit*-Entwurf durch den Ausschluss von Rechtsverfolgungsansprüchen Dritter bezüglich der verbuchten Wertpapiere sowie gegen Mängel einer früheren Gutschrift des Veräußerers erfüllt. Im Rahmen des *Account-Certainty*-Projekts ist ein Schutz des gutgläubigen Erwerbers ebenfalls grundsätzlich vorgesehen, seine Ausgestaltung bleibt aber abzuwarten.

2. Rechte des Sicherungsnehmers und sonstiger Geschäftspartner

Gemeinschaftsrecht und *Unidroit*-Entwurf erlauben die Vereinbarung bestimmter Befugnisse des Sicherungsnehmers, die in der Praxis der Marktteilnehmer eine wichtige Rolle spielen, bislang aber nicht in allen Rechtsordnungen wirksam vereinbart werden können. Dazu gehören insbesondere das Verfügungsrecht des Sicherungsnehmers bezüglich des Sicherungsguts und das Aneignungsrecht des Sicherungsnehmers im Verwertungsfall. Allerdings besteht für die Mitglieds- bzw. künftigen Signatarstaaten weder aufgrund des Gemeinschaftsrechts noch aufgrund des *Unidroit*-Entwurfs eine unbedingte Pflicht, solche Vereinbarungen zuzulassen. Eine Pflicht, die vereinbarungsgemäße Verfügung des Sicherungsnehmers über das Sicherungsgut auch im Falle des beschränkten Sicherungsrechts zuzulassen, besteht nur im Gemeinschaftsrecht, und die Zulassung eines Aneignungsrechts des Sicherungsnehmers ist weder im Gemeinschaftsrecht noch im *Unidroit*-Entwurf zwingend vorgegeben. Im Rahmen der Finanzsicherheitenrichtlinie gab indes der in der Richtlinie vorgesehene Umsetzungsbericht einen Anreiz zur Einführung eines Aneignungsrechts, das nun von allen Mitgliedstaaten zugelassen wird.

Sowohl der *Unidroit*-Entwurf als auch die Finanzsicherheitenrichtlinie enthalten sachrechtliche Regelungen für den Erwerb von Sicherungsrechten. Während jedoch der *Unidroit*-Entwurf positive Erwerbsvoraussetzungen aufstellt, beschränkt sich die Finanzsicherheitenrichtlinie darauf, Formerfordernisse der Mitgliedstaaten auszuschließen.

Die Regelungen zur Verwertung von Wertpapiersicherheiten im Gemeinschaftsrecht und im *Unidroit*-Entwurf gleichen die Verwertungsformalitäten für die Verwertung beschränkter Sicherungsrechte und für die Inhaberschaft des vollen Rechts zu Sicherungszwecken einander an. Die Verwertung erfolgt unabhängig von einer möglichen Insolvenz des Sicherungsgebers durch dieselbe Person und auf dieselbe Weise wie außerhalb eines Insolvenzszenarios. Dabei sind sowohl nach der Finanzsicherheitenrichtlinie als auch nach dem *Unidroit*-Entwurf bestimmte Verwertungsformalitäten ausgeschlossen. Die ausgeschlossenen Formalitäten stimmen weitgehend überein, doch werden Verzögerungen, die zu Liquiditätsengpässen des Sicherungsnehmers führen könnten, durch die Richtlinie noch weitergehend vermieden als durch den *Unidroit*-Entwurf, denn anders als der *Unidroit*-Entwurf schließt die Richtlinie auch die Pflicht zur Wahrung von Wartefristen vor der Verwertung aus. Die Verwertung durch Verrechnung, also durch Einbeziehung des Wertes des Sicherungsguts in eine Aufrechnung infolge Beendigung, erlauben die Finanzsicherheitenrichtlinie und der *Unidroit*-Entwurf für alle Sicherungsformen einheitlich.

Schlussbetrachtung

Die Untersuchung zeigt, dass die Harmonisierung des Kollisions- und des Sachrechts für Wertpapierguthaben und Wertpapiersicherheiten im Gemeinschaftsrecht und auf globaler Ebene grundsätzlich mit einer Verbesserung der Qualität und der Vorhersehbarkeit der anwendbaren Regelungen verbunden ist. Das trifft allerdings in unterschiedlichem Maße zu.

Das Gemeinschaftsrecht zeichnet sich bislang durch anlassbezogene Vorgaben aus, die kollisionsrechtliche und sachrechtliche Risiken in bestimmten Problemfeldern ausschließen. Dabei steht die Stabilität des Finanzsystems des Euro-Währungsgebiets und seiner Infrastruktur im Vordergrund. Wertpapierguthaben und Wertpapiersicherheiten sind in diesem Zusammenhang nicht alleiniger Regelungsgegenstand, sondern nur insoweit, als es zur Lösung der jeweiligen Probleme erforderlich ist. Das bedingt personelle und zeitliche Beschränkungen der Vorgaben. Da die Regelungsvorgaben außerdem auf unterschiedliche Richtlinien verteilt sind, bleiben sie fragmentarisch. Hinzu kommt, dass eine Harmonisierung durch Richtlinien Umsetzungsmaßnahmen erforderlich macht, die unterschiedlich ausfallen können. Das ist insbesondere dann der Fall, wenn bereits die Richtlinie selbst in den unterschiedlichen Amtssprachen unterschiedlichen Inhalts ist.

Im Rahmen der globalen Regelungsansätze stehen die Wertpapierguthaben und Wertpapiersicherheiten selbst im Vordergrund, so dass eine geschlossene Regelung von Inhalt, Erwerb und Ausübung möglich ist. Allerdings scheidet aufgrund der Kompetenzverteilung der beteiligten Institutionen eine zusammenhängende Behandlung kollisionsrechtlicher und sachrechtlicher Probleme aus, was die Gefahr einer Inkongruenz der Regelungsbereiche birgt. So zeichnet sich beispielsweise ab, dass es als Ergänzung zum harmonisierten Sachrecht teils am entsprechenden Kollisionsrecht fehlen wird, weil die Haager Konvention nicht alle Problemfelder abdeckt, die der *Unidroit*-Entwurf der maßgeblichen Rechtsordnung überlässt. Im weiteren Verlauf der Harmonisierung wird auch darauf zu achten sein, dass gemeinschaftsrechtliche und globale Regelungen einander nicht widersprechen, denn andernfalls sind die Mitgliedstaaten der Europäischen Union an der Ratifizierung gehindert. Die bei der Beseitigung der *Giovannini*-

Hindernisse und der Ausarbeitung des *Unidroit*-Entwurfs bislang praktizierte Abstimmung zwischen der *Legal Certainty Group* und *Unidroit*[1] lässt indes auf die Vermeidung solcher Widersprüche hoffen.

---

[1] Vgl. *Unidroit*, Study LXXVIII, Committee of Governmental Experts, First Session, Doc. 23 (Mai 2005), 2, sowie: *Legal Certainty* Group, EU Clearing and Settlement – Legal Certainty Group Synthesis Report of the meeting held on 31st January 2005, veröffentlicht unter: http://europa.eu.int/comm/internal_market/financial-markets/docs/certainty/report-31012005_en.pdf.

Anhang 1: Finalitätsrichtlinie

11. 6. 98 | DE | Amtsblatt der Europäischen Gemeinschaften | L 166/45

RICHTLINIE 98/26/EG DES EUROPÄISCHEN PARLAMENTS UND DES RATES

vom 19. Mai 1998

über die Wirksamkeit von Abrechnungen in Zahlungs- sowie Wertpapierliefer- und -abrechnungssystemen

DAS EUROPÄISCHE PARLAMENT UND DER RAT DER EUROPÄISCHEN UNION —

gestützt auf den Vertrag zur Gründung der Europäischen Gemeinschaft, insbesondere auf Artikel 100a,

auf Vorschlag der Kommission ([1]),

nach Stellungnahme des Europäischen Währungsinstituts ([2]),

nach Stellungnahme des Wirtschafts- und Sozialausschusses ([3]),

gemäß dem Verfahren des Artikels 189 b des Vertrags ([4]),

in Erwägung nachstehender Gründe:

(1) Im Lamfalussy-Bericht von 1990 an die G10-Zentralbankpräsidenten wurde das nicht zu unterschätzende Systemrisiko in Zahlungssystemen aufgezeigt, die auf der Grundlage verschiedener — insbesondere multilateraler — Formen der Aufrechnung (netting) von Zahlungsaufträgen arbeiten. Die Verringerung der rechtlichen Risiken im Zusammenhang mit der Teilnahme an Systemen, die auf der Basis der Bruttoabwicklung in Echtzeit („Real Time Gross Settlement") arbeiten, ist eine vorrangige Aufgabe, da diese Systeme immer mehr an Bedeutung gewinnen.

(2) Es ist ferner überaus wichtig, das mit der Teilnahme an Wertpapierliefer- und -abrechnungssystemen verbundene Risiko zu vermindern, insbesondere wenn enge Beziehungen zwischen derartigen Systemen und Zahlungssystemen bestehen.

(3) Diese Richtlinie soll zur effizienten und kostengünstigen Abwicklung grenzüberschreitender Zahlungs- sowie Wertpapierliefer- und -abrechnungsvereinbarungen in der Europäischen Gemeinschaft beitragen, was die Freiheit des Kapitalverkehrs im Binnenmarkt stärkt. Sie stellt damit einen weiteren Schritt auf dem Weg zur Vollendung des Binnenmarktes dar, insbesondere in bezug auf den freien Dienstleistungsverkehr und die Liberalisierung des Kapitalverkehrs, und leistet einen Beitrag zur Verwirklichung der Wirtschafts- und Währungsunion.

(4) Es ist wünschenswert, daß die Rechtsvorschriften der Mitgliedstaaten darauf gerichtet sind, die Beeinträchtigung eines Systems im Fall von Insolvenzverfahren gegen einen Teilnehmer des betreffenden Systems so gering wie möglich zu halten.

(5) Ein Vorschlag für eine Richtlinie über die Sanierung und Liquidation von Kreditinstituten, der 1985 vorgelegt und am 8. Februar 1988 geändert wurde, liegt noch beim Rat. Das Übereinkommen über Insolvenzverfahren der im Rat vereinigten Vertreter der Mitgliedstaaten vom 23. November 1995 schließt Versicherungsunternehmen, Kreditinstitute und Wertpapierfirmen ausdrücklich aus.

(6) Diese Richtlinie soll sowohl inländische als auch grenzüberschreitende Zahlungssysteme und Wertpapierliefer- und -abrechnungssysteme erfassen. Unter die Richtlinie fallen alle Systeme der Gemeinschaft sowie die von den Teilnehmern im Zusammenhang mit ihrer Teilnahme an diesen Systemen geleisteten dinglichen Sicherheiten. Dabei ist es unwesentlich, ob es sich um Teilnehmer aus der Gemeinschaft oder aus Drittländern handelt.

(7) Die Mitgliedstaaten können diese Richtlinie auf ihre eigenen Institute, die direkte Teilnehmer von Systemen dritter Länder sind, sowie auf die im Zusammenhang mit der Teilnahme an solchen Systemen geleisteten dinglichen Sicherheiten anwenden.

(8) Den Mitgliedstaaten sollte gestattet werden, ein System, dessen Haupttätigkeit in der Abwicklung von Wertpapiergeschäften besteht, als System zu bezeichnen, das in den Geltungsbereich dieser Richtlinie fällt, auch wenn das betreffende System in beschränktem Umfang Geschäfte mit warenunterlegten Derivaten abwickelt.

(9) Die Verringerung des Systemrisikos erfordert insbesondere die Wirksamkeit von Abrechnungen und die Verwertbarkeit dinglicher Sicherheiten. Der Ausdruck „dingliche Sicherheit" umfaßt alle juristischen Sicherungsmittel, mit denen ein Teilnehmer aus dem System herrührende Rechte und Verpflichtungen gegenüber anderen Teilnehmern des Zahlungssystems und/oder Wertpapierliefer- und -abrechnungssystems sichert; hierzu zählen u. a. Rückkaufsvereinbarungen (Pensionsgeschäfte), gesetzliche Pfandrechte und fiduziarische Sicherungsrechte. Vorschriften des einzelstaatlichen Rechts über die Art von dinglichen Sicherheiten, die geleistet werden können, werden durch die Definition der dinglichen Sicherheit in dieser Richtlinie nicht berührt.

([1]) ABl. C 207 vom 18. 7. 1996, S. 13, und ABl. C 259 vom 26. 8. 1997, S. 6.

([2]) Stellungnahme vom 21. November 1996.

([3]) ABl. C 56 vom 24. 2. 1997, S. 1.

([4]) Stellungnahme des Europäischen Parlaments vom 9. April 1997 (ABl. C 132 vom 28. 4. 1997, S. 741 Gemeinsamer Standpunkt des Rates vom 13. Oktober 1997 (ABl. C 375 vom 10. 12. 1997, S. 34) und Beschluß des Europäischen Parlaments vom 29. Januar 1998 (ABl. C 56 vom 23. 2. 1998). Beschluß des Rates vom 27. April 1998.

(10) Diese Richtlinie erfaßt auch Sicherheiten, die den Zentralbanken der Mitgliedstaaten im Rahmen ihrer besonderen Aufgabenstellung als Zentralbanken — insbesondere im Rahmen der Geldpolitik — geleistet werden; hierdurch unterstützt sie das Europäische Währungsinstitut bei seiner Aufgabe, mit Blick auf die Vorbereitung der dritten Stufe der Wirtschafts- und Währungsunion die Effizienz grenzüberschreitender Zahlungen zu erhöhen, und trägt somit zum Aufbau des erforderlichen rechtlichen Rahmens bei, innerhalb dessen die künftige Europäische Zentralbank ihre Politik entwickeln kann.

(11) Zahlungs- bzw. Übertragungsaufträge und Aufrechnungen (netting) sollten nach den Rechtsordnungen aller Mitgliedstaaten rechtlich wirksam und für Dritte verbindlich sein.

(12) Unbeschadet der Vorschriften über die Wirksamkeit von Aufrechnungen können Systeme vor der Durchführung der Aufrechnung prüfen, ob in das System eingebrachte Aufträge den Regeln dieses Systems genügen und die Abrechnung durch das System durchgeführt werden kann.

(13) Diese Richtlinie schließt nicht aus, daß ein Teilnehmer oder ein Dritter etwaige gesetzlich vorgesehene Rechte oder Ansprüche aus dem zugrundeliegenden Geschäft auf Wiedererlangung oder Rückerstattung von Leistungen im Zusammenhang mit einem in ein System eingebrachten Zahlungs- bzw. Übertragungsauftrag, beispielsweise im Betrugsfall oder bei Fehlern, geltend machen kann; dies darf nicht zur Folge haben, daß die Aufrechnung (netting) rückgängig gemacht wird oder die betreffenden Zahlungs- bzw. Übertragungsaufträge im System unwirksam werden.

(14) Es muß gewährleistet werden, daß Zahlungs- bzw. Übertragungsaufträge nach dem durch die Regeln des Systems definierten Zeitpunkt nicht mehr widerrufen werden können.

(15) Es ist notwendig, daß ein Mitgliedstaat den anderen Mitgliedstaaten unverzüglich die Eröffnung eines Insolvenzverfahrens gegen einen Teilnehmer eines Systems mitteilt.

(16) Ein Insolvenzverfahren sollte nicht rückwirkend in die Rechte und Verpflichtungen der Teilnehmer eines Systems eingreifen.

(17) Die Richtlinie soll ferner festlegen, welches Insolvenzrecht im Fall eines Insolvenzverfahrens gegen einen Teilnehmer eines Systems für die aus der Teilnahme an einem System herrührenden Rechte und Verpflichtungen des betreffenden Teilnehmers maßgeblich ist.

(18) Bei Insolvenz eines Teilnehmers sollten die von ihm geleisteten dinglichen Sicherheiten von der Anwendung des Insolvenzrechts auf den insolventen Teilnehmer nicht berührt werden.

(19) Artikel 9 Absatz 2 soll nur für ein Register, Konto oder zentrales Verwahrsystem gelten, welches das Eigentum an den betreffenden Wertpapieren bzw. das Recht auf Lieferung oder Übertragung der Wertpapiere belegt.

(20) Artikel 9 Absatz 2 soll sicherstellen, daß sich in dem Fall, in dem der Teilnehmer, die Zentralbank eines Mitgliedstaats oder die künftige Europäische Zentralbank eine gültige und wirksame dingliche Sicherheit gemäß dem Recht des Mitgliedstaats hält, in dem sich das betreffende Register, Konto oder zentrale Verwahrsystem befindet, die Gültigkeit und Verwertbarkeit dieser dinglichen Sicherheit gegenüber dem System (und dessen Betreiber) und gegenüber jeder anderen Person, die über das System mittelbar oder unmittelbar Ansprüche geltend macht, ausschließlich nach dem Recht dieses Mitgliedstaats bestimmt.

(21) Artikel 9 Absatz 2 soll der Wirkungsweise und den Auswirkungen des Rechts des Mitgliedstaats, in dem die Wertpapiere begeben wurden, oder des Rechts des Mitgliedstaats, in dem die Wertpapiere möglicherweise in anderer Weise belegen sind (einschließlich der uneingeschränkten Geltung der Rechtsvorschriften, die die Begebung solcher Wertpapiere oder die Begründung oder Übertragung von Eigentum oder sonstigen Rechten an diesen betreffen), nicht vorgreifen und ist dahin gehend zu verstehen, daß nur das Recht des jeweiligen Mitgliedstaats für die Anerkennung und Verwertbarkeit derartiger dinglicher Sicherheiten maßgeblich ist.

(22) Die Mitgliedstaaten sollten sich darum bemühen, zwischen allen durch diese Richtlinie erfaßten Wertpapierliefer- und -abrechnungssystemen hinlängliche Verbindungen herzustellen, um ein Höchstmaß an Transparenz und Rechtssicherheit bei Wertpapiergeschäften zu fördern.

(23) Die Annahme dieser Richtlinie ist der geeignetste Weg, um die vorgenannten Ziele zu erreichen, und geht nicht über das zu diesem Zweck notwendige Maß hinaus —

HABEN FOLGENDE RICHTLINIE ERLASSEN:

ABSCHNITT I

ANWENDUNGSBEREICH UND DEFINITIONEN

Artikel 1

Diese Richtlinie gilt

a) für Systeme im Sinne des Artikels 2 Buchstabe a), die dem Recht eines Mitgliedstaates unterliegen und in einer beliebigen Währung, in ECU oder in verschiedenen Währungen, die das System gegenseitig konvertiert, arbeiten;

b) für Teilnehmer eines solchen Systems;

c) für dingliche Sicherheiten im Zusammenhang mit

— der Teilnahme an einem System oder

— Maßnahmen der Zentralbanken der Mitgliedstaaten aufgrund ihrer besonderen Aufgabenstellung als Zentralbanken.

Artikel 2

Im Sinne dieser Richtlinie bezeichnet der Ausdruck

a) „System" eine förmliche Vereinbarung,

— die — ohne Mitrechnung einer etwaigen Verrechnungsstelle, zentralen Vertragspartei oder Clearingstelle oder eines etwaigen indirekten Teilnehmers — zwischen mindestens drei Teilnehmern getroffen wurde und gemeinsame Regeln und vereinheitlichte Vorgaben für die Ausführung von Zahlungs- bzw. Übertragungsaufträgen zwischen den Teilnehmern vorsieht,

— die dem Recht eines von den Teilnehmern gewählten Mitgliedstaats unterliegt; die Teilnehmer können sich jedoch nur für das Recht eines Mitgliedstaats entscheiden, in dem zumindest einer von ihnen seine Hauptverwaltung hat, und

— die unbeschadet anderer, weitergehender einzelstaatlicher Vorschriften von allgemeiner Geltung als System angesehen wird und der Kommission von dem Mitgliedstaat, dessen Recht maßgeblich ist, gemeldet worden ist, nachdem der Mitgliedstaat sich von der Zweckdienlichkeit der Regeln des Systems überzeugt hat.

Unter den in Unterabsatz 1 genannten Voraussetzungen kann ein Mitgliedstaat ferner eine förmliche Vereinbarung, in deren Rahmen Übertragungsaufträge im Sinne von Buchstabe i) sowie in beschränktem Umfang andere Anlageinstrumente betreffende Aufträge ausgeführt werden, als System ansehen, wenn er dies unter dem Aspekt des Systemrisikos als gerechtfertigt erachtet.

Ein Mitgliedstaat kann im Einzelfall auch eine förmliche Vereinbarung, die — ohne Mitrechnung einer etwaigen Verrechnungsstelle, zentralen Vertragspartei oder Clearingstelle oder eines etwaigen indirekten Teilnehmers — zwischen nur zwei Teilnehmern getroffen wurde, als System ansehen, wenn er dies unter dem Aspekt des Systemrisikos als gerechtfertigt erachtet;

b) „Institut"

— Kreditinstitute im Sinne des Artikels 1 erster Gedankenstrich der Richtlinie 77/780/EWG (¹) einschließlich der in Artikel 2 Absatz 2 derselben Richtlinie bezeichneten Institute oder

— Wertpapierfirmen im Sinne des Artikels 1 Nummer 2 der Richtlinie 93/22/EWG (²), mit Ausnahme der in Artikel 2 Absatz 2 Buchstaben a) bis k) derselben Richtlinie bezeichneten Institute, oder

— öffentlich-rechtliche Körperschaften sowie Unternehmen, die mit einer öffentlichen Garantie ausgestattet sind, oder

— Unternehmen mit Hauptverwaltung außerhalb der Gemeinschaft, deren Tätigkeit der eines Kreditinstituts oder einer Wertpapierfirma der Gemeinschaft im Sinne des ersten und zweiten Gedankenstrichs entspricht,

die Teilnehmer eines Systems sind und für die Erfüllung der finanziellen Verpflichtungen aufgrund von Zahlungs- bzw. Übertragungsaufträgen innerhalb dieses Systems haften.

Unterliegt ein System der Aufsicht nach einzelstaatlichem Recht und führt nur Übertragungsaufträge im Sinne von Buchstabe i) sowie die zugehörigen Zahlungsaufträge aus, kann ein Mitgliedstaat bestimmen, daß Unternehmen, die Teilnehmer dieses Systems sind und für die Erfüllung der finanziellen Verpflichtungen aufgrund von Zahlungs- bzw. Übertragungsaufträgen innerhalb des Systems haften, als Institute angesehen werden können, wenn dem System mindestens drei Teilnehmer angehören, die unter eine der in Unterabsatz 1 genannten Kategorien fallen, und diese Entscheidung unter dem Aspekt des Systemrisikos als gerechtfertigt erachtet wird;

c) „zentrale Vertragspartei" eine Stelle, die in einem System zwischen den Instituten eingeschaltet ist und in bezug auf die Zahlungs- bzw. Übertragungsaufträge dieser Institute als deren ausschließliche Vertragspartei fungierte;

d) „Verrechnungsstelle" eine Stelle, die Instituten und/oder einer zentralen Vertragspartei, die Teilnehmer von Systemen sind, Konten, über die die Zahlungs- bzw. Übertragungsaufträge innerhalb des Systems abgewickelt werden, zur Verfügung stellt und die diesen Instituten und/oder zentralen Vertragsparteien gegebenenfalls Kredit zum Zweck des Zahlungsausgleichs sowie des Ausgleichs von Verpflichtungen zur Lieferung von Wertpapieren gewährt.

e) „Clearingstelle" eine Organisation, die für die Berechnung der Nettopositionen der Institute, einer etwaigen zentralen Vertragspartei und/oder einer etwaigen Verrechnungsstelle zuständig ist;

f) „Teilnehmer" ein Institut, eine zentrale Vertragspartei, eine Verrechnungsstelle oder eine Clearingstelle.

Je nach den Regeln des Systems kann ein und derselbe Teilnehmer als zentrale Vertragspartei, als Verrechnungsstelle oder als Clearingstelle auftreten oder alle diese Funktionen ganz oder teilweise ausüben.

(¹) Erste Richtlinie 77/780/EWG des Rates vom 12. Dezember 1977 zur Koordinierung der Rechts- und Verwaltungsvorschriften über die Aufnahme und Ausübung der Tätigkeit der Kreditinstitute (ABl. L 322 vom 17. 12. 1977, S. 30), zuletzt geändert durch die Richtlinie 96/13/EG (ABl. L 66 vom 16. 3. 1996, S. 15).

(²) Richtlinie 93/22/EWG des Rates vom 10. Mai 1993 über Wertpapierdienstleistungen (ABl. L 141 vom 11. 6. 1993, S. 27), zuletzt geändert durch die Richtlinie 97/9/EG (ABl. L 84 vom 26. 3. 1997, S. 22).

Ein Mitgliedstaat kann bestimmen, daß ein indirekter Teilnehmer für die Zwecke dieser Richtlinie als Teilnehmer angesehen werden kann, wenn dies unter dem Aspekt des Systemrisikos gerechtfertigt und der indirekte Teilnehmer dem System bekannt ist;

g) „indirekter Teilnehmer" jedes Kreditinstitut im Sinne von Buchstabe b) erster Gedankenstrich mit einer vertraglichen Beziehung zu einem Institut, das Teilnehmer eines Systems zur Ausführung von Zahlungsaufträgen im Sinne von Buchstabe i) erster Gedankenstrich ist, wodurch das genannte Kreditinstitut in die Lage versetzt wird, Zahlungsaufträge in das System einzubringen;

h) „Wertpapiere" alle in Abschnitt B des Anhangs der Richtlinie 93/22/EWG genannten Instrumente;

i) „Zahlungs- bzw. Übertragungsauftrag"

— eine Weisung eines Teilnehmers, einem Endbegünstigten einen bestimmten Geldbetrag mittels Verbuchung auf dem Konto eines Kreditinstituts, einer Zentralbank oder einer Verrechnungsstelle zur Verfügung zu stellen, oder eine Weisung, die die Übernahme oder Erfüllung einer Zahlungsverpflichtung im Sinne der Regeln des Systems nach sich zieht (Zahlungsauftrag), oder

— eine Weisung eines Teilnehmers, die auf die Übertragung des Eigentums an Wertpapieren oder eines Anspruchs auf Übereignung von Wertpapieren im Wege der Verbuchung oder auf sonstige Weise gerichtet ist (Übertragungsauftrag);

j) „Insolvenzverfahren" eine Kollektivmaßnahme gemäß dem Recht eines Mitgliedstaats oder eines Drittlandes, die ergriffen wird, um den betreffenden Teilnehmer entweder zu liquidieren oder zu sanieren, sofern die Maßnahme zur Aufhebung oder Einschränkung der Befugnis des Teilnehmers führt, Zahlungen oder sonstige Verfügungen vorzunehmen

k) „Aufrechnung" (netting) die Verrechnung von Forderungen und Verbindlichkeiten aus Zahlungs- bzw. Übertragungsaufträgen, die ein oder mehrere Teilnehmer an einen oder mehrere Teilnehmer erteilt haben oder von einem oder mehreren Teilnehmern erhalten haben, zu einer einzigen Nettoforderung bzw. -verbindlichkeit pro Teilnehmer mit der Folge, daß nur diese Nettoforderung bzw. -verbindlichkeit besteht;

l) „Verrechnungskonto" ein bei einer Zentralbank, einer Verrechnungsstelle oder einer zentralen Vertragspartei geführtes Konto für das Halten von Geldern und Wertpapieren oder die Abwicklung von Geschäften zwischen den Teilnehmern eines Systems;

m) „dingliche Sicherheit" einen verwertbaren Vermögensgegenstand (einschließlich Guthaben), der zur Besicherung von Rechten und Verbindlichkeiten, die sich in Verbindung mit einem System ergeben können, als Pfand, im Rahmen einer Rückkaufsvereinbarung (Pensionsgeschäft), einer vergleichbaren Vereinbarung oder in anderer Form bereitgestellt oder der Zentralbank eines Mitgliedstaats oder der künftigen Europäischen Zentralbank zur Verfügung gestellt wird.

ABSCHNITT II

AUFRECHNUNGEN UND ZAHLUNGS- BZW. ÜBERTRAGUNGSAUFTRÄGE

Artikel 3

(1) Zahlungs- bzw. Übertragungsaufträge und Aufrechnungen (netting) sind rechtlich verbindlich und auch im Fall eines Insolvenzverfahrens gegen einen Teilnehmer Dritten gegenüber wirksam, sofern die Zahlungs- bzw. Übertragungsaufträge vor dem Zeitpunkt der Verfahrenseröffnung gemäß Artikel 6 Absatz 1 in das System eingebracht wurden.

Werden Zahlungsaufträge ausnahmsweise nach dem Zeitpunkt der Eröffnung des Insolvenzverfahrens in ein System eingebracht und am Tag der Verfahrenseröffnung ausgeführt, sind sie nur dann rechtlich verbindlich und Dritten gegenüber wirksam, wenn die Verrechnungsstelle, die zentrale Vertragspartei oder die Clearingstelle nach dem Zeitpunkt der Abrechnung nachweisen kann, daß sie keine Kenntnis von der Eröffnung des Insolvenzverfahrens hatte und keine Kenntnis davon hätte haben müssen.

(2) Rechtsvorschriften, Regeln oder Gepflogenheiten betreffend die Aufhebung von Verträgen oder Geschäften, die vor dem Zeitpunkt der Eröffnung des Insolvenzverfahrens gemäß Artikel 6 Absatz 1 abgeschlossen wurden, dürfen nicht zur Folge haben, daß die Aufrechnung rückgängig gemacht wird.

(3) Der Zeitpunkt des Einbringens eines Zahlungs- bzw. Übertragungsauftrags in ein System wird nach den Regeln des betreffenden Systems bestimmt. Enthält das für das System maßgebliche einzelstaatliche Recht Bestimmungen über den Zeitpunkt des Einbringens, so müssen die Regeln des Systems mit diesen Bestimmungen in Einklang stehen.

Artikel 4

Ein Mitgliedstaat kann vorsehen, daß ungeachtet der Eröffnung eines Insolvenzverfahrens gegen einen Teilnehmer Guthaben oder Wertpapiere auf dem Verrechnungskonto des Teilnehmers dazu verwendet werden können, die am Tage der Verfahrenseröffnung in dem System bestehenden Verbindlichkeiten des betreffenden Teilnehmers zu begleichen. Ein Mitgliedstaat kann ferner vorsehen, daß eine Kreditfazilität, die dem betreffenden Teilnehmer im Hinblick auf das System eingeräumt wurde, auf der Grundlage bereitstehender dinglicher Sicherheiten genutzt wird, um die Verbindlichkeiten des Teilnehmers aus dem System zu begleichen.

11. 6. 98 DE Amtsblatt der Europäischen Gemeinschaften L 166/49

Artikel 5

Ein Zahlungs- bzw. Übertragungsauftrag kann von dem in den Regeln des Systems bestimmten Zeitpunkt an weder von einem Teilnehmer an einem System noch von einem Dritten widerrufen werden.

ABSCHNITT III

BESTIMMUNGEN BETREFFEND INSOLVENZVERFAHREN

Artikel 6

(1) Für die Zwecke dieser Richtlinie gilt als Zeitpunkt der Eröffnung des Insolvenzverfahrens der Zeitpunkt, zu dem die Entscheidung des zuständigen Gerichts bzw. der zuständigen Behörde ergangen ist.

(2) Sobald eine Entscheidung gemäß Absatz 1 ergangen ist, setzt das Gericht bzw. die Behörde unverzüglich die jeweilige Behörde, die von seinem/ihrem Mitgliedstaat benannt worden ist, von dieser Entscheidung in Kenntnis.

(3) Der in Absatz 2 genannte Mitgliedstaat setzt unverzüglich die anderen Mitgliedstaaten in Kenntnis.

Artikel 7

Ein Insolvenzverfahren greift nicht rückwirkend in die Rechte und Pflichten eines Teilnehmers, die sich aus seiner Teilnahme an einem System oder in Verbindung damit ergeben, ein und wirkt insoweit erst ab dem Zeitpunkt der Verfahrenseröffnung gemäß Artikel 6 Absatz 1.

Artikel 8

Im Fall der Eröffnung eines Insolvenzverfahrens gegen einen Teilnehmer eines Systems werden die Rechte und Pflichten, die sich aus der Teilnahme des betreffenden Teilnehmers an diesem System oder in Verbindung damit ergeben, durch das für das System maßgebliche Recht bestimmt.

ABSCHNITT IV

SCHUTZ DER RECHTE DER DINGLICH GESICHERTEN GLÄUBIGER VOR DEN AUSWIRKUNGEN EINER INSOLVENZ DES SICHERHEITSLEISTENDEN

Artikel 9

(1) Die Rechte

— von Teilnehmern an dinglichen Sicherheiten, die ihnen im Rahmen eines Systems geleistet wurden, sowie

— der Zentralbanken der Mitgliedstaaten oder der künftigen Europäischen Zentralbank an dinglichen Sicherheiten, die ihnen geleistet wurden,

werden durch ein Insolvenzverfahren gegen den die Sicherheit leistenden Teilnehmer oder die die Sicherheit leistende Vertragspartei der Zentralbanken der Mitgliedstaaten oder der künftigen Europäischen Zentralbank nicht berührt. Dingliche Sicherheiten dieser Art können zur Befriedigung der betreffenden Forderungen verwertet werden.

(2) Wird Teilnehmern und/oder Zentralbanken der Mitgliedstaaten oder der künftigen Europäischen Zentralbank eine dingliche Sicherheit in Form von Wertpapieren (einschließlich Rechten an Wertpapieren) gemäß Absatz 1 geleistet und ist deren Recht an diesen Wertpapieren (das auch durch einen etwaigen Bevollmächtigten, Beauftragten oder sonstigen Dritten in ihrem Namen ausgeübt werden kann) mit rechtsbegründender Wirkung in einem Register eingetragen oder auf einem Konto oder bei einem zentralen Verwahrsystem verbucht, das sich in einem Mitgliedstaat befindet, so bestimmen sich die Rechte dieser natürlichen oder juristischen Personen als dinglich gesicherte Gläubiger an diesen Wertpapieren nach dem Recht des betreffenden Mitgliedstaats.

ABSCHNITT V

SCHLUSSBESTIMMUNGEN

Artikel 10

Die Mitgliedstaaten benennen die Systeme, für die die Richtlinie gilt, und teilen diese der Kommission mit; sie informieren die Kommission ferner darüber, welche Behörde sie gemäß Artikel 6 Absatz 2 benannt haben.

Das System gibt dem Mitgliedstaat, dessen Recht es unterliegt, an, welches seine Teilnehmer, einschließlich etwaiger indirekter Teilnehmer, sind, und teilt jede diesbezügliche Änderung mit.

Über die Angabe- und Mitteilungspflicht nach Unterabsatz 2 hinaus können die Mitgliedstaaten Systeme, die unter ihre Zuständigkeit fallen, einer Beaufsichtigung oder Genehmigungspflicht unterwerfen.

Jeder, der ein berechtigtes Interesse hat, kann von einem Institut Auskunft über die Systeme verlangen, an denen es beteiligt ist, sowie über die wesentlichen Regeln für das Funktionieren dieser Systeme.

Artikel 11

(1) Die Mitgliedstaaten erlassen die erforderlichen Rechts- und Verwaltungsvorschriften, um dieser Richtlinie vor dem 11. Dezember 1999 nachzukommen. Sie setzen die Kommission unverzüglich davon in Kenntnis.

Wenn die Mitgliedstaaten Vorschriften nach Absatz 1 erlassen, nehmen sie in den Vorschriften selbst oder durch einen Hinweis bei der amtlichen Veröffentlichung auf diese Richtlinie Bezug. Die Mitgliedstaaten regeln die Einzelheiten der Bezugnahme.

(2) Die Mitgliedstaaten teilen der Kommission den Wortlaut der innerstaatlichen Rechts- und Verwaltungsvorschriften mit, die sie auf dem unter diese Richtlinie fallenden Gebiet erlassen. Sie legen hierzu eine Aufstellung vor, aus der hervorgeht, welche bereits vorhandenen oder neu eingeführten innerstaatlichen Vorschriften den einzelnen Artikeln dieser Richtlinie entsprechen.

Artikel 12

Spätestens drei Jahre nach dem in Artikel 11 Absatz 1 genannten Zeitpunkt unterbreitet die Kommission dem Europäischen Parlament und dem Rat einen Bericht über die Anwendung der Richtlinie sowie gegebenenfalls Vorschläge zu ihrer Änderung.

Artikel 13

Diese Richtlinie tritt am Tag ihrer Veröffentlichung im *Amtsblatt der Europäischen Gemeinschaften* in Kraft.

Artikel 14

Diese Richtlinie ist an die Mitgliedstaaten gerichtet.

Geschehen zu Brüssel am 19. Mai 1998.

Im Namen des Europäischen Parlaments	*Im Namen des Rates*
Der Präsident	*Der Präsident*
J.M. GIL-ROBLES	G. BROWN

Anhang 2.1: Finanzsicherheitenrichtlinie (deutsche Fassung)

27.6.2002 DE Amtsblatt der Europäischen Gemeinschaften L 168/43

RICHTLINIE 2002/47/EG DES EUROPÄISCHEN PARLAMENTS UND DES RATES

vom 6. Juni 2002

über Finanzsicherheiten

DAS EUROPÄISCHE PARLAMENT UND DER RAT DER EUROPÄISCHEN UNION —

gestützt auf den Vertrag zur Gründung der Europäischen Gemeinschaft, insbesondere auf Artikel 95,

auf Vorschlag der Kommission ([1]),

nach Stellungnahme der Europäischen Zentralbank ([2]),

nach Stellungnahme des Wirtschafts- und Sozialausschusses ([3]),

gemäß dem Verfahren des Artikels 251 EG-Vertrag ([4]),

in Erwägung nachstehender Gründe:

(1) Die Richtlinie 98/26/EG des Europäischen Parlaments und des Rates vom 19. Mai 1998 über die Wirksamkeit von Abrechnungen in Zahlungs- sowie Wertpapierliefer- und -abrechnungssystemen ([5]) stellte einen entscheidenden Schritt zur Schaffung eines soliden rechtlichen Rahmens für Zahlungs- und Wertpapierabrechnungssysteme dar. Die Umsetzung dieser Richtlinie hat gezeigt, dass das bei derartigen Systemen durch unterschiedliche Rechtsordnungen bedingte Risiko begrenzt werden muss und gemeinsame Regeln für die zugunsten solcher Systeme bestellten Sicherheiten von Nutzen sind.

(2) In ihrer Mitteilung vom 11. Mai 1999 an das Europäische Parlament und den Rat über Finanzdienstleistungen „Umsetzung des Finanzmarktrahmens: Aktionsplan" hat sich die Kommission nach Anhörung von Marktsachverständigen und nationalen Behörden dazu verpflichtet, weitere Vorschläge für Legislativmaßnahmen zum Thema Sicherheiten auszuarbeiten, um über die Richtlinie 98/26/EG hinausgehende Fortschritte zu erzielen.

(3) Es sollte eine gemeinschaftsweite Regelung für die Bereitstellung von Wertpapieren und Barguthaben als Sicherheit in Form eines beschränkten dinglichen Sicherungsrechts oder im Wege der Vollrechtsübertragung, einschließlich Wertpapierpensionsgeschäften (Repos), geschaffen werden. Dies wird zu einer weiteren Integration und höheren Kostenwirksamkeit des Finanzmarkts sowie zur Stabilität des Finanzsystems in der Gemeinschaft beitragen und dadurch den freien Dienstleistungs- und Kapitalverkehr im Finanzbinnenmarkt fördern. Im Zentrum dieser Richtlinie stehen zweiseitige Vereinbarungen über die Bestellung von Finanzsicherheiten.

(4) Diese Richtlinie wird in einem europäischen Rechtsrahmen angenommen, der neben der Richtlinie 98/26/EG insbesondere aus der Richtlinie 2001/24/EG des Europäischen Parlaments und des Rates vom 4. April 2001 über die Sanierung und Liquidation von Kreditinstituten ([6]), der Richtlinie 2001/17/EG des Europäischen Parlaments und des Rates vom 19. März 2001 über die Sanierung und Liquidation von Versicherungsunternehmen ([7]) und der Verordnung (EG) Nr. 1346/2000 des Rates vom 29. Mai 2000 über Insolvenzverfahren ([8]) besteht. Diese Richtlinie passt sich in die generelle Ausrichtung dieser bestehenden Rechtsakte ein und legt nichts Gegenteiliges fest. Vielmehr ergänzt sie die bestehenden Rechtsakte, indem sie weitere Bereiche regelt und in Bezug auf bestimmte, durch diese Rechtsakte bereits geregelte Aspekte eine Erweiterung vornimmt.

(5) Um die Rechtssicherheit im Bereich der Finanzsicherheiten zu erhöhen, sollten die Mitgliedstaaten dafür sorgen, dass Finanzsicherheiten von bestimmten Vorschriften ihres Insolvenzrechts ausgenommen sind, und zwar insbesondere von solchen Vorschriften, die der effektiven Verwertung einer Sicherheit im Wege stehen oder derzeit praktizierte Verfahren, wie die bilaterale Aufrechnung infolge Beendigung („close out netting"), die Bereitstellung zusätzlicher Sicherheiten oder die Ersetzung bestehender Sicherheiten in Frage stellen würden.

(6) Diese Richtlinie behandelt nicht die Rechte an als Finanzsicherheit gestellten Vermögensgegenständen, die außerhalb einer Sicherungsvereinbarung oder außerhalb der Rechtsvorschriften über die Einleitung oder Fortsetzung eines Liquidationsverfahrens oder von Sanierungsmaßnahmen erwachsen, wie beispielsweise Ansprüche auf Rückgabe wegen Irrtums, Versehens oder fehlender Geschäftsfähigkeit.

(7) Der Grundsatz der Richtlinie 98/26/EG, wonach für Sicherheiten in Form von im Effektengiro übertragbaren Wertpapieren das Recht des Landes gilt, in dem sich das maßgebliche Register, Konto oder zentrale Verwahrsystem befindet, sollte ausgedehnt werden, um die notwendige Rechtssicherheit für derartige grenzüberschreitend gehaltene Wertpapiere und ihre Verwendung als Sicherheit im Sinne dieser Richtlinie zu schaffen.

(8) Die Regel des „Rechts der belegenen Sache" (lex rei sitae), der zufolge die Wirksamkeit einer Finanzsicherheit gegenüber Dritten sich nach dem Recht des Landes

---

([1]) ABl. C 180 E vom 26.6.2001, S. 312.
([2]) ABl. C 196 vom 12.7.2001, S. 10.
([3]) ABl. C 48 vom 21.2.2002, S. 1.
([4]) Stellungnahme des Europäischen Parlaments vom 13. Dezember 2001 (noch nicht im Amtsblatt veröffentlicht), Gemeinsamer Standpunkt des Rates vom 5. März 2002 (noch nicht im Amtsblatt veröffentlicht) und Beschluss des Europäischen Parlaments vom 15. Mai 2002.
([5]) ABl. L 166 vom 11.6.1998, S. 45.
([6]) ABl. L 125 vom 5.5.2001, S. 15.
([7]) ABl. L 110 vom 20.4.2001, S. 28.
([8]) ABl. L 160 vom 30.6.2000, S. 1.

bestimmt, in dem die Sicherheit belegen ist, wird derzeit von allen Mitgliedstaaten anerkannt. Ungeachtet dessen, dass diese Richtlinie auf unmittelbar gehaltene Wertpapiere Anwendung findet, sollte die Belegenheit von im Effektengiro übertragbaren Wertpapieren, die als Finanzsicherheit gestellt und über einen oder mehrere Intermediäre zwischenverwahrt werden, bestimmt werden. Hat der Sicherungsnehmer eine Sicherheit inne, die nach dem Recht des Landes, in dem sich das maßgebliche Konto befindet, wirksam ist, sollte auch für die Wirksamkeit der Sicherheit gegenüber konkurrierenden Eigentums- oder sonstigen dinglichen Rechten und für ihre Verwertung ausschließlich das Recht dieses Landes maßgebend sein, damit keine Rechtsunsicherheit infolge unvorhergesehener Rechtsvorschriften entsteht.

(9) Um den Verwaltungsaufwand der Parteien bei der Bestellung von Finanzsicherheiten im Sinne dieser Richtlinie möglichst gering zu halten, sollte nach einzelstaatlichem Recht für die Wirksamkeit der Sicherheit nur vorgeschrieben werden dürfen, dass die Finanzsicherheit dem Sicherungsnehmer oder seinem Vertreter geliefert oder im Wege des Effektengiros gutgeschrieben wird oder ihnen auf sonstige Weise der Besitz daran oder die Kontrolle darüber verschafft wird, sofern sie den Besitz oder die Kontrolle nicht bereits innehatten; Sicherungstechniken, bei denen der Sicherungsgeber Sicherheiten ersetzen oder überschüssige Sicherheiten zurücknehmen darf, werden hierdurch nicht ausgeschlossen.

(10) Aus denselben Gründen sollte die Bestellung und die Wirksamkeit einer Finanzsicherheit, die prozessuale Beweisführung bei einer Finanzsicherheit oder die Besitzverschaffung an einer Finanzsicherheit nicht von der Erfüllung etwaiger Formerfordernisse abhängig gemacht werden; derartige Erfordernisse sind etwa die Ausfertigung von Dokumenten in einer bestimmten Form oder auf bestimmte Art und Weise, die Einreichung von Unterlagen bei einer amtlichen oder öffentlichen Stelle oder die Eintragung in ein öffentliches Register, die Bekanntmachung in einer Zeitung oder einem Anzeigenblatt oder einem amtlichen Register oder Publikationsorgan oder in jeder anderen Form, die Mitteilung an eine Amtsperson oder der Nachweis des Datums der Ausfertigung eines Dokuments oder einer Urkunde, des Betrags der besicherten Verbindlichkeiten oder sonstiger Angaben in einer bestimmten Form. Allerdings muss diese Richtlinie ein Gleichgewicht zwischen wirtschaftlichen Erwägungen einerseits und der Sicherheit der vertragsschließenden Parteien und etwaiger Dritter wahren, um unter anderem der Gefahr von Betrug zu begegnen. Dieses Gleichgewicht sollte dadurch erreicht werden, dass diese Richtlinie nur für besitzgebundene Finanzsicherheiten gilt, bei denen die Besitzverschaffung schriftlich oder auf einem anderen dauerhaften Träger nachgewiesen werden kann, wodurch das betreffende Sicherungsgeschäft äußerlich nachvollziehbar bleibt. Rechtshandlungen, die nach dem Recht eines Mitgliedstaats für die wirksame Übereignung oder Bestellung eines Sicherungsrechts an anderen Finanzinstrumenten (als im Effektengiro übertragbaren Wertpapieren) erforderlich sind, wie beispielsweise das Indossament bei Orderpapieren oder der Eintrag im Emittentenregister im Falle von Namenspapieren, sollten nicht als Formerfordernisse im Sinne dieser Richtlinie gelten.

(11) Ferner sollte diese Richtlinie nur Finanzsicherheiten schützen, deren Bestellung nachgewiesen werden kann. Dieser Nachweis kann schriftlich oder auf jede andere rechtswirksame Weise erfolgen, die nach dem für die Sicherungsvereinbarung maßgeblichen Recht vorgesehen ist.

(12) Die einfachere Verwendung von Finanzsicherheiten aufgrund des geringeren Verwaltungsaufwands erhöht auch die Effizienz der für die Umsetzung der gemeinsamen Geldpolitik notwendigen grenzüberschreitenden Transaktionen der Europäischen Zentralbank und der Zentralbanken der an der Wirtschafts- und Währungsunion teilnehmenden Mitgliedstaaten. Darüber hinaus bringt die Tatsache, dass Finanzsicherheiten in begrenztem Umfang von bestimmten Vorschriften des Insolvenzrechts ausgenommen sind, eine weiter gehende Funktion der gemeinsamen Geldpolitik zum Tragen, nämlich den Marktteilnehmern zu ermöglichen, die am Markt vorhandene Gesamtliquidität durch grenzüberschreitende, sicherheitsunterlegte Transaktionen ins Gleichgewicht zu bringen.

(13) Durch diese Richtlinie soll die Wirksamkeit der Bestellung einer Finanzsicherheit in Form der Vollrechtsübertragung geschützt werden, beispielsweise dadurch, dass die „Umdeutung" (recharacterisation) eines solchen Sicherungsgeschäfts (einschließlich Wertpapierpensionsgeschäften) in ein beschränktes dingliches Sicherungsrecht ausgeschlossen wird.

(14) Die bilaterale Aufrechnung infolge Beendigung („close out netting") sollte rechtlich abgesichert werden, und zwar nicht nur als Mechanismus zur Verwertung von Finanzsicherheiten in Form der Vollrechtsübertragung (einschließlich Wertpapierpensionsgeschäften), sondern darüber hinaus auch in Fällen, in denen sie Bestandteil der Sicherungsvereinbarung ist. Auf dem Finanzmarkt gängige, bewährte Risikomanagementpraktiken sollten geschützt werden, indem den Marktteilnehmern die Möglichkeit gegeben wird, ihre aus Finanztransaktionen jeder Art erwachsenden Kreditrisiken auf Nettobasis zu verwalten und zu verringern. Das Kreditrisiko wird dabei durch die Zusammenfassung der geschätzten Risiken aus allen ausstehenden Transaktionen mit einer Gegenpartei ermittelt, wobei die gegenseitigen Forderungs- und Verbindlichkeitenposten miteinander verrechnet werden und der hieraus resultierende Nettosaldo mit dem Marktwert der Finanzsicherheit verglichen wird.

(15) Diese Richtlinie sollte nicht die Voraussetzungen für eine wirksame Aufrechnung oder Verrechnung gemäß einzelstaatlichem Recht berühren, wie beispielsweise die Gegenseitigkeit der Forderungen und Verbindlichkeiten oder ihre Entstehung, bevor der Sicherungsnehmer von der Einleitung eines Liquidationsverfahrens oder von Sanierungsmaßnahmen gegenüber dem Sicherungsgeber (oder von dem vorgeschriebenen Rechtsakt, der die Einleitung solcher Verfahren zur Folge hat) Kenntnis hatte oder hätte haben müssen.

(16) Die bewährte und von den Aufsichtsbehörden geförderte Praxis der Marktteilnehmer, zum Zwecke des Risikomanagements und zur Begrenzung der gegenseitigen Kreditrisiken den Marktwert von Kreditrisiko und Finanzsicherheit zu ermitteln und ausgehend davon entweder eine Aufstockung der Sicherheit zu verlangen oder überschüssige Sicherheiten zurückzugeben, sollte von bestimmten automatischen Anfechtungs- oder Nichtigkeitsregeln ausgenommen sein. Dies gilt auch für die Möglichkeit, die als Sicherheit gestellten Vermögensgegenstände durch andere, gleichwertige Vermögensgegenstände zu ersetzen. Dadurch soll lediglich verhindert werden, dass die Bestellung von zusätzlichen oder von Ersatzsicherheiten allein deswegen nichtig oder anfechtbar sein kann, weil die maßgeblichen Verbindlichkeiten bestanden, bevor die Finanzsicherheit gestellt wurde, oder weil die Finanzsicherheit während eines gesetzlich bestimmten Zeitraums verschafft wurde. Dies greift jedoch nicht der Möglichkeit vor, die Bestellung einschließlich der Besitzverschaffung an der ursprünglichen, einer zusätzlichen oder einer Ersatz-Finanzsicherheit nach einzelstaatlichem Recht anzufechten, beispielsweise weil hierdurch andere Gläubiger vorsätzlich geschädigt worden sind (darunter fallen z. B. Anfechtungen wegen betrügerischer Handlungen oder ähnliche Anfechtungsregeln, die während eines gesetzlich bestimmten Zeitraums gelten).

(17) Diese Richtlinie sieht rasche und unbürokratische Verwertungsverfahren vor, um die finanzielle Stabilität zu sichern und Dominoeffekte im Falle einer Vertragsverletzung durch eine der Parteien der Sicherungsvereinbarung zu begrenzen. Allerdings schafft die Richtlinie einen Ausgleich mit den Interessen des Sicherungsgebers und Dritter, indem sie ausdrücklich vorsieht, dass ein Mitgliedstaat einzelstaatliche Vorschriften über eine nachträgliche gerichtliche Kontrolle der Ver- oder Bewertung von Finanzsicherheiten und der Ermittlung der Höhe der maßgeblichen Verbindlichkeiten beibehalten oder erlassen kann. Eine solche Kontrolle sollte es den Gerichten ermöglichen zu überprüfen, ob die Ver- oder Bewertung nach wirtschaftlichen Gesichtspunkten vorgenommen wurde.

(18) Barsicherheiten sollten sowohl im Wege der Vollrechtsübertragung als auch in Form eines beschränkten dinglichen Sicherungsrechts bestellt werden können, wobei im ersten Fall die Auf- oder Verrechnung (netting) und im zweiten Fall die Verpfändung der Barsicherheit rechtlich anerkannt und geschützt werden sollten. Barsicherheit in diesem Sinne ist nur ein auf einem Konto gutgeschriebener Betrag oder eine vergleichbare Geldforderung (beispielsweise Geldmarkt-Sichteinlagen), wodurch Bargeld ausdrücklich ausgeschlossen wird.

(19) Diese Richtlinie sieht ein Verfügungsrecht über Finanzsicherheiten in Form eines beschränkten dinglichen Sicherungsrechts vor, das die Liquidität an den Finanzmärkten erhöhen wird, weil die „verpfändeten" Wertpapiere auf diese Weise weiter verwendet werden können. Diese mögliche Weiterverwendung sollte jedoch einzelstaatliche Rechtsvorschriften über die Trennung der Vermögensgegenstände sowie zur Verhinderung gläubigerschädigender Handlungen unberührt lassen.

(20) Diese Richtlinie berührt nicht die Wirksamkeit der vertraglichen Bedingungen der als Sicherheit gestellten Finanzinstrumente wie die aus den Emissionsbedingungen resultierenden sowie alle übrigen Rechte, Verpflichtungen und sonstigen Bedingungen, die im Verhältnis zwischen den Emittenten und den Besitzern dieser Instrumente gelten.

(21) Diese Richtlinie steht im Einklang mit den Grundrechten und insbesondere den in der Charta der Grundrechte der Europäischen Union festgelegten Grundsätzen.

(22) Da das Ziel der in Betracht gezogenen Maßnahmen, nämlich eine Mindestregelung für die Verwendung von Finanzsicherheiten zu schaffen, auf Ebene der Mitgliedstaaten nicht ausreichend erreicht werden kann und daher wegen des Umfangs und der Wirkungen der vorgeschlagenen Maßnahmen besser auf Gemeinschaftsebene zu erreichen ist, kann die Gemeinschaft in Einklang mit dem in Artikel 5 des Vertrags niedergelegten Subsidiaritätsgrundsatz tätig werden. Entsprechend dem Verhältnismäßigkeitsgrundsatz nach demselben Artikel geht diese Richtlinie nicht über das zur Erreichung dieses Ziels erforderliche Maß hinaus —

HABEN FOLGENDE RICHTLINIE ERLASSEN:

Artikel 1

Gegenstand

(1) Diese Richtlinie legt eine Gemeinschaftsregelung für die Finanzsicherheiten fest, die den Anforderungen der Absätze 2 und 5 genügen bzw. gemäß den Absätzen 4 und 5 bestellt wurden.

(2) Sowohl der Sicherungsnehmer als auch der Sicherungsgeber muss einer der folgenden Kategorien angehören:

a) öffentlich-rechtliche Körperschaften, mit Ausnahme von Unternehmen, die mit einer öffentlichen Garantie ausgestattet sind, sofern sie nicht durch die Buchstaben b) bis e) erfasst werden, einschließlich

i) der öffentlichen Stellen der Mitgliedstaaten, die für die Verwaltung der Schulden der öffentlichen Hand zuständig sind oder daran mitwirken, und

ii) der öffentlichen Stellen der Mitgliedstaaten, die berechtigt sind, Konten für Kunden zu führen,

b) Zentralbanken, die Europäische Zentralbank, die Bank für Internationalen Zahlungsausgleich, multilaterale Entwicklungsbanken im Sinne von Artikel 1 Nummer 19 der Richtlinie 2000/12/EG des Europäischen Parlaments und des Rates vom 20. März 2000 über die Aufnahme und Ausübung der Tätigkeit der Kreditinstitute ([1]), der Internationale Währungsfonds und die Europäische Investitionsbank,

([1]) ABl. L 126 vom 26.5.2000, S. 1. Richtlinie zuletzt geändert durch die Richtlinie 2000/28/EG (ABl. L 275 vom 27.10.2000, S. 37).

c) beaufsichtigte Finanzinstitute, einschließlich der

i) Kreditinstitute im Sinne von Artikel 1 Nummer 1 der Richtlinie 2000/12/EG einschließlich der in Artikel 2 Absatz 3 der Richtlinie 2000/12/EG bezeichneten Institute,

ii) Wertpapierfirmen im Sinne von Artikel 1 Nummer 2 der Richtlinie 93/22/EWG des Rates vom 10. Mai 1993 über Wertpapierdienstleistungen (1),

iii) Finanzinstitute im Sinne von Artikel 1 Nummer 5 der Richtlinie 2000/12/EG,

iv) Versicherungsunternehmen im Sinne von Artikel 1 Buchstabe a) der Richtlinie 92/49/EWG des Rates vom 18. Juni 1992 zur Koordinierung der Rechts- und Verwaltungsvorschriften für die Direktversicherung (mit Ausnahme der Lebensversicherung) (2) und Lebensversicherungsunternehmen im Sinne von Artikel 1 Buchstabe a) der Richtlinie 92/96/EWG des Rates vom 10. November 1992 zur Koordinierung der Rechts- und Verwaltungsvorschriften für die Direktversicherung (Lebensversicherung) (3),

v) Organismen für gemeinsame Anlagen in Wertpapieren (OGAW) im Sinne von Artikel 1 Absatz 2 der Richtlinie 85/611/EWG des Rates vom 20. Dezember 1985 zur Koordinierung der Rechts- und Verwaltungsvorschriften betreffend bestimmte Organismen für gemeinsame Anlagen in Wertpapieren (OGAW) (4),

vi) Verwaltungsgesellschaften im Sinne von Artikel 1a Absatz 2 der Richtlinie 85/611/EWG,

d) zentrale Vertragsparteien, Verrechnungsstellen und Clearingstellen im Sinne von Artikel 2 Buchstabe c) bzw. Buchstabe d) bzw. Buchstabe e) der Richtlinie 98/26/EG und vergleichbare Einrichtungen, die einer Aufsicht nach dem Recht eines Mitgliedstaats unterliegen und für Terminkontrakt-, Options- und Derivatemärkte fungieren, soweit sie nicht bereits von der genannten Richtlinie erfasst werden sowie juristische Personen, die als Treuhänder oder Vertreter für eine oder mehrere Personen tätig sind, insbesondere für Anleihegläubiger oder Inhaber sonstiger verbriefter Forderungen oder für eine Einrichtung im Sinne der Buchstaben a) bis d),

e) andere als natürliche Personen sowie Einzelkaufleute und Personengesellschaften, sofern die andere Vertragspartei eine Einrichtung im Sinne der Buchstaben a) bis d) ist.

(3) Die Mitgliedstaaten können Finanzsicherheiten aus dem Anwendungsbereich dieser Richtlinie ausnehmen, wenn eine der Vertragsparteien der Kategorie unter Absatz 2 Buchstabe e) angehört.

(1) ABl. L 141 vom 11.6.1993, S. 27. Richtlinie zuletzt geändert durch die Richtlinie 2000/64/EG des Europäischen Parlaments und des Rates (ABl. L 290 vom 17.11.2000, S. 27).
(2) ABl. L 228 vom 11.8.1992, S. 1. Richtlinie zuletzt geändert durch die Richtlinie 2000/64/EG des Europäischen Parlaments und des Rates.
(3) ABl. L 360 vom 9.12.1992, S. 1. Richtlinie zuletzt geändert durch die Richtlinie 2000/64/EG des Europäischen Parlaments und des Rates.
(4) ABl. L 375 vom 31.12.1985, S. 3. Richtlinie zuletzt geändert durch die Richtlinie 2001/108/EG des Europäischen Parlaments und des Rates (ABl. L 41 vom 13.2.2002, S. 35).

Wenn ein Mitgliedstaat von dieser Möglichkeit Gebrauch macht, teilt er dies der Kommission mit, welche die übrigen Mitgliedstaaten unterrichtet.

(4) a) Finanzsicherheiten sind eine Barsicherheit oder Finanzinstrumente.

b) Die Mitgliedstaaten können Finanzsicherheiten aus dem Anwendungsbereich dieser Richtlinie ausnehmen, wenn es sich dabei um eigene Anteile des Sicherungsgebers, Anteile an verbundenen Unternehmen im Sinne der Richtlinie 83/349/EWG vom 13. Juni 1983 über den konsolidierten Abschluss (5) oder Anteile an Unternehmen handelt, die ausschließlich dazu dienen, das Eigentum an zentralen Produktionsmitteln für den Geschäftsbetrieb des Sicherungsgebers oder an Immobilien innezuhaben.

(5) Diese Richtlinie gilt für besitzgebundene Finanzsicherheiten, bei denen die Besitzverschaffung schriftlich nachgewiesen werden kann.

Der Nachweis der Besitzverschaffung muss die Identifizierung der betreffenden Finanzsicherheit ermöglichen. Hierfür gilt u. a. als ausreichend, wenn im Effektengiro übertragbare Wertpapiere dem maßgeblichen Konto gutgeschrieben wurden oder ein entsprechendes Guthaben in solchen Wertpapieren besteht oder wenn die Barsicherheit einem bezeichneten Konto gutgeschrieben wurde oder ein entsprechendes Barguthaben besteht.

Diese Richtlinie gilt für Finanzsicherheiten, deren Bestellung schriftlich oder in rechtlich gleichwertiger Form nachgewiesen werden kann.

Artikel 2

Begriffsbestimmungen

(1) Für die Zwecke dieser Richtlinie gelten folgende Begriffsbestimmungen:

a) „Finanzsicherheit" ist eine Sicherheit, die in Form der Vollrechtübertragung oder in Form eines beschränkten dinglichen Sicherungsrechts bestellt wird; hierbei ist unerheblich, ob diese Geschäfte einem Rahmenvertrag oder allgemeinen Geschäftsbedingungen unterliegen oder nicht.

b) „Finanzsicherheit in Form der Vollrechtsübertragung" ist die vollständige Übereignung bzw. Zession eines Finanzaktivums zum Zwecke der Besicherung oder anderweitigen Deckung von Verbindlichkeiten; hierzu gehören auch Wertpapierpensionsgeschäfte.

c) „Finanzsicherheit in Form eines beschränkten dinglichen Rechts" ist ein Sicherungsrecht an einem Finanzaktivum, wobei das Eigentum an der Sicherheit zum Zeitpunkt der Bestellung vollständig beim Sicherungsgeber verbleibt.

(5) ABl. L 193 vom 18.7.1983, S. 1. Richtlinie zuletzt geändert durch die Richtlinie 2001/65/EG des Europäischen Parlaments und des Rates (ABl. L 283 vom 27.10.2001, S. 28).

d) „Barsicherheit" ist ein in beliebiger Währung auf einem Konto gutgeschriebener Betrag oder vergleichbare Geldforderungen, beispielsweise Geldmarkt-Sichteinlagen.

e) „Finanzinstrumente" sind Aktien und andere, diesen gleichzustellende Wertpapiere, Schuldverschreibungen und sonstige verbriefte und unverbriefte Schuldtitel, die auf dem Kapitalmarkt gehandelt werden können, und alle anderen üblicherweise gehandelten Titel, die zum Erwerb solcher Aktien, Schuldverschreibungen oder anderer Wertpapiere durch Zeichnung, Kauf oder Austausch berechtigen oder zu einer Barzahlung führen, mit Ausnahme von Zahlungsmitteln, einschließlich Anteilen an Organismen für gemeinsame Anlagen, Geldmarktinstrumenten sowie jegliche Rechte oder Ansprüche im Zusammenhang mit irgendeinem der vorgenannten Aktiva.

f) „Maßgebliche Verbindlichkeiten" sind Verbindlichkeiten, die durch Finanzsicherheiten besichert sind und ein Recht auf Barzahlung und/oder Lieferung von Finanzinstrumenten begründen.

Maßgebliche Verbindlichkeiten können ganz oder teilweise bestehen aus

i) gegenwärtigen oder künftigen, bedingten oder unbedingten, fälligen oder betagten Verbindlichkeiten (einschließlich solcher, die aus einem Rahmenvertrag oder einer ähnlichen Vereinbarung erwachsen),

ii) Verbindlichkeiten einer anderen Person als der des Sicherungsgebers gegenüber dem Sicherungsnehmer oder

iii) Verbindlichkeiten, die lediglich allgemein oder ihrer Art nach bestimmt oder bestimmbar sind und gelegentlich entstehen.

g) „Im Effektengiro übertragbare Wertpapiere" sind Finanzsicherheiten in Form von Finanzinstrumenten, bei denen die Eigentumsverhältnisse durch einen Registereintrag oder eine Buchung auf einem von einem Intermediär oder für den Intermediär selbst geführten Depotkonto nachgewiesen werden.

h) „Maßgebliches Konto" ist in Bezug auf im Effektengiro übertragbare Wertpapiere, die als Finanzsicherheit gestellt werden, das Register oder Depotkonto — das auch vom Sicherungsnehmer selbst geführt werden kann —, in dem der maßgebliche Eintrag bzw. auf dem die maßgebliche Buchung erfolgt, aufgrund deren der Sicherungnehmer die Sicherheit erlangt.

i) „Sicherheit derselben Art" ist

i) in Bezug auf Barsicherheiten die Zahlung eines Betrags in gleicher Höhe und gleicher Währung;

ii) in Bezug auf Finanzinstrumente ein anderes Finanzinstrument desselben Emittenten oder Schuldners, das Bestandteil derselben Emission oder Serie ist, auf den gleichen Nennwert und die gleiche Währung lautet und das gleiche Recht verbrieft; hierzu zählen, sofern vereinbart, auch Vermögenswerte, die infolge eines Ereignisses, das die als Finanzsicherheit gestellten Finanzinstrumente betrifft, an die Stelle des Finanzinstruments treten.

j) „Liquidationsverfahren" ist ein Gesamtverfahren, bei dem das Vermögen verwertet und der Erlös in angemessener Weise unter den Gläubigern, Anteilseignern oder Mitgliedern verteilt wird, wozu das Tätigwerden einer Behörde oder eines Gerichts erforderlich ist; dazu zählen auch Gesamtverfahren, die durch einen Vergleich oder eine ähnliche Maßnahme abgeschlossen werden; es ist unerheblich, ob das Verfahren infolge Zahlungsunfähigkeit eröffnet wird oder nicht oder ob es freiwillig oder zwangsweise eingeleitet wird.

k) „Sanierungsmaßnahmen" sind Maßnahmen, die das Tätigwerden einer Behörde oder eines Gerichts mit dem Ziel beinhalten, die finanzielle Lage zu sichern oder wieder herzustellen, und die die bestehenden Rechte Dritter beeinträchtigen; dazu zählen unter anderem auch Maßnahmen, die die Aussetzung der Zahlungen, die Aussetzung der Vollstreckungsmaßnahmen oder eine Kürzung der Forderungen beinhalten.

l) „Verwertungs- bzw. Beendigungsfall" ist eine Vertragsverletzung oder jedes Ereignis, das die Vertragsparteien kraft Vereinbarung einer Vertragsverletzung gleichstellen, bei deren/dessen Eintreten der Sicherungsnehmer vertraglich oder kraft Gesetzes zur Verwertung bzw. Aneignung der Finanzsicherheit bzw. zur Aufrechnung infolge Beendigung („close out netting") berechtigt ist.

m) „Verfügungsrecht" ist das Recht des Inhabers eines beschränkten dinglichen Sicherungsrechts an einem Finanzaktivum, über dieses Aktivum vereinbarungsgemäß als Eigentümer zu verfügen.

n) „Aufrechnung infolge Beendigung" („close out netting") ist eine vertragliche Bestimmung im Rahmen der Bestellung einer Finanzsicherheit bzw. einer Vereinbarung, die die Bestellung einer Finanzsicherheit umfasst, oder — sofern nichts vereinbart wurde — eine Rechtsvorschrift, wonach der Eintritt eines Verwertungs- bzw. Beendigungsfalls (im Wege der Verrechnung, Aufrechnung oder auf andere Weise) Folgendes nach sich zieht:

i) die entsprechenden Verpflichtungen werden entweder sofort fällig und in eine Zahlungsverpflichtung in Höhe ihres geschätzten aktuellen Werts umgewandelt oder beendigt und durch einen entsprechenden Zahlungsanspruch ersetzt und/oder

ii) der Wert der beiderseits fälligen finanziellen Verpflichtungen wird ermittelt, wobei die Partei mit den höheren Verbindlichkeiten den errechneten Nettosaldo an die andere Partei zu zahlen hat.

(2) „Bestellung" bzw. „bestellt" im Sinne dieser Richtlinie bedeutet, dass dem Sicherungsnehmer oder seinem Vertreter eine Finanzsicherheit geliefert oder im Wege des Effektengiros gutgeschrieben wurde oder ihnen auf sonstige Weise der Besitz oder die Kontrolle daran verschafft wurde, sofern er den Besitz oder die Kontrolle nicht bereits innehatte. Der Besitzverschaffung gemäß dieser Richtlinie steht nicht entgegen, dass der Sicherungsgeber Anpruch auf Rückgewähr bestellter Sicherheiten im Austausch gegen andere Sicherheiten oder auf Rückgewähr überschüssiger Sicherheiten hat.

(3) „Schriftlich" im Sinne dieser Richtlinie bezeichnet auch die elektronische Aufzeichnung sowie jede andere Art der Aufzeichnung mittels eines dauerhaften Datenträgers.

Artikel 3

Formerfordernisse

(1) Die Mitgliedstaaten verlangen nicht, dass die Bestellung und die Wirksamkeit einer Finanzsicherheit sowie die prozessuale Beweisführung bei einer Finanzsicherheit oder die Besitzverschaffung an einer Finanzsicherheit von der Erfüllung von Formerfordernissen abhängen.

(2) Absatz 1 hindert nicht, dass diese Richtlinie für besitzgebundene Finanzsicherheiten gilt, bei denen die Besitzverschaffung schriftlich nachgewiesen werden kann, und sofern die Bestellung der Finanzsicherheit schriftlich oder in rechtlich gleichwertiger Form nachgewiesen werden kann.

Artikel 4

Verwertung der Sicherheit

(1) Die Mitgliedstaaten stellen sicher, dass im Verwertungs- bzw. Beendigungsfall der Sicherungsnehmer jede in Form eines beschränkten dinglichen Sicherungsrechts bestellte Finanzsicherheit vereinbarungsgemäß wie folgt verwerten kann:

a) bei Finanzinstrumenten durch Verkauf oder Aneignung und anschließende Verrechnung ihres Werts mit den maßgeblichen Verbindlichkeiten oder Verwendung an Zahlungs statt;

b) bei Barsicherheiten durch Aufrechnung des Betrags gegen die maßgeblichen Verbindlichkeiten oder durch Verwendung an Zahlungs statt.

(2) Eine Aneignung ist nur möglich, wenn

a) die Parteien dies bei der Bestellung des Sicherungsrechts vereinbart haben und

b) die Sicherungsvereinbarung eine Bewertung der Finanzinstrumente ermöglicht.

(3) Mitgliedstaaten, die am 27. Juni 2002 eine Aneignung nicht zulassen, sind nicht verpflichtet, die Aneignung anzuerkennen.

Wenn ein Mitgliedstaat von dieser Möglichkeit Gebrauch macht, teilt er dies der Kommission mit, welche ihrerseits die übrigen Mitgliedstaaten unterrichtet.

(4) Finanzsicherheiten können vorbehaltlich der Bedingungen der Sicherheitsvereinbarung in der vorgenannten Weise verwertet werden, ohne dass

a) eine Verwertungsandrohung erforderlich ist;

b) ein Gericht, ein Beauftragter einer öffentlichen Stelle oder eine andere Person den Verwertungsbedingungen zugestimmt haben muss;

c) die Verwertung mittels einer Auktion oder auf eine andere vorgeschriebene Art und Weise stattfinden muss oder

d) eine zusätzliche Wartefrist verstrichen sein muss.

(5) Die Mitgliedstaaten stellen sicher, dass eine Finanzsicherheit vereinbarungsgemäß wirksam werden kann, auch wenn gegenüber dem Sicherungsgeber oder -nehmer ein Liquidationsverfahren eröffnet wurde oder Sanierungsmaßnahmen eingeleitet wurden oder das Verfahren bzw. die Maßnahmen andauern.

(6) Etwaige Verpflichtungen nach einzelstaatlichem Recht, die Ver- oder Bewertung von Finanzsicherheiten und die Ermittlung der Höhe der maßgeblichen Verbindlichkeiten nach wirtschaftlichen Gesichtspunkten vorzunehmen, werden von diesem Artikel und den Artikeln 5, 6 und 7 nicht berührt.

Artikel 5

Verfügungsrecht über Finanzsicherheiten in Form eines beschränkten dinglichen Sicherungsrechts

(1) Die Mitgliedstaaten stellen sicher, dass der Sicherungsnehmer, soweit bei der Bestellung der Finanzsicherheit vorgesehen, ein Verfügungsrecht über Finanzsicherheiten in Form eines beschränkten dinglichen Sicherungsrechts ausüben kann.

(2) Übt ein Sicherungsnehmer ein Verfügungsrecht aus, geht er damit die Verpflichtung ein, eine Sicherheit derselben Art zu beschaffen, die spätestens zum Fälligkeitstermin der maßgeblichen Verbindlichkeiten an die Stelle der ursprünglichen Sicherheit tritt.

Wahlweise kann der Sicherungsnehmer zum Fälligkeitstermin der maßgeblichen Verbindlichkeiten entweder Sicherheiten derselben Art rückübereignen oder, soweit in der Sicherungsvereinbarung vorgesehen, den Wert der Sicherheiten derselben Art gegen die maßgeblichen Verbindlichkeiten aufrechnen oder die Sicherheiten an Zahlungs statt verwenden.

(3) Die in Erfüllung der Verpflichtung gemäß Absatz 2 Unterabsatz 1 beschaffte Sicherheit derselben Art ist Gegenstand derselben Vereinbarung über die Bestellung einer Finanzsicherheit in Form eines beschränkten dinglichen Rechts wie die ursprüngliche Sicherheit und wird so behandelt, als wäre sie zum selben Zeitpunkt wie diese bestellt worden.

(4) Die Mitgliedstaaten stellen sicher, dass die vereinbarungsgemäßen Rechte des Sicherungsnehmers in Bezug auf die von ihm in Erfüllung der Verpflichtung gemäß Absatz 2 Unterabsatz 1 beschaffte Finanzsicherheit nicht dadurch unwirksam oder nichtig werden, dass er gemäß diesem Artikel über die Finanzsicherheit verfügt.

(5) Tritt ein Verwertungs- bzw. Beendigungsfall ein, bevor eine in Absatz 2 Unterabsatz 1 beschriebene Verpflichtung erfüllt wurde, so kann diese Verpflichtung in die Aufrechnung infolge Beendigung einbezogen werden.

Artikel 6

Anerkennung von Finanzsicherheiten in Form der Vollrechtsübertragung

(1) Die Mitgliedstaaten stellen sicher, dass eine Finanzsicherheit in Form der Vollrechtsübertragung vereinbarungsgemäß wirksam werden kann.

(2) Tritt ein Verwertungs- bzw. Beendigungsfall ein, bevor der Sicherungsnehmer seine Verpflichtung zur Rückübereignung einer Sicherheit derselben Art gemäß einer Vereinbarung über die Bestellung einer Finanzsicherheit in Form der Vollrechtsübertragung erfüllt hat, kann diese Verpflichtung in die Aufrechnung infolge Beendigung einbezogen werden.

Artikel 7

Anerkennung der Aufrechnung infolge Beendigung

(1) Die Mitgliedstaaten stellen sicher, dass die Aufrechnung infolge Beendigung vereinbarungsgemäß wirksam werden kann,

a) auch wenn gegenüber dem Sicherungsgeber oder -nehmer ein Liquidationsverfahren eröffnet wurde oder Sanierungsmaßnahmen eingeleitet wurden oder das Verfahren bzw. die Maßnahmen andauern, und/oder

b) ungeachtet behaupteter Zessionen, gerichtlicher oder sonstiger Pfändungen oder anderweitiger Verfügungen über jene Rechte.

(2) Die Mitgliedstaaten stellen sicher, dass die Erfordernisse gemäß Artikel 4 Absatz 4 für die Aufrechnung infolge Beendigung nicht gelten, sofern die Parteien nicht etwas anderes vereinbaren.

Artikel 8

Nichtanwendung bestimmter Insolvenzbestimmungen

(1) Die Mitgliedstaaten stellen sicher, dass die Bestellung einer Finanzsicherheit sowie die Besitzverschaffung daran nicht allein deshalb für unwirksam oder nichtig erklärt oder rückgängig gemacht werden dürfen, weil die Bestellung oder die Besitzverschaffung

a) am Tag der Eröffnung eines Liquidationsverfahrens oder der Einleitung von Sanierungsmaßnahmen, jedoch vor Erlass des hierfür erforderlichen Gerichtsbeschlusses oder Verwaltungsakts, oder

b) innerhalb eines bestimmten Zeitraums vor der Eröffnung eines Liquidationsverfahrens oder der Einleitung von Sanierungsmaßnahmen oder vor dem Erlass eines Gerichtsbeschlusses oder Verwaltungsakts oder vor sonstigen Maßnahmen oder Ereignissen im Laufe derartiger Verfahren bzw. Maßnahmen erfolgte.

(2) Die Mitgliedstaaten stellen sicher, dass die Bestellung einer Finanzsicherheit oder die Besicherung einer Verbindlichkeit oder die Besitzverschaffung an einer Finanzsicherheit, die am Tag der Eröffnung, jedoch nach der Eröffnung eines Liquidationsverfahrens oder der Einleitung von Sanierungsmaßnahmen erfolgt, rechtlich verbindlich und absolut wirksam ist, wenn der Sicherungsnehmer nachweisen kann, dass er von der Eröffnung des Verfahrens bzw. der Einleitung der Maßnahmen keine Kenntnis hatte und auch nicht haben konnte.

(3) Enthält die Sicherungsvereinbarung entweder

a) die Verpflichtung, eine Finanzsicherheit bzw. eine zusätzliche Finanzsicherheit zu bestellen, um Änderungen im Wert der Finanzsicherheit oder im Betrag der maßgeblichen Verbindlichkeit Rechnung zu tragen, oder

b) das Recht, eine Finanzsicherheit zurückzuverlangen, wenn dafür als Ersatz oder im Austausch eine Finanzsicherheit gleichen Werts bestellt wird,

so stellen die Mitgliedstaaten sicher, dass die Bestellung einer Finanzsicherheit, einer zusätzlichen Finanzsicherheit oder einer Finanzsicherheit als Ersatz oder im Austausch gemäß einer solchen Verpflichtung bzw. einem solchen Recht nicht allein deswegen als unwirksam angesehen oder rückgängig gemacht oder für nichtig erklärt werden kann, weil

i) sie am Tag der Eröffnung eines Liquidationsverfahrens oder der Einleitung von Sanierungsmaßnahmen, jedoch vor dem Erlass des hierfür erforderlichen Gerichtsbeschlusses oder Verwaltungsakts oder innerhalb eines bestimmten Zeitraums vor der Eröffnung eines Liquidationsverfahrens oder der Einleitung von Sanierungsmaßnahmen oder vor dem Erlass eines Gerichtsbeschlusses oder Verwaltungsakts oder vor sonstigen Maßnahmen oder Ereignissen im Laufe derartiger Verfahren bzw. Maßnahmen erfolgte oder

ii) die maßgebliche Verbindlichkeit vor der Bestellung der Finanzsicherheit, der zusätzlichen Finanzsicherheit oder der Ersatz- bzw. Austauschsicherheit entstanden ist.

(4) Unbeschadet der Absätze 1 bis 3 berührt diese Richtlinie nicht die allgemeinen einzelstaatlichen Insolvenzvorschriften in Bezug auf die Anfechtbarkeit oder Nichtigkeit von Geschäften, die während des in Absatz 1 Buchstabe b) und Absatz 3 Ziffer i) genannten Zeitraums getätigt werden.

Artikel 9

Internationales Privatrecht

(1) Die in Absatz 2 genannten Regelungsgegenstände im Hinblick auf im Effektengiro übertragbare Wertpapiere unterliegen dem Recht des Landes, in dem das maßgebliche Konto geführt wird. Der Verweis auf das Recht eines Landes ist als Sachnormverweisung zu verstehen, d. h. es wird jegliche Vorschrift ausgeschlossen, die für die jeweilige Rechtsfrage auf das Recht eines anderen Staates verweist.

(2) Die von Absatz 1 erfassten Regelungsgegenstände sind:

a) Rechtsnatur und dingliche Wirkung von im Effektengiro übertragbaren Wertpapieren;

b) Anforderungen an eine in jeder Hinsicht wirksame Bestellung eines Sicherungsrechts an im Effektengiro übertragbaren Wertpapieren und die Besitzverschaffung an solchen Wertpapieren sowie generell die für die absolute Wirksamkeit der Bestellung und Besitzverschaffung erforderlichen Rechtshandlungen;

c) die Frage, ob das Eigentum oder sonstige dingliche Rechte an im Effektengiro übertragbaren Wertpapieren durch das Eigentum oder sonstige dingliche Rechte eines Dritten verdrängt werden oder diesem gegenüber nachrangig sind oder ein gutgläubiger Erwerb eingetreten ist;

d) Schritte, die zur Verwertung von im Effektengiro übertragbaren Wertpapieren nach Eintritt des Verwertungs- bzw. Beendingungsfalls erforderlich sind.

Artikel 10

Bericht der Kommission

Spätestens am 27. Dezember 2006 legt die Kommission dem Europäischen Parlament und dem Rat einen Bericht über die Anwendung dieser Richtlinie, insbesondere der Artikel 1 Absatz 3, Artikel 4 Absatz 3 und Artikel 5 vor und unterbreitet gegebenenfalls Vorschläge für ihre Überprüfung.

Artikel 11

Umsetzung

Die Mitgliedstaaten setzen die Rechts- und Verwaltungsvorschriften in Kraft, die erforderlich sind, um dieser Richtlinie spätestens ab dem 27. Dezember 2003 nachzukommen. Sie setzen die Kommission unverzüglich davon in Kenntnis.

Wenn die Mitgliedstaaten diese Vorschriften erlassen, nehmen sie in den Vorschriften selbst oder durch einen Hinweis bei der amtlichen Veröffentlichung auf diese Richtlinie Bezug. Die Mitgliedstaaten regeln die Einzelheiten der Bezugnahme.

Artikel 12

Inkrafttreten

Diese Richtlinie tritt am Tag ihrer Veröffentlichung im *Amtsblatt der Europäischen Gemeinschaften* in Kraft.

Artikel 13

Adressaten

Diese Richtlinie ist an alle Mitgliedstaaten gerichtet.

Geschehen zu Brüssel am 6. Juni 2002.

Im Namen des Europäischen Parlaments	*Im Namen des Rates*
Der Präsident	*Der Präsident*
P. COX	A. M. BIRULÉS Y BERTRÁN

Anhang 2.2: Finanzsicherheitenrichtlinie (englische Fassung)

27.6.2002 EN Official Journal of the European Communities L 168/43

DIRECTIVE 2002/47/EC OF THE EUROPEAN PARLIAMENT AND OF THE COUNCIL
of 6 June 2002
on financial collateral arrangements

THE EUROPEAN PARLIAMENT AND THE COUNCIL OF THE EUROPEAN UNION,

Having regard to the Treaty establishing the European Community, and in particular Article 95 thereof,

Having regard to the proposal from the Commission [1],

Having regard to the opinion of the European Central Bank [2],

Having regard to the opinion of the Economic and Social Committee [3],

Acting in accordance with the procedure laid down in Article 251 of the Treaty [4],

Whereas:

(1) Directive 98/26/EC of the European Parliament and of the Council of 19 May 1998 on settlement finality in payment and securities settlement systems [5] constituted a milestone in establishing a sound legal framework for payment and securities settlement systems. Implementation of that Directive has demonstrated the importance of limiting systemic risk inherent in such systems stemming from the different influence of several jurisdictions, and the benefits of common rules in relation to collateral constituted to such systems.

(2) In its communication of 11 May 1999 to the European Parliament and to the Council on financial services: implementing the framework for financial markets: action plan, the Commission undertook, after consultation with market experts and national authorities, to work on further proposals for legislative action on collateral urging further progress in the field of collateral, beyond Directive 98/26/EC.

(3) A Community regime should be created for the provision of securities and cash as collateral under both security interest and title transfer structures including repurchase agreements (repos). This will contribute to the integration and cost-efficiency of the financial market as well as to the stability of the financial system in the Community, thereby supporting the freedom to provide services and the free movement of capital in the single market in financial services. This Directive focuses on bilateral financial collateral arrangements.

(4) This Directive is adopted in a European legal context which consists in particular of the said Directive 98/26/EC as well as Directive 2001/24/EC of the European Parliament and of the Council of 4 April 2001 on the reorganisation and winding up of credit institutions [6], Directive 2001/17/EC of the European Parliament and of the Council of 19 March 2001 on the reorganisation and winding-up of insurance undertakings [7] and Council Regulation (EC) No 1346/2000 of 29 May 2000 on insolvency proceedings [8]. This Directive is in line with the general pattern of these previous legal acts and is not opposed to it. Indeed, this Directive complements these existing legal acts by dealing with further issues and going beyond them in connection with particular matters already dealt with by these legal acts.

(5) In order to improve the legal certainty of financial collateral arrangements, Member States should ensure that certain provisions of insolvency law do not apply to such arrangements, in particular, those that would inhibit the effective realisation of financial collateral or cast doubt on the validity of current techniques such as bilateral close-out netting, the provision of additional collateral in the form of top-up collateral and substitution of collateral.

(6) This Directive does not address rights which any person may have in respect of assets provided as financial collateral, and which arise otherwise than under the terms of the financial collateral arrangement and otherwise than on the basis of any legal provision or rule of law arising by reason of the commencement or continuation of winding-up proceedings or reorganisation measures, such as restitution arising from mistake, error or lack of capacity.

(7) The principle in Directive 98/26/EC, whereby the law applicable to book entry securities provided as collateral is the law of the jurisdiction where the relevant register, account or centralised deposit system is located, should be extended in order to create legal certainty regarding the use of such securities held in a cross-border context and used as financial collateral under the scope of this Directive.

(8) The *lex rei sitae* rule, according to which the applicable law for determining whether a financial collateral arrangement is properly perfected and therefore good

[1] OJ C 180 E, 26.6.2001, p. 312.
[2] OJ C 196, 12.7.2001, p. 10.
[3] OJ C 48, 21.2.2002, p. 1.
[4] Opinion of the European Parliament of 13 December 2001 (not yet published in the Official Journal), Council Common Position of 5 March 2002 (not yet published in the Official Journal) and Decision of the European Parliament of 15 May 2002.
[5] OJ L 166, 11.6.1998, p. 45.
[6] OJ L 125, 5.5.2001, p. 15.
[7] OJ L 110, 20.4.2001, p. 28.
[8] OJ L 160, 30.6.2000, p. 1.

against third parties is the law of the country where the financial collateral is located, is currently recognised by all Member States. Without affecting the application of this Directive to directly-held securities, the location of book entry securities provided as financial collateral and held through one or more intermediaries should be determined. If the collateral taker has a valid and effective collateral arrangement according to the governing law of the country in which the relevant account is maintained, then the validity against any competing title or interest and the enforceability of the collateral should be governed solely by the law of that country, thus preventing legal uncertainty as a result of other unforeseen legislation.

(9) In order to limit the administrative burdens for parties using financial collateral under the scope of this Directive, the only perfection requirement which national law may impose in respect of financial collateral should be that the financial collateral is delivered, transferred, held, registered or otherwise designated so as to be in the possession or under the control of the collateral taker or of a person acting on the collateral taker's behalf while not excluding collateral techniques where the collateral provider is allowed to substitute collateral or to withdraw excess collateral.

(10) For the same reasons, the creation, validity, perfection, enforceability or admissibility in evidence of a financial collateral arrangement, or the provision of financial collateral under a financial collateral arrangement, should not be made dependent on the performance of any formal act such as the execution of any document in a specific form or in a particular manner, the making of any filing with an official or public body or registration in a public register, advertisement in a newspaper or journal, in an official register or publication or in any other matter, notification to a public officer or the provision of evidence in a particular form as to the date of execution of a document or instrument, the amount of the relevant financial obligations or any other matter. This Directive must however provide a balance between market efficiency and the safety of the parties to the arrangement and third parties, thereby avoiding *inter alia* the risk of fraud. This balance should be achieved through the scope of this Directive covering only those financial collateral arrangements which provide for some form of dispossession, i.e. the provision of the financial collateral, and where the provision of the financial collateral can be evidenced in writing or in a durable medium, ensuring thereby the traceability of that collateral. For the purpose of this Directive, acts required under the law of a Member State as conditions for transferring or creating a security interest on financial instruments, other than book entry securities, such as endorsement in the case of instruments to order, or recording on the issuer's register in the case of registered instruments, should not be considered as formal acts.

(11) Moreover, this Directive should protect only financial collateral arrangements which can be evidenced. Such evidence can be given in writing or in any other legally enforceable manner provided by the law which is applicable to the financial collateral arrangement.

(12) The simplification of the use of financial collateral through the limitation of administrative burdens promotes the efficiency of the cross-border operations of the European Central Bank and the national central banks of Member States participating in the economic and monetary union, necessary for the implementation of the common monetary policy. Furthermore, the provision of limited protection of financial collateral arrangements from some rules of insolvency law in addition supports the wider aspect of the common monetary policy, where the participants in the money market balance the overall amount of liquidity in the market among themselves, by cross-border transactions backed by collateral.

(13) This Directive seeks to protect the validity of financial collateral arrangements which are based upon the transfer of the full ownership of the financial collateral, such as by eliminating the so-called re-characterisation of such financial collateral arrangements (including repurchase agreements) as security interests.

(14) The enforceability of bilateral close-out netting should be protected, not only as an enforcement mechanism for title transfer financial collateral arrangements including repurchase agreements but more widely, where close-out netting forms part of a financial collateral arrangement. Sound risk management practices commonly used in the financial market should be protected by enabling participants to manage and reduce their credit exposures arising from all kinds of financial transactions on a net basis, where the credit exposure is calculated by combining the estimated current exposures under all outstanding transactions with a counterparty, setting off reciprocal items to produce a single aggregated amount that is compared with the current value of the collateral.

(15) This Directive should be without prejudice to any restrictions or requirements under national law on bringing into account claims, on obligations to set-off, or on netting, for example relating to their reciprocity or the fact that they have been concluded prior to when the collateral taker knew or ought to have known of the commencement (or of any mandatory legal act leading to the commencement) of winding-up proceedings or reorganisation measures in respect of the collateral provider.

(16) The sound market practice favoured by regulators whereby participants in the financial market use top-up financial collateral arrangements to manage and limit their credit risk to each other by mark-to-market calculations of the current market value of the credit exposure and the value of the financial collateral and accordingly ask for top-up financial collateral or return the surplus of financial collateral should be protected against certain automatic avoidance rules. The same applies to the possibility of substituting for assets provided as financial collateral other assets of the same value. The intention is merely that the provision of top-up or substitution financial collateral cannot be questioned on the sole basis that the relevant financial obligations existed before that financial collateral was provided, or that the financial collateral was provided during a prescribed period. However, this does not prejudice the possibility of questioning under national law the financial collateral arrangement and the provision of financial collateral as part of the initial provision, top-up or substitution of financial collateral, for example where this has been intentionally done to the detriment of the other creditors (this covers *inter alia* actions based on fraud or similar avoidance rules which may apply in a prescribed period).

(17) This Directive provides for rapid and non-formalistic enforcement procedures in order to safeguard financial stability and limit contagion effects in case of a default of a party to a financial collateral arrangement. However, this Directive balances the latter objectives with the protection of the collateral provider and third parties by explicitly confirming the possibility for Member States to keep or introduce in their national legislation an *a posteriori* control which the Courts can exercise in relation to the realisation or valuation of financial collateral and the calculation of the relevant financial obligations. Such control should allow for the judicial authorities to verify that the realisation or valuation has been conducted in a commercially reasonable manner.

(18) It should be possible to provide cash as collateral under both title transfer and secured structures respectively protected by the recognition of netting or by the pledge of cash collateral. Cash refers only to money which is represented by a credit to an account, or similar claims on repayment of money (such as money market deposits), thus explicitly excluding banknotes.

(19) This Directive provides for a right of use in case of security financial collateral arrangements, which increases liquidity in the financial market stemming from such reuse of 'pledged' securities. This reuse however should be without prejudice to national legislation about separation of assets and unfair treatment of creditors.

(20) This Directive does not prejudice the operation and effect of the contractual terms of financial instruments provided as financial collateral, such as rights and obligations and other conditions contained in the terms of issue and any other rights and obligations and other conditions which apply between the issuers and holders of such instruments.

(21) This Act complies with the fundamental rights and follows the principles laid down in particular in the Charter of Fundamental Rights of the European Union.

(22) Since the objective of the proposed action, namely to create a minimum regime relating to the use of financial collateral, cannot be sufficiently achieved by the Member States and can therefore, by reason of the scale and effects of the action, be better achieved at Community level, the Community may adopt measures, in accordance with the principle of subsidiarity as set out in Article 5 of the Treaty. In accordance with the principle of proportionality, as set out in that Article, this Directive does not go beyond what is necessary in order to achieve that objective,

HAVE ADOPTED THIS DIRECTIVE:

Article 1

Subject matter and scope

1. This Directive lays down a Community regime applicable to financial collateral arrangements which satisfy the requirements set out in paragraphs 2 and 5 and to financial collateral in accordance with the conditions set out in paragraphs 4 and 5.

2. The collateral taker and the collateral provider must each belong to one of the following categories:

(a) a public authority (excluding publicly guaranteed undertakings unless they fall under points (b) to (e)) including:

  (i) public sector bodies of Member States charged with or intervening in the management of public debt, and

  (ii) public sector bodies of Member States authorised to hold accounts for customers;

(b) a central bank, the European Central Bank, the Bank for International Settlements, a multilateral development bank as defined in Article 1(19) of Directive 2000/12/EC of the European Parliament and of the Council of 20 March 2000 relating to the taking up and pursuit of the business of credit institutions ([1]), the International Monetary Fund and the European Investment Bank;

([1]) OJ L 126, 26.5.2000, p. 1. Directive as amended by Directive 2000/28/EC (OJ L 275, 27.10.2000, p. 37).

(c) a financial institution subject to prudential supervision including:

(i) a credit institution as defined in Article 1(1) of Directive 2000/12/EC, including the institutions listed in Article 2(3) of that Directive;

(ii) an investment firm as defined in Article 1(2) of Council Directive 93/22/EEC of 10 May 1993 on investment services in the securities field [1];

(iii) a financial institution as defined in Article 1(5) of Directive 2000/12/EC;

(iv) an insurance undertaking as defined in Article 1(a) of Council Directive 92/49/EEC of 18 June 1992 on the coordination of laws, regulations and administrative provisions relating to direct insurance other than life assurance [2] and a life assurance undertaking as defined in Article 1(a) of Council Directive 92/96/EEC of 10 November 1992 on the coordination of laws, regulations and administrative provisions relating to direct life assurance [3];

(v) an undertaking for collective investment in transferable securities (UCITS) as defined in Article 1(2) of Council Directive 85/611/EEC of 20 December 1985 on the coordination of laws, regulations and administrative provisions relating to undertakings for collective investment in transferable securities (UCITS) [4];

(vi) a management company as defined in Article 1a(2) of Directive 85/611/EEC;

(d) a central counterparty, settlement agent or clearing house, as defined respectively in Article 2(c), (d) and (e) of Directive 98/26/EC, including similar institutions regulated under national law acting in the futures, options and derivatives markets to the extent not covered by that Directive, and a person, other than a natural person, who acts in a trust or representative capacity on behalf of any one or more persons that includes any bondholders or holders of other forms of securitised debt or any institution as defined in points (a) to (d);

(e) a person other than a natural person, including unincorporated firms and partnerships, provided that the other party is an institution as defined in points (a) to (d).

3. Member States may exclude from the scope of this Directive financial collateral arrangements where one of the parties is a person mentioned in paragraph 2(e).

If they make use of this option Member States shall inform the Commission which shall inform the other Member States thereof.

4. (a) The financial collateral to be provided must consist of cash or financial instruments.

(b) Member States may exclude from the scope of this Directive financial collateral consisting of the collateral provider's own shares, shares in affiliated undertakings within the meaning of seventh Council Directive 83/349/EEC of 13 June 1983 on consolidated accounts [5], and shares in undertakings whose exclusive purpose is to own means of production that are essential for the collateral provider's business or to own real property.

5. This Directive applies to financial collateral once it has been provided and if that provision can be evidenced in writing.

The evidencing of the provision of financial collateral must allow for the identification of the financial collateral to which it applies. For this purpose, it is sufficient to prove that the book entry securities collateral has been credited to, or forms a credit in, the relevant account and that the cash collateral has been credited to, or forms a credit in, a designated account.

This Directive applies to financial collateral arrangements if that arrangement can be evidenced in writing or in a legally equivalent manner.

Article 2

Definitions

1. For the purpose of this Directive:

(a) 'financial collateral arrangement' means a title transfer financial collateral arrangement or a security financial collateral arrangement whether or not these are covered by a master agreement or general terms and conditions;

(b) 'title transfer financial collateral arrangement' means an arrangement, including repurchase agreements, under which a collateral provider transfers full ownership of financial collateral to a collateral taker for the purpose of securing or otherwise covering the performance of relevant financial obligations;

(c) 'security financial collateral arrangement' means an arrangement under which a collateral provider provides financial collateral by way of security in favour of, or to, a collateral taker, and where the full ownership of the financial collateral remains with the collateral provider when the security right is established;

[1] OJ L 141, 11.6.1993, p. 27. Directive as last amended by Directive 2000/64/EC of the European Parliament and of the Council (OJ L 290, 17.11.2000, p. 27).
[2] OJ L 228, 11.8.1992, p. 1. Directive as last amended by Directive 2000/64/EC of the European Parliament and of the Council.
[3] OJ L 360, 9.12.1992, p. 1. Directive as last amended by Directive 2000/64/EC of the European Parliament and of the Council.
[4] OJ L 375, 31.12.1985, p. 3. Directive as last amended by Directive 2001/108/EC of the European Parliament and of the Council. (OJ L 41, 13.2.2002, p. 35).

[5] OJ L 193, 18.7.1983, p. 1. Directive as last amended by Directive 2001/65/EC of the European Parliament and of the Council (OJ L 283, 27.10.2001, p. 28).

(d) 'cash' means money credited to an account in any currency, or similar claims for the repayment of money, such as money market deposits;

(e) 'financial instruments' means shares in companies and other securities equivalent to shares in companies and bonds and other forms of debt instruments if these are negotiable on the capital market, and any other securities which are normally dealt in and which give the right to acquire any such shares, bonds or other securities by subscription, purchase or exchange or which give rise to a cash settlement (excluding instruments of payment), including units in collective investment undertakings, money market instruments and claims relating to or rights in or in respect of any of the foregoing;

(f) 'relevant financial obligations' means the obligations which are secured by a financial collateral arrangement and which give a right to cash settlement and/or delivery of financial instruments.

Relevant financial obligations may consist of or include:

(i) present or future, actual or contingent or prospective obligations (including such obligations arising under a master agreement or similar arrangement);

(ii) obligations owed to the collateral taker by a person other than the collateral provider; or

(iii) obligations of a specified class or kind arising from time to time;

(g) 'book entry securities collateral' means financial collateral provided under a financial collateral arrangement which consists of financial instruments, title to which is evidenced by entries in a register or account maintained by or on behalf of an intermediary;

(h) 'relevant account' means in relation to book entry securities collateral which is subject to a financial collateral arrangement, the register or account — which may be maintained by the collateral taker — in which the entries are made by which that book entry securities collateral is provided to the collateral taker;

(i) 'equivalent collateral':

(i) in relation to cash, means a payment of the same amount and in the same currency;

(ii) in relation to financial instruments, means financial instruments of the same issuer or debtor, forming part of the same issue or class and of the same nominal amount, currency and description or, where a financial collateral arrangement provides for the transfer of other assets following the occurrence of any event relating to or affecting any financial instruments provided as financial collateral, those other assets;

(j) 'winding-up proceedings' means collective proceedings involving realisation of the assets and distribution of the proceeds among the creditors, shareholders or members as appropriate, which involve any intervention by administrative or judicial authorities, including where the collective proceedings are terminated by a composition or other analogous measure, whether or not they are founded on insolvency or are voluntary or compulsory;

(k) 'reorganisation measures' means measures which involve any intervention by administrative or judicial authorities which are intended to preserve or restore the financial situation and which affect pre-existing rights of third parties, including but not limited to measures involving a suspension of payments, suspension of enforcement measures or reduction of claims;

(l) 'enforcement event' means an event of default or any similar event as agreed between the parties on the occurrence of which, under the terms of a financial collateral arrangement or by operation of law, the collateral taker is entitled to realise or appropriate financial collateral or a close-out netting provision comes into effect;

(m) 'right of use' means the right of the collateral taker to use and dispose of financial collateral provided under a security financial collateral arrangement as the owner of it in accordance with the terms of the security financial collateral arrangement;

(n) 'close-out netting provision' means a provision of a financial collateral arrangement, or of an arrangement of which a financial collateral arrangement forms part, or, in the absence of any such provision, any statutory rule by which, on the occurrence of an enforcement event, whether through the operation of netting or set-off or otherwise:

(i) the obligations of the parties are accelerated so as to be immediately due and expressed as an obligation to pay an amount representing their estimated current value, or are terminated and replaced by an obligation to pay such an amount; and/or

(ii) an account is taken of what is due from each party to the other in respect of such obligations, and a net sum equal to the balance of the account is payable by the party from whom the larger amount is due to the other party.

2. References in this Directive to financial collateral being 'provided', or to the 'provision' of financial collateral, are to the financial collateral being delivered, transferred, held, registered or otherwise designated so as to be in the possession or under the control of the collateral taker or of a person acting on the collateral taker's behalf. Any right of substitution or to withdraw excess financial collateral in favour of the collateral provider shall not prejudice the financial collateral having been provided to the collateral taker as mentioned in this Directive.

3. References in this Directive to 'writing' include recording by electronic means and any other durable medium.

Article 3

Formal requirements

1. Member States shall not require that the creation, validity, perfection, enforceability or admissibility in evidence of a financial collateral arrangement or the provision of financial collateral under a financial collateral arrangement be dependent on the performance of any formal act.

2. Paragraph 1 is without prejudice to the application of this Directive to financial collateral only once it has been provided and if that provision can be evidenced in writing and where the financial collateral arrangement can be evidenced in writing or in a legally equivalent manner.

Article 4

Enforcement of financial collateral arrangements

1. Member States shall ensure that on the occurrence of an enforcement event, the collateral taker shall be able to realise in the following manners, any financial collateral provided under, and subject to the terms agreed in, a security financial collateral arrangement:

(a) financial instruments by sale or appropriation and by setting off their value against, or applying their value in discharge of, the relevant financial obligations;

(b) cash by setting off the amount against or applying it in discharge of the relevant financial obligations.

2. Appropriation is possible only if:

(a) this has been agreed by the parties in the security financial collateral arrangement; and

(b) the parties have agreed in the security financial collateral arrangement on the valuation of the financial instruments.

3. Member States which do not allow appropriation on 27 June 2002 are not obliged to recognise it.

If they make use of this option, Member States shall inform the Commission which in turn shall inform the other Member States thereof.

4. The manners of realising the financial collateral referred to in paragraph 1 shall, subject to the terms agreed in the security financial collateral arrangement, be without any requirement to the effect that:

(a) prior notice of the intention to realise must have been given;

(b) the terms of the realisation be approved by any court, public officer or other person;

(c) the realisation be conducted by public auction or in any other prescribed manner; or

(d) any additional time period must have elapsed.

5. Member States shall ensure that a financial collateral arrangement can take effect in accordance with its terms notwithstanding the commencement or continuation of winding-up proceedings or reorganisation measures in respect of the collateral provider or collateral taker.

6. This Article and Articles 5, 6 and 7 shall be without prejudice to any requirements under national law to the effect that the realisation or valuation of financial collateral and the calculation of the relevant financial obligations must be conducted in a commercially reasonable manner.

Article 5

Right of use of financial collateral under security financial collateral arrangements

1. If and to the extent that the terms of a security financial collateral arrangement so provide, Member States shall ensure that the collateral taker is entitled to exercise a right of use in relation to financial collateral provided under the security financial collateral arrangement.

2. Where a collateral taker exercises a right of use, he thereby incurs an obligation to transfer equivalent collateral to replace the original financial collateral at the latest on the due date for the performance of the relevant financial obligations covered by the security financial collateral arrangement.

Alternatively, the collateral taker shall, on the due date for the performance of the relevant financial obligations, either transfer equivalent collateral, or, if and to the extent that the terms of a security financial collateral arrangement so provide, set off the value of the equivalent collateral against or apply it in discharge of the relevant financial obligations.

3. The equivalent collateral transferred in discharge of an obligation as described in paragraph 2, first subparagraph, shall be subject to the same security financial collateral agreement to which the original financial collateral was subject and shall be treated as having been provided under the security financial collateral arrangement at the same time as the original financial collateral was first provided.

4. Member States shall ensure that the use of financial collateral by the collateral taker according to this Article does not render invalid or unenforceable the rights of the collateral taker under the security financial collateral arrangement in relation to the financial collateral transferred by the collateral taker in discharge of an obligation as described in paragraph 2, first subparagraph.

5. If an enforcement event occurs while an obligation as described in paragraph 2 first subparagraph remains outstanding, the obligation may be the subject of a close-out netting provision.

Article 6

Recognition of title transfer financial collateral arrangements

1. Member States shall ensure that a title transfer financial collateral arrangement can take effect in accordance with its terms.

2. If an enforcement event occurs while any obligation of the collateral taker to transfer equivalent collateral under a title transfer financial collateral arrangement remains outstanding, the obligation may be the subject of a close-out netting provision.

Article 7

Recognition of close-out netting provisions

1. Member States shall ensure that a close-out netting provision can take effect in accordance with its terms:

(a) notwithstanding the commencement or continuation of winding-up proceedings or reorganisation measures in respect of the collateral provider and/or the collateral taker; and/or

(b) notwithstanding any purported assignment, judicial or other attachment or other disposition of or in respect of such rights.

2. Member States shall ensure that the operation of a close-out netting provision may not be subject to any of the requirements that are mentioned in Article 4(4), unless otherwise agreed by the parties.

Article 8

Certain insolvency provisions disapplied

1. Member States shall ensure that a financial collateral arrangement, as well as the provision of financial collateral under such arrangement, may not be declared invalid or void or be reversed on the sole basis that the financial collateral arrangement has come into existence, or the financial collateral has been provided:

(a) on the day of the commencement of winding-up proceedings or reorganisation measures, but prior to the order or decree making that commencement; or

(b) in a prescribed period prior to, and defined by reference to, the commencement of such proceedings or measures or by reference to the making of any order or decree or the taking of any other action or occurrence of any other event in the course of such proceedings or measures.

2. Member States shall ensure that where a financial collateral arrangement or a relevant financial obligation has come into existence, or financial collateral has been provided on the day of, but after the moment of the commencement of, winding-up proceedings or reorganisation measures, it shall be legally enforceable and binding on third parties if the collateral taker can prove that he was not aware, nor should have been aware, of the commencement of such proceedings or measures.

3. Where a financial collateral arrangement contains:

(a) an obligation to provide financial collateral or additional financial collateral in order to take account of changes in the value of the financial collateral or in the amount of the relevant financial obligations, or

(b) a right to withdraw financial collateral on providing, by way of substitution or exchange, financial collateral of substantially the same value,

Member States shall ensure that the provision of financial collateral, additional financial collateral or substitute or replacement financial collateral under such an obligation or right shall not be treated as invalid or reversed or declared void on the sole basis that:

(i) such provision was made on the day of the commencement of winding-up proceedings or reorganisation measures, but prior to the order or decree making that commencement or in a prescribed period prior to, and defined by reference to, the commencement of winding-up proceedings or reorganisation measures or by reference to the making of any order or decree or the taking of any other action or occurrence of any other event in the course of such proceedings or measures; and/or

(ii) the relevant financial obligations were incurred prior to the date of the provision of the financial collateral, additional financial collateral or substitute or replacement financial collateral.

4. Without prejudice to paragraphs 1, 2 and 3, this Directive leaves unaffected the general rules of national insolvency law in relation to the voidance of transactions entered into during the prescribed period referred to in paragraph 1(b) and in paragraph 3(i).

Article 9

Conflict of laws

1. Any question with respect to any of the matters specified in paragraph 2 arising in relation to book entry securities collateral shall be governed by the law of the country in which the relevant account is maintained. The reference to the law of a country is a reference to its domestic law, disregarding any rule under which, in deciding the relevant question, reference should be made to the law of another country.

2. The matters referred to in paragraph 1 are:

(a) the legal nature and proprietary effects of book entry securities collateral;

(b) the requirements for perfecting a financial collateral arrangement relating to book entry securities collateral and the provision of book entry securities collateral under such an arrangement, and more generally the completion of the steps necessary to render such an arrangement and provision effective against third parties;

(c) whether a person's title to or interest in such book entry securities collateral is overridden by or subordinated to a competing title or interest, or a good faith acquisition has occurred;

(d) the steps required for the realisation of book entry securities collateral following the occurrence of an enforcement event.

Article 10

Report by the Commission

Not later than 27 December 2006, the Commission shall present a report to the European Parliament and the Council on the application of this Directive, in particular on the application of Article 1(3), Article 4(3) and Article 5, accompanied where appropriate by proposals for its revision.

Article 11

Implementation

Member States shall bring into force the laws, regulations and administrative provisions necessary to comply with this Directive by 27 December 2003 at the latest. They shall forthwith inform the Commission thereof.

When Member States adopt those provisions, they shall contain a reference to this Directive or be accompanied by such reference on the occasion of their official publication. Member States shall determine how such reference is to be made.

Article 12

Entry into force

This Directive shall enter into force on the day of its publication in the *Official Journal of the European Communities*.

Article 13

Addressees

This Directive is addressed to the Member States.

Done at Brussels, 6 June 2002.

For the European Parliament	*For the Council*
The President	*The President*
P. COX	A. M. BIRULÉS Y BERTRÁN

Anhang 3: Bankensanierungs- und -liquidationsrichtlinie

5.5.2001 DE Amtsblatt der Europäischen Gemeinschaften L 125/15

RICHTLINIE 2001/24/EG DES EUROPÄISCHEN PARLAMENTS UND DES RATES

vom 4. April 2001

über die Sanierung und Liquidation von Kreditinstituten

DAS EUROPÄISCHE PARLAMENT UND DER RAT DER EUROPÄISCHEN UNION —

gestützt auf den Vertrag zur Gründung der Europäischen Gemeinschaft, insbesondere auf Artikel 47 Absatz 2,

auf Vorschlag der Kommission (1),

nach Stellungnahme des Wirtschafts- und Sozialausschusses (2),

nach Stellungnahme des Europäischen Währungsinstituts (3),

gemäß dem Verfahren des Artikels 251 des Vertrags (4),

in Erwägung nachstehender Gründe:

(1) Nach den Zielen des Vertrags ist eine harmonische und ausgewogene Entwicklung des Wirtschaftslebens in der ganzen Gemeinschaft durch Beseitigung aller Behinderungen der Niederlassungsfreiheit und des freien Dienstleistungsverkehrs in der Gemeinschaft zu fördern.

(2) Parallel zur Beseitigung dieser Behinderungen ist es angebracht, sich mit der Lage zu befassen, die sich im Fall von Schwierigkeiten in einem Kreditinstitut ergeben kann, insbesondere falls dieses Kreditinstitut Zweigstellen in anderen Mitgliedstaaten hat.

(3) Diese Richtlinie fügt sich in den gemeinschaftsrechtlichen Rahmen ein, der durch die Richtlinie 2000/12/EG des Europäischen Parlaments und des Rates vom 20. März 2000 über die Aufnahme und Ausübung der Tätigkeit der Kreditinstitute (5) geschaffen wurde. Daraus folgt, dass das Kreditinstitut und seine Zweigstellen während der Dauer ihrer Tätigkeit eine Einheit bilden, die der Aufsicht der zuständigen Behörden des Staates unterliegt, in dem die gemeinschaftsweit gültige Zulassung erteilt wurde.

(4) Es wäre besonders unangebracht, auf diese Einheit, die das Kreditinstitut und seine Zweigstellen bilden, zu verzichten, wenn Sanierungsmaßnahmen zu ergreifen sind oder ein Liquidationsverfahren zu eröffnen ist.

(5) Mit der Annahme der Richtlinie 94/19/EG des Europäischen Parlaments und des Rates vom 30. Mai 1994 über Einlagensicherungssysteme (6), die das Prinzip der obligatorischen Mitgliedschaft von Kreditinstituten in einem Einlagensicherungssystem des Herkunftsmitgliedstaats eingeführt hat, ist die Notwendigkeit der gegenseitigen Anerkennung der Sanierungsmaßnahmen und Liquidationsverfahren noch klarer zutage getreten.

(6) Den Behörden oder Gerichten des Herkunftsmitgliedstaats muss die alleinige Befugnis zur Anordnung und Durchführung von Sanierungsmaßnahmen gemäß den geltenden Rechtsvorschriften und Gepflogenheiten dieses Mitgliedstaats übertragen werden. Da die Harmonisierung der Rechtsvorschriften und Gepflogenheiten der Mitgliedstaaten schwierig ist, empfiehlt sich die Einführung der gegenseitigen Anerkennung durch die Mitgliedstaaten im Falle von Maßnahmen, die ein einzelner Mitgliedstaat trifft, um die Lebensfähigkeit der von ihm zugelassenen Kreditinstitute wiederherzustellen.

(7) Es ist unbedingt sicherzustellen, dass die von den Behörden oder Gerichten des Herkunftsmitgliedstaats angeordneten Maßnahmen zur Sanierung von Kreditinstituten und die Maßnahmen, die von den durch diese Behörden oder Gerichte mit der Durchführung der Sanierungsmaßnahmen beauftragten Personen oder Organen ergriffen werden, in allen Mitgliedstaaten wirksam werden; dazu gehören auch Maßnahmen, die eine Aussetzung der Zahlungen, die Aussetzung von Vollstreckungsmaßnahmen oder eine Kürzung der Forderungen erlauben, sowie alle anderen Maßnahmen, die die bestehenden Rechte Dritter beeinträchtigen könnten.

(8) Bestimmte Maßnahmen, insbesondere solche, die die interne Betriebsstruktur der Kreditinstitute oder die Rechte der Geschäftsführer bzw. der Aktionäre berühren, brauchen nicht Gegenstand dieser Richtlinie zu sein, um in den Mitgliedstaaten wirksam zu werden, sofern nach den Regeln des Internationalen Privatrechts das Recht des Herkunftsmitgliedstaats anwendbar ist.

(9) Bestimmte Maßnahmen, insbesondere Maßnahmen zur weiteren Erfüllung der Zulassungsbedingungen, werden bereits gemäß der Richtlinie 2000/12/EG gegenseitig anerkannt, sofern sie die vor dem Erlass dieser Maßnahmen bestehenden Rechte Dritter unberührt lassen.

(10) In dieser Hinsicht gelten an der internen Betriebsstruktur des Kreditinstituts beteiligte Personen sowie dessen Geschäftsführer und Aktionäre in ihrer Eigenschaft als solche nicht als Dritte im Sinne dieser Richtlinie.

(1) ABl. C 356 vom 31.12.1985, S. 55, und ABl. C 36 vom 8.2.1988, S. 1.
(2) ABl. C 263 vom 20.10.1986, S. 13.
(3) ABl. C 332 vom 30.10.1998, S. 13.
(4) Stellungnahme des Europäischen Parlaments vom 13. März 1987 (ABl. C 99 vom 13.4.1987, S. 211), bestätigt am 2. Dezember 1993 (ABl. C 342 vom 20.12.1993, S. 30), Gemeinsamer Standpunkt des Rates vom 17. Juli 2000 (ABl. C 300 vom 20.10.2000, S. 13) und Beschluss des Europäischen Parlaments vom 16. Januar 2001 (noch nicht im Amtsblatt veröffentlicht). Beschluss des Rates vom 12. März 2001.
(5) ABl. L 126 vom 26.5.2000, S. 1. Richtlinie geändert durch die Richtlinie 2000/28/EG (ABl. L 275 vom 27.10.2000, S. 37).
(6) ABl. L 135 vom 31.5.1994, S. 5.

(11) Eine öffentliche Bekanntmachung zur Unterrichtung Dritter über die Durchführung von Sanierungsmaßnahmen ist in den Mitgliedstaaten, in denen sich Zweigstellen befinden, notwendig, wenn diese Maßnahmen die Ausübung einiger ihrer Rechte beeinträchtigen könnten.

(12) Der Grundsatz der Gleichbehandlung der Gläubiger in Bezug auf ihre Möglichkeit, Rechtsbehelfe einzulegen, macht es erforderlich, dass die Behörden oder Gerichte des Herkunftsmitgliedstaats die notwendigen Maßnahmen ergreifen, damit die Gläubiger des Aufnahmemitgliedstaats ihr Recht auf Einlegung von Rechtsbehelfen innerhalb der hierfür vorgesehenen Frist wahrnehmen können.

(13) Es muss eine gewisse Koordinierung der Funktionen der Behörden oder Gerichte bei Sanierungsmaßnahmen und Verfahren zur Liquidation von in unterschiedlichen Mitgliedstaaten befindlichen Zweigstellen von Kreditinstituten mit Sitz außerhalb der Gemeinschaft vorgesehen werden.

(14) Falls keine Sanierungsmaßnahmen getroffen werden oder diese gescheitert sind, müssen die in einer Krise befindlichen Kreditinstitute liquidiert werden. In diesem Fall sind Bestimmungen zur gegenseitigen Anerkennung von Liquidationsverfahren und ihrer Wirkungen innerhalb der Gemeinschaft vorzusehen.

(15) Die wichtige Aufgabe, die die zuständigen Behörden des Herkunftsmitgliedstaats vor Eröffnung des Liquidationsverfahrens wahrnehmen, kann nach Eröffnung der Liquidation zwecks ordnungsgemäßer Abwicklung des Liquidationsverfahrens weiter wahrgenommen werden.

(16) Die Gleichbehandlung der Gläubiger erfordert, dass das Kreditinstitut nach den Grundsätzen der Einheit und Universalität liquidiert wird, was die ausschließliche Zuständigkeit der Behörden oder Gerichte des Herkunftsmitgliedstaats sowie die Anerkennung ihrer Entscheidungen voraussetzt, die in den übrigen Mitgliedstaaten ohne weitere Formalität die gleichen Wirkungen wie im Herkunftsmitgliedstaat entfalten können müssen, sofern die Richtlinie nichts anderes vorsieht.

(17) Die Ausnahme betreffend die Wirkungen von Sanierungsmaßnahmen und Liquidationsverfahren auf bestimmte Verträge und Rechte beschränkt sich auf diese Wirkungen und gilt nicht für andere Aspekte der Sanierungsmaßnahmen oder des Liquidationsverfahrens wie die Anmeldung, Prüfung und Feststellung der Forderungen im Zusammenhang mit diesen Verträgen und Rechten und die Festlegung ihrer Rangfolge sowie die Vorschriften für die Verteilung des Erlöses aus der Verwertung des Vermögens, für die das Recht des Herkunftsmitgliedstaats maßgeblich ist.

(18) Die freiwillige Liquidation ist möglich, wenn das Kreditinstitut zahlungsfähig ist. Gegebenenfalls können jedoch die Behörden oder Gerichte des Herkunftsmitgliedstaats eine Sanierungsmaßnahme anordnen oder ein Liquidationsverfahren eröffnen, auch wenn zuvor bereits eine freiwillige Liquidation eingeleitet wurde.

(19) Der Widerruf der Bankzulassung ist eine der notwendigen Folgen der Liquidation eines Kreditinstituts. Die Weiterführung bestimmter Tätigkeiten des Kreditinstituts sollte allerdings trotz dieses Widerrufs möglich sein, sofern dies für die Liquidation erforderlich oder angezeigt ist. Die Weiterführung der Tätigkeiten kann von dem Herkunftsmitgliedstaat allerdings von der Zustimmung und der Kontrolle durch seine zuständigen Behörden abhängig gemacht werden.

(20) Die individuelle Unterrichtung der bekannten Gläubiger ist ebenso wichtig wie die öffentliche Bekanntmachung, damit diese erforderlichenfalls die Anmeldung ihrer Forderungen oder deren Erläuterung innerhalb der gesetzten Fristen vornehmen können. Unzulässig ist dabei jede Benachteiligung der in einem anderen Mitgliedstaat als dem Herkunftsmitgliedstaat ansässigen Gläubiger aufgrund ihres Wohnsitzes oder der Art der Forderung. Die Gläubiger müssen während des Liquidationsverfahrens regelmäßig in geeigneter Form unterrichtet werden.

(21) Ausschließlich für die Zwecke der Anwendung dieser Richtlinie auf Sanierungsmaßnahmen und Liquidationsverfahren, die eine in einem Mitgliedstaat bestehende Zweigstelle eines Kreditinstituts mit Sitz außerhalb der Gemeinschaft betreffen, werden als „Herkunftsmitgliedstaat" der Mitgliedstaat der Zweigstelle und als „zuständige Behörden" sowie als „Behörden oder Gerichte" diejenigen dieses Mitgliedstaats definiert.

(22) Wenn ein Kreditinstitut mit Sitz außerhalb der Gemeinschaft Zweigstellen in mehr als einem Mitgliedstaat hat, wird jede Zweigstelle bei der Anwendung dieser Richtlinie als unabhängiges Unternehmen behandelt. Die Behörden oder Gerichte und die zuständigen Behörden sowie die Verwalter und Liquidatoren bemühen sich in diesem Fall um eine Abstimmung ihres Vorgehens.

(23) Zwar ist es wichtig, grundsätzlich festzulegen, dass für die verfahrens- und materiellrechtlichen Wirkungen von Sanierungsmaßnahmen oder Liquidationsverfahren das Recht des Herkunftsmitgliedstaats maßgeblich ist; es ist jedoch auch in Betracht zu ziehen, dass diese Wirkungen im Widerspruch zu den üblicherweise für die wirtschaftlichen und finanziellen Tätigkeiten des Kreditinstituts und seiner Zweigstellen in den übrigen Mitgliedstaaten geltenden Vorschriften stehen können. Die Bezugnahme auf das Recht eines anderen Mitgliedstaats ist in bestimmten Fällen eine unerlässliche Abschwächung des Prinzips, dass das Recht des Herkunftsmitgliedstaats maßgeblich ist.

(24) Diese Abschwächung ist insbesondere notwendig, um die durch einen Arbeitsvertrag mit dem Kreditinstitut verbundenen Arbeitnehmer zu schützen und die Sicherheit der Geschäfte mit bestimmten Vermögensgegenständen zu gewährleisten sowie die Integrität der geregelten Märkte, die nach dem Recht eines Mitgliedstaats funktionieren und auf denen Finanzinstrumente gehandelt werden, aufrechtzuerhalten.

(25) Die im Rahmen eines Zahlungs- oder Abrechnungssystems getätigten Transaktionen fallen unter die Richtlinie 98/26/EG des Europäischen Parlaments und des Rates vom 19. Mai 1998 über die Wirksamkeit von Abrechnungen in Zahlungs- sowie Wertpapierliefer- und Abrechnungssystemen [1].

(26) Die Annahme dieser Richtlinie stellt nicht die in der Richtlinie 98/26/EG enthaltenen Bestimmungen in Frage, denen zufolge ein Insolvenzverfahren die rechtliche Wirksamkeit von ordnungsgemäß in ein System eingebrachten Aufträgen oder die einem System gestellten dinglichen Sicherheiten nicht berührt.

(27) Bei bestimmten Sanierungsmaßnahmen oder Liquidationsverfahren ist die Bestellung einer Person vorgesehen, die mit der Durchführung dieser Maßnahmen oder Verfahren betraut wird. Die Anerkennung ihrer Bestellung und ihrer Befugnisse in allen anderen Mitgliedstaaten ist daher für die Durchführung der im Herkunftsmitgliedstaat getroffenen Entscheidungen von wesentlicher Bedeutung. Es muss allerdings festgelegt werden, innerhalb welcher Grenzen diese Person ihre Befugnisse außerhalb des Herkunftsmitgliedstaats ausüben kann.

(28) Es müssen die Gläubiger geschützt werden, die mit dem Kreditinstitut vor der Anordnung einer Sanierungsmaßnahme oder der Eröffnung eines Liquidationsverfahrens in vertraglicher Beziehung standen, wenn das Recht des Herkunftsmitgliedstaats Vorschriften über die Nichtigkeit, Anfechtbarkeit oder relative Unwirksamkeit enthält und der Begünstigte der Rechtshandlung nachweisen kann, dass das für die Rechtshandlung maßgebliche Recht für diesen Fall keinen Rechtsbehelf gegen die betreffende Handlung vorsieht.

(29) Das Vertrauen von Dritterwerbern in den Inhalt von Registern oder Konten für bestimmte Vermögenswerte, die in diese Register oder Konten eingetragen sind, sowie generell das Vertrauen von Erwerbern unbeweglicher Gegenstände muss auch nach der Eröffnung des Liquidationsverfahrens oder der Anordnung einer Sanierungsmaßnahme geschützt werden. Dieses Vertrauen ist nur dadurch zu wahren, dass für die Wirksamkeit des Erwerbs das Recht des Belegenheitsstaats oder das Recht des Staates maßgeblich ist, unter dessen Aufsicht das Register oder Konto geführt wird.

(30) Für die Wirkungen der Sanierungsmaßnahmen oder des Liquidationsverfahrens auf einen anhängigen Rechtsstreit ist abweichend von der „lex concursus" das Recht des Mitgliedstaates maßgeblich, in dem der Rechtsstreit anhängig ist. Für die Wirkungen der Maßnahmen oder des Verfahrens auf Einzelvollstreckungsmaßnahmen im Zusammenhang mit diesen Rechtsstreitigkeiten ist gemäß der allgemeinen Vorschrift dieser Richtlinie das Recht des Herkunftsmitgliedstaats maßgeblich.

(31) Es sollte vorgesehen werden, dass die Behörden oder Gerichte des Herkunftsmitgliedstaats die zuständigen Behörden des Aufnahmemitgliedstaats unverzüglich — möglichst vor der Einleitung der betreffenden Maßnahme bzw. der Eröffnung des Verfahrens, ansonsten unmittelbar danach — von der Anordnung einer Sanierungsmaßnahme oder der Eröffnung eines Liquidationsverfahrens unterrichten.

(32) Das Berufsgeheimnis im Sinne des Artikels 30 der Richtlinie 2000/12/EG ist ein wesentlicher Bestandteil aller Unterrichtungs- und Konsultationsverfahren. Es muss daher von allen an diesen Verfahren beteiligten zuständigen Behörden gewahrt werden, wohingegen für die Gerichte in diesem Punkt die sie betreffenden nationalen Rechtsvorschriften maßgebend sind —

HABEN FOLGENDE RICHTLINIE ERLASSEN:

TITEL I

ANWENDUNGSBEREICH UND BEGRIFFSBESTIMMUNGEN

Artikel 1

Anwendungsbereich

(1) Diese Richtlinie findet Anwendung auf Kreditinstitute und deren in einem anderen Mitgliedstaat als ihrem Sitzmitgliedstaat errichtete Zweigstellen im Sinne von Artikel 1 Nummern 1 und 3 der Richtlinie 2000/12/EG vorbehaltlich der dort in Artikel 2 Absatz 3 vorgesehenen Voraussetzungen und Ausnahmen.

(2) Die Bestimmungen dieser Richtlinie, die die Zweigstellen eines Kreditinstituts mit Sitz außerhalb der Gemeinschaft betreffen, finden nur Anwendung, wenn in mindestens zwei Mitgliedstaaten der Gemeinschaft Zweigstellen dieses Kreditinstituts bestehen.

Artikel 2

Begriffsbestimmungen

Für die Zwecke dieser Richtlinie gelten folgende Begriffsbestimmungen:

— „Herkunftsmitgliedstaat" ist der Herkunftsmitgliedstaat im Sinne von Artikel 1 Nummer 6 der Richtlinie 2000/12/EG.

— „Aufnahmemitgliedstaat" ist der Aufnahmemitgliedstaat im Sinne von Artikel 1 Nummer 7 der Richtlinie 2000/12/EG.

— „Zweigstelle" ist eine Zweigstelle im Sinne von Artikel 1 Nummer 3 der Richtlinie 2000/12/EG.

— „Zuständige Behörden" sind die zuständigen Behörden im Sinne von Artikel 1 Nummer 4 der Richtlinie 2000/12/EG.

— „Verwalter" ist jede Person oder Stelle, die von den Behörden oder Gerichten zur Durchführung von Sanierungsmaßnahmen bestellt wird.

— „Behörden oder Gerichte" sind die Behörden oder Gerichte der Mitgliedstaaten, die für Sanierungsmaßnahmen oder Liquidationsverfahren zuständig sind.

— „Sanierungsmaßnahmen" sind Maßnahmen, mit denen die finanzielle Lage eines Kreditinstituts gesichert oder wiederhergestellt werden soll und die die bestehenden Rechte Dritter beeinträchtigen könnten, einschließlich der Maßnahmen, die eine Aussetzung der Zahlungen, eine Aussetzung der Vollstreckungsmaßnahmen oder eine Kürzung der Forderungen erlauben.

[1] ABl. L 166 vom 11.6.1998, S. 45.

— „Liquidator" ist jede Person oder Stelle, die von den Behörden oder Gerichten zur Abwicklung eines Liquidationsverfahrens bestellt wird.

— „Liquidationsverfahren" ist ein von einer Behörde oder einem Gericht eines Mitgliedstaats eröffnetes und unter deren bzw. dessen Aufsicht durchgeführtes Gesamtverfahren mit dem Ziel, die Vermögenswerte unter Aufsicht der genannten Behörden oder Gerichte zu verwerten; dazu zählen auch Verfahren, die durch einen Vergleich oder eine ähnliche Maßnahme abgeschlossen werden.

— „Geregelter Markt" ist ein geregelter Markt im Sinne von Artikel 1 Nummer 13 der Richtlinie 93/22/EWG.

— „Instrumente" sind alle in Abschnitt B des Anhangs der Richtlinie 93/22/EWG genannten Instrumente.

TITEL II

SANIERUNGSMASSNAHMEN

A. *Kreditinstitute mit Sitz in der Gemeinschaft*

Artikel 3

Entscheidung über Sanierungsmaßnahmen — Anwendbares Recht

(1) Allein die Behörden oder Gerichte des Herkunftsmitgliedstaats sind befugt, über die Durchführung einer oder mehrerer Sanierungsmaßnahmen in einem Kreditinstitut, einschließlich seiner Zweigstellen in anderen Mitgliedstaaten, zu entscheiden.

(2) Die Sanierungsmaßnahmen werden gemäß den im Herkunftsmitgliedstaat geltenden Rechtsvorschriften und Verfahren durchgeführt, sofern diese Richtlinie nichts anderes bestimmt.

Sie sind nach den Rechtsvorschriften dieses Mitgliedstaats in der gesamten Gemeinschaft ohne weitere Formalität uneingeschränkt wirksam, und zwar auch gegenüber Dritten in anderen Mitgliedstaaten, selbst wenn nach den für diese geltenden Rechtsvorschriften des Aufnahmemitgliedstaats solche Maßnahmen nicht vorgesehen sind oder ihre Durchführung von Voraussetzungen abhängig gemacht wird, die nicht erfüllt sind.

Die Sanierungsmaßnahmen sind in der gesamten Gemeinschaft wirksam, sobald sie in dem Mitgliedstaat, in dem sie getroffen wurden, wirksam sind.

Artikel 4

Unterrichtung der zuständigen Behörden des Aufnahmemitgliedstaats

Die Behörden oder Gerichte des Herkunftsmitgliedstaats setzen die zuständigen Behörden des Aufnahmemitgliedstaats auf jedem möglichen Wege von ihrer Entscheidung, eine Sanierungsmaßnahme einzuleiten, sowie den etwaigen konkreten Wirkungen dieser Maßnahme unverzüglich — möglichst vor Einleitung dieser Maßnahme, ansonsten unmittelbar danach — in Kenntnis. Diese Unterrichtung erfolgt durch die zuständigen Behörden des Herkunftsmitgliedstaats.

Artikel 5

Unterrichtung der zuständigen Behörden des Herkunftsmitgliedstaats

Halten die Behörden oder Gerichte des Aufnahmemitgliedstaats die Durchführung einer oder mehrerer Sanierungsmaßnahmen in ihrem Hoheitsgebiet für notwendig, so setzen sie die zuständigen Behörden des Herkunftsmitgliedstaats davon in Kenntnis. Diese Unterrichtung erfolgt durch die zuständigen Behörden des Aufnahmemitgliedstaats.

Artikel 6

Öffentliche Bekanntmachung

(1) Kann die Durchführung der gemäß Artikel 3 Absätze 1 und 2 beschlossenen Sanierungsmaßnahmen die Rechte von Dritten in einem Aufnahmemitgliedstaat beeinträchtigen und können in dem Herkunftsmitgliedstaat Rechtsbehelfe gegen die Entscheidung, die diese Maßnahme anordnet, eingelegt werden, so veröffentlichen die Behörden oder Gerichte des Herkunftsmitgliedstaats, der Verwalter oder jede andere im Herkunftsmitgliedstaat dazu ermächtigte Person im *Amtsblatt der Europäischen Gemeinschaften* und in zwei überregionalen Zeitungen jedes Aufnahmemitgliedstaats einen Auszug aus der Entscheidung, um vor allem das rechtzeitige Einlegen der Rechtsbehelfe zu ermöglichen.

(2) Der in Absatz 1 genannte Auszug aus der Entscheidung ist so rasch wie möglich und auf dem geeignetsten Wege an das Amt für amtliche Veröffentlichungen der Europäischen Gemeinschaften und an die zwei überregionalen Zeitungen jedes Aufnahmemitgliedstaats zu senden.

(3) Das Amt für amtliche Veröffentlichungen der Europäischen Gemeinschaften veröffentlicht den Auszug spätestens zwölf Tage nach seiner Versendung.

(4) In dem zu veröffentlichenden Auszug aus der Entscheidung sind in der Amtssprache oder den Amtssprachen der betroffenen Mitgliedstaaten insbesondere Gegenstand und Rechtsgrundlage der Entscheidung, die Rechtsbehelfsfristen, vor allem eine leicht verständliche Angabe des Zeitpunkts, zu dem diese Fristen enden, und die genauen Anschriften der Behörden oder des Gerichts anzugeben, von denen/dem die Rechtsbehelfe zu prüfen sind.

(5) Die Sanierungsmaßnahmen finden unabhängig von den in den Absätzen 1 bis 3 vorgesehenen Maßnahmen Anwendung und sind gegenüber den Gläubigern uneingeschränkt wirksam, sofern die Behörden oder Gerichte des Herkunftsmitgliedstaats oder dessen einschlägige Rechtsvorschriften nicht etwas anderes bestimmen.

Artikel 7

Pflicht zur Unterrichtung der bekannten Gläubiger und Recht auf Forderungsanmeldung

(1) Sehen die Rechtsvorschriften des Herkunftsmitgliedstaats vor, dass eine Forderung angemeldet werden muss, um anerkannt zu werden, oder dass die Maßnahme den Gläubigern, die ihren Wohnsitz, ihren gewöhnlichen Aufenthalt oder ihren Sitz in diesem Staat haben, mitgeteilt werden muss, so werden von den Behörden oder Gerichten des Herkunftsmitgliedstaats oder

dem Verwalter außerdem die bekannten Gläubiger, die ihren Wohnsitz, ihren gewöhnlichen Aufenthalt oder ihren Sitz in anderen Mitgliedstaaten haben, nach den in Artikel 14 und Artikel 17 Absatz 1 vorgesehenen Modalitäten informiert.

(2) Steht den Gläubigern, die ihren Wohnsitz, ihren gewöhnlichen Aufenthalt oder ihren Sitz im Herkunftsmitgliedstaat haben, gemäß den Rechtsvorschriften dieses Staates das Recht zu, ihre Forderungen anzumelden oder zu erläutern, so können die Gläubiger, die ihren Wohnsitz, ihren gewöhnlichen Aufenthalt oder ihren Sitz in anderen Mitgliedstaaten haben, dieses Recht nach den in Artikel 16 und Artikel 17 Absatz 2 vorgesehenen Modalitäten ebenfalls in Anspruch nehmen.

B. ***Kreditinstitute mit Sitz außerhalb der Gemeinschaft***

Artikel 8

Zweigstellen von Kreditinstituten dritter Länder

(1) Die Behörden oder Gerichte des Aufnahmemitgliedstaats einer Zweigstelle eines Kreditinstituts mit Sitz außerhalb der Gemeinschaft setzen die zuständigen Behörden der anderen Aufnahmemitgliedstaaten, in denen das Kreditinstitut Zweigstellen errichtet hat, die in der jährlich im *Amtsblatt der Europäischen Gemeinschaften* veröffentlichten Liste gemäß Artikel 11 der Richtlinie 2000/12/EG aufgeführt sind, auf jedem möglichen Wege von ihrer Entscheidung, eine Sanierungsmaßnahme einzuleiten, sowie den etwaigen konkreten Wirkungen dieser Maßnahme unverzüglich — möglichst vor Einleitung dieser Maßnahme, ansonsten unmittelbar danach — in Kenntnis. Diese Unterrichtung erfolgt durch die zuständigen Behörden des Aufnahmemitgliedstaats, dessen Behörden oder Gerichte die Maßnahme anordnen.

(2) Die Behörden oder Gerichte nach Absatz 1 bemühen sich um eine Abstimmung ihres Vorgehens.

TITEL III

LIQUIDATIONSVERFAHREN

A. ***Kreditinstitute mit Sitz in der Gemeinschaft***

Artikel 9

Eröffnung eines Liquidationsverfahrens — Unterrichtung der anderen zuständigen Behörden

(1) Allein die für die Liquidation zuständigen Behörden oder Gerichte des Herkunftsmitgliedstaats sind befugt, über die Eröffnung eines Liquidationsverfahrens gegen ein Kreditinstitut, einschließlich seiner Zweigstellen in anderen Mitgliedstaaten, zu entscheiden.

Eine Entscheidung zur Eröffnung eines Liquidationsverfahrens durch die Behörde oder das Gericht des Herkunftsmitgliedstaats wird im Hoheitsgebiet aller anderen Mitgliedstaaten ohne weitere Formalität anerkannt und ist dort wirksam, sobald sie in dem Mitgliedstaat, in dem das Verfahren eröffnet wurde, wirksam wird.

(2) Die Behörden oder Gerichte des Herkunftsmitgliedstaats setzen die zuständigen Behörden des Aufnahmemitgliedstaats auf jedem möglichen Wege von ihrer Entscheidung, ein Liquidationsverfahren zu eröffnen, sowie den etwaigen konkreten Wirkungen dieses Verfahrens unverzüglich — möglichst vor Eröffnung dieses Verfahrens, ansonsten unmittelbar danach — in Kenntnis. Diese Unterrichtung erfolgt durch die zuständigen Behörden des Herkunftsmitgliedstaats.

Artikel 10

Anwendbares Recht

(1) Das Kreditinstitut wird nach den gesetzlichen Vorschriften, Regelungen und Verfahren des Herkunftsmitgliedstaats liquidiert, soweit diese Richtlinie nichts anderes bestimmt.

(2) Das Recht des Herkunftsmitgliedstaats regelt insbesondere,

a) welche Vermögenswerte zur Masse gehören und wie die nach der Verfahrenseröffnung von dem Kreditinstitut erworbenen Vermögenswerte zu behandeln sind,

b) die jeweiligen Befugnisse des Kreditinstituts und des Liquidators,

c) die Voraussetzungen für die Wirksamkeit einer Aufrechnung,

d) wie sich das Liquidationsverfahren auf laufende Verträge des Kreditinstituts auswirkt,

e) wie sich die Eröffnung eines Liquidationsverfahrens auf Rechtsverfolgungsmaßnahmen einzelner Gläubiger auswirkt; ausgenommen sind die Wirkungen auf anhängige Rechtsstreitigkeiten gemäß Artikel 32,

f) welche Forderungen gegen das Vermögen des Kreditinstituts anzumelden sind und wie Forderungen zu behandeln sind, die nach der Eröffnung des Liquidationsverfahrens entstehen,

g) die Anmeldung, die Prüfung und die Feststellung der Forderungen,

h) die Verteilung des Erlöses aus der Verwertung der Vermögenswerte, den Rang der Forderungen und die Rechte der Gläubiger, die nach der Eröffnung des Liquidationsverfahrens aufgrund eines dinglichen Rechts oder infolge einer Aufrechnung teilweise befriedigt wurden,

i) die Voraussetzungen und Wirkungen der Beendigung des Liquidationsverfahrens, insbesondere durch Vergleich,

j) die Rechte der Gläubiger nach der Beendigung des Liquidationsverfahrens,

k) wer die Kosten des Liquidationsverfahrens einschließlich der Auslagen zu tragen hat,

l) welche Rechtshandlungen nichtig, anfechtbar oder relativ unwirksam sind, weil sie die Gesamtheit der Gläubiger benachteiligen.

Artikel 11

Anhörung der zuständigen Behörden vor einer freiwilligen Liquidation

(1) Die zuständigen Behörden des Herkunftsmitgliedstaats werden vor jeder Entscheidung der satzungsgemäßen Organe eines Kreditinstituts über eine freiwillige Liquidation in der am besten geeigneten Form gehört.

(2) Die freiwillige Liquidation eines Kreditinstituts steht der Einleitung einer Sanierungsmaßnahme oder der Eröffnung eines Liquidationsverfahrens nicht entgegen.

Artikel 12

Widerruf der Zulassung eines Kreditinstituts

(1) Wird gegen ein Kreditinstitut die Eröffnung des Liquidationsverfahrens beschlossen, ohne dass Sanierungsmaßnahmen getroffen wurden oder nachdem diese gescheitert sind, so wird die Zulassung dieses Kreditinstituts widerrufen; dabei ist insbesondere das Verfahren des Artikels 22 Absatz 9 der Richtlinie 2000/12/EG einzuhalten.

(2) Der Widerruf der Zulassung gemäß Absatz 1 hindert die mit der Liquidation beauftragte(n) Person(en) nicht daran, bestimmte Tätigkeiten des Kreditinstituts weiterzubetreiben, soweit dies für die Zwecke der Liquidation erforderlich oder angezeigt ist.

Der Herkunftsmitgliedstaat kann vorsehen, dass diese Tätigkeiten mit Zustimmung und unter Aufsicht seiner zuständigen Behörden betrieben werden.

Artikel 13

Öffentliche Bekanntmachung

Die Liquidatoren oder jede Behörde oder jedes Gericht veranlassen die Bekanntmachung der Entscheidung zur Eröffnung der Liquidation durch Veröffentlichung eines Auszugs aus der Entscheidung im *Amtsblatt der Europäischen Gemeinschaften* und in mindestens zwei überregionalen Zeitungen des jeweiligen Aufnahmemitgliedstaats.

Artikel 14

Unterrichtung der bekannten Gläubiger

(1) Wenn ein Liquidationsverfahren eröffnet wird, unterrichtet die Behörde oder das Gericht des Herkunftsmitgliedstaats oder der Liquidator unverzüglich und einzeln die bekannten Gläubiger, die ihren Wohnsitz, gewöhnlichen Aufenthalt oder Sitz in anderen Mitgliedstaaten haben, es sei denn, die Rechtsvorschriften des Herkunftsmitgliedstaats sehen nicht vor, dass eine Forderung angemeldet werden muss, um anerkannt zu werden.

(2) Die Unterrichtung erfolgt durch Übersendung eines Vermerks und gibt insbesondere an, welche Fristen einzuhalten sind, welches die Versäumnisfolgen sind, welche Stelle für die Entgegennahme der Anmeldung einer Forderung bzw. der Erläuterung einer Forderung zuständig ist und welche weiteren Maßnahmen vorgeschrieben sind. In diesem Vermerk ist auch anzugeben, ob die bevorrechtigten oder dinglich gesicherten Gläubiger ihre Forderungen anmelden müssen.

Artikel 15

Leistung

Wer an ein Kreditinstitut, das keine juristische Person ist und über dessen Vermögen in einem anderen Mitgliedstaat ein Liquidationsverfahren eröffnet worden ist, leistet, obwohl er an den Liquidator dieses Verfahrens hätte leisten müssen, wird befreit, wenn ihm die Eröffnung des Verfahrens nicht bekannt war. Erfolgt die Leistung vor der öffentlichen Bekanntmachung nach Artikel 13, so wird bis zum Beweis des Gegenteils vermutet, dass dem Leistenden die Eröffnung nicht bekannt war. Erfolgt die Leistung nach der Bekanntmachung gemäß Artikel 13, so wird bis zum Beweis des Gegenteils vermutet, dass dem Leistenden die Eröffnung bekannt war.

Artikel 16

Recht auf Anmeldung von Forderungen

(1) Jeder Gläubiger, der seinen Wohnsitz, gewöhnlichen Aufenthalt oder Sitz in einem anderen Mitgliedstaat als dem Herkunftsmitgliedstaat hat, einschließlich öffentlich-rechtlicher Gläubiger in den Mitgliedstaaten, hat das Recht, seine Forderung anzumelden oder schriftlich zu erläutern.

(2) Die Forderungen aller Gläubiger, die ihren Wohnsitz, gewöhnlichen Aufenthalt oder Sitz in einem anderen Mitgliedstaat als dem Herkunftsmitgliedstaat haben, werden genauso behandelt und erhalten denselben Rang wie gleichwertige Forderungen, die von den Gläubigern angemeldet werden könnten, die ihren Wohnsitz, gewöhnlichen Aufenthalt oder Sitz im Herkunftsmitgliedstaat haben.

(3) Sofern das Recht des Herkunftsmitgliedstaats nicht eine Erläuterung der Forderung vorsieht, übersendet der Gläubiger eine Kopie der etwaigen Belege, teilt die Art, den Entstehungszeitpunkt und den Betrag der Forderung mit und gibt an, ob er für die Forderung ein Vorrecht, eine dingliche Sicherheit oder einen Eigentumsvorbehalt geltend macht und welche Vermögenswerte Gegenstand seiner Sicherheit sind.

Artikel 17

Sprachen

(1) Die Unterrichtung nach den Artikeln 13 und 14 erfolgt in der Amtssprache oder einer der Amtssprachen des Herkunftsmitgliedstaats. Hierfür ist ein Formblatt zu verwenden, das in sämtlichen Amtssprachen der Europäischen Union mit den Worten „Aufforderung zur Anmeldung einer Forderung. Fristen beachten!" oder, wenn das Recht des Herkunftsmitgliedstaats eine Erläuterung der Forderung vorsieht, mit den Worten „Aufforderung zur Erläuterung einer Forderung. Fristen beachten!" überschrieben ist.

(2) Jeder Gläubiger, der seinen Wohnsitz, gewöhnlichen Aufenthalt oder Sitz in einem anderen Mitgliedstaat als dem Herkunftsmitgliedstaat hat, kann seine Forderung in der Amtssprache oder einer der Amtssprachen dieses anderen Mitgliedstaats anmelden oder erläutern. In diesem Fall muss die Anmeldung (bzw. die Erläuterung) jedoch die Überschrift „Anmeldung einer Forderung" (bzw. „Erläuterung einer Forderung") in der Amtssprache oder einer der Amtssprachen des Herkunftsmitgliedstaats tragen. Ferner kann von dem Gläubiger eine Übersetzung der Anmeldung oder der Erläuterung in diese Amtssprache verlangt werden.

Artikel 18

Regelmäßige Unterrichtung der Gläubiger

Die Liquidatoren unterrichten die Gläubiger regelmäßig in geeigneter Form, insbesondere über den Fortgang der Liquidation.

B. ***Kreditinstitute mit Sitz außerhalb der Gemeinschaft***

Artikel 19

Zweigstellen von Kreditinstituten dritter Länder

(1) Die Behörden oder Gerichte des Aufnahmemitgliedstaats einer Zweigstelle eines Kreditinstituts mit Sitz außerhalb der Gemeinschaft setzen die zuständigen Behörden der anderen Aufnahmemitgliedstaaten, in denen das Kreditinstitut Zweigstellen errichtet hat, die in der jährlich im *Amtsblatt der Europäischen Gemeinschaften* veröffentlichten Liste gemäß Artikel 11 der Richtlinie 2000/12/EG aufgeführt sind, auf jedem möglichen Wege von ihrer Entscheidung, ein Liquidationsverfahren zu eröffnen, sowie den etwaigen konkreten Wirkungen dieses Verfahrens unverzüglich — möglichst vor Eröffnung dieses Verfahrens, ansonsten unmittelbar danach — in Kenntnis. Diese Unterrichtung erfolgt durch die zuständigen Behörden des erstgenannten Aufnahmemitgliedstaats.

(2) Die Behörden oder Gerichte, die die Eröffnung eines Verfahrens zur Liquidation einer Zweigstelle eines Kreditinstituts mit Sitz außerhalb der Gemeinschaft beschließen, unterrichten die zuständigen Behörden der anderen Aufnahmemitgliedstaaten von der Eröffnung des Liquidationsverfahrens und vom Widerruf der Zulassung.

Die Unterrichtung erfolgt durch die zuständigen Behörden des Aufnahmemitgliedstaats, der die Verfahrenseröffnung beschlossen hat.

(3) Die Behörden oder Gerichte nach Absatz 1 bemühen sich um eine Abstimmung ihres Vorgehens.

Die gegebenenfalls bestellten Liquidatoren bemühen sich ebenfalls um eine Abstimmung ihres Vorgehens.

TITEL IV

GEMEINSAME VORSCHRIFTEN FÜR SANIERUNGSMASSNAHMEN UND LIQUIDATIONSVERFAHREN

Artikel 20

Wirkungen auf bestimmte Verträge und Rechte

Für die Wirkungen einer Sanierungsmaßnahme oder der Eröffnung eines Liquidationsverfahrens auf

a) Arbeitsverträge und Arbeitsverhältnisse ist ausschließlich das Recht des Mitgliedstaats maßgeblich, das auf den Arbeitsvertrag anzuwenden ist;

b) einen Vertrag, der zur Nutzung oder zum Erwerb eines unbeweglichen Gegenstands berechtigt, ist ausschließlich das Recht des Mitgliedstaats maßgeblich, in dessen Gebiet dieser Gegenstand belegen ist. Nach diesem Recht bestimmt sich, ob der Gegenstand ein beweglicher oder ein unbeweglicher Gegenstand ist;

c) Rechte an einem unbeweglichen Gegenstand, einem Schiff oder einem Luftfahrzeug, die der Eintragung in ein öffentliches Register unterliegen, ist ausschließlich das Recht des Mitgliedstaats maßgeblich, unter dessen Aufsicht das Register geführt wird.

Artikel 21

Dingliche Rechte Dritter

(1) Das dingliche Recht eines Gläubigers oder eines Dritten an körperlichen oder unkörperlichen, beweglichen oder unbeweglichen Gegenständen des Kreditinstituts — sowohl an bestimmten Gegenständen als auch an einer Mehrheit von nicht bestimmten Gegenständen mit wechselnder Zusammensetzung —, die sich zum Zeitpunkt der Einleitung von Sanierungsmaßnahmen oder der Eröffnung eines Liquidationsverfahrens im Gebiet eines anderen Mitgliedstaats befinden, wird von der Einleitung von Sanierungsmaßnahmen oder der Verfahrenseröffnung nicht berührt.

(2) Rechte im Sinne von Absatz 1 sind insbesondere

a) das Recht, den Gegenstand zu verwerten oder verwerten zu lassen und aus dem Erlös oder den Nutzungen dieses Gegenstands befriedigt zu werden, insbesondere aufgrund eines Pfandrechts oder einer Hypothek;

b) das ausschließliche Recht, eine Forderung einzuziehen, insbesondere aufgrund eines Pfandrechts an einer Forderung oder aufgrund einer Sicherheitsabtretung dieser Forderung;

c) das Recht, die Herausgabe des Gegenstands von jedermann zu verlangen, der diesen gegen den Willen des Berechtigten besitzt oder nutzt;

d) das dingliche Recht, die Früchte eines Gegenstands zu ziehen.

(3) Das in einem öffentlichen Register eingetragene und gegen jedermann wirksame Recht, ein dingliches Recht im Sinne von Absatz 1 zu erlangen, wird einem dinglichen Recht gleichgestellt.

(4) Absatz 1 steht der Geltendmachung der Nichtigkeit, Anfechtbarkeit oder relativen Unwirksamkeit einer Rechtshandlung nach Artikel 10 Absatz 2 Buchstabe l) nicht entgegen.

Artikel 22

Eigentumsvorbehalt

(1) Die Einleitung von Sanierungsmaßnahmen oder die Eröffnung eines Liquidationsverfahrens in Bezug auf ein Kreditinstitut, das eine Sache erwirbt, lässt die Rechte des Verkäufers aus einem Eigentumsvorbehalt unberührt, wenn sich diese Sache zum Zeitpunkt der Einleitung von Sanierungsmaßnahmen bzw. der Verfahrenseröffnung im Gebiet eines anderen Mitgliedstaats als des Staates befindet, in dem die Sanierungsmaßnahmen eingeleitet werden oder das Verfahren eröffnet wird.

(2) Die Einleitung von Sanierungsmaßnahmen oder die Eröffnung eines Liquidationsverfahrens in Bezug auf ein Kreditinstitut, das eine Sache verkauft, rechtfertigt, wenn deren Lieferung bereits erfolgt ist, nicht die Auflösung oder Beendigung des Kaufvertrags und steht dem Eigentumserwerb des Käufers nicht entgegen, wenn sich diese Sache zum Zeitpunkt der Einleitung von Sanierungsmaßnahmen oder der Verfahrenseröffnung im Gebiet eines anderen Mitgliedstaats als des Staates befindet, in dem die Sanierungsmaßnahmen eingeleitet werden oder das Verfahren eröffnet wird.

(3) Die Absätze 1 und 2 stehen der Geltendmachung der Nichtigkeit, Anfechtbarkeit oder relativen Unwirksamkeit einer Rechtshandlung nach Artikel 10 Absatz 2 Buchstabe l) nicht entgegen.

Artikel 23

Aufrechnung

(1) Die Befugnis eines Gläubigers, mit seiner Forderung gegen eine Forderung des Kreditinstituts aufzurechnen, wird von der Einleitung von Sanierungsmaßnahmen oder der Eröffnung eines Liquidationsverfahrens nicht berührt, wenn diese Aufrechnung nach dem für die Forderung des Kreditinstituts maßgeblichen Recht zulässig ist.

(2) Absatz 1 steht der Geltendmachung der Nichtigkeit, Anfechtbarkeit oder relativen Unwirksamkeit einer Rechtshandlung nach Artikel 10 Absatz 2 Buchstabe l) nicht entgegen.

Artikel 24

Lex rei sitae

Für die Ausübung von Eigentumsrechten oder anderen Rechten an Instrumenten, deren Existenz oder Übertragung ihre Eintragung in ein in einem Mitgliedstaat geführtes Register oder Konto oder bei einer zentralen Verwahrstelle eines Mitgliedstaats voraussetzt, ist das Recht des Mitgliedstaats maßgeblich, in dem sich das Register, das Konto bzw. die zentrale Verwahrstelle befindet, in dem bzw. bei der die betreffenden Rechte eingetragen wurden.

Artikel 25

Aufrechnungs- und Schuldumwandlungsvereinbarungen

Für Aufrechnungs- und Schuldumwandlungsvereinbarungen („netting agreements") ist ausschließlich das Recht maßgeblich, das auf derartige Vereinbarungen anwendbar ist.

Artikel 26

Pensionsgeschäfte („Repurchase agreements")

Unbeschadet des Artikels 24 ist für Pensionsgeschäfte („repurchase agreements") ausschließlich das Recht maßgeblich, das auf derartige Vereinbarungen anwendbar ist.

Artikel 27

Geregelte Märkte

Unbeschadet des Artikels 24 ist für Transaktionen im Rahmen eines geregelten Marktes ausschließlich das Recht maßgeblich, das auf derartige Transaktionen anwendbar ist.

Artikel 28

Nachweis der Bestellung des Liquidators

(1) Die Bestellung eines Verwalters oder Liquidators wird durch eine beglaubigte Abschrift der Entscheidung, durch die er bestellt worden ist, oder durch eine andere von der Behörde oder dem Gericht des Herkunftsmitgliedstaats ausgestellte Bescheinigung nachgewiesen.

Es kann eine Übersetzung in die Amtssprache oder eine der Amtssprachen des Mitgliedstaats, in dessen Gebiet der Verwalter oder Liquidator handeln will, verlangt werden. Eine Legalisation oder entsprechende andere Förmlichkeit wird nicht verlangt.

(2) Die Verwalter und Liquidatoren dürfen im Hoheitsgebiet aller Mitgliedstaaten alle Befugnisse ausüben, die ihnen im Hoheitsgebiet des Herkunftsmitgliedstaats zustehen. Sie können außerdem Personen bestellen, deren Aufgabe es ist, sie bei der Abwicklung der Sanierungsmaßnahme oder des Liquidationsverfahrens zu unterstützen und gegebenenfalls zu vertreten, und zwar insbesondere in den Aufnahmemitgliedstaaten und vor allem zur leichteren Bewältigung etwaiger Schwierigkeiten, auf die die Gläubiger des Aufnahmemitgliedstaats stoßen.

(3) Bei der Ausübung seiner Befugnisse beachtet der Verwalter oder Liquidator das Recht der Mitgliedstaaten, in deren Hoheitsgebiet er tätig werden will, insbesondere hinsichtlich der Art und Weise der Verwertung von Vermögenswerten und der Unterrichtung der Arbeitnehmer. Diese Befugnisse dürfen nicht die Anwendung von Zwangsmitteln oder das Recht, über Rechtsstreitigkeiten oder andere Auseinandersetzungen zu befinden, einschließen.

Artikel 29

Eintragung in öffentliche Register

(1) Auf Antrag des Verwalters, des Liquidators oder jeder Behörde oder jedes Gerichts des Herkunftsmitgliedstaats ist eine Sanierungsmaßnahme oder die Eröffnung eines Liquidationsverfahrens in das Grundbuch, das Handelsregister und alle sonstigen öffentlichen Register in den übrigen Mitgliedstaaten einzutragen.

Jeder Mitgliedstaat kann jedoch die obligatorische Eintragung vorsehen. In diesem Fall hat die in Unterabsatz 1 genannte Person oder Behörde die für diese Eintragung erforderlichen Maßnahmen zu treffen.

(2) Die Kosten der Eintragung gelten als Kosten und Auslagen des Verfahrens.

Artikel 30

Benachteiligende Rechtshandlungen

(1) Artikel 10 findet keine Anwendung auf die Vorschriften über die Nichtigkeit, Anfechtbarkeit oder relative Unwirksamkeit von Rechtshandlungen, die die Gesamtheit der Gläubiger benachteiligen, wenn der von den Rechtshandlungen Begünstigte nachweist, dass

- für die Rechtshandlung, die die Gesamtheit der Gläubiger benachteiligt, das Recht eines anderen Mitgliedstaats als des Herkunftsmitgliedstaats maßgeblich ist und
- diese Rechtshandlung im vorliegenden Fall in keiner Weise nach diesem Recht angreifbar ist.

(2) Sieht eine von einem Gericht angeordnete Sanierungsmaßnahme Regeln für die Nichtigkeit, Anfechtbarkeit oder relative Unwirksamkeit von Rechtshandlungen vor, die die Gesamtheit der Gläubiger benachteiligen und vor Einleitung der Maßnahme vorgenommen wurden, so findet Artikel 3 Absatz 2 in den in Absatz 1 des vorliegenden Artikels vorgesehenen Fällen keine Anwendung.

Artikel 31

Schutz Dritter

Verfügt das Kreditinstitut durch eine nach der Einleitung einer Sanierungsmaßnahme oder der Eröffnung des Liquidationsverfahrens vorgenommene Rechtshandlung gegen Entgelt über

— einen unbeweglichen Gegenstand,

— ein Schiff oder ein Luftfahrzeug, das der Eintragung in ein öffentliches Register unterliegt, oder

— Instrumente oder Rechte an Instrumenten, deren Existenz oder Übertragung ihre Eintragung in ein in einem Mitgliedstaat geführtes Register oder Konto oder bei einer zentralen Verwahrstelle eines Mitgliedstaates voraussetzt,

so richtet sich die Wirksamkeit dieser Rechtshandlung nach dem Recht des Mitgliedstaates, in dessen Gebiet dieser unbewegliche Gegenstand gelegen ist oder unter dessen Aufsicht das Register, das Konto oder die Verwahrstelle steht.

Artikel 32

Anhängige Rechtsstreitigkeiten

Für die Wirkungen einer Sanierungsmaßnahme oder eines Liquidationsverfahrens auf einen anhängigen Rechtsstreit über einen Vermögensgegenstand oder ein Recht der Masse gilt ausschließlich das Recht des Mitgliedstaats, in dem der Rechtsstreit anhängig ist.

Artikel 33

Berufsgeheimnis

Alle Personen, die im Rahmen der in den Artikeln 4, 5, 8, 9, 11 und 19 vorgesehenen Unterrichtungs- oder Konsultationsverfahren zur Entgegennahme oder Erteilung von Informationen befugt sind, unterliegen dem Berufsgeheimnis entsprechend den Vorschriften und Bedingungen des Artikels 30 der Richtlinie 2000/12/EG; hiervon ausgenommen sind die Gerichte, auf die die geltenden nationalen Bestimmungen Anwendung finden.

TITEL V

SCHLUSSBESTIMMUNGEN

Artikel 34

Umsetzung

(1) Die Mitgliedstaaten setzen die erforderlichen Rechts- und Verwaltungsvorschriften in Kraft, um dieser Richtlinie zum 5. Mai 2004 (nachzukommen. Sie setzen die Kommission unverzüglich davon in Kenntnis.

Die gemäß dieser Richtlinie erlassenen einzelstaatlichen Bestimmungen gelten nur für Sanierungsmaßnahmen oder Liquidationsverfahren, die nach dem in Unterabsatz 1 genannten Zeitpunkt ergriffen oder eröffnet werden. Auf die vor diesem Zeitpunkt ergriffenen Maßnahmen oder eröffneten Verfahren findet weiterhin das Recht Anwendung, das zum Zeitpunkt der Ergreifung der Maßnahme oder der Verfahrenseröffnung für sie galt.

(2) Wenn die Mitgliedstaaten Vorschriften nach Absatz 1 erlassen, nehmen sie in den Vorschriften selbst oder durch einen Hinweis bei der amtlichen Veröffentlichung auf diese Richtlinie Bezug. Die Mitgliedstaaten regeln die Einzelheiten der Bezugnahme.

(3) Die Mitgliedstaaten teilen der Kommission den Wortlaut der wichtigsten innerstaatlichen Rechtsvorschriften mit, die sie auf dem unter diese Richtlinie fallenden Gebiet erlassen.

Artikel 35

Inkrafttreten

Diese Richtlinie tritt am Tag ihrer Veröffentlichung im *Amtsblatt der Europäischen Gemeinschaften in Kraft.*

Artikel 36

Adressaten

Diese Richtlinie ist an alle Mitgliedstaaten gerichtet.

Geschehen zu Luxemburg am 4. April 2001.

Im Namen des Europäischen Parlaments	*Im Namen des Rates*
Die Präsidentin	*Der Präsident*
N. FONTAINE	B. ROSENGREN

Anhang 4: Haager Konvention Nr. 36

CONVENTION ON THE LAW APPLICABLE TO CERTAIN RIGHTS IN RESPECT OF SECURITIES HELD WITH AN INTERMEDIARY

(Concluded 5 July 2006)
The States signatory to the present Convention,

Aware of the urgent practical need in a large and growing global financial market to provide legal certainty and predictability as to the law applicable to securities that are now commonly held through clearing and settlement systems or other intermediaries,

Conscious of the importance of reducing legal risk, systemic risk and associated costs in relation to cross-border transactions involving securities held with an intermediary so as to facilitate the international flow of capital and access to capital markets,

Desiring to establish common provisions on the law applicable to securities held with an intermediary beneficial to States at all levels of economic development,

Recognising that the "Place of the Relevant Intermediary Approach" (or PRIMA) as determined by account agreements with intermediaries provides the necessary legal certainty and predictability,

Have resolved to conclude a Convention to this effect, and have agreed upon the following provisions –

CHAPTER I – DEFINITIONS AND SCOPE OF APPLICATION

Article 1 Definitions and interpretation

1. In this Convention –

a) "securities" means any shares, bonds or other financial instruments or financial assets (other than cash), or any interest therein;

b) "securities account" means an account maintained by an intermediary to which securities may be credited or debited;

c) "intermediary" means a person that in the course of a business or other regular activity maintains securities accounts for others or both for others and for its own account and is acting in that capacity;

d) "account holder" means a person in whose name an intermediary maintains a securities account;

e) "account agreement" means, in relation to a securities account, the agreement with the relevant intermediary governing that securities account;

f) "securities held with an intermediary" means the rights of an account holder resulting from a credit of securities to a securities account;

g) "relevant intermediary" means the intermediary that maintains the securities account for the account holder;

h) "disposition" means any transfer of title whether outright or by way of security and any grant of a security interest, whether possessory or non-possessory;

i) "perfection" means completion of any steps necessary to render a disposition effective against persons who are not parties to that disposition;

j) "office" means, in relation to an intermediary, a place of business at which any of the activities of the intermediary are carried on, excluding a place of business which is intended to be merely temporary and a place of business of any person other than the intermediary;

k) "insolvency proceeding" means a collective judicial or administrative proceeding, including an interim proceeding, in which the assets and affairs of the debtor are subject to control or supervision by a court or other competent authority for the purpose of reorganisation or liquidation;

l) "insolvency administrator" means a person authorised to administer a reorganisation or liquidation, including one authorised on an interim basis, and includes a debtor in possession if permitted by the applicable insolvency law;

m) "Multi-unit State" means a State within which two or more territorial units of that State, or both the State and one or more of its territorial units, have their own rules of law in respect of any of the issues specified in Article 2(1);

n) "writing" and "written" mean a record of information (including information communicated by teletransmission) which is in tangible or other form and is capable of being reproduced in tangible form on a subsequent occasion.

2. References in this Convention to a disposition of securities held with an intermediary include –

a) a disposition of a securities account;

b) a disposition in favour of the account holder's intermediary;

c) a lien by operation of law in favour of the account holder's intermediary in respect of any claim arising in connection with the maintenance and operation of a securities account.

3. A person shall not be considered an intermediary for the purposes of this Convention merely because –

a) it acts as registrar or transfer agent for an issuer of securities; or

b) it records in its own books details of securities credited to securities accounts maintained by an intermediary in the names of other persons for whom it acts as manager or agent or otherwise in a purely administrative capacity.

4. Subject to paragraph (5), a person shall be regarded as an intermediary for the purposes of this Convention in relation to securities which are credited to securities accounts which it maintains in the capacity of a central securities depository or which are otherwise transferable by book entry across securities accounts which it maintains.

5. In relation to securities which are credited to securities accounts maintained by a person in the capacity of operator of a system for the holding and transfer of such securities on records of the issuer or other records which constitute the primary record of entitlement to them as against the issuer, the Contracting State under whose law those securities are constituted may, at any time, make a declaration that the person which operates that system shall not be an intermediary for the purposes of this Convention.

Article 2 Scope of the Convention and of the applicable law

1. This Convention determines the law applicable to the following issues in respect of securities held with an intermediary –

a) the legal nature and effects against the intermediary and third parties of the rights resulting from a credit of securities to a securities account;

b) the legal nature and effects against the intermediary and third parties of a disposition of securities held with an intermediary;

c) the requirements, if any, for perfection of a disposition of securities held with an intermediary;

d) whether a person's interest in securities held with an intermediary extinguishes or has priority over another person's interest;

e) the duties, if any, of an intermediary to a person other than the account holder who asserts in competition with the account holder or another person an interest in securities held with that intermediary;

f) the requirements, if any, for the realisation of an interest in securities held with an intermediary;

g) whether a disposition of securities held with an intermediary extends to entitlements to dividends, income, or other distributions, or to redemption, sale or other proceeds.

2. This Convention determines the law applicable to the issues specified in paragraph (1) in relation to a disposition of or an interest in securities held with an intermediary even if the rights resulting from the credit of those securities to a securities account are determined in accordance with paragraph (1)(a) to be contractual in nature.

3. Subject to paragraph (2), this Convention does not determine the law applicable to –

a) the rights and duties arising from the credit of securities to a securities account to the extent that such rights or duties are purely contractual or otherwise purely personal;

b) the contractual or other personal rights and duties of parties to a disposition of securities held with an intermediary; or

c) the rights and duties of an issuer of securities or of an issuer's registrar or transfer agent, whether in relation to the holder of the securities or any other person.

Article 3 *Internationality*

This Convention applies in all cases involving a choice between the laws of different States.

CHAPTER II –APPLICABLE LAW

Article 4 *Primary rule*

1. The law applicable to all the issues specified in Article 2(1) is the law in force in the State expressly agreed in the account agreement as the State whose law governs the account agreement or, if the account agreement expressly provides that another law is applicable to all such issues, that other law. The law designated in accordance with this provision applies only if the relevant intermediary has, at the time of the agreement, an office in that State, which –

a) alone or together with other offices of the relevant intermediary or with other persons acting for the relevant intermediary in that or another State –

i) effects or monitors entries to securities accounts;

ii) administers payments or corporate actions relating to securities held with the intermediary; or

iii) is otherwise engaged in a business or other regular activity of maintaining securities accounts; or

b) is identified by an account number, bank code, or other specific means of identification as maintaining securities accounts in that State.

2. For the purposes of paragraph (1)(a), an office is not engaged in a business or other regular activity of maintaining securities accounts –

a) merely because it is a place where the technology supporting the bookkeeping or data processing for securities accounts is located;

b) merely because it is a place where call centres for communication with account holders are located or operated;

c) merely because it is a place where the mailing relating to securities accounts is organised or files or archives are located; or

d) if it engages solely in representational functions or administrative functions, other than those related to the opening or maintenance of securities accounts, and does not have authority to make any binding decision to enter into any account agreement.

3. In relation to a disposition by an account holder of securities held with a particular intermediary in favour of that intermediary, whether or not that intermediary maintains a securities account on its own records for which it

is the account holder, for the purposes of this Convention –

a) that intermediary is the relevant intermediary;

b) the account agreement between the account holder and that intermediary is the relevant account agreement;

c) the securities account for the purposes of Article 5(2) and (3) is the securities account to which the securities are credited immediately before the disposition.

Article 5 Fall-back rules

1. If the applicable law is not determined under Article 4, but it is expressly and unambiguously stated in a written account agreement that the relevant intermediary entered into the account agreement through a particular office, the law applicable to all the issues specified in Article 2(1) is the law in force in the State, or the territorial unit of a Multi-unit State, in which that office was then located, provided that such office then satisfied the condition specified in the second sentence of Article 4(1). In determining whether an account agreement expressly and unambiguously states that the relevant intermediary entered into the account agreement through a particular office, none of the following shall be considered –

a) a provision that notices or other documents shall or may be served on the relevant intermediary at that office;

b) a provision that legal proceedings shall or may be instituted against the relevant intermediary in a particular State or in a particular territorial unit of a Multi-unit State;

c) a provision that any statement or other document shall or may be provided by the relevant intermediary from that office;

d) a provision that any service shall or may be provided by the relevant intermediary from that office;

e) a provision that any operation or function shall or may be carried on or performed by the relevant intermediary at that office.

2. If the applicable law is not determined under paragraph (1), that law is the law in force in the State, or the territorial unit of a Multi-unit State, under whose law the relevant intermediary is incorporated or otherwise organised at the time the written account agreement is entered into or, if there is no such agreement, at the time the securities account was opened; if, however, the relevant intermediary is incorporated or otherwise organised under the law of a Multi-unit State and not that of one of its territorial units, the applicable law is the law in force in the territorial unit of that Multi-unit State in which the relevant intermediary has its place of business, or, if the relevant intermediary has more than one place of business, its principal place of business, at the time the written account agreement is entered into or, if there is no such agreement, at the time the securities account was opened.

3. If the applicable law is not determined under either paragraph (1) or paragraph (2), that law is the law in force in the State, or the territorial unit of a Multi-unit State, in which the relevant intermediary has its place of business, or, if the relevant intermediary has more than one place of business, its principal place of business, at the time the written account agreement is entered into or, if there is no such agreement, at the time the securities account was opened.

Article 6 Factors to be disregarded

In determining the applicable law in accordance with this Convention, no account shall be taken of the following factors –

a) the place where the issuer of the securities is incorporated or otherwise organised or has its statutory seat or registered office, central administration or place or principal place of business;

b) the places where certificates representing or evidencing securities are located;

c) the place where a register of holders of securities maintained by or on behalf of the issuer of the securities is located; or

d) the place where any intermediary other than the relevant intermediary is located.

Article 7 Protection of rights on change of the applicable law

1. This Article applies if an account agreement is amended so as to change the applicable law under this Convention.

2. In this Article –

a) "the new law" means the law applicable under this Convention after the change;

b) "the old law" means the law applicable under this Convention before the change.

3. Subject to paragraph (4), the new law governs all the issues specified in Article 2(1).

4. Except with respect to a person who has consented to a change of law, the old law continues to govern –

a) the existence of an interest in securities held with an intermediary arising before the change of law and the perfection of a disposition of those securities made before the change of law;

b) with respect to an interest in securities held with an intermediary arising before the change of law –

i) the legal nature and effects of such an interest against the relevant intermediary and any party to a disposition of those securities made before the change of law;

ii) the legal nature and effects of such an interest against a person who after the change of law attaches the securities;

iii) the determination of all the issues specified in Article 2(1) with respect to an insolvency administrator in an insolvency proceeding opened after the change of law;

c) priority as between parties whose interests arose before the change of law.

5. Paragraph (4)(c) does not preclude the application of the new law to the priority of an interest that arose under the old law but is perfected under the new law.

Article 8 Insolvency

1. Notwithstanding the opening of an insolvency proceeding, the law applicable under this Convention governs all the issues specified in Article 2(1) with respect to any event that has occurred before the opening of that insolvency proceeding.

2. Nothing in this Convention affects the application of any substantive or procedural insolvency rules, including any rules relating to –

a) the ranking of categories of claim or the avoidance of a disposition as a preference or a transfer in fraud of creditors; or

b) the enforcement of rights after the opening of an insolvency proceeding.

CHAPTER III – GENERAL PROVISIONS

Article 9 General applicability of the Convention

This Convention applies whether or not the applicable law is that of a Contracting State.

Article 10 Exclusion of choice of law rules (renvoi)

In this Convention, the term "law" means the law in force in a State other than its choice of law rules.

Article 11 Public policy and internationally mandatory rules

1. The application of the law determined under this Convention may be refused only if the effects of its application would be manifestly contrary to the public policy of the forum.

2. This Convention does not prevent the application of those provisions of the law of the forum which, irrespective of rules of conflict of laws, must be applied even to international situations.

3. This Article does not permit the application of provisions of the law of the forum imposing requirements with respect to perfection or relating to priorities between competing interests, unless the law of the forum is the applicable law under this Convention.

Article 12 Determination of the applicable law for Multi-unit States

1. If the account holder and the relevant intermediary have agreed on the law of a specified territorial unit of a Multi-unit State –

a) the references to "State" in the first sentence of Article 4(1) are to that territorial unit;

b) the references to "that State" in the second sentence of Article 4(1) are to the Multi-unit State itself.

2. In applying this Convention –

a) the law in force in a territorial unit of a Multi-unit State includes both the law of that unit and, to the extent applicable in that unit, the law of the Multi-unit State itself;

b) if the law in force in a territorial unit of a Multi-unit State designates the law of another territorial unit of that State to govern perfection by public filing, recording or registration, the law of that other territorial unit governs that issue.

3. A Multi-unit State may, at the time of signature, ratification, acceptance, approval or accession, make a declaration that if, under Article 5, the applicable law is that of the Multi-unit State or one of its territorial units, the internal choice of law rules in force in that Multi-unit State shall determine whether the substantive rules of law of that Multi-unit State or of a particular territorial unit of that Multi-unit State shall apply. A Multi-unit State that makes such a declaration shall communicate information concerning the content of those internal choice of law rules to the Permanent Bureau of the Hague Conference on Private International Law.

4. A Multi-unit State may, at any time, make a declaration that if, under Article 4, the applicable law is that of one of its territorial units, the law of that territorial unit applies only if the relevant intermediary has an office within that territorial unit which satisfies the condition specified in the second sentence of Article 4(1). Such a declaration shall have no effect on dispositions made before that declaration becomes effective.

Article 13 Uniform interpretation

In the interpretation of this Convention, regard shall be had to its international character and to the need to promote uniformity in its application.

Article 14 Review of practical operation of the Convention

The Secretary General of the Hague Conference on Private International Law shall at regular intervals convene a Special Commission to review the practical operation of this Convention and to consider whether any amendments to this Convention are desirable.

CHAPTER IV – TRANSITION PROVISIONS

Article 15 Priority between pre-Convention and post-Convention interests

In a Contracting State, the law applicable under this Convention determines whether a person's interest in securities held with an intermediary acquired after this Convention entered into force for that State extinguishes or has priority over another person's interest acquired before this Convention entered into force for that State.

Article 16 Pre-Convention account agreements and securities accounts

1. References in this Convention to an account agreement include an account agreement entered into before this Convention entered into force in accordance with Article 19(1). References in this Convention to a securities account include a securities account opened before this Convention entered into force in accordance with Article 19(1).

2. Unless an account agreement contains an express reference to this Convention, the courts of a Contracting State shall apply paragraphs (3) and (4) in applying Article 4(1) with respect to account agreements entered into before the entry into force of this Convention for that State in accordance with Article 19. A Contracting State may, at the time of signature, ratification, acceptance, approval or accession, make a declaration that its courts shall not apply those paragraphs with respect to account agreements entered into after the entry into force of this Convention in accordance with Article 19(1) but before the entry into force of this Convention for that State in accordance with Article 19(2). If the Contracting State is a Multi-unit State, it may make such a declaration with respect to any of its territorial units.

3. Any express terms of an account agreement which would have the effect, under the rules of the State whose law governs that agreement, that the law in force in a particular State, or a territorial unit of a particular Multi-unit State, applies to any of the issues specified in Article 2(1), shall have the effect that such law governs all the issues specified in Article 2(1), provided that the relevant intermediary had, at the time the agreement was entered into, an office in that State which satisfied the condition specified in the second sentence of Article 4(1). A Contracting State may, at the time of signature, ratification, acceptance, approval or accession, make a declaration that its courts shall not apply this paragraph with respect to an account agreement described in this paragraph in which the parties have expressly agreed that the securities account is maintained in a different State. If the Contracting State is a Multi-unit State, it may make such a declaration with respect to any of its territorial units.

4. If the parties to an account agreement, other than an agreement to which paragraph (3) applies, have agreed that the securities account is maintained in a particular State, or a territorial unit of a particular Multi-unit State, the law in force in that State or territorial unit is the law applicable to all the issues specified in Article 2(1), provided that the relevant intermediary had, at the time the agreement was entered into, an office in that State which satisfied the condition specified in the second sentence of Article 4(1). Such an agreement may be express or implied from the terms of the contract considered as a whole or from the surrounding circumstances.

CHAPTER V – FINAL CLAUSES

Article 17 Signature, ratification, acceptance, approval or accession

1. This Convention shall be open for signature by all States.

2. This Convention is subject to ratification, acceptance or approval by the signatory States.

3. Any State which does not sign this Convention may accede to it at any time.

4. The instruments of ratification, acceptance, approval or accession shall be deposited with the Ministry of Foreign Affairs of the Kingdom of the Netherlands, Depositary of this Convention.

Article 18 Regional Economic Integration Organisations

1. A Regional Economic Integration Organisation which is constituted by sovereign States and has competence over certain matters governed by this Convention may similarly sign, accept, approve or accede to this Convention. The Regional Economic Integration Organisation shall in that case have the rights and obligations of a Contracting State, to the extent that that Organisation has competence over matters governed by this Convention. Where the number of Contracting States is relevant in this Convention, the Regional Economic Integration Organisation shall not count as a Contracting State in addition to its Member States which are Contracting States.

2. The Regional Economic Integration Organisation shall, at the time of signature, acceptance, approval or accession, notify the Depositary in writing specifying the matters governed by this Convention in respect of which competence has been transferred to that Organisation by its Member States. The Regional Economic Integration Organisation shall promptly notify the Depositary in writing of any changes to the distribution of competence specified in the notice in accordance with this paragraph and any new transfer of competence.

3. Any reference to a "Contracting State" or "Contracting States" in this Convention applies equally to a Regional Economic Integration Organisation where the context so requires.

Article 19 Entry into force

1. This Convention shall enter into force on the first day of the month following the expiration of three months after the deposit of the third instrument of ratification, acceptance, approval or accession referred to in Article 17.

2. Thereafter this Convention shall enter into force –

a) for each State or Regional Economic Integration Organisation referred to in Article 18 subsequently ratifying, accepting, approving or acceding to it, on the first day of the month following the expiration of three months after the deposit of its instrument of ratification, acceptance, approval or accession;

b) for a territorial unit to which this Convention has been extended in accordance with Article 20(1), on the first day of the month following the expiration of three months after the notification of the declaration referred to in that Article.

Article 20 Multi-unit States

1. A Multi-unit State may, at the time of signature, ratification, acceptance, approval or accession, make a declaration that this Convention shall extend to all its territorial units or only to one or more of them.

2. Any such declaration shall state expressly the territorial units to which this Convention applies.

3. If a State makes no declaration under paragraph (1), this Convention extends to all territorial units of that State.

Article 21 Reservations

No reservation to this Convention shall be permitted.

Article 22 Declarations

For the purposes of Articles 1(5), 12(3) and (4), 16(2) and (3) and 20 –

a) any declaration shall be notified in writing to the Depositary;

b) any Contracting State may modify a declaration by submitting a new declaration at any time;

c) any Contracting State may withdraw a declaration at any time;

d) any declaration made at the time of signature, ratification, acceptance, approval or accession shall take effect simultaneously with the entry into force of this Convention for the State concerned; any declaration made at a subsequent time and any new declaration shall take effect on the first day of the month following the expiration of three months after the date on which the Depositary made the notification in accordance with Article 24;

e) a withdrawal of a declaration shall take effect on the first day of the month following the expiration of six months after the date on which the Depositary made the notification in accordance with Article 24.

Article 23 Denunciation

1. A Contracting State may denounce this Convention by a notification in writing to the Depositary. The denunciation may be limited to certain territorial units of a Multi-unit State to which this Convention applies.

2. The denunciation shall take effect on the first day of the month following the expiration of twelve months after the date on which the notification is received by the Depositary. Where a longer period for the denunciation to take effect is specified in the notification, the denunciation shall take effect upon the expiration of such longer period after the date on which the notification is received by the Depositary.

Article 24 Notifications by the Depositary

The Depositary shall notify the Members of the Hague Conference on Private International Law, and other States and Regional Economic Integration Organisations which have signed, ratified, accepted, approved or acceded in accordance with Articles 17 and 18, of the following –

a) the signatures and ratifications, acceptances, approvals and accessions referred to in Articles 17 and 18;

b) the date on which this Convention enters into force in accordance with Article 19;

c) the declarations and withdrawals of declarations referred to in Article 22;

d) the notifications referred to in Article 18(2);

e) the denunciations referred to in Article 23.

In witness whereof the undersigned, being duly authorised thereto, have signed this Convention.

Done at The Hague, on the ...... day of .... 20..., in the English and French languages, both texts being equally authentic, in a single copy which shall be deposited in the archives of the Government of the Kingdom of the Netherlands, and of which a certified copy shall be sent, through diplomatic channels, to each of the Member States of the Hague Conference on Private International Law as of the date of its Nineteenth Session and to each State which participated in that Session.

Anhang 5: Unidroit-Entwurf

PRELIMINARY DRAFT CONVENTION ON SUBSTANTIVE RULES REGARDING INTERMEDIATED SECURITIES

CHAPTER I – DEFINITIONS, SCOPE OF APPLICATION AND INTERPRETATION

Article 1
[Definitions]

In this Convention:

(a) *"securities"* means any shares, bonds or other financial instruments or financial assets (other than cash) which are capable of being credited to a securities account and of being acquired and disposed of in accordance with the provisions of this Convention;

(b) *"intermediated securities"* means securities credited to a securities account or rights or interests in securities resulting from the credit of securities to a securities account;

(c) *"securities account"* means an account maintained by an intermediary to which securities may be credited or debited;

(d) *"intermediary"* means a person that in the course of a business or other regular activity maintains securities accounts for others or both for others and for its own account and is acting in that capacity and includes a central securities depository if and to the extent that it acts in that capacity;

(e) *"account holder"* means a person in whose name an intermediary maintains a securities account, whether that person is acting for its own account or for others (including in the capacity of intermediary);

(f) *"account agreement"* means, in relation to a securities account, the agreement between the account holder and the relevant intermediary governing that securities account;

(g) *"relevant intermediary"* means, with respect to a securities account, the intermediary that maintains the securities account for the account holder;

(h) *"insolvency proceeding"* means a collective judicial or administrative proceeding, including an interim proceeding, in which the assets and affairs of the debtor are subject to control or supervision by a court or other competent authority for the purpose of reorganisation or liquidation;

(i) *"insolvency administrator"* means a person (including a debtor in possession where applicable) authorised to administer an insolvency proceeding, including one authorised on an interim basis;

(j) securities are *"of the same description"* as other securities if they are issued by the same issuer and:

(i) they are of the same class of shares or stock; or

(ii) in the case of securities other than shares or stock, they are of the same currency and denomination and are treated as forming part of the same issue;

(k) *"control agreement"* means an agreement between an account holder, the relevant intermediary and another person, or, if so provided by the non-Convention law, an agreement between an account holder and another person of which notice is given to the relevant intermediary, which relates to intermediated securities and includes either or both of the following provisions:

(i) that the relevant intermediary is not permitted to comply with any instructions given by the account holder in respect of the intermediated securities to which the agreement relates without having received the consent of that other person;

(ii) that the relevant intermediary is obliged to comply with any instructions given by that other person in respect of the intermediated securities to which the agreement relates in such circumstances and as to such matters as may be provided by the agreement or the non-Convention law, without any further consent of the account holder;

(l) *"designating entry"* means an entry in a securities account made in favour of a person other than the account holder in respect of intermediated securities, which, under the account agreement, a control agreement, the uniform rules of a securities settlement system or the non-Convention law, has either or both of the following effects:

(i) that the relevant intermediary is not permitted to comply with any instructions given by the account holder in respect of the intermediated securities in relation to which the entry is made without having received the consent of that other person;

(ii) that the relevant intermediary is obliged to comply with any instructions given by that other person in respect of the intermediated securities in respect of which the entry is made in such circumstances and as to such matters as may be provided by the account agreement, a control agreement, the uniform rules of a securities settlement system or the non-Convention law, without any further consent of the account holder;

(m) *"non-Convention law"* means the law in force in the State whose law is applicable under Article 3, other than the provisions of this Convention;

(n) *"securities settlement system"* means a system which:

(i) settles, or clears and settles, securities transactions;

(ii) is operated by a central bank or central banks or is subject to regulation, supervision or oversight by a governmental or public authority in respect of its rules; and

(iii) has been notified, on the ground of the reduction of risk to the stability of the financial system, as a securities settlement system in a declaration by the Contracting State the law of which governs the rules of the system;

(o) *"securities clearing system"* means a system which:

(i) clears, but does not settle, securities transactions through a central counterparty or otherwise;

(ii) is operated by a central bank or central banks or is subject to regulation, supervision or oversight by a governmental or public authority in respect of its rules; and

(iii) has been notified, on the ground of the reduction of risk to the stability of the financial system, as a securities clearing system in a declaration by the Contracting State the law of which governs the rules of the system;

(p) *"uniform rules"* means, in relation to a securities settlement system or securities clearing system, rules of that system (including system rules constituted by the non-Convention law) which are common to the participants or to a class of participants and are publicly accessible.

Article 2
[Declaration concerning certain system operators]

A Contracting State may declare that a person who is the operator of a system for the holding and transfer of securities on records of the issuer or other records which constitute the primary record of entitlement to them as against the issuer is not an intermediary for the purposes of this Convention.

Article 3
[Sphere of application]

This Convention applies where:

(a) the applicable conflict of laws rules designate the law in force in a Contracting State as the applicable law; or

(b) the circumstances do not involve a choice in favour of any law other than the law of a Contracting State.

Article 4
[Central Securities Depositories]

This Convention does not apply to the activity of creation, recording or reconciliation of securities conducted by central securities depositories or other persons *vis-à-vis* the issuer of those securities.

Article 5
[Performance of functions of intermediaries by other persons]

1. - A Contracting State may declare that under its non-Convention law a person other than the relevant intermediary is responsible for the performance of a function or functions (but not all functions) of the relevant intermediary under this Convention, either generally or in respect of intermediated securities, or securities accounts, of any category or description.

2. - A declaration under this Article shall:

(a) specify, if applicable, the category or description of intermediated securities or securities accounts, to which the declaration relates;

(b) identify, by name or description:

i) the relevant intermediary;

ii) the parties to the account agreement; and

iii) the person or persons other than the relevant intermediary who is or are responsible as described in paragraph 1; and

(c) specify, with respect to each such person, the functions for which it is so responsible and, if applicable, the relevant category or description of intermediated securities or securities accounts.

3. - Subject to any express provision to the contrary, where a declaration under this Article applies, references in any provision in this Convention to an intermediary or the relevant intermediary are to the person responsible for performing the function to which that provision applies.

Article 6
[Principles of interpretation]

In the implementation, interpretation and application of this Convention, regard is to be had to its purposes, to the general principles on which it is based, to its international character and to the need to promote uniformity and predictability in its application.

CHAPTER II – RIGHTS OF THE ACCOUNT HOLDER

Article 7
[Intermediated securities]

1. - The credit of securities to a securities account confers on the account holder:

(a) the right to receive and exercise the rights attached to the securities, including in particular dividends, other distributions and voting rights:

(i) where the account holder is not an intermediary or is an intermediary acting for its own account; and,

(ii) in any other case, if provided by the non-Convention law;

(b) the right, by instructions to the relevant intermediary, to effect a disposition under Article 9 or grant an interest under Article 10;

(c) the right, by instructions to the relevant intermediary, to cause the securities to be held otherwise than through a securities account, to the extent permitted by the law under which the securities are constituted, the terms of the securities, the non-Convention law and, to the extent permitted by the non-Convention law, the account agreement or the uniform rules of a securities settlement system;

(d) unless otherwise provided in this Convention, such other rights, including rights and interests in securities, as may be conferred by the non-Convention law.

2. - Unless otherwise provided in this Convention:

(a) the rights referred to in paragraph 1 are effective against third parties;

(b) the rights referred to in paragraph 1(a) may be exercised against the relevant intermediary or the issuer of the securities, or both, in accordance with this Convention, the terms of the securities and the law under which the securities are constituted;

(c) the rights referred to in paragraph 1(b) and 1(c) may be exercised only against the relevant intermediary.

3. - Where an account holder has acquired a security interest, or a limited interest other than a security interest, by credit of securities to its securities account under Article 9(4), the non-Convention law determines any limits on the rights described in paragraph 1.

Article 8
[Measures to enable account holders to receive and exercise rights]

1. - An intermediary must take appropriate measures to enable its account holders to receive and exercise the rights specified in Article 7(1), but this obligation does not require the relevant intermediary to take any action that is not within its power or to establish a securities account with another intermediary.

2. - This Chapter does not affect any right of the account holder against the issuer of the securities.

CHAPTER III – TRANSFER OF INTERMEDIATED SECURITIES

Article 9
[Acquisition and disposition by debit and credit]

1. - Subject to Article 13, intermediated securities are acquired by an account holder by the credit of securities to that account holder's securities account.

2. - No further step is necessary, or may be required by the non-Convention law, to render the acquisition of intermediated securities effective against third parties.

3. - Subject to Article 13, intermediated securities are disposed of by an account holder by the debit of securities to that account holder's securities account.

4. - A security interest, or a limited interest other than a security interest, in intermediated securities may be acquired and disposed of by debit and credit of securities to securities accounts under this Article.

5. - Nothing in this Convention limits the effectiveness of debits and credits to securities accounts which are effected on a net basis in respect of securities of the same description.

Article 10
[Grant of interests in intermediated securities by other methods]

1. - An account holder grants an interest in intermediated securities, including a security interest or a limited interest other than a security interest, to another person so as to be effective against third parties if:

(a) the account holder enters into an agreement with or in favour of that person; and

(b) one of the conditions specified in paragraph 2 applies and the relevant Contracting State has made a declaration in respect of that condition under paragraph 4,

and no further step is necessary, or may be required by the non-Convention law, to render the interest effective against third parties.

2. - The conditions referred to in paragraph 1(b) are as follows:

(a) that the person to whom the interest is granted is the relevant intermediary;

(b) that a designating entry in favour of that person has been made;

(c) that a control agreement in favour of that person applies.

3. - An interest in intermediated securities may be granted under this Article so as to be effective against third parties:

(a) in respect of a securities account (and such an interest extends to all intermediated securities from time to time standing to the credit of the relevant securities account);

(b) in respect of a specified category, quantity, proportion or value of the intermediated securities from time to time standing to the credit of a securities account.

4. - A Contracting State may declare that under its law:

(a) the condition specified in any one or more of sub-paragraphs (a) to (c) of paragraph 2 is sufficient to render an interest effective against third parties;

(b) this Article shall not apply in relation to interests in intermediated securities granted by or to parties falling within such categories as may be specified in the declaration;

(c) paragraph 3, or either sub-paragraph of paragraph 3, does not apply;

(d) paragraph 3(b) applies with such modifications as may be specified in the declaration.

5. - A declaration in respect of paragraph 2(b) shall specify whether a designating entry has the effect described in Article 1(l)(i) or Article 1(l)(ii) or both.

6. - A declaration in respect of paragraph 2(c) shall specify whether a control agreement must include the provision described in Article 1(k)(i) or Article 1(k)(ii) or both.

7. - The non-Convention law determines in what circumstances a non-consensual security interest in intermediated securities may arise and become effective against third parties.

Article 11
[Other methods under non-Convention law]

This Convention does not preclude any method provided by the non-Convention law:

(a) for the acquisition or disposition of intermediated securities or of an interest in intermediated securities;

(b) for the creation of an interest in intermediated securities and for making such an interest effective against third parties,

other than the methods provided by Articles 9 and 10.

Article 12
[Evidential requirements]

The non-Convention law determines the evidential requirements in respect of the matters referred to in Articles 9 and 10.

Article 13
[Invalidity and reversal]

1. - A debit of securities to a securities account or a designating entry is invalid if the relevant intermediary is not authorised to make that debit or designating entry:

(a) by the account holder and, in the case of a debit or designating entry that relates to intermediated securities which are subject to an interest granted under Article 10, by the person to whom that interest is granted; or

(b) by the non-Convention law.

2. - Subject to Article[s] 14 [and 15], the non-Convention law and, to the extent permitted by the non-Convention law, an account agreement or the uniform rules of a securities settlement system determine:

(a) subject to paragraph 1(a), the validity of a debit, credit or designating entry;

(b) whether a debit, credit or designating entry is liable to be reversed;

(c) where a debit, credit or designating entry is liable to be reversed, its effect (if any) against third parties and the consequences of reversal;

(d) whether and in what circumstances a debit, credit or designating entry may be made subject to a condition; and

(e) where a debit, credit or designating entry is made subject to a condition, its effect (if any) against third parties before the condition is fulfilled and the consequences of the fulfilment or non-fulfilment of the condition.

Article 14
[Acquisition by an innocent person of intermediated securities]

1. - Where securities are credited to the securities account of an account holder at a time when the account holder does not know that another person has an interest in securities or intermediated securities and that the credit violates the rights of that other person with respect to that interest:

(a) the account holder is not subject to the interest of that other person;

(b) the account holder is not liable to that other person; and

(c) the credit is not invalid or liable to be reversed on the ground that the interest or rights of that other person invalidate any previous debit or credit made to another securities account.

2. - Where securities are credited to the securities account of an account holder, or an interest becomes effective against third parties under Article 10, at a time when the account holder or the person to whom the interest is granted does not know of an earlier defective entry:

(a) the credit or interest is not rendered invalid, ineffective against third parties or liable to be reversed as a result of that defective entry; and

(b) the account holder, or the person to whom the interest is granted, is not liable to anyone who would benefit from the invalidity or reversal of that defective entry.

3. - Paragraphs 1 and 2 do not apply in respect of an acquisition of securities, other than the grant of a security interest, made by way of gift or otherwise gratuitously.

4. - For the purposes of this Article:

(a) *"defective entry"* means a credit of securities or designating entry which is invalid or liable to be reversed, including a conditional credit or designating entry which becomes invalid or liable to be reversed by reason of the operation or non-fulfilment of the condition;

[(b) a person knows of an interest or fact if that person:

(i) has actual knowledge of the interest or fact; or

(ii) has knowledge of facts sufficient to indicate that there is a significant probability that the interest or fact exists and deliberately avoids information that would establish that this is the case; and

(c) when the person referred to in (b) is an organisation, it knows of an interest or fact from the time when the interest or fact is or ought reasonably to have been brought to the attention of the individual responsible for the matter to which the interest or fact is relevant.]

5. - To the extent permitted by the non-Convention law, paragraph 2 is subject to any provision of the uniform rules of a securities settlement system or of the account agreement.

Article 15
[Priority among competing interests]

1. - This Article determines priority between interests in the same intermediated securities which become effective against third parties under Article 10 or Article 11.

2. - Subject to paragraph 5 and Article 16, interests that become effective against third parties under Article 10 have priority over any interest that becomes effective against third parties by any other method provided by the non-Convention law.

3. - Interests that become effective against third parties under Article 10 rank among themselves according to the time of occurrence of the following events:

(a) if the relevant intermediary is itself the holder of the interest, when the agreement granting the interest is entered into;

(b) when a designating entry is made;

(c) when a control agreement is entered into, or, if applicable, a notice is given to the relevant intermediary.

4. - Where an intermediary has an interest that has become effective against third parties under Article 10 and makes a designation or enters into a control agreement with the consequence that an interest of another person becomes effective against third parties, the interest of that other person has priority over the interest of the intermediary unless that other person and the intermediary expressly agree otherwise.

5. - A non-consensual security interest in intermediated securities arising or recognised under any provision of the non-Convention law has such priority as is afforded to it by that law.

6. - As between persons entitled to any interests referred to in paragraphs 2, 3 and 4 and, to the extent permitted by the non-Convention law, paragraph 5, the priorities provided by this Article may be varied by agreement between those persons, but any such agreement does not affect third parties.

Article 16
[Priority of interests granted by an intermediary]

1. - Except as provided by paragraph 2, this Convention does not determine the priority or the relative rights and interests between the rights of account holders of an intermediary and interests granted by that intermediary so as to be effective against third parties under Article 10.

2. - An interest in intermediated securities granted by an intermediary so as to become effective against third parties under Article 10 has priority over the rights of account holders of that intermediary if at the time the interest becomes so effective [the test in Article 14 is satisfied].

CHAPTER IV – INTEGRITY OF THE INTERMEDIATED HOLDING SYSTEM

Article 17
[Effectiveness of rights in insolvency proceedings]

1. - The rights of an account holder under Article 7(1), and an interest that has become effective against third parties under Article 10, are effective against the insolvency administrator and creditors in any insolvency proceeding in respect of the relevant intermediary or in respect of any other person responsible for the performance of a function of the relevant intermediary under Article 5.

2. - Nothing in this Convention impairs the effectiveness of an interest in intermediated securities against the insolvency administrator and creditors in any insolvency proceeding where that interest is effective under the non-Convention law.

Article 18
[Effects of insolvency]

Subject to Article 24 and Article 33, nothing in this Convention affects:

(a) any rules of law applicable in insolvency proceedings relating to the avoidance of a transaction as a preference or a transfer in fraud of creditors; or

(b) any rules of procedure relating to the enforcement of rights to property which is under the control or supervision of an insolvency administrator.

Article 19
[Prohibition of upper-tier attachment]

1. - Subject to paragraph 3, no attachment of intermediated securities of an account holder shall be made against, or so as to affect:

(a) a securities account of any person other than that account holder;
(b) the issuer of any securities credited to a securities account of that account holder; or
(c) a person other than the account holder and the relevant intermediary.

2. - In this Article *"attachment of intermediated securities of an account holder"* means any judicial, administrative or other act or process to freeze, restrict or impound intermediated securities of that account holder in order to enforce or satisfy a judgment, award or other judicial, arbitral, administrative or other decision against or in respect of that account holder or in order to ensure the availability of such intermediated securities to enforce or satisfy any future such judgment, award or decision.

3. - A Contracting State may declare that under its non-Convention law an attachment of intermediated securities of an account holder made against or so as to affect a person other than the relevant intermediary has effect also against the relevant intermediary. Any such declaration shall identify that other person by name or description and shall specify the time at which such an attachment becomes effective against the relevant intermediary.

Article 20
[Instructions to the intermediary]

1. - An intermediary is neither bound nor entitled to give effect to any instructions with respect to intermediated securities of an account holder given by any person other than that account holder.

2. - Paragraph 1 is subject to:

(a) the provisions of the account agreement, any other agreement between the intermediary and the account holder or any other agreement entered into by the intermediary with the consent of the account holder;

(b) the rights of any person (including the intermediary) who holds an interest that has become effective against third parties under Article 10;

(c) subject to Article 19, any judgment, award, order or decision of a court, tribunal or other judicial or administrative authority of competent jurisdiction;

(d) any applicable provision of the non-Convention law; and

(e) where the intermediary is the operator of a securities settlement system, the uniform rules of that system.

Article 21
[Holding or availability of sufficient securities]

1. - An intermediary must, for each description of securities, hold or have available for the benefit of its account holders other than itself securities and intermediated securities of an aggregate number or amount equal to the aggregate number or amount of securities of that description credited to securities accounts which it maintains for such account holders.

2. - An intermediary may comply with paragraph 1:

(a) by procuring that securities are held on the register of the issuer in the name, or for the account, of its account holders;

(b) by holding securities as the registered holder on the register of the issuer;

(c) by possession of certificates or other documents of title;

(d) by holding intermediated securities with another intermediary; or

(e) by any other appropriate method.

3. - If at any time the requirements of paragraph 1 are not complied with, the intermediary must within the time provided by the non-Convention law take such action as is necessary to ensure compliance with those requirements.

4. - This Article does not affect any provision of the non-Convention law, or, to the extent permitted by the non-Convention law, any provision of the uniform rules of a securities settlement system or of an account agreement, relating to the method of complying with the requirements of this Article or the allocation of the cost of ensuring compliance with those requirements or otherwise relating to the consequences of failure to comply with those requirements.

Article 22

[Allocation of securities to account holders' rights]

1. - Securities and intermediated securities of each description held by an intermediary as described in Article 21(2) shall be allocated to the rights of the account holders of that intermediary to the extent necessary to ensure compliance with Article 21(1).

2. - Subject to Article 16, securities and intermediated securities allocated under paragraph 1 shall not form part of the property of the intermediary available for distribution among or realisation for the benefit of creditors of the intermediary.

3. - The allocation required by paragraph 1 shall be effected by the non-Convention law and, to the extent required or permitted by the non-Convention law, by arrangements made by the relevant intermediary.

4. - The arrangements referred to in paragraph 3 may include arrangements under which an intermediary holds securities and intermediated securities in segregated form:

(a) for the benefit of its account holders generally; or

(b) for the benefit of particular account holders or groups of account holders,

in such manner as to ensure that such securities and intermediated securities are allocated in accordance with paragraph 1.

5. - A Contracting State may declare that under its non-Convention law the allocation required by paragraph 1 applies only to securities and intermediated securities that are held by an intermediary in segregated form under arrangements such as are referred to in paragraph 4 and does not apply to securities and intermediated securities held by an intermediary for its own account.

Article 23

[Loss sharing in case of insolvency of the intermediary]

1. - This article applies in any insolvency proceeding in respect of an intermediary unless otherwise provided by any conflicting rule applicable in that proceeding.

2. - If the aggregate number or amount of securities of any description allocated under Article 22 to an account holder, a group of account holders or the intermediary's account holders generally is less than the aggregate number or amount of securities of that description credited to the securities accounts of that account holder, that group of account holders or the intermediary's account holders generally (as the case may be), the shortfall shall be borne:

(a) where securities have been allocated to a single account holder, by that account holder;

(b) in any other case, by the account holders to whom the relevant securities have been allocated, in proportion to the respective number or amount of securities of that description credited to their securities accounts.

3. - To the extent permitted by the non-Convention law, where the intermediary is the operator of a securities settlement system and the uniform rules of the system make provision in case of a shortfall, the shortfall shall be borne in the manner so provided.

Article 24
[Effect of debits, credits etc. and instructions on insolvency of operator or participant in securities settlement system]

1. - To the extent permitted by the non-Convention law, the following provisions shall have effect notwithstanding the commencement of an insolvency proceeding in respect of the operator of the relevant system or any participant in the relevant system:

(a) any provision of the uniform rules of a securities settlement system or of a securities clearing system in so far as that provision precludes the revocation of any instruction given by a participant in the system for making a disposition of securities, or for making a payment relating to an acquisition or disposition of securities, after the time at which that instruction is treated under the rules of the system as having been entered irrevocably into the system;

(b) any provision of the uniform rules of a securities settlement system in so far as that provision precludes the invalidation or reversal of a debit or credit of securities to, or a designating entry in, a securities account which forms part of the system after the time at which that debit, credit or designating entry is treated as irrevocable under the rules of the system.

2. - Paragraph 1 applies notwithstanding that any invalidation, reversal or revocation referred to in that paragraph would otherwise occur under any rule applicable in an insolvency proceeding.

Article 25
[Obligations and liability of intermediaries]

The obligations of an intermediary under this Convention and the extent of the liability of an intermediary in respect of those obligations are subject to any applicable provision of the non-Convention law and, to the extent permitted by the non-Convention law, the account agreement or the uniform rules of a securities settlement system. If the substance of an obligation of an intermediary under this Convention is the subject of any provision of the non-Convention law or, to the extent permitted by the non-Convention law, the account agreement or the uniform rules of a securities settlement system, compliance with that provision satisfies that obligation.

CHAPTER V – RELATIONSHIP WITH ISSUERS OF SECURITIES

Article 26
[Position of issuers of securities]

1. - The law of a Contracting State shall permit the holding through intermediaries of securities that are permitted to be traded on an exchange or regulated market, and the effective exercise in accordance with Article 7 of the rights attached to such securities which are so held, but need not require that all such securities be issued on terms that permit them to be held through intermediaries.

2. - In particular, the law of a Contracting State shall recognise the holding of such securities by a person acting in his own name on behalf of another person or other persons and shall permit such a person to exercise voting or other rights in different ways in respect of different parts of a holding of securities of the same description; but this Convention does not determine the conditions under which such a person is authorised to exercise such rights.

3. - This Convention does not determine whom an issuer is required to recognise as the holder of securities.

Article 27
[Set-off]

1. - As between an account holder who holds intermediated securities for its own account and the issuer of those securities, the fact that the account holder holds the securities through an intermediary or intermediaries shall not of itself, in any insolvency proceeding in respect of the issuer, preclude the existence or prevent the exercise of any rights of set-off which would have existed and been exercisable if the account holder had held the securities otherwise than through an intermediary.

2. - This Article does not affect any express provision of the terms of issue of the securities.

CHAPTER VI – SPECIAL PROVISIONS WITH RESPECT TO COLLATERAL TRANSACTIONS

Article 28
[Scope and interpretation in Chapter VI]

1. - This Chapter applies to collateral agreements under which a collateral provider grants a security interest in intermediated securities to a collateral taker in order to secure the performance of any existing or future obligation of the collateral provider or a third person.

2. - In this Chapter:

(a) *"collateral agreement"* means a security collateral agreement or a title transfer collateral agreement;

(b) *"security collateral agreement"* means an agreement between a collateral provider and a collateral taker providing (in whatever terms) for the grant of an interest other than full ownership in intermediated securities for the purpose of securing the performance of relevant obligations;

(c) *"title transfer collateral agreement"* means an agreement, including an agreement providing for the sale and repurchase of securities, between a collateral provider and a collateral taker providing (in whatever terms) for the transfer of full ownership of intermediated securities by the collateral provider to the collateral taker for the purpose of securing or otherwise covering the performance of relevant obligations;

(d) *"relevant obligations"* means any present, future or contingent obligations of a collateral provider or a third person;

(e) *"collateral securities"* means intermediated securities delivered under a collateral agreement;

(f) "collateral taker" means a person to whom an interest in intermediated securities is granted under a security collateral agreement or to whom full ownership of intermediated securities is transferred under a title transfer collateral agreement;

(g) "collateral *provider"* means an account holder by whom an interest in intermediated securities is granted under a security collateral agreement or full ownership of intermediated securities is transferred under a title transfer collateral agreement;

(h) *"enforcement event"* means, in relation to a collateral agreement, an event of default or other event on the occurrence of which, under the terms of that collateral agreement, the collateral taker is entitled to enforce its security or operate a close-out netting provision;

(i) *"equivalent collateral"* means securities of the same description as collateral securities;

(j) *"close-out netting provision"* means a provision of a collateral agreement, or of a set of connected agreements of which a collateral agreement forms part, under which, on the occurrence of an enforcement event, either or both of the following shall occur, or may at the election of the collateral taker occur, whether through the operation of netting or set-off or otherwise:

(i) the respective obligations of the parties are accelerated so as to be immediately due and expressed as an obligation to pay an amount representing their estimated current value or are terminated and replaced by an obligation to pay such an amount;

(ii) an account is taken of what is due from each party to the other in respect of such obligations, and a net sum equal to the balance of the account is payable by the party from whom the larger amount is due to the other party.

Article 29
[Recognition of title transfer collateral agreements]

1. - The law of a Contracting State shall permit a title transfer collateral agreement to take effect in accordance with its terms.

2. - If an enforcement event occurs while any obligation of the collateral taker to transfer equivalent collateral under a title transfer collateral agreement remains outstanding, that obligation and the relevant obligations may be the subject of a close-out netting provision.

Article 30
[Enforcement]

1. - On the occurrence of an enforcement event, the collateral taker may:

(a) realise the collateral securities provided under a security collateral agreement:

(i) by selling them and applying the net proceeds of sale in or towards the discharge of the relevant obligations; or

(ii) by appropriating the collateral securities as the collateral taker's own property and setting off their value against, or applying their value in or towards the discharge of, the relevant obligations, provided that the collateral agreement provides for realisation in this manner and specifies the basis on which collateral securities are to be valued for this purpose; or

(b) operate a close-out netting provision.

2. - Collateral securities may be realised, and a close-out netting provision may be operated, under paragraph 1:

(a) subject to any contrary provision of the collateral agreement, without any requirement that:

(i) prior notice of the intention to realise or operate the close-out netting provision shall have been given;

(ii) the terms of the realisation or the operation of the close-out netting provision be approved by any court, public officer or other person; or

(iii) the realisation be conducted by public auction or in any other prescribed manner or the close-out netting provision be operated in any prescribed manner; and

(b) notwithstanding the commencement or continuation of an insolvency proceeding in respect of the collateral provider or the collateral taker.

Article 31
[Right to use collateral securities under security collateral agreement]

1. - If and to the extent that the terms of a security collateral agreement so provide, the collateral taker shall have the right to use and dispose of the collateral securities as if it were the owner of them (a *"right of use"*).

2. - Where a collateral taker exercises a right of use, it thereby incurs an obligation to replace the collateral securities originally transferred (the *"original collateral securities"*) by transferring to the collateral provider, not later than the discharge of the relevant obligations, equivalent collateral or, where the security collateral agreement provides for the transfer of other assets [following the occurrence of any event relating to or affecting any securities provided as collateral], those other assets.

3. - Securities transferred under paragraph 2 before the relevant obligations have been fully discharged:

(a) shall, in the same manner as the original collateral securities, be subject to a security interest under the relevant security collateral agreement, which shall be treated as having been created at the same time as the security interest in respect of the original collateral securities was created; and

(b) shall in all other respects be subject to the terms of the relevant security collateral agreement.

4. - The exercise of a right of use shall not render invalid or unenforceable any right of the collateral taker under the relevant security collateral agreement.

Article 32
[Requirements of non-Convention law relating to enforcement]

Articles 29, 30 and 31 do not affect any requirement of the non-Convention law to the effect that the realisation or valuation of collateral securities or the calculation of any obligations must be conducted in a commercially reasonable manner.

Article 33
[Top-up or substitution of collateral]

1. - Where a collateral agreement includes:

(a) an obligation to deliver additional collateral securities:

(i) in order to take account of changes in the value of the collateral provided under the collateral agreement or in the amount of the relevant obligations;

(ii) in order to take account of any circumstances giving rise to an increase in the credit risk incurred by the collateral taker as determined by reference to objective criteria relating to the creditworthiness, financial performance or financial condition of the collateral provider or other person by whom the relevant obligations are owed;

(iii) to the extent permitted by the non-Convention law, in any other circumstances specified in the collateral agreement.

(b) a right to withdraw collateral securities or other assets on providing collateral securities or other assets of substantially the same value,

the provision of securities or other assets as described in paragraph (a) and paragraph (b) shall not be treated as invalid, reversed or declared void solely on the basis that they are provided during a prescribed period before, or on the day of but before, the commencement of an insolvency proceeding in respect of the collateral provider, or after the relevant obligations have been incurred.

2. - A Contracting State may declare that paragraph 1(a)(ii) does not apply.

Article 34
[Declarations in respect of Chapter VI]

1. - A Contracting State may declare that this Chapter shall not apply under its non-Convention law.

2. - A Contracting State may declare that under its non-Convention law this Chapter shall not apply:

(a) in relation to collateral agreements entered into by natural persons or persons falling within such other categories as may be specified in the declaration;

(b) in relation to intermediated securities which are not permitted to be traded on an exchange or regulated market;

(c) in relation to collateral agreements which provide for relevant obligations falling within such categories as may be specified in the declaration.

CHAPTER VII – FINAL CLAUSES

Article X
[Applicability of Declarations]

A declaration made by a Contracting State under any article of this Convention is applicable only if the law of that Contracting State is the non-Convention law.

Literaturverzeichnis

Balz, Manfred: Das neue Europäische Insolvenzübereinkommen, ZIP 1996, 948.

Banque Centrale du Luxembourg: La protection des systèmes de paiement et de règlement-titres. Analyse de la directive 98/26/CE et de sa transposition en droit luxembourgeois, Bulletin de la BCL 2001/2, 53.

Banque de France: L'adaptation des banques françaises au nouveau cadre opérationnel de la politique monétaire, Bull. de la Banque de France n° 68 (1999), S. 47.

Baum, Harald: The present has finally arrived: Settlement by book-entry in Japan, (1991) 11 JIBFL 542.

Baur, Jürgen: Einführung eines Effektengiroverkehrs in Belgien, Bank-Betrieb 1968, 169.

Beau, Denis / Ducher, Jean-François: Bilan des premiers mois de fonctionnement de Target, Bull. de la Banque de France n° 66 (1999), S. 65.

Benjamin, Joanna: Determining the situs of interests in immobilised securities, (1998) 47 ICLQ 923.

dies.: Interests in securities, Oxford 2000.

dies.: Recharacterisation Risk and Conflict of Laws, in: The Oxford Colloquium on Collateral and Conflict of Laws, Special Supplement to (1998) 9 JIBFL 29.

dies. / Yates, Madeleine / Montagu, Gerald: The Law of Global Custody, 2. Auflage London 2002.

Bernasconi, Christophe / Potok, Richard: Prima Convention brings certainty to cross-border deals, IFLR 2003, 11.

Bertschinger, Urs: Zum neuen bankgesetzlichen Aussonderungsrecht (Art. 16 und 37 b BankG), AJP 1995, 426.

Bleckmann, Jörg: Die Stellung des Bankkunden / Wertpapiereigentümers bei der Verwahrung im Rahmen des Auslandsgeschäfts, Hamburg 1979.

Bloch, Pascal: La Directive 98/26/CEE concernant le caractère définitif du règlement dans les systèmes de paiement et de règlement des opérations sur titres, in: Mélanges AEDBF France, Paris 1999, S. 49.

Brandt, Olivier de / Hartmann, Philipp: Systemic risk: A survey, ECB Working Paper No. 35, Frankfurt 2000.

Brändl, Franz: Internationales Börsenprivatrecht, Marburg 1925.

Coiley, James: New protections for cross-border collateral arrangements: Summary and analysis of draft EU directive on financial collateral, (2001) 5 JIBL 119.

Deguée, Jean-Pierre / Devos, Diego: La loi applicable aux titres intermédiés: l'apport de la Convention de La Haye de décembre 2002, RDC 2006, 5.

Derleder, Peter / Knops, Kai-Oliver / Bamberger, Heinz Georg: Handbuch zum deutschen und europäischen Bankrecht, Berlin/Heidelberg 2004 (zit. Bearbeiter in: Handbuch zum deutschen und europäischen Bankrecht).

Dittrich, Sabine: Effektengiroverkehr mit Auslandsberührung, Würzburg 2002.

Drobnig, Ulrich: Dokumenteloser Effektenverkehr, in: Abschied vom Wertpapier? Dokumentelose Wertbewegungen im Effekten-, Gütertransport- und Zahlungsverkehr, S. 11, Neuwied/Frankfurt 1988 (zit. *Drobnig* in: Abschied vom Wertpapier?).

ders.: Vergleichende und kollisionsrechtliche Probleme der Girosammelverwahrung von Wertpapieren im Verhältnis Deutschland – Frankreich, in: Festschrift für Konrad Zweigert, Tübingen 1981, S. 73.

Duursma-Kepplinger, Henriette C. / Duursma, Dieter / Chalupsky, Ernst: Europäische Insolvenzverordnung, Wien/New York 2002 (zit. Duursma-Kepplinger / Duursma / Chalupsky / Bearbeiter, EuInsVO, nach Artikel und RZ).

Ehricke, Ulrich: Nochmals: Zur Umsetzung der Finanzsicherheitenrichtlinie in das deutsche Recht, ZIP 2003, 2141.

Eidenmüller, Horst: Europäische Verordnung über Insolvenzverfahren und zukünftiges deutsches internationales Insolvenzrecht, IPRax 2001, 2.

Einsele, Dorothee: Bank- und Kapitalmarktrecht, Tübingen 2006.

dies.: Das UNIDROIT-Projekt zu intermediärverwahrten Wertpapieren als Konzept für eine Modernisierung des deutschen Depotrechts, WM 2005, 1109.

dies.: Die internationalprivatrechtlichen Regelungen der Finalitätsrichtlinie und ihre Umsetzung in der Europäischen Union, WM 2001, 2415.

dies.: Wertpapiere im elektronischen Bankgeschäft, WM 2001, 7.

dies.: Wertpapierrecht als Schuldrecht, Tübingen 1995.

Euroclear Operations Centre: Cross-Border Clearance, Settlement and Custody: Beyond the G 30 Recommendations, Brüssel 1993.

Europäische Zentralbank: Cross-border use of collateral: A user's survey, Frankfurt 2001.

Europäische Zentralbank: The enlarged EU and Euro area economies, Monthly Bulletin (Januar 2007), 55.

dies.: Durchführung der Geldpolitik im Euro-Währungsgebiet, Frankfurt 2006.

Fletcher, Ian F.: Insolvency in private international law, National and international approaches, Oxford 1999.

Fritz, Daniel Friedemann / Bähr, Rainer M.: Die Europäische Verordnung über Insolvenzverfahren – Herausforderung an Gerichte und Insolvenzverwalter, DZWIR 2001, 221.

Gesell, Harald: Wertpapierleihe und Repurchase Agreement im deutschen Recht, Köln 1995.

Ghenghi, Luigi L. de / Servaes, Bart: Collateral held in the Euroclear system: A legal overview, (1999) 3 JIBFL 83.

Giovanoli, Mario / Heinrich, Gregor: International Bank Insolvencies: A Central Bank Perspective, London 1999 (zit. Bearbeiter in: International Bank Insolvencies).

Girsberger, Daniel: Revolution des Internationalen Wertpapier-Sachenrechts? – Dynamik der Rechtsvereinheitlichung durch die Haager Konferenz, in: Festschrift für Anton K. Schnyder, Zürich/Basel/Genf 2002, S. 77.

Goode, Roy: Security entitlements as collateral and the conflict of laws, in: The Oxford Colloquium on Collateral and Conflict of Laws, Special Supplement to (1998) 9 JIBFL 22.

ders.: The nature and transfer of rights in dematerialised and immobilised securities, (1996) 4 JIBFL 167.

ders. / Kanda, Hideki / Kreuzer, Karl: Explanatory Report on the 2006 Hague Securities Convention, Den Haag 2005 (zit. Explanatory Report).

Gottwald, Peter: Insolvenzrechtshandbuch, 2. Auflage München 2001.

ders.: Grenzüberschreitende Insolvenzen, München 1997.

Grasmann, Günther: System des internationalen Gesellschaftsrechts, Berlin 1970 (zit. Internationales Gesellschaftsrecht).

Guynn, Randall D.: Modernizing Securities Ownership, Transfer and Pledging Laws, International Bar Association, London 1996.

Hanisch, Hans: Die Wirkungen dinglicher Mobiliarsicherungsrechte im grenzüberschreitenden Insolvenzverfahren, in: Études de droit international en l'honneur de Pierre Lalive, Basel/Frankfurt am Main 1993, S. 61.

ders.: Extraterritoriale Wirkung eines allgemeinen Veräußerungsverbots im Konkursverfahren – Revisibilität ermessensfehlerhafter Ermittlung ausländischen Rechts – Durchgriff – Auf die Insolvenzanfechtung anwendbares Recht, IPRax 1993, 69.

Hasselbach, Kai: Insolvenzprivilegien für Kreditinstitute bei Zahlungssystemen, ZIP 1997, 1491.

Haubold, Jens: Europäisches Zivilverfahrensrecht und Ansprüche im Zusammenhang mit Insolvenzverfahren, IPRax 2002, 157.

ders.: PRIMA – Kollisionsregel mit materiellrechtlichem Kern, RIW 2005, 656.

Hellner, Thorwald / Steuer, Stephan: Bankrecht und Bankpraxis, Köln 2001 (zit. BuB-Bearbeiter).

Herchen, Axel: Die Befugnisse des deutschen Insolvenzverwalters hinsichtlich der „Auslandsmasse" nach In-Kraft-Treten der EG-Insolvenzverordnung, ZInsO 2002, 345.

Herring, Frank / Cristea, Sever: Die Umsetzung der Finanzsicherheiten-Richtlinie und ihre Folgen für Kapitalanlagegesellschaften, deutsche Single-Hedgefonds und Prime Broker, ZIP 2004, 1627.

Horn, Norbert: Die Erfüllung von Wertpapiergeschäften unter Einbeziehung eines Zentralen Kontrahenten an der Börse, WM Sonderbeilage Nr. 2/2002, 3.

Hüpkes, Eva Helene Gertrud: The Legal Aspects of Bank Insolvency, Den Haag 2000.

Jergitsch, Friedrich: „Finalität" als Schutz vor systemischen Risiken in Zahlungs- und Wertpapierliefersystemen, ÖBA 1999, 537.

Johansson, Erica: Transfer and Settlement of Securities: The New Order, (2005) EBLR 1093.

Johnson, Adam: The law applicable to shares, in van Houtte, Hans: The law of cross-border securities transactions, S. 3, London 1999 (zit. *Johnson* in: The law of cross-border securities transactions).

Kathrein, Georg: Das Finanzsicherheiten-Gesetz, ÖBA 2004, 172.

Keller, Christoph: Die EG-Richtlinie 98/26 vom 19.5.1998 über die Wirksamkeit von Abrechnungen in Zahlungs- sowie Wertpapierliefer- und -abrechnungssystemen und ihre Umsetzung in Deutschland, WM 2000, 1269.

ders.: Die Wertpapiersicherheit im Gemeinschaftsrecht, BKR 2002, 347.

Keßler, Jörg-Ronald: Wertpapiersammelbanken im Ausland, Die Bank 1981, 291.

ders.: Wertpapiersammelbanken im Ausland, Die Bank 1981, 325.

ders.: Wertpapiersammelbanken im Ausland, Die Bank 1981, 377.

Kieninger, Eva-Maria: Übertragung von Gesellschaftsanteilen im englischen Internationalen Privatrecht, IPRax 1997, 449.

Kieper, Daniel: Abwicklungssysteme in der Insolvenz, München 2004.

Kirchhof, Hans-Peter: Grenzüberschreitende Insolvenzen im Europäischen Binnenmarkt, Teil 2, WM 1993, 1401.

Kronke, Herbert: Zur Komplementarität von IPR und Einheitsrecht bei der Modernisierung des Wirtschaftsrechts – Eine Fallstudie, in: Festschrift Max-Planck-Institut für Privatrecht, Tübingen 2001, S. 757.

ders. / Berger, Gerlinde: Wertpapierstatut, Schadensersatzpflichten der Inkassobank, Schuldnerschutz in der Zession – Schweizer Orderschecks auf Abwegen, IPRax 1991, 316.

ders. / Melis, Werner / Schnyder, Anton K.: Handbuch Internationales Wirtschaftsrecht, Köln 2005 (zit. Bearbeiter in: Handbuch Internationales Wirtschaftsrecht).

Kropholler, Jan: Das Haager Abkommen über den Schutz Minderjähriger, Bielefeld 1966.

ders.: Internationales Privatrecht, 6. Auflage Tübingen 2006 (zit. IPR).

Kümpel, Siegfried: Bank- und Kapitalmarktrecht, 3. Auflage Köln 2004.

ders.: Der Bestimmtheitsgrundsatz bei Verfügungen über Sammeldepotguthaben, WM 1980, 422.

Löber, Klaus M.: Der Entwurf einer Richtlinie für Finanzsicherheiten, BKR 2001, 118.

ders.: Die EG-Richtlinie über Finanzsicherheiten, BKR 2002, 601.

ders.: The developing EU legal framework for clearing and settlement of financial instruments, ECB Legal Working Paper No. 1, Frankfurt 2006.

Maier, Gerd: Ausländische Wertpapiere als Sicherungsrechte, Bank-Betrieb 1967, 136.

Mankowski, Peter: Rezension „Cross Border Collateral: Legal Risk and the Conflict of Laws“ (Richard Potok), ZBB 2003, 258.

Merkt, Hanno / Rossbach, Oliver: Das “Übereinkommen über das auf bestimmte Rechte in Bezug auf bei einem Zwischenverwahrer sammelverwahrte Effekten anzuwendende Recht“ der Haager Konferenz für Internationales Privatrecht, ZVglRWiss 102 (2003) 33.

Mooney, Charles W.: Practising Safer Lex: The Proper Domain of Property, Secured Transactions and Insolvency Laws in the Regulation of Securities Intermediaries, in Guido Ferrarini: European Securities Markets, London 1998, S. 85.

Moshinsky, Mark: Securities held through a Securities Custodian – Conflict of Laws Issues, in: The Oxford Colloquium on Collateral and Conflict of Laws, Special Supplement to (1998) 9 JIBFL 18.

Münchener Kommentar zum Bürgerlichen Gesetzbuch, Hrsg. Kurt Rebmann, Franz-Jürgen Säcker, Roland Rixecker, Band 10: Einführungsgesetz zum Bürgerlichen Gesetzbuche, Art. 1 - 46, 4. Auflage München 2006 (zit. MK-Bearbeiter, EGBGB, nach Art. und RZ).

Münchener Kommentar zur Insolvenzordnung, Hrsg. Hans-Peter Kirchhof, Hans-Jürgen Lwowski, Rolf Stürner,
Band 2: §§ 103 - 269, München 2002
Band 3: §§ 270 - 335, München 2003
(zit. MK-Bearbeiter, InsO, nach § und RZ).

Nadelmann, Kurt H.: Rehabilitating international bankruptcy law: Lessons taught by Herstatt and company, (1977) 52 NYU Law Rev. 1.

Nierop, Erwin / Stenström, Mikael: Cross-border aspects of insolvency proceedings for credit institutions – A legal perspective, International Seminar on Legal and Regulatory Aspects of Financial Stability, Basel, 21. - 23. Januar 2002.

Niggemann, Friedrich / Blenske, Holger: Die Auswirkungen der Verordnung (EG) Nr. 1346/2000 auf den deutsch-französischen Rechtsverkehr, NZI 2003, 471.

Nizard, Frédéric: Les titres négociables, Paris 2003.

North, Peter / Fawcett, J.J.: Cheshire and North's Private International Law, 13. Auflage London/Edinburgh/Dublin 1999 (zit. *Cheshire & North*, Private International Law).

Obermüller, Manfred: Insolvenzrecht in der Bankpraxis, 6. Auflage Köln 2002.

ders. / Hartenfels, Holger: Finanzsicherheiten, BKR 2004, 440.

Otte, Karsten: Anspruch des Konkursverwalters auf Rückgewähr von Inhaberaktien einer AG mit Sitz im Ausland, IPRax 1996, 327.

Paech, Philipp: Grenzüberschreitende Wertpapiertransaktionen – UNIDROIT als Forum der globalen Harmonisierung, Die Bank 9/2003, 616.

ders.: Grenzüberschreitende Wertpapierverfügungen – Rechtssicherheit und Effizienz durch Kompatibilität des Depotrechts, WM 2005, 1101.

ders.: Harmonising Substantive Rules for the Use of Securities Held with Intermediaries as Collateral: the UNIDROIT Project, Unif. L. Rev. 2002, 1140.

Pannen, Klaus: Krise und Insolvenz bei Kreditinstituten, Köln/Berlin/Bonn/München 2000.

Potok, Richard: Cross Border Collateral: Legal Risk and the Conflict of Laws, London 2002, (zit. Bearbeiter in: Cross Border Collateral).

ders.: The Hague Conference on Private International Law – An important step to legal certainty in relation to indirectly-held securities, (2001) 4 JIBFL 166.

ders. / Moshinsky, Mark: Cross-border Collateral: A Conceptual Framework for Choice of Law Situations, in: The Oxford Colloquium on Collateral and Conflict of Laws, Special Supplement to (1998) 9 JIBFL 10.

Pöch, Peter: Die Regelung des internationalen Wertpapierverkehrs ist in Bewegung – aber wohin?, ÖBA 2004, 507.

Rakob, Julia: Ausländische Mobiliarsicherungsrechte im Inland: Substitutionsfragen am Beispiel des US-amerikanischen Sicherungsrechts nach Art. 9 UCC, Heidelberg 2001 (zit. Ausländische Mobiliarsicherungsrechte im Inland).

Raynaud-Contamine, Monique: Les conséquences de la défaillance d'une banque: Les solutions, in Rives-Lange, Jean-Louis: La défaillance d'une banque, Colloque de Deauville, Revue de Jurisprudence Commerciale, Numéro Spécial, November 1996, S. 140 (zit. *Raynaud-Contamine* in: La défaillance d'une banque).

Reuschle, Fabian: Das neue IPR für Intermediär-verwahrte Wertpapiere, BKR 2003, 562.

Reuschle, Fabian: Haager Übereinkommen über die auf bestimmte Rechte in Bezug auf Intermediär-verwahrte Wertpapiere anzuwendende Rechtsordnung, IPRax 2003, 495

Saager, Stefan: Depotrecht im Umbruch, Die Bank 4/2005, 22.

ders.: Die Haager Wertpapierkonvention, Die Bank 11/2005, 24.

Schacherreiter, Judith: Das neue österreichische Kollisionsrecht des Effektengiroverkehrs, ÖBA 2005, 336.

Schefold, Dietrich: Intermediary Approach und Europäisches Kollisionsrecht, in: Festschrift für Siegfried Kümpel, Berlin 2003, S. 463.

ders.: Kollisionsrechtliche Lösungsansätze im Recht des grenzüberschreitenden Effektengiroverkehrs – die Anknüpfungsregelungen der Sicherheitenrichtlinie (EG) und der Haager Konvention über das auf zwischenverwahrte Wertpapiere anwendbare Recht, in: Festschrift für Erik Jayme, Band 1, München 2004, S. 805.

Schwarcz, Steven: Intermediary risk in a global economy, 50 Duke L. J. 1541.

Sousi, Blanche: La défaillance d'un établissement de crédit et le droit européen, in Rives-Lange, Jean-Louis: La défaillance d'une banque, Colloque de Deauville, 8 - 9 juin 1996, Revue de Jurisprudence Commerciale, Numéro Spécial, November 1996, S. 126 (zit. *Sousi* in: La défaillance d'une banque).

Staub, Markus: Inter-Banken-Kredite und systemisches Risiko, SZVS 1998, 193.

Staudinger, Julius von / Beitzke, Günther: Kommentar zum Bürgerlichen Gesetzbuch, Internationales Sachenrecht, 13. Auflage Berlin 1996 (zit. Staudinger-Stoll, Internationales Sachenrecht, nach RZ).

Than, Jürgen: Internationaler Effektengiroverkehr oder Zweitverbriefung, WM-Festgabe für Thorwald Hellner zum 65. Geburtstag am 9. Mai 1994, Sonderheft 1994, S. 85.

ders.: Neue Rechtsentwicklungen für den grenzüberschreitenden Effektenverkehr, in: Festschrift für Siegfried Kümpel, Berlin 2003, S. 543.

The Law Commission: Registration of security interests: Company charges and property other than land, Consultation Paper No 164, London 2002 (zit. Registration of security interests).

Trunk, Alexander: Internationales Insolvenzrecht, Tübingen 1998.
Tyson-Quah, Kathleen: Cross-border securities collateralisation made easy, (1996) 4 JIBFL 177.

Virgòs, Miguel / Schmit, Etienne: Erläuternder Bericht zu dem EU-Übereinkommen über Insolvenzverfahren, in Stoll, Hans: Vorschläge und Gutachten zur Umsetzung des EU-Übereinkommens über Insolvenzverfahren im deutschen Recht, S. 32, Tübingen 1997 (zit. *Virgòs & Schmit*, Erläuternder Bericht zum EuInsÜ).

Wilmowsky, Peter von: Sicherungsrechte im Europäischen Insolvenzübereinkommen, EWS 1997, 295.
ders.: Internationales Insolvenzrecht – Plädoyer für eine Neuorientierung, WM 1997, 1461.
Wimmer, Klaus: Die Richtlinien 2001/17/EG und 2001/24/EG über die Sanierung und Liquidation von Versicherungsunternehmen und Kreditinstituten, ZInsO 2002, 897.
ders.: Die UNCITRAL-Modellbestimmungen über grenzüberschreitende Insolvenzverfahren, ZIP 1997, 2220.
Wolff, Georg: Sammeldepot und Konkurs, Köln 1927.
Wolff, Martin: Private international law, 2. Auflage Oxford 1950.
Wood, Philip R.: Comparative law of security and guarantees, London 1995.

Zobl, Dieter: Internationale Übertragung und Verwahrung von Wertpapieren (aus schweizerischer Sicht), SZW/RSDA 2001, 105.

Studien zum Europäischen und Internationalen Wirtschaftsrecht
Studies in European and International Economic Law

Herausgeber/Editors: Peter Hay, Meinhard Hilf,
Herbert Kronke und Wolfgang Oehler

Band/Volume 16 Valerio Sangiovanni: Die Ad-hoc-Publizität im deutschen und italienischen Recht. 2003.

Band/Volume 17 Renate Dendorfer: Aktives Telefonmarketing. Erfassung und Neubewertung der wettbewerbsrechtlichen Beurteilung unerbetener Werbeanrufe. Unter Berücksichtigung europarechtlicher Entwicklungen und US-amerikanischer Regelungen. 2003.

Band/Volume 18 Stephan Bode: Die Wirksamkeit einer Forderungsübertragung gegenüber Dritten vor dem Hintergrund der internationalen Forderungsfinanzierung. 2007.

Band/Volume 19 René Sauer: Die Harmonisierung des Kollisions- und des Sachrechts für Wertpapierguthaben und Wertpapiersicherheiten. Hintergrund und Entwicklung gemeinschaftsrechtlicher und globaler Regelungsansätze. 2008.

www.peterlang.de

Kolibri 360 GmbH
Ferdinand-Jühlke-Straße 7
99095 Erfurt, Deutschland
produktsicherheit@kolibri360.de

Druck:
CPI Druckdienstleistungen GmbH
im Auftrag der
Kolibri 360 GmbH
Ferdinand-Jühlke-Str. 7
99095 Erfurt